रानी रूपमती की
आत्मकथा

रानी रूपमती की आत्मकथा

प्रियदर्शी ठाकुर 'ख़याल'

राजकमल प्रकाशन

ISBN : 978-93-89577-81-5

मूल्य : ₹895

पहला संस्करण : 2020
दूसरा संस्करण : 2024

प्रकाशक : राजकमल प्रकाशन प्रा.लि.
1-बी, नेताजी सुभाष मार्ग, दरियागंज
नई दिल्ली-110 002
शाखाएँ : अशोक राजपथ, साइंस कॉलेज के सामने, पटना-800 006
पहली मंजिल, दरबारी बिल्डिंग, महात्मा गांधी मार्ग, प्रयागराज-211 001
1, अनमोल सोराबजी संतुक लेन, धोबी तलाव, मरीन लाइंस, मुम्बई-400 002

वेबसाइट : www.rajkamalprakashan.com
ई-मेल : info@rajkamalprakashan.com

मुद्रक : बी.के. ऑफसेट
नवीन शाहदरा, दिल्ली-110 032

RANI ROOPMATI KI ATMAKATHA
Novel by Priyadarshi Thakur 'Khayal'

रानी का आदेश था कि मेरी आत्मकथा
अपनी जीवन–संगिनी रेखा को ही समर्पित करना
जैसी उनकी आज्ञा

वैधानिक डिस्क्लेमर

ऐतिहासिक परिदृश्य तथा इतिहास में उल्लिखित मुख्य पात्रों के बावजूद यह कृति एक सर्वथा काल्पनिक साहित्यिक कृति है। इसके किसी भी पात्र,चाहे वह ऐतिहासिक हो अथवा काल्पनिक, के चरित्र-चित्रण, संवाद, विचार, विवरण अथवा कृति के किसी अन्य अंश का उद्देश्य किसी भी धर्म, समाज, समुदाय अथवा व्यक्ति विशेष की धार्मिक भावनाओं, मान्यताओं, परम्पराओं को आहत अथवा क्षत करना नहीं है। इस कृति के समस्त पात्र अपने संवादों, विचारों, पत्रों, कबित्तों आदि समेत सर्वथा काल्पनिक हैं, और यदि किसी जीवित अथवा मृत व्यक्ति से कोई समानता दृष्टिगोचर हो, तो यह मात्र संयोग है।

भवति कमल-नेत्रा नासिका शुभ्र-दन्ता
अविरल कुच-युग्मा दीर्घ-केशी कृशांगी।
मृदु-वचन-सुशीला नृत्य-गीताऽनुरक्ता
सकलतनुसुवेशा पद्मिनी पद्मगन्धा॥[1]

हे सखि औरन को करने दे
अपने खजाणे कौं गुनगान
म्हारो प्रेम आनन्द निखालिस
कोउ कहाँ मो सम धनवान
धन-सम्पति कौं एक-इक टुकड़ा
मो रैती हूँ खुदई सँभाले
अपने बिस्वासी हिरदय का ताला
पहरे पर बैठाए
और पतुरियन की ताका-झाँकी सैं
उन को छिपाए
कोश की चाबी रखती हूँ अपनी
मुट्ठी में दबाए
रोज बढ़े थोड़ा-सा धन
कबहुँ तनिक यह कम ना होवै
ऐ जीबन तो बाज़ बहादुर के ही
संग अब बीतैगा
भाग लिखा तो सुख भोगऊँगी
दुख लिक्खा तो दुख हो लैगा[2]

1. वात्स्यायन के कामसूत्र के साम्प्रयोगिक नामक द्वितीय अधिकरण के प्रथम अध्याय ('रतावस्थापनप्रकरण' अध्याय) में पद्मिनी नायिका का वर्णन—चौखम्बा सुभारती प्रकाशन, वाराणसी, पृष्ठ सं. 113। हिन्दी भावार्थ—परिशिष्ट-2
2. 'द लेडी ऑफ़ द लोटस'—एल.एम्. क्रम्प, पृष्ठ-82, क्र. सं. XXVI—देखें परिशिष्ट-4

श्रुतिलेखकीय

इस किताब का श्रुतिलेखक होने के नाते लिख तो रहा हूँ यह श्रुतिलेखकीय, किन्तु इसमें मेरी ओर से कोई विस्तृत भूमिका दरअसल ज़रूरी नहीं है। पचास-पचपन बरसों तक काव्य-लेखन और अनुवाद से जुड़े रहते हुए भी अपने जीवन के सत्तर वर्षों में कोई उपन्यास तो क्या, ढंग की एक लघु-कथा भी नहीं लिखी मैंने, और सहसा मार्च से जून, 2017 के मात्र तीन महीनों में लगभग दो सौ पृष्ठों का उपन्यास! मेरे बस का कहाँ था यह।

आप मानें न मानें, यह वाक़ई रानी रूपमती की आत्मकथा है; उन्होंने लिखवाई, मैंने लिख दी!

फिर भी, चूँकि यह आत्मकथा पाठकों के सामने एक ऐतिहासिक उपन्यास के रूप में आएगी, अत: कुछ बातें मुझे स्पष्ट कर देनी चाहिएँ।

सबसे पहली यह कि मैं तो जानता हूँ कि रानी स्वप्न में नहीं, साक्षात स्वयम् आई थीं, लेकिन अफ़सोस, इस बात का कोई प्रमाण मेरे पास नहीं; इसलिए जिन्हें मेरे कथन पर विश्वास न हो, वे इसे रानी रूपमती और बाज़ बहादुर के जीवन तथा प्रेम-प्रसंग पर इतिहास में उल्लिखित घटनाओं, विवरणों और उनसे जुड़ी किम्वदन्तियों के आधार पर रचित एक सर्वथा काल्पनिक साहित्यिक कृति मान लें।

दूसरी बात यह कि इस पुस्तक का एकमात्र उद्देश्य रानी रूपमती के संक्षिप्त जीवन की विशेष घटनाओं का मनोवैज्ञानिक विश्लेषण और बाज़ बहादुर से उनके प्रेम-प्रसंग का एक नया पाठ रानी के अपने शब्दों में पाठकों तक पहुँचाना है; इसके किसी भी पात्र—चाहे इतिहास में उसका उल्लेख हुआ हो या नहीं—के चरित्र-चित्रण, संवाद, उसके द्वारा व्यक्त विचारों, लिखे गए पत्रों / काव्य, की गई टिप्पणियों अथवा पुस्तक के किसी भी अन्य अंश अथवा इसके कथानक तथा अन्तर्कथाओं द्वारा किसी भी धर्म, समाज, समुदाय अथवा व्यक्ति-विशेष की धार्मिक भावनाओं अथवा उनकी सामाजिक / सांस्कृतिक सोच, विश्वास, परम्पराओं, मान्यताओं को आहत करने, क्षत करने अथवा उनका उपहास करने का ख़याल तक इस श्रुतिलेखक के मन में न पहले कभी आया, न अब है। बल्कि किसी की भावनाओं को ठेस न पहुँचे इस बात का विशेष ध्यान रानी ने भी रखा, और इस श्रुतिलेखक का भरसक प्रयास भी यही रहा है।

मेरी दृष्टि में ऐतिहासिक कथा-साहित्य की तीन प्रमुख चुनौतियाँ इस प्रकार हैं : पहली, इतिहास में उल्लिखित तथ्यों और पीढ़ी-दर-पीढ़ी श्रुति से उतरती आई, और अक्सरहा विरोधाभासी, किम्वदन्तियों के बीच समन्वय; दूसरी, विभिन्न किम्वदन्तियों के अन्तर्विरोधों का तर्कसंगत आख्यान; और तीसरी, कथानक तथा अन्तर्कथाओं, पात्रों के चरित्र-चित्रण, संवाद, इत्यादि का तत्कालीन देस-काल के परिदृश्य से ताल-मेल। दुर्भाग्यवश, मध्यकालीन भारतीय इतिहास के प्रारम्भिक स्रोतों के रचयिता या तो दरबारी चाटुकार हुआ करते थे, या गुप्त रूप से शासक की विकट आलोचना करनेवाले दैनन्दिनी लेखक। दोनों ही स्थितियों में वे अक्सर वही बातें, घटनाएँ, अफ़वाहें और विचार अभिलिखित करते जो उनके दृष्टिकोण और उद्देश्य के अनुकूल होतीं। रूपमती और बाज़ बहादुर की कथा के सारे पात्रों के कृत्यों, संवादों, विचारों आदि का कोई विस्तृत विवरण उपलब्ध नहीं; किम्वदन्तियाँ भी अक्सर विपरीत दिशाओं में खींच ले जाना चाहती हैं।

ये चुनौतियाँ इस किताब के सन्दर्भ में अपने-आप सरल हो गईं : अपने जीवन तथा उसके प्रमुख पात्रों के कहे-किए के बारे में रानी रूपमती ने जो बताया, वही इस में दर्ज है।

अफ़्रीकी मूल की दासी नायला के पात्र से पाठकगण चौंके नहीं : तेरहवीं शताब्दी में दिल्ली के प्रथम स्त्री सुलतान रज़िया के शाही अस्तबल का हाकिम और उसका तथाकथित प्रेमी, याक़ूत, भी अफ़्रीका के लगभग उसी हिस्से का वासी था, जहाँ की मूल निवासी होने का दावा नायला करती है। मालवा में भी बाज़ बहादुर के समय से लगभग अस्सी साल पहले खिलजी सुलतान गियासुद्दीन शाह (सन् 1469-1500) ने मांडव स्थित अपने दरबार में स्त्रियों की एक पूरी फ़ौज एकत्रित कर रखी थी जिसमें अफ़्रीका के अबिसीनिया क्षेत्र की लगभग पाँच सौ औरतें थीं।

पंडीज्जू का पात्र सर्वथा काल्पनिक है; तथापि यह इंगित करना प्रासंगिक होगा कि छत्तीसगढ़ और मध्य-प्रदेश के कई-एक इलाक़ों में सैकड़ों ऐसे मैथिल ब्राह्मण परिवार हैं जिनकी वर्तमान पीढ़ी को यह ज्ञात नहीं कि उनके पुरखे कितनी पीढ़ियों पहले वहाँ आ बसे थे।

चन्देलों की रानी दुर्गावती का राज्य मध्यकालीन उत्तर भारत के इतिहास में हिन्दुओं का बचा हुआ अन्तिम सशक्त गढ़ था, जिसने न सिर्फ़ बाज़ बहादुर को बुरी तरह पराजित किया बल्कि दो बार मुग़ल सेना को भी बैरंग वापस लौटाया। ऐसी स्थिति में यह असम्भव नहीं कि रानी दुर्गावती बाज़ बहादुर और रूपमती के प्रेम-प्रसंग के बारे में वैसी किसी ग़लतफ़हमी का शिकार हो गई हों, जैसी रानी ने अपनी आत्मकथा में लिखवाई है। वह कोई इन्टरनेट या ई-मेल का युग तो था नहीं कि तुरन्त इसका खुलासा हो जाता!

इस कथा में कई पात्र-गण अपने मूल और पृष्ठभूमि के हिसाब से संवाद बोलते हैं : कुछ हिन्दी में, कुछ राजस्थानी में, कुछ अरबी-फ़ारसी से लैस हिन्दी में; यहाँ तक कि एक स्त्री-पात्र तो भोजपुरी भी बोलती है। रानी रूपमती कर्मकांडी ब्राह्मण की शिष्या रही होने के कारण अधिकतर संस्कृतनिष्ठ हिन्दी बोलती हैं।

अपनी काव्य-रचनाओं के अलावा रानी रूपमती ने जिन गीतों, दोहों आदि का उल्लेख किया है, उदाहरण-स्वरूप मधुराष्टकम्, अमीर ख़ुसरो का दोहा इत्यादि, वे उनके समय तक प्रचलित हो चुके थे। बहरहाल, मैं तो एक बार फिर यही कहूँगा कि रानी ने जो कहा, वही मैंने लिखा।

पाठकों से विशेष निवेदन है कि इस कृति के कुछ संवाद में 'म्लेच्छ' शब्द के प्रयोग को अन्यथा न लें; परिशिष्ट 4 में उपलब्ध सन्दर्भ-ग्रन्थावली के कई पुस्तकों, यथा 'चारु चन्द्रलेख' (पृ. 124), 'एज ऑफ़ रॉथ' (पृ. 402) आदि से स्पष्ट है कि उस काल में मुसलमान आक्रमणकारियों के लिए इस शब्द का अक्सर प्रयोग होता था। यहाँ यह इंगित करना अप्रासंगिक न होगा कि इस पुस्तक के कुछ पात्रों ने 'म्लेच्छ' शब्द का प्रयोग अवश्य किया है, किन्तु स्वयम् रानी रूपमती ने उसे एक नया, धर्म-निरपेक्ष आयाम भी दिया है : म्लेच्छ के मायने क्या ? क्या सिर्फ़ वे जिनके आराध्य-देव, जिनका कर्मकांड, जिनका खान-पान, पहनने-ओढ़ने का ढंग आदि हमसे भिन्न हैं अथवा इससे कुछ अधिक गहरी आध्यात्मिक व्याख्या और अर्थवत्ता भी है इस शब्द की ? यदि 'म्लेच्छ' शब्द मात्र बाह्य भिन्नता का द्योतक है, फिर तो जिस भूखंड को आर्यों ने बाहर से आकर आर्यावर्त्त का नाम दिया, उसके पूर्ववर्ती निवासी उन्हें भी म्लेच्छ कहने के अधिकारी हो जाएँगे, जबकि यह शब्द ही आर्यों की भाषा की देन है! और यदि ऐसा नहीं, तो सम्भवत: हमें स्वीकार करना होगा कि म्लेच्छ नामक जीव हर सरहद के दोनों ओर पाया जाता है, जैसा कि रानी का अन्त:करण एक बार उनसे कहता है।

मन्दिरों के तोड़े जाने और उनके मलबे का उपयोग वैकल्पिक आराधना-स्थल के निर्माण के लिए किए जाने के तथा सिद्धपीठों की प्रतिमाओं को सम्भावित क्षति के संकट से बचा कर निरापद स्थानों पर ले जाने के अनेक उदहारण इतिहास तथा किम्वदन्तियों में मिलते हैं। रानी रूपमती ने तो पहले ही से ज्ञात इस तथ्य जैसी एक घटना के बारे में सुनने का उल्लेख किया है। तथापि इन बिन्दुओं पर परिशिष्ट-2 की प्रासंगिक टिप्पणियाँ देखी जा सकती हैं।

रानी रूपमती के जीवनकाल के लगभग चार दशकों बाद सोलहवीं सदी में ही अहमद-उल-उमरी ने बाज़ बहादुर से उनके प्रेम-प्रसंग का सम्भवत: पहला वृत्तान्त लिखा था। एल.एम्. क्रम्प द्वारा अंग्रेज़ी में अनूदित उस पुस्तक में भी रानी रूपमती और अधम ख़ान के बीच पत्र-व्यवहार का उल्लेख है। रानी द्वारा अपनी आत्मकथा में इस बात का विवरण तथ्यपरक ही जान पड़ता है।

इस किताब के जिन कथा–पात्रों का उल्लेख इतिहास में मिलता है, उनकी सूची परिशिष्ट–1 में है। उनमें से कुछ प्रमुख ऐतिहासिक हस्तियों, घटनाओं तथा ऐतिहासिक/सांस्कृतिक परिदृश्य से जुड़े बिन्दुओं पर विशिष्ट टिप्पणियाँ परिशिष्ट–2 में हैं। परिशिष्ट–3 में रानी रूपमती की कुछ काव्य रचनाएँ हैं जो उन्होंने समय–समय पर सुनाईं। रानी रूपमती की जिन रचनाओं का अंग्रेज़ी रूपान्तरण एल.एम्. क्रम्प की किताब 'द लेडी ऑफ़ द लोटस' में है, उनका ज्ञापन पाद–टिप्पणियों में कर दिया गया है। परिशिष्ट–4 ऐसे सन्दर्भ ग्रन्थों की सूची है जिनसे प्रत्यक्ष अथवा परोक्ष रूप से इस आत्मकथा की प्रामाणिकता को सम्बल मिलता है।

अन्त में बस यही और कि विधर्मियों के बीच प्रणय और विवाह रानी रूपमती एवम् बाज़ बहादुर के युग में भी अति–संवेदनशील विषय थे, और आज भी हैं। रानी की ओर से इस श्रुतिलेखक का निवेदन है कि सुधी पाठकगण यह आत्मकथा खुले दिल और उदार मन से पढ़ेंगे, तो उन्हें बड़ा सन्तोष होगा।

—प्रियदर्शी ठाकुर 'ख़याल'

धन्यवाद-ज्ञापन

सबसे पहले धन्यवाद अपनी जीवनसंगिनी श्रीमती रेखा ठाकुर, प्रेरणास्रोत अग्रज प्रो. मुरारि मधुसूदन ठाकुर एवम् मित्रवर डॉ. गंगाप्रसाद विमल का जिन्होंने इस पुस्तक के श्रुतिलेखन एवम् शोध-कार्य के दौरान मेरा उत्साह बनाए रखा। मैं अपनी बड़ी बहन श्रीमती सीता झा और बेटी डॉ. जया का विशेष आभारी हूँ जिन्होंने चार-छह दिनों में ही पांडुलिपि पढ़कर ऐसी सकारात्मक टिप्पणियाँ कीं कि मन प्रसन्न हो उठा; और अपनी भाभी श्रीमती पूर्णिमा ठाकुर का भी, जिन्होंने न सिर्फ़ पांडुलिपि पढ़कर साधुवाद किया बल्कि अपनी कुछ बहुमूल्य पुस्तकें भी शोध-कार्य हेतु उपलब्ध कराईं। अपने भाँजे श्री विनयानन्द झा का भी बहुत आभारी हूँ कि उन्होंने पांडुलिपि पढ़कर बहुमूल्य सुझाव दिए। पांडुलिपि को अन्तिम रूप देने में जया और मेरे नवासे सिद्धार्थ, और मेरे मित्र श्री रुक्मदेव शर्मा ने बड़ी सहायता की, उनका बहुत धन्यवाद।

शोध-कार्य के सिलसिले में कतिपय दुर्लभ पुस्तकें उपलब्ध कराने में इंडिया इंटरनैशनल सेंटर के पुस्तकालय के श्री राजीव मिश्र का, तथा पुस्तकों के लाने-लौटाने में पुत्रवधू सोना ठाकुर का योगदान भुलाना सम्भव नहीं। उसी प्रकार संस्कृत श्लोक के स्रोत के सम्बन्ध में जानकारी देने के लिए पंडित डॉ. शम्भूनाथ मिश्र तथा राग-रागिनियों के इतिहास के सम्बन्ध में मेरा ज्ञानवर्धन करने के लिए श्री शंकर कुमार झा का बहुत आभार। मेरे अत्यन्त प्रिय परिजन संकर्षण ठाकुर ने अपने निजी पुस्तकालय से लम्बी अवधि के लिए किताबें उधार दीं, उसके लिए उन्हें कोटिशः आशीर्वाद।

शोध-कार्य के लिए जयपुर-अजमेर-चित्तौड़गढ़-धार-मांडव की यात्रा के दौरान प्रत्यक्ष अथवा परोक्ष रूप से सहायता और सम्बल के लिए सर्वश्री ललित जोशी, डॉ. आदर्श किशोर, जे.पी. सिंह, डी.सी. सामन्त, सरोज खेमका, डॉ. दिनेश त्रिपाठी व डॉ. शुभा त्रिपाठी, डॉ. वैभव त्रिपाठी व डॉ. मेधावी त्रिपाठी, केदार जी, दिनेश चतुर्वेदी और नरेन्द्र कुमार जोशी, अजमेर शरीफ़ के बारी मियाँ, पुष्कर के पंडित रघुनाथ, हरीश कुलश्रेष्ठ व अभय तिवारी तथा सर्किट हाउस, अजमेर, चित्तौड़ व धार के कुल कार्मिकों का हृदय से आभार। और छह दिनों की इस चक्रवात-समान यात्रा के पार्थसारथी, अपने ड्राईवर अब्दुल क़ुद्दूस का योगदान कैसे भूलूँ!

धार तथा मांडव में स्थानीय व्यवस्थाओं, मार्गदर्शन और सहज स्नेह के लिए धार के ज़िला कलेक्टर श्री श्रीमन् शुक्ल जी, वहाँ की उप-खंड मैजिस्ट्रेट भाव्या जी, भोज शोध संस्थान के निदेशक डॉ. दीपेन्द्र शर्मा, सर्वश्री रमेश सुगन्धी, विश्वनाथ तिवारी, छोटू गावर, सुनील, आर.एस. शर्मा और मांडव विश्राम-गृह के दशरथ जी और अशोक यादव जी का हृदय से आभार।

मेरे प्रकाशक श्री अशोक महेश्वरी तथा उनके सम्पादक-गण की सकारात्मक प्रतिक्रिया व उत्साहवर्धक स्वागत के बिना यह कार्य इतनी शीघ्रतापूर्वक सम्पन्न न हुआ होता; उन सबका बहुत आभार। साथ ही कोलंबो, श्री लंका के जाने-माने चित्रकार श्री कौशिगन रमैय्या को उनके अति सुन्दर चित्र के लिए बहुत धन्यवाद।

अन्त में अपने प्रिय निजी परिजनों का आभार कि उनका सहज स्नेह मेरी रचनात्मकता को आठों पहर पल्लवित-पुष्पित करता रहता है : रेखा, जया, देवानन्द, सोनी, भुवन, देवयानी, संजना, श्रीवत्स और सिद्धार्थ को बहुत-बहुत प्यार और आशीर्वाद।

पुरोवाक्

बस इतना ही सुना था कि मध्य प्रदेश के मालवा क्षेत्र में मांडू नाम की जगह है जहाँ मध्यकालीन महल-क़िलों के अवशेष हैं जिनसे रानी रूपमती और बाज़ बहादुर नाम के प्रेमी-युगल की किम्वदन्तियाँ जुड़ी हुई हैं। यह भी मालूम न था कि ये रानी रूपमती और बाज़ बहादुर कितने समय पहले हुए, उनकी कहानी क्या है। मोटे तौर पर इतनी ही जानकारी थी कि बड़ी लोकप्रिय जगह और जोड़ी है; कई बार सोचा भी कि कभी मौक़ा मिला तो जाएँगे मांडू, लेकिन कभी जाना नहीं हुआ।

फिर एक दिन अचानक न जाने कहाँ से प्रेरणा की एक उत्ताल तरंग-सी आई, और मुझे बहा ले गई : रानी रूपमती की कथा लिखूँगा...लिखूँगा, बहुत जल्द लिखूँगा, आज ही आरम्भ कर दूँगा लिखना। लगभग सन्निपात जैसी मनःस्थिति!

तुरन्त लैपटॉप खोला और इन्टरनेट पर उपलब्ध सारी सूचनाएँ, ब्लॉग्स आदि चाट गया; पढ़ते-पढ़ते देर रात एक वेबसाइट से पता चला कि रूपमती की एक जीवनी सोलहवीं शताब्दी में अहमद-उल-उमरी तुर्कमान ने लिखी थी और बीसवीं सदी के तीसरे दशक में उसका अंग्रेज़ी अनुवाद एल.एम. क्रम्प नामक एक अंग्रेज़ ने 'द लेडी ऑफ़ द लोटस : रूपमती क्वीन ऑफ़ मांडू, ए स्ट्रेंज टेल ऑफ़ फ़ेथफ़ुलनेस' शीर्षक से किया था। वह किताब 1926 में ऑक्सफ़र्ड युनिवर्सिटी प्रेस से छपी थी। इतनी पुरानी किताब! कहाँ मिलेगी...किस पुस्तकालय में ? कुछ समझ नहीं आ रहा था कि ऐसी जल्दी क्यों थी, लेकिन थी, और एक ज़िद पर उतर आए बच्चे की तरह वह किताब मुझे फ़ौरन से पेश्तर, उसी वक़्त चाहिए थी। अजीबोग़रीब हाजत! सोचते-सोचते लगा कि इतनी पुरानी किताब तो शायद राष्ट्रीय अभिलेखागार के पुस्तकालय ही में मिले। याद आया कि मेरे एक कुटुम्ब हैं, अंकित, जो वहाँ के सदस्य हैं। वक़्त के लिहाज़ को ताक़ पर रखकर फ़ोन किया, पर रौंग नम्बर! गम्भीर संकट। मेरी हालत को भाँपकर पत्नी ने कहीं और से ढूँढ़-ढाँढ़कर अंकित का नया नम्बर दिया। पर हाय, अब नो रिप्लाई! क्या किया जाए...कैसे मिले किताब ? कब शुरू कर सकूँगा मैं अपना काम! न जाने कब और कैसे यह कथा मेरा 'अपना काम' बन गई थी!

उस समय क्या पता था कि बहुत जल्द मैं शृंखलाबद्ध श्रुतिलेख की लेखनी मात्र होकर रह जाऊँगा।

ख़ैर, इन्टरनेट को छानते हुए रात के एक बजे मुझे 'द लेडी ऑफ़ द लोटस' का सम्पूर्ण पाठ मिल गया। आधुनिक तकनीकी की पहुँच का हार्दिक साधुवाद करता हुआ प्राणपण से वह पूरी किताब तत्काल पढ़ गया। मालवा के प्राचीन और मध्यकालीन इतिहास, संस्कृति तथा वहाँ की प्राकृतिक सम्पदा, राग-रागिनियों आदि की सारी उपलब्ध सूचनाएँ इस तेज़ी से पढ़ गया जैसे सुबह-सवेरे किसी इम्तिहान में बैठना हो।

लेकिन जब यह सब कुछ हो चुका तो सहसा वह सारा आवेग जिस उमड़-घुमड़ से आया था उससे दुगुनी गति से बैठ गया, जैसे उफनते हुए दूध पर किसी ने पानी की छींट मार दी हो! मुझे लगा कि यह सब कुछ तो पहले ही न जाने कितनी ही वेबसाइटों, किताबों, उपन्यासिकाओं में लिखा-पढ़ा जा चुका है, नितान्त बासी पड़ चुका है। तरह-तरह के क़यास और अनुमान लगाए जा चुके हैं, और विरोधाभासी किम्वदन्तियाँ ऐसे उलझी पड़ी हैं कि कुछ भी स्पष्ट नहीं। यह भी हो सकता है, वह भी हो सकता है...की अन्तहीन दुविधाएँ सैकड़ों नहीं तो बीसियों बार विवाद का कारण रही हैं।

जी हार कर मैंने तय कर लिया की यह कथा मेरे बस की नहीं। अकारण इसके पीछे नींद क्यों ख़राब की जाए।

लेकिन गहरी नींद की बन्द पलकों में अचानक वे सदेह उतर आईं। रानी रूपमती स्वयम्! सारे इतिहास-पुराण एक ओर को धरे रह गए और मेरी कथा आत्मकथा में परिणत हो गई।

तो क्या वह सब जो अब आप आगे पढ़ेंगे एक स्वप्न का बयान है? हो सकता है ऐसा ही हो, लेकिन रानी रूपमती ने तो पूछा था मुझसे, क्या आप मेरी आत्मकथा लिखेंगे? और मैंने मौन सहमति में सर हिलाकर स्वीकृति दी थी। अत: मेरे जानते तो यह रूपमती की आत्मकथा ही है।

अध्याय पर अध्याय रात-रात भर सुनना और दिन-दिन भर उसे कागज़ पर उतारना, बस इतना ही किया है मैंने...

साक्षात्कार : 1

नींद में हूँ, यह स्वप्न है; वे साक्षात-सदेह, ठोस वास्तविकता हैं? कुछ नहीं कह सकता, पर वे सामने हैं। मैं अवाक्...शब्द हैं पर स्वर नहीं। देखा-देखा-सा लगता है पर ऐसा सौन्दर्य पहले कभी न देखा। त्वचा ऐसी निर्मल कि गले की नीलाभ शिराएँ स्पष्ट दिखती हैं, गुलाबी आभा से दीप्त गौर वर्ण, अर्द्धोन्मीलित-से नयन, मुख पर शीतल चाँदनी का सौम्य, अधरों पर मन्द स्मित की रेखा, जैसे स्मित नहीं, बस केवल उसका इंगित मात्र। पारदर्शी चन्देरी वस्त्र में लिपटी छरहरी काया, कमनीयता की परिभाषा...माथे पर पल्लू लेकिन मुख अवगुंठित नहीं। हाँ, सब ने ठीक ही अनुमान किया था : पद्मिनी हैं, सर्वथा पद्मिनी...कौन कहता है पद्मिनी, यह तो रूपमती हैं! स्वयम् ही रूप की परिभाषा हैं, किसी वात्स्यायन की मोहताज नहीं।

मैं अपलक देखता हूँ, बस—बात तो तब करूँ न जब देखने से फ़ुर्सत हो।

वही बोलती हैं : तो आप मेरी कथा लिखना चाहते हैं? वही सब कुछ जो बहुतों ने लिखा है, वैसी ही अगर-मगर वाली कथा? क्या बासी बातों को दुहराना व्यर्थ नहीं! बहुत-सी बातें तो मैं भी नहीं जानती, न बता सकूँगी, पर लिखना ही है तो मेरी आत्मकथा लिखिए। वह सब कुछ बताऊँगी जो मुझे मालूम है। लेकिन एक शर्त है : मेरे बाज़ को कभी कायर न लिखिएगा, वह बहादुर था और उसे बहादुर ही रखिएगा। वह मेरा हर्ता नहीं, मेरा करतार था। मेरी जान बचाई थी उसने, मरने के लिए छोड़कर कापुरुषों की तरह नहीं भागा था...यह बात अलग है कि भाग्य ने उसका साथ न दिया। बताऊँगी, सब बताऊँगी, पर अभी से आगे की बातें क्यों करें!

सबसे पहले तो आप सम्भवत: यह जानना चाहेंगे कि मैं थी कौन, यानी मेरी जात-बिरादरी, वंश-कुल; क्षत्राणी थी या किसी गड़ेरिए की बेटी, या किसी गणिका की अवैध सन्तान, हिन्दू या मुसलमान? सो सच्ची बात तो यह है कि मैं दरअसल रेवा मैया की बेटी हूँ। उन्होंने न बचाया होता तो जीवन के इक्कीस-बाईस बरस क्या, छह वर्ष भी पूरे न कर पाती, या शायद पाँच भी नहीं।

मैं बस सुनता हूँ और लिखता हूँ :

मेरे लिए कहना कठिन है कि मैं इन सबमें से कौन या क्या थी! सम्भवत: थोड़ा-थोड़ा सब कुछ...

मेरे बालपन की प्रारम्भिक स्मृतियाँ अमावस के घटाटोप आकाश पर रह-रहकर कौंधती बिजली की दरकी हुई रेखाओं-सी टुकड़ों-टुकड़ों में आती हैं। मुझे ही क्यों, बचपन के अबोध वर्षों की याद सम्भवत: सभी लोगों को ऐसे ही आती होगी। किसी एक दृश्य का कोई अधूरा टुकड़ा दिखा, फिर अन्धकार, फिर किसी और प्रकरण का कोई और टुकड़ा...कोई सिर-पैर, कोई तारतम्य नहीं...जैसे कोई पहेलियाँ बुझा रहा हो और आप सिर धुन-धुन कर स्मरण करने का आयास कर रहे हों। ऐसा आभास भले ही होता रहे कि मुखाकृतियों के भूले हुए नाम और नामों के बिसरे हुए चेहरे अब याद आए...अब याद आए, किन्तु वास्तव में आते नहीं। सब कुछ बेतरतीब, बिखरा-बिखरा-सा। कभी आरम्भ तो मध्यभाग नहीं, कभी मध्यभाग है तो अन्त ग़ायब!...

जैसे वह दृश्य जिसमें एक अबोध बच्ची के कोमल मुख से छूट निकलने को व्याकुल त्राहिमाम् का आर्त्तनाद लोहे जैसे सख़्त पंजों में घुटा हुआ है और सरपट दौड़ते घोड़े की टापें किसी दानव के अट्टहास के समान रात के अँधियारे में गूँज रही हैं। फिर कुछ कसमसाहट-सी होती है, फिर एक क्रुद्ध चीख़, और फिर...छपाक! जलधारा की लोमहर्षक शीतलता, और फिर निविड़ अन्धकार! कहाँ से कौन उठा लाया उसे; कहाँ, किसलिए ले जा रहा है जबरन, कुछ भी स्पष्ट नहीं!

पर एक चित्र है जो लगभग पूरा का पूरा स्मृति-पटल पर अंकित है...एक अमिट चित्र जो लगता है किसी ने बड़े अनुराग, बड़ी तन्मयता से उकेरी है...

ꣻ

साक्षात्कार : 2

नगर का नाम नहीं पता। केवल इतना स्मरण है कि नगर के भीतरी भाग की कुंज-गलिन-सी में एक पुरानी हवेली के दोमहले पर घर है। गली से अन्दर आने को एक मेहराब-नुमा प्रवेश-द्वार है, जिसके पल्ले बालिश्त-भर मोटे नक़्क़ाशीदार लकड़ी के हैं और उन पर धातु के कमल जड़े हैं। प्रवेश द्वार से अन्दर आते ही एक विशाल चौकोर प्रांगण, जिसके बीचों-बीच मौलश्री का एक छतनार वृक्ष है। प्रांगण में बायें हाथ को एक ज़ीना है जिसे बरसात से बचाने के लिए खपरैल की एक सुरंग-सी बनी है। भवन के भूमि-तल पर क्या है, अब याद नहीं आता। सीढ़ियों से ऊपर आते

ही एक लम्बा गलियारा, जिसके एक ओर सहन की तरफ़ को खिड़कियाँ ही खिड़कियाँ हैं—पट खोलते ही नीचे से मौलश्री की भीनी-भीनी सुगन्ध आती है, और सामने दूर क्षितिज पर किसी भव्य प्रवेश-द्वार के कंगूरे दीख पड़ते हैं। गलियारे के दूसरी ओर कई-एक दरवाज़े, जिनमें से केवल तीन ही खुलते याद आते हैं। शेष बन्द पड़े हैं। अब एक नन्ही-सी बच्ची को और स्मरण भी कितना रहे, आप ही बताइए?

प्रश्न भी, उत्तर भी...बोलते हुए विहँसती हैं वे; मोतियों की लड़ी सरीखे दाँतों की पंक्ति एक क्षणांश-भर को अनावृत होती है, लगता है जैसे सूर्य की पहली किरण श्वेत कमल की पँखड़ियों का स्पर्श करती हो।

मैं, श्रुतिलेखक, कहूँ तो क्या कहूँ!

अपने बाद के वर्षों में जद्दू बाबा के साथ मैं जहाँ रहती रही, वह खँडहर होता हुआ गढ़ धर्मपुरी उस बेनाम हवेली जैसा सुनसान न था जहाँ मेरा अबोध बचपन बीता...

बस तीन दरवाज़े और दो स्त्रियाँ! और कुछ याद नहीं। उनमें भी एक सेविका जो भोजन बनाती, साफ़-सफ़ाई करती और चुपचाप मेरी वेणी बना देती...दो वेणियाँ। जब एक ओर की हो जाती, तब वह मुझसे कहती—'कुँवरानी, अबै माथो थोड़ो अठे घुमावजो।' इसके अतिरिक्त उसे कुछ बोलते हुए सुना हो, स्मरण नहीं। उसका अधेड़ चेहरा-मोहरा भी अब विस्मृति की गर्त में जा पड़ा। पर यह नहीं भूल पाई कि वह मुझे कुँवरानी बुलाती थी।

दूसरी स्त्री अवश्य मेरी माँ रही होगी। जिस तरह प्रत्येक दिन वह मेरे केश सहलाते हुए मेरी आँखों में आँखें डालकर उत्कट ममता से कहती—'चल मेरी सोनचिरैया, तेरे संझा-चुग्गे का बख़त हो गया...चल उठ, अबेर हो चला', वैसे तो केवल एक माँ ही बोल सकती है...हाँ, वह अवश्य मेरी माँ ही रही होगी। बहुत बड़ी क़द-काठी-या सम्भवत: मुझे ऐसा लगता था, क्योंकि तब मैं स्वयम् बहुत छोटी थी—उन्नत भाल, गौर-वर्ण, सुरमई आँखें, घुँघराले बाल—नवयुवती नहीं लेकिन प्रौढ़ा भी नहीं। बस, कोई बेनाम उदासी एक स्याह अर्द्धचन्द्रिका-सी बनकर ठहर गई थी उसकी आँखों के नीचे, पर उन आखों की ममता नहीं भूलती मुझे...भले ही उसने कभी मुझे 'कुँवरानी' न कहा हो। 'सोनचिरैया' के अतिरिक्त और किस नाम से बुलाती थी, अब तो यह भी स्मरण नहीं। लेकिन संझा के चुग्गे का समय कभी उसकी पूजा से पहले नहीं होता।

तीन में से पहला दरवाज़ा खुलता था एक भव्य आयताकार कक्ष में जिसकी धरण-कड़ियों वाली छत छह डोरिये की नक्क़ाशी की हुई पत्थर के स्तम्भों पर टिकी थी; चारों ओर की दीवारों पर छोटी-छोटी नुकीले सिरेवाली मेहराबों की ताकें

थीं जिन पर साँझ को दिए जलते थे। आयत की छोटी दीवारों में से एक समतल थी, और दूसरी पर एक बड़ी मेहराब में बने आले पर उसके राधाकृष्ण की प्रस्तर-प्रतिमाएँ थीं। वैसी मूर्तियाँ मैंने अपने जीवन में फिर कभी नहीं देखीं—कृष्ण आपादमस्तक घनश्याम शिला के और राधा शुभ्र, श्वेत संगमरमर की, बाक़ी कहीं कोई अलंकार नहीं किन्तु दोनों प्रतिमाओं की आँखें ऐसे चमकती थीं जैसे रात के अन्धकार में प्रकाश पड़ने से जीव-जंतुओं की आँखें!

राधाकृष्ण की पूजा-अर्चना नित्य नियम.था उस ममतामयी स्त्री का, जो कदाचित् मेरी माँ थी। प्रतिदिन चँगेरा-भर पीले गेंदे के फूल आते—सम्भवत: वही दूसरी स्त्री लाती होगी जो हमारे अन्य सभी काम करती थी। मूर्तियों के समक्ष एक पुरानी चटाई बिछी थी जिस पर बैठकर मेरी माँ बड़े जतन से उन स्वर्णाभ पुष्पों की दो मालाएँ गूँथती और प्रतिमाओं को पहना देती, और हाँ, पहनाते समय बड़ी निष्ठा से एक ओर से मेरे नन्हे हाथों का स्पर्श अनिवार्य होता। फिर धूप-दीप अर्पित कर वह चटाई पर बैठ जाती और आखें मूँद, भावविह्वल होकर देर तक गाती रहती :

हे राधा के कृष्ण-कन्हैया
भवसागर के पार करैया
पार लगाओ तो मैं जानूँ,
इह माटी की मेरी नैया
हे गोपियन के प्रेम-पियारे
बलि-बलि जाऊँ मो भि तिहारे
पार लगा दौ म्हारी भी नैया
हे राधा के कृष्ण-कन्हैया...

गढ़ धर्मपुरी के दिनों में जब मैं स्वयम् गाने लगी तब समझ में आया, बड़े सुच्चे सुर लगते थे उसके, यद्यपि उसके कंठ में नुक़्स था, जैसे गले में कुछ फँसा हो; पर गायकी एकदम सधी हुई—पंचम में भी स्थिर। हर दिन साँझ को वही एक भजन, जैसे और कोई आशीष उसे नहीं चाहिए। हँसते-बोलते उसे मैंने नहीं देखा—और था भी कौन जिसके साथ बहुत बोलती-बतियाती। लेकिन मैंने कभी यह नहीं सोचा कि उसके मन में कोई दुख है। तब मैं जानती ही न थी कि दुख होता क्या है!

चटाई पर बैठी, कान्हा को गुहार लगाती उस स्त्री की जो छवि मेरी स्मृति में बसी है उसमें कुछ तो ऐसा है जो बाद के मेरे अनुभव से पंडीज्जू की अर्चना की भंगिमा-मुद्राओं से मेल नहीं खाता रहा। वह आलथी-पालथी मारकर नहीं बैठती, वज्रासन की मुद्रा में होती; जुड़ी हुई हथेलियाँ वक्षस्थल पर नहीं, एक-दूसरे से कुछ अलगी हुईं, आँखों से ऊपर को उठी हुईं, जैसे वे केवल साकार प्रतिमाओं को नहीं, किसी निराकार सत्ता को भी आहूत करती हों।

बाद के वर्षों में पंडीज्जू बार-बार कहते थे मुझे, 'रूप, अच्छी तरह समझ कर आत्मसात कर ले मेरी यह बात : पूर्व-जन्म और अगला जन्म वैसा कुछ नहीं होता जैसा लोग समझते-मानते हैं; इसी एक जन्म में कई-कई जन्म लेने पड़ते हैं। कल का जन्म अलग, आज का जन्म अलग।'

मैं अपने उस पूर्व-जन्म की अपनी माँ का नाम नहीं जानती थी!

न यह याद है कि हमलोग क्या खाते-पहनते थे, गुज़र-बसर कैसे होता था। हाँ, खुलनेवाले दूसरे द्वार के अन्दर शयन-कक्ष था और तीसरे में दो हिस्से थे--एक रसोई तथा दूसरा स्नान-घर का। गलियारे की खिड़कियों से बाहर वही वृत्ताकार मौलश्री और दूर किसी महल-परिसर के सिंहद्वार के बुर्ज-कंगूरे। अन्दर-बाहर के बस यही दृश्य हैं जो स्मृति के अंक में बचे रह गए हैं, जैसे सदा के लिए बिछड़ चुके किसी प्रेमी के आलिंगन की क्षीण पड़ती हुई-सी याद।

ꙮ

साक्षात्कार : 3

मेरे उस पूर्व-जन्म का अन्त कैसे हुआ, कुछ भी स्मरण नहीं। उसके बाद का केवल वही एक दृश्य मानस-पटल पर अब तक कौंधता है—कोई अज्ञात घुड़सवार एक नन्ही-सी जान का मुँह कठोर पंजे में दाबे पवन-वेग से चला जा रहा है। अन्धकार में कोहराम मचा है। सहसा एक पुरुष स्वर की एक आहत, क्रुद्ध चिंघाड़! क्या हुआ? पंजे की जकड़ से छूट निकलने के लिए बच्ची ने कदाचित् अपने दाँत गड़ा दिए दुष्ट की हथेली में? सन्तुलन बिगड़ा और फिर वही...छपाक! फिर शीतल जल का अथाह अन्धकार। क्या मैं ही उस बच्ची का पात्र कर रही थी अपने पूर्व-जन्म के निशान्त में?

उस दृश्य का खुलासा किसी ने नहीं किया कभी, न जद्दू बा ने, न केतकी ने, न किसी और ने। मात्र एक बार पंडीज्जू ने बातों-बातों में इंगित भर किया था—'रूप, तू साक्षात रेवा मैया की बेटी है, उन्होंने ही नया जीवन दिया तुझे। प्रतिदिन उषाकाल रेवा में स्नान-ध्यान कर लिया कर'। फिर जैसे उनकी आँखें कुछ अन्तर्लीन-सी हो गईं, जैसे मन में जो चल रहा है उसे अन्दर ही गाड़ देना अच्छा होगा।

ऐसा नहीं कि मैंने कोई जतन न किया कि अपने परिवेश के आमूल-चूल परिवर्तन के विषय में जानूँ—पूछा था एक बार पंडीज्जू से।

उपत्यका के उत्तरी सीमान्त से कुछ दूर, रेवा के किनारे एक पहाड़ी पर ढहते हुए गढ़ और चन्द झोंपड़ियों के इस गाँव में मुझे आए हुए आठ नवरात्र बीत चुके। व्यतीत होते समय की सुध रखने का इससे सहज कोई उपाय मेरे पास न था, क्योंकि नवरात्र के दिन वैसे ही अविस्मरणीय होते—पंडीज्जू नवों दिन निर्जला उपवास रखते; दिन-भर न कुछ खाते, न पीते; बस दिन ढले पर प्राण-रक्षा हेतु कुछ कन्द-मूल-जल ले लेते। उनकी आँखें धँस जातीं, होंठ पपड़ा जाते। फिर भी भोर से साँझ तक वे मात्र स्मृति से दुर्गा सप्तशती का जाप करते रहते...निरन्तर। मुझे भय हो आता—हे कृष्ण-कन्हैया, कहीं ये मर तो नहीं जाएँगे...मेरे एकाकीपन का ध्रुव-तारा अस्त तो न हो जाएगा। मैं आखें मूँद कर उनके जीवन के लिए प्रार्थना करती। यही तो एकमात्र स्तम्भ हैं मेरी समझ-बूझ, विद्या-बुद्धि, शब्द-ज्ञान के। ये न रहें तो मेरा क्या होगा, भगवन्! पर नहीं, उनकी वृद्ध काठी में बहुत जान थी अब तक। महा-अष्टमी के दिन स्वयम् अपने हाथों से बलि चढ़ाते...सन्न से खड्ग गिरता उनका, और एक ही छेव में सर धड़ से अलग...हवेली के तहख़ाने में स्थित देवी के मन्दिर का फ़र्श आरक्त हो जाता...पहली बार तो मैंने सिहर कर पलकें बन्द कर ली थीं।

और तो और, रक्त की छींटें कोने में रक्खी उनकी पोथी-पतरों के मटमैले सन्दूक़ तक पर पड़ जातीं...पर वे तनिक भी विचलित न दिखाई पड़ते...पशु का क्या, उन्होंने अपने पिता का सिर धड़ से अलग होते हुए देख रखा था! पंडीज्जू ने कभी स्वयम् उस कांड की चर्चा नहीं की—मुझे तो उस त्रासद घटना का पता बहुत बाद में चला। ख़ैर, वह फिर कभी...

नवरात्र के अन्तिम दिन वे फ़र्श को स्वयम् अपने हाथों से धो-पोंछकर मुझे बड़ी श्रद्धा से बिठा कर भोजन कराते, और जब मैं उठती तो मेरे हाथ पर चाँदी की एक मुद्रा रखकर बाज़ाब्ता मेरे पैर छू कर प्रणाम करते। मैं वह दिन कभी नहीं भूलती और उसके समाप्त होते ही, फिर अगले नवरात्र के आगमन के दिन गिनने लग पड़ती।

कम-से-कम पचास-पचपन नवरात्र के उपवास तो झेल चुका होगा उनका कृशकाय शरीर। वे धोती, अंगवस्त्र और जनेऊ-पवित्री के अतिरिक्त और कुछ धारण नहीं करते। सिर सदैव मुंडित; पीछे कन्धों तक चाणक्य की-सी मोटी चुटिया लटकती थी; गौर-वर्ण भाल पर भृकुटियाँ सदैव कुंचित, जैसे उनका मानस किसी गम्भीर चिन्तन में निमग्न हो। सिकुड़ी हुई भवों के बीचों-बीच शीतलता का आभास देता चन्दन-रोली का टीका, जो कदाचित् प्रतीक चिह्न था उनकी उस मनुष्यता का जिसे कर्मकांडी ब्राह्मण होते हुए भी उन्होंने सदैव धर्म की सामाजिक परिभाषा से ऊपर समझा। यदि ऐसा न होता तो कदाचित् उन्होंने भी राव की हाँ में हाँ मिला दी होती और मैं अपना पन्द्रहवाँ बसन्त भी न देखने पाती...

मैंने जीवन में जो कुछ भी सीखा-गुना, सब उन्हीं से—इतिहास-भूगोल से लेकर पौराणिक कथाओं और रामायण से महाभारत तक। रक्त की छींटों-वाले मटमैले काठ के उस सन्दूक़ में हस्तलिखित पोथियों का अकूत भंडार था, कुछ-एक तो इतनी प्राचीन कि तालपत्रों के भुरभुरा कर बिखर जाने का भय होता। पंडीज्जू के सन्दूक़ में पौराणिक ग्रन्थ ही नहीं, कबित्त, दोहों-सवैओं तथा पदों की पांडुलिपियाँ भी भरी पड़ी थीं। कालिदास, कल्हण, वाणभट्ट, चन्द वरदाई से लेकर वल्लभाचार्य और अमीर ख़ुसरो तक सबकी कृतियाँ थीं उसमें, पर काव्य की पोथियाँ निकालने में पंडीज्जू बहुत कृपण थे। जब-तब टोक देते—'रूप, पहले गम्भीर वास्तविकताओं से तो परिचित हो ले, फिर जी बहलाना इनसे।'

अरे! मैं तो पंडीज्जू पर ही अटक गई। सच पूछिए तो उनसे अनुराग की ऐसी डोर बँधी है कि एक बार उनका बखान आरम्भ हो गया तो इति ही नहीं होती उसकी। और फिर मुझे कथा बाँचने का कोई पूर्व अनुभव तो है नहीं; जैसे-जैसे, जो-जो याद आता जा रहा है, बोलती जा रही हूँ। ऐसे ही आता है मुझे बोलना, अन्तरतर में समाहित स्मृति-कुंडों में डुबकियाँ ले-लेकर!

प्रकारान्तर से क्षमा माँगकर मुस्काईं वे तो लगा जैसे चाँदनी के प्रभामंडल ने उनकी मनमोहिनी मुखाकृति को घेर लिया हो।

मैंने कहना चाहा 'रुकिए नहीं, रानी रूपमती, बोलती जाइए, मैं सर से पाँव तक कान बना सुन रहा हूँ, रुकिए मत' किन्तु कंठ से स्वर नहीं निकला।

৩০৫

साक्षात्कार : 4

कई बार मुझे लगता है कि जीवन नायकों, खलनायकों तथा नानाविध अन्यान्य पात्रों से भरा कई अंकों वाला एक नाटक है, जिसमें अंक परिवर्तित होते ही पात्र-परिदृश्य-संवाद सब पूरी तरह बदल जाते हैं, और बहुत सम्भव है कि प्रारम्भ में सिंह समान प्रतीत होनेवाला नायक अन्त होते-होते तक खलनायक सिद्ध हो जाए और खलनायक नरसिंह का रूप धर ले!

प्रांगण में मौलश्री के एकमात्र वृक्ष-वाले घर के एकान्त के बाद गढ़ धर्मपुरी में खाई की कगार पर स्थित वह हवेली और उसके चारों ओर की बस्ती मेरे उस पिछले जनम के जीवन का पूर्ण-विलोम थीं। सारा का सारा परिवेश-परिदृश्य

बदल गया था। मात्र दो स्त्रियों के साहचर्य की तुलना में अनगिनत पात्रों से भरा था नाटक का यह नवीन अंक। और एकमात्र मौलश्री के वृक्ष का स्थान भरपूर सघन वनों ने लिया था—चारों दिशाओं में हरीतिमा का समुद्र लहराता था। हवेली से उत्तर झरोखों से सीधे खाई में गिरती पत्थर की प्राकृतिक दीवार के नीचे अर्द्धचन्द्राकार रेशम के पाढ़-सी शुभ्र, रेवा मैया की कलकल करती तीव्र धारा हल्की ढलानवाली पहाड़ियों के सहारे पच्छिम की ओर को चली जाती थी। हमारी आबादी से दक्खिन हरी ढलानों पर घुटने-घुटने भर ऊँची घास का फैलाव पहले तो नीचे को टघरता हुआ-सा दूर तक जाता, फिर नदी की एक उथली धारा के उस पार सीधे मांडव की उपत्यका को चढ़ जाता, जहाँ शाही क़िले के प्राचीर के द्वार और बुर्ज बादलों को छूते दिखाई देते थे—कभी धूप में खिले-खिले से, तो कभी धुँधलके के झीने परदे में ढके हुए। बस्ती की बाक़ी दोनों दिशाओं से सघन हरीतिमा से आच्छादित पर्वत-शिखरों की शृंखलाएँ मांडव की उपत्यका को चली जाती थीं, जैसे पन्ने के आभूषण से ढकी दो बाँहें पठार को अपने आवर्त्त में लिये हों। बस्ती से दक्षिण को कुछ दूर पर नदी की उसी धारा में मैं प्रतिदिन उषाकाल रेवा मैय्या के स्नान को जाया करती; वर्षा-ऋतु में जब वह चढ़ जाती तो रेवा मैय्या और उनकी उस द्वि-पार्श्विका के मध्य गढ़ धर्मपुरी मानो एक द्वीप बन जाता।

अन्धकारमय आप्लावन के जिस झटके से अकस्मात् मेरे परिवेश का आमूल-चूल परिवर्तन हो गया, उससे मैं चकित ही नहीं, स्तम्भित और मूक भी हो गई थी। जब मेरी आँखें खुलीं तो मैं न रोई, न चिल्लाई...बस, अनहद भय-विस्मय से सहमी चारों ओर खड़े लोगों को देखती रही। मात्र दो स्त्रियों के स्थान पर यहाँ एक पूरा क़ुन्बा खड़ा था मेरे इर्द-गिर्द!...नहीं, धर्मपुरी की उस छोटी-सी बस्ती में नगर-बाज़ार की चहल-पहल तो न थी, किन्तु लोग अपेक्षाकृत इतने अधिक थे कि सबके नाम-मुक़ाम जानने में मुझे कई सप्ताह, कदाचित् कई माह लगे।

पहले कई दिनों तक तो मैं कुछ बोल ही नहीं पाई...केवल लोगों को देखती रही, बारी-बारी।

जद्दू बाबा...बड़ा डील-डौल, गौर वर्ण, छुरी की धार-सी सुतवाँ नाक, आँखें कि जैसे देखती न हों, बेधती हों; दोनों कानों की ओर गोलाई में समेटी खिचड़ी दाढ़ी, तरेरे हुए गलमुच्छे जैसे रण-बाँकुरों के होते हैं, किन्तु वेश-भूषा महज़ मामूली—माथे पर खुरदुरा फेंटा, डोरियों से बँधा दोसूती अँगरखा, घुटनों से ऊपर तक कसी धोती, पैरों में साधारण देसी चमरौंधे—सब के सब ऐसे धूल-धूसरित, मटमैले-से जैसे लम्बी अवधि से साफ़ न किए गए हों। हाँ, उनके अँगरखे के ऊपर मोटे चमड़े की कमरबन्द में एक नेज़ा अवश्य टँगा होता। बाक़ी के सब लोग उन्हें सर नवा कर प्रणाम करते और राव कहकर बुलाते थे...मेरे

चैतन्य होने पर उन्होंने ही आँखों-आँखों में केतकी को इंगित किया था कि वह मुझे दालान पर से हवेली के अन्दर ले जाए।

जद्दू बाबा को मैंने कितने दिनों बाद बाबा कहना आरम्भ किया यह तो स्मरण नहीं, किन्तु यह याद है कि जब मैंने होश सँभाला तब उन्होंने स्वयम् ही एक दिन अकेले में मेरा सिर थपथपाते हुए कहा था—'डरो मत, रूप, तुम चाहो तो मुझे बाबा कह सकती हो...'

रूप!...उस दिन से पहले पिछले जनम की सोनचिरैया और कुँवरानी को छोड़कर मेरा और कोई नाम था, यह तो मैं स्वयम् भी न जानती थी। मेरे गले में काँटे-से उग आए; रुँधे स्वर से पूछ बैठी :

'क्या मेरा नाम रूप है, बा...बाबा?'

'नहीं, तुम रूपमती हो, कुँवरानी।'

मैं चिहुँक उठी...यहाँ भी मुझे कुँवरानी कहनेवाला कोई है! जाने क्यों एकाएक मेरा मन एक ही साथ भय और स्वस्ति के विरोधाभास से विह्वल हो उठा। मैं उनसे कुछ और पूछती अवश्य, पर अकस्मात् पारस्परिक आत्मीयता का वह पल हमारे हाथ से निकल गया। मैंने मुड़कर देखा, केतकी आ गई थी।

केतकी...वही मेरे पिछले जनम की माँ जैसी—नवयौवना भी नहीं, न प्रौढ़ा... अर्धवयस्का। सिर से पाँव तक हमेशा काले परिधान में, छोटी-छोटी चपल-चौकन्नी आँखें, किंचित दबी हुई-सी नाक पर बारीक़ काम-वाला बड़ा-सा चाँदी का फूल, मैल से कजराया हुआ जैसे बरसों से धुला न हो। केतकी को जब मैंने पहली बार देखा वह निश्चय ही कोई अशुभ घड़ी रही होगी—एक क्षणांश भी न लगा यह भान होने में कि मैं उसे काँटे की तरह खटक रही थी। बहुत कम वयस के बाल-मन में अनुभव की कमी अवश्य होती है, किन्तु आत्मरक्षा की स्वत:स्फूर्त प्रवृत्ति की नहीं—यदि मैं उसे नहीं भा रही थी, तो वह भी मुझे कुछ अच्छी नहीं लगी। मैं भी चौकन्नी हो गई, मुझे उससे सावधान रहना होगा। मेरा बालपन मुझसे थोड़ा और दूर छिटक गया!

एक सिर्फ़ केतकी ही न थी जो मुझे नहीं भाई; उसका एक छोटा भाई भी था—भँवर, जिसे बाद में हम लड़कियाँ उसके मुँह पर भौंरा और पीठ पीछे भौंडा बुलाती रहीं। मुझसे कोई पाँच-छह बरस बड़ा रहा होगा। शुरू-शुरू में तो लगा कि मन्दबुद्धि है...पर निकला वह घुन्ना घाघ! मुँह सदैव थोड़ा खुला-सा, सिर नवाए...तंग करने पर तुली मक्खी की तरह भिनभिनाता हुआ, हम लड़कियाँ जहाँ होतीं वहीं आ बैठता, मगर सीधे किसी की ओर देखकर नहीं बोलता, चोर-नज़रों से बारी-बारी सबको ताड़ता रहता। औरों की तरह, उसकी कृपादृष्टि सर्वाधिक मुझ पर ही रहती, पर वह मेरे धर्मपुरी आने के कुछ वर्षों के बाद की बात है।

जिस दिन गढ़ धर्मपुरी में मेरे नये जीवन का श्रीगणेश हुआ, उस दिन पंडीज्जू वहाँ न थे। किसी ने कहा वे महाकाल के दर्शन को उज्जयिनी की यात्रा पर गए हैं।

और समय बीता। समय का क्या है—कोई त्रस्त हो, स्तब्ध हो, उम्र कम हो या बेशी, समय तो बस बीतता रहता है, सबसे निस्पृह...कोई रोये-गाये, हँसे-बोले, मूक हो जाए, दुखी हो या सुखी, जीवित रहे न रहे, उसकी गति में कोई अन्तर नहीं आता। एक--एक क्षण में वह इस पृथ्वी पर इतने शरीरों और चेतना से एक साथ अनवरत बहता है कि उसे जान ही नहीं पड़ता उसकी धारा में कौन नौका पर सानन्द यात्रा कर रहा है, कौन डूबने को है, किसकी साँसे घुट रही हैं...कौन मर-खप चुका। इस सबसे उसको क्या...उसका धर्म है बहते जाना। हाँ, उसकी हिलकोरें विस्मरण का अवलेह अवश्य छोड़ती जाती हैं, डूबने से बचे हुओं के लिए...

मन-ही-मन आप सोच रहे होंगे—आत्मकथा कहने के बदले यह तो दर्शनशास्त्र बघारने लगी!...क्या करूँ, पंडीज्जू की शिक्षा-दीक्षा ने ऐसी छाप-तिलक छोड़ दी मेरे मानस पर कि बात कहने बैठती हूँ कुछ, और कहने लग जाती हूँ कुछ और!

बरस बीतते न बीतते मैं बस्ती के सब लोगों, गली-कोनों, जीव-जंतुओं को भली-भाँति पहचानने लगी थी—कालूराम रेबारी, जद्दू बाबा का दाहिना हाथ, लगभग वही क़द-काठी और आयु किन्तु ऐंठा हुआ चिम्मड़ इकहरा बदन, जैसे हड्डियों, मांसपेशियों और शिराओं को इकट्ठे मचोड़-मरोड़कर बनाया गया हो उसका शरीर। उसके शारीरिक बल की कथाएँ किम्वदन्तियों का हिस्सा बन चुकी थीं। कहते हैं, युवावस्था में उसने एक चीते को निरे हाथों से गला घोंट कर मार गिराया था। वेश-भूषा भी कमोबेश जद्दू बाबा जैसी ही, बस अन्तर केवल यह कि उसका हस्तास्त्र अँगरखे के अन्दर होता, और हाथ में होती पीले बाँस की टोपीदार लाठी जिससे आवश्यक होने पर बरछी का काम भी लिया जा सकता था। कालूराम मानो जद्दू राव का सेनापति था, और उनकी सेना थी उसका क़ुन्बा—लगभग साठ-सत्तर घर रेबारियों के थे, सो लगभग सब उसके भाई-भतीजे और कुटुम्ब...मुझ नन्ही-सी बच्ची की आँखों से वे सब एक जैसे ही दीख पड़ते—वही मटमैले फेंटे-अँगरखे-धोती और चमरौंधे, और वैसी ही कृपाण और बर्छीनुमा लाठियाँ। आवश्यक भी थे शस्त्र; चारों ओर दूर तक फैले घने वन में हिंस्र जीव-जंतुओं की भरमार तो थी ही, दस्युओं और बाग़ियों की भी कमी न थी।

राव यानी जद्दू बाबा, केतकी, भँवर उर्फ़ भौंडा और मुझे छोड़कर बस्ती के अन्य सब लोग अपने परिवार तथा बच्चों समेत हवेली से उपत्यका की ओर जानेवाले एकमात्र पथरीले रस्ते के दोनों किनारों पर ढहते हुए मकानों पर खर-पात के छप्पर डालकर रहते थे। प्रत्येक घर में स्त्रियाँ थीं पर सब की सब घूँघट

काढ़े घर-गृहस्थी के पिंजरे में ही बनी रहतीं, या बाड़ों में भरी भेड़ों और गउओं की सेवा में लगी रहतीं...धर्मपुरी में भेड़ें तो, लगता है, अनगिनत रही होंगी। सुबह-सवेरे रेबारियों का पूरा कुन्बा अपनी-अपनी हाँज लेकर विभिन्न दिशाओं को उन्हें चराने निकल पड़ता। कई बार तो झरोखे पर से मैं उनमें से कुछ को नदी पार उत्तर की समतल घाटी में इतनी दूर तक चले जाते देखती कि वे चींटियों के झुंड-से दिखाई देने लग पड़ते। कौतूहल भी होता कि उपत्यका की हरी-भरी ढलानों के इतना समीप होते हुए इतनी दूर जाने की क्या आवश्यकता? लेकिन पूछती किसे...

बस्ती की स्त्रियाँ हवेली में नहीं आतीं; उनके बालक भी चलने-फिरने योग्य हुए नहीं कि भेड़ों की देख-भाल सीखने अपने पिता और भाइयों के साथ निकल जाते। हाँ, लड़कियाँ घर के काम-काज में हाथ बटा लेने के बाद प्राय: हर दिन हवेली के प्रशस्त प्रांगण और परकोटे के दीवारों से लगी खँडहर होती हुई कोठरियों में तरह-तरह के खेलों में मस्त रहतीं। उनमें से तीन लगभग मेरी समवयस थीं और धीरे-धीरे मेरी सहेलियाँ बन गईं—तारा, जो सचमुच मेरी आँख का तारा बन गई, किशोरी और सविता। मेरा मन उनके साथ खेलने में रमने लगा था। तीनों सखियाँ हर घड़ी मेरा मुख देखती रहतीं, विशेष कर तारा, जिसे मैंने पहले दिन आँखें खोलते ही देखा था...मैं सोचती-ये सब अवश्य मुझ बिन माँ-बाप की अनाथ बच्ची पर तरस खाती होंगी, तभी तो हर पल मेरा विशेष ध्यान रखती हैं, खेल के नियम भी मुझ पर उतनी सख़्ती से लागू नहीं करतीं।

हाँ, मन तो बहल चला था मेरा, पर वह एकमात्र मौलश्री वाला घर, माँ की ममतामयी आँखें, मेरे बालों को सहलाते उसके हाथ...उसका वह सुरीला भजन—बहुत दिनों तक जब-तब मुझे घनघोर झंझावात की भाँति घेर लेते...आह! कहाँ गए वे सोनचिरैया वाले दिन। कलेजे में एक हूक-सी उठती और मेरे हिया को चीर-काटकर रख देती। किन्तु न जाने क्यों लोगों के सामने मुझे रोना नहीं आता...चुपचाप सिसककर किसी भग्न-निर्जन कोठरी में चली जाती और फूट-फूटकर रो लेती। थोड़ी देर में मन हल्का हो जाता। उतनी कम अवस्था में भी न जाने मुझमें यह प्रज्ञा कैसे उत्पन्न हो गई थी कि जो बीत चुका उसमें लौटा नहीं जा सकता। गढ़ धर्मपुरी के मंच पर नाटक का दूसरा अंक खेलते रहने का कोई विकल्प मेरे पास न था...वैसे भी, देखा जाए तो मेरे अस्तित्व का नन्हा-सा इतिहास था भी कितना! अनायास ही टूट गए किसी नि:शेष स्वप्न के टुकड़े-टुकड़े चित्र जो मैं अपने साथ लाई थी, वे दिन-प्रतिदिन धुँधले पड़ते जा रहे थे।

देखते ही देखते दो बरस और बीत गए; गढ़ धर्मपुरी ही मेरा घर हो गया, पर हृदय की अकुलाहट न गई।

ꕥ

साक्षात्कार : 5

इन दो वर्षों में क्या-क्या कुछ हुआ वह सब विस्तार से कहने लगूँ तो अवश्य ही आप ऊबकर भाग जाएँगे!

नहीं, रूपमती, कदापि नहीं—बस, आप अपनी कथा अधूरी न छोड़ दीजिएगा।

मेरे एकाकी जीवन के अवलम्ब तो बस दो ही थे—तारा और पंडीज्जू। और कोई न था जिससे मैं बोल-बतिया सकती। जद्दू राव कई-कई दिनों के लिए न जाने कहाँ अन्तर्धान हो जाते...कुछ पता ही नहीं चलता कब गए, वापस कब लौटेंगे। वैसे भी उनके धीर-गम्भीर व्यक्तित्व और तीक्ष्ण आँखें देखकर मैं सहम-सी जाती...यह पूछने का तो प्रश्न ही नहीं कि मैं कौन हूँ...कहाँ से आई...आगे मेरा क्या होगा। कभी-कभी जी करता कि भाग जाऊँ वहाँ से...पर जाती कहाँ उस बीहड़ जंगल में! भय होता कि या तो जंगली जानवर खा जाएँगे या कोई दस्यु उठा ले जाएगा जैसे पिछले जनम का वह घुड़सवार जो मेरी चीख़ को मेरे हलक़ में दाबे लिए जा रहा था।

कभी सोचती, क्या मेरी माँ भी याद करती होगी मुझे...क्या वह भी कुहर-कुहर कर रोती होगी मेरे लिए? क्या उस रात मुझे उठा लेनेवालों ने मार डाला उसे या वह बच कर भाग गई कहीं...जीवित है अब तक? क्या कभी देख पाऊँगी फिर उसे? क्या वह भी ढूँढ़ती होगी मुझे?...कोई न था जो कुछ बता सकता; और बताता भी तो तब न जब मैं पूछती किसी से! ऐसे प्रश्नों का झंझावात जब मेरे मन में उठता, एक बेनाम-सी झिझक मुझे रोक लेती किसी से कुछ पूछने से...आह! दुनिया-जहान में कोई नहीं जो मेरा अपना हो।

केतकी को तो मैं फूटी आँख न सुहाती...सदैव कुढ़ती-बुदबुदाती, बड़ी कठिनाई से वह ज़रूरत भर ही बोलती मुझसे। किसी तरह भोजन परोस, एक घिस्सा मारकर थाली मेरी ओर सरकाते हुए रुक्ष स्वर में कहती—'लौ, खाय लौ'। भूख मुझे वैसे भी कम लगती, और जिस प्रकार जलती-भुनती हुई-सी वह मुझे घूरती रहती...मुझसे खाया न जाता; लगता जैसे पहला निवाला ही गले में अटका पड़ा है—हर बार थाली में कुछ न कुछ बच जाता, तो उठते-उठते फिर ताना, 'अरी, नाज री बोरिये संग लै के आय रही जो इत्ता छोड़ दिऔ'। मैं कुछ न बोलती, नज़र नीची किए चुपचाप उठ जाती; सोचती रहती, इसका क्या बिगाड़ा मैंने जो कभी सीधे मुँह दो बोल नहीं बोलती!

भौंडे से तो बात करने का प्रश्न ही नहीं—उसको देखते ही मैं खौल उठती जैसे मुझे देखकर केतकी...कभी-कभी तो मन-ही-मन हँसी भी आती सोचकर, इसने

भला तेरा क्या बिगाड़ा कभी जो देखते ही चिढ़ जाती है! तब मुझे क्या पता था कि जल्द ही वह कितने बिगाड़ का कारण बननेवाला है। उस समय तो बस उसका अनवरत खुला मुँह...ताड़ती हुई-सी आँखें और लिज़लिज़ापन हम चारों सखियों की ठिठोली का एक बहाना भर था। हमारी उपेक्षा से कातर होकर जब वह गिड़गिड़ाता—'मो भी खेलूँ थारे संग लुक्का-छिप्पी?' तो मुझे थोड़ी दया भी आती उस पर, इस बेचारे का भी कोई नहीं इस दुनिया में, केतकी के साथ तो लुक्का-छिप्पी खेलने से रहा...पर हमसब में सबसे दबंग तारा उसे दुतकारती हुई कहती—'चल जा बे भौंरे, हम छोरियण मैं थारो काँइ काम, जा भेड़ें चरा जाकर'...फिर बुदबुदाती 'आ जावै हरदम मक्खी-सा भिनभिनात!' भौंडे का मुख अपमान से आरक्त हो उठता और वह मुँह लटकाए खिसक लेता।

तारा से मैत्रीभाव जब थोड़ा गहराया तो मैंने एक दिन उससे अकेले में पूछा, "तारा, तू तो थी वहाँ जिस दिन मैं यहाँ लाई गई। कहाँ से उठाकर लाए थे मुझे?"

"बस इत्तोई कि रेवा मैया की धार से उठाय के लाय रहे...अचेत बैती तू नद्दी किनारे चट्टान से अटक गई रही...और तो भगवान.ही जाने...पर चिन्ता रो कईं बात। हम सब हैं ण अठे, और राव तो बेटी समान माणें तणे।" फिर उसने मेरा सिर अपनी बाँहों से घेरकर अपने कन्धे से भींच लिया और मेरी पीठ थपकने लगी। मुझे प्रतीत हुआ जैसे शीतलता की एक हिलकोर मेरे अन्तरतर तक उतर गई, गला रुँध गया और आँसुओं की बूँदें टघर-टघर कर नाक के दोनों ओर से मेरे होंठ भिगोने लगीं। सिसकियों के बीच भर्राए स्वर में मैंने पूछा,

"पर तारा...मैं हूँ कौन?"

"तू मेरी लाडो है, बस्स...हौर मैं कुछ न जानूँ!" उसने पुचकारते हुए कहा, "रो मत, रोने से केवल हिया फाटैगो, हौर कुछ नईं..." तारा हमेशा मुझसे अपनी भाषा में ही बोलती। एक बार उससे पूछा तो बोली, 'म्हारे पुरखे मेवाड़ से आय रहे अठै, हमारे घर सब ऐसेई बोलैं'।...पर उसकी बात अधूरी रह गई,

"काँइ टाटक चाल रह्यौ है अठे, छोरियों?" कड़कती हुई केतकी न जाने कहाँ से टपक पड़ी सहसा...सर्प के समान बिन आहट प्रगट होने की सिफ़त थी उसमें!

हमदोनों छिटक कर सिर झुकाए ऐसे खड़ी हो गईं जैसे कोई अपराध किया हो।

"काँइ हुऔ इसणे...रोवती क्यों है, हैं तारो?"

तारा के मुँह से अचानक निकल पड़ा, "पूछती रही, हम कौन हैं...कइसे आय गए हियाँ?"

फिस्स्स...हः...हः...हः—पहली बार मैंने केतकी को हँसते देखा। हँसी नहीं, हँसी का विद्रूप था वह!

"चन्द्रमा से उतरी परी हौ, अउर कौन! अब और टेसुए न बहाव, चल के खाय लौ"।

जी किया, मुँह नोच लूँ उसका...सच में, अगर मैं समर्थ होती तो उस दिन भिड़ जाती उससे। पर मैं उसके कमर बराबर और वह बड़े डील-डौल की जल्लाद-सी औरत! मैं बड़ी तेज़ी से मुड़ी और दौड़ती हुई अपनी कोठरी में बिछौने पर जा गिरी...ख़ुद ही गीड़ो अपना बनाया गोबर, मुझे नहीं खाना। संकल्प किया मैंने कि मरती मर जाऊँगी पर केतकी के कहे न खाऊँगी!

तीन दिन खाया क्या, पानी तक न पिया...अधमरी-सी हो गई। दूसरे दिन की साँझ तक पेट में आग की लपटें-सी उठने लगीं, हलक़ सूख कर जारन की लकड़ी-सा तिड़कने लगा, बन्द आँखों के परदे पर रंग-बिरंगे चकत्ते-से दिखाई देते...तीसरे दिन दोपहर तक बेसुध-सी पड़ी मैं अस्फुट स्वर में अल-बल बोलने लगी। उससे पहले केतकी दो-चार बार ख़ानापूरी कर चुकी थी—''अरी! बन्द करौ ये नाटक, आय के खाय लौ अब। मरि कैं म्हारे माथे चुड़ैल नचैहौं काँइ!''

जब मैंने फिर भी कोई हरकत न की तो झल्लाकर बोली, ''तौ मरो फेर, राव आय के खिलाएँ थाणे!''

परन्तु उसने मुझे हाथ न लगाया कभी। जबरन खिलाने-पिलाने की कोई कोशिश न की, मैं सोचती, इसके मन में अवश्य यही होगा—इसी बहाने मर ही जाए निगोड़ी तो पाप कटे!

जब-जब केतकी मुझे पूछने आती, भौंडा भी एक क़दम पीछे खड़ा उसकी बगल से झाँकता रहता। मैं और खीज उठती; सोचती, केतकी नहीं तो इस मुँहखुले का मुँह ही नोच लूँ झपट कर। तारा और मेरी अन्य दोनों सखियाँ मुझे देखने नहीं आईं—शायद उनके हवेली में आने पर निषेधाज्ञा जारी थी।

तीसरे दिन साँझ तक मैं मरणासन्न!

पर मेरे दिन अभी बाक़ी थे—राव लौट आए। सम्भवत: उन्हें सब कुछ बता दिया गया था। मेरी कोठरी में प्रवेश करते ही उन्होंने बड़े कातर भाव से ऐन मेरी आखों में देखा। मैं फूट-फूट कर रो उठी।

''चलो उठो, कुछ खा लो...सब ठीक है, मैं बता दूँगा सब कुछ तुम्हें।''

''आप कहाँ थे...'' और कुछ न बोला गया मुझसे। मैं उठने को हुई पर उठा न गया।

राव का आदेश न टालना तो शायद एक बहाना था। तीसरी साँझ तो यदि केतकी भी एक बार फिर कहती तो मैं उपवास तोड़ लेती!

दूसरे दिन राव फिर मेरी कोठरी में आए और बिछौने के कोर पर बैठ गए। तीन दिनों पर भोजन के बाद रात भर मैं चिहुँक-चिहुँककर जागती रही थी। शरीर दुर्बलता से ऐंठ-सा रहा था...मैंने उठना चाहा तो सब कुछ जैसे घूम-सा गया। आधा मन रात के धुँधले सपनों से श्लथ, आधा राव के सहसा आ जाने से सहमा हुआ—मैं वापस बिछावन पर

ढह गई। उन्होंने हौले से मेरी काँखों में हाथ देकर किसी नन्हे शिशु की आसानी से उठाया और मुझे अपनी गोद में बिठा लिया; मेरे माथे पर हाथ फेरते हुए बोले—

"डरो मत, रूप, तुम चाहो तो मुझे बाबा कह सकती हो।"

'क्या मेरा नाम रूप है, बा...बा?' मैंने थोड़ा हकलाते हुए पूछा।

"नहीं, तुम रूपमती हो, कुँवरानी!" मैं अचम्भित उनका धीर-गम्भीर मुख देखती रही—यहाँ भी कोई है मुझे कुँवरानी कहनेवाला!

कुछ पूछने को ही थी कि केतकी आ गई, और परस्पर नैकट्य का वह क्षण सहसा विखंडित हो गया।

༺༻

साक्षात्कार : 6

तारा की कौड़ियों जैसी छोटी-छोटी आँखें विस्मय से फैल गईं!

"नहीं...यौ सच नईं...क्या कहै तू! मैं तौ जनम से रहूँ अठेइ, जो देखो न होतौ, कम-से-कम सुनो त होतौ।"

"तुझे लगता है मैं तुझसे झूठ कहूँगी! इससे क्या मिलेगा मुझे? बता।" मेरी दृढ़ता ने उसे निरुत्तर कर दिया, पर उसके मुख पर से अविश्वास का भाव पूरी तरह गया नहीं। मैंने आगे कुछ न कहा, वही थोड़ा विहँस कर बोली—

"तैंणे सुपणा देखौ होय कोई!" लगा जैसे उसने थप्पड़ मार दिया हो मुझे। मुझसे रहा न गया, क्षुब्ध स्वर में बोल पड़ी—

"तारा, तुझे लाज नहीं आती, सखी कहती है मुझे, और झुट्ठी भी!"

उसका मुँह उतर गया, आँखों में असमंजस का भाव घिर आया। वह कुछ बोली नहीं, चुपचाप उठकर चली गई।

और फिर, मैं अपनी बात का प्रमाण भी क्या दे सकती थी भला!

पंडीज्जू का आदेश था कि आँखें बन्द करके चलो...पहले न जाने कितने क़दम सीधे चली...फिर बायें...फिर दाहिने, मुझे तो ठीक-ठीक याद भी नहीं...फिर सीढ़ियाँ, एक और...एक और...कहते हुए ले गए थे नीचे, कुल कितनी सीढ़ियाँ उतरी यह भी स्मरण न था।

फिर अचानक पंडीज्जू बोले, "हाँ, अब खोल सकती हो आँखें", और तब दुर्गा की वह विलक्षण दिव्य प्रस्तर-प्रतिमा मेरे सम्मुख थी, उस बन्द तहख़ाने में भी

दीप्त, अष्ट-भुजा देवी प्रतिमा, हाथों में खड्ग, चक्र, गदा और अन्य दिव्यास्त्र लिये...दहाड़ता हुआ सिंह, भौंरे उर्फ़ भौंडे के समान मुँह खोले, पावों-तले महिषासुर का ध्वस्त अवशेष! किसी विराट शिलाखंड में कटा वह आयताकार भूमिगत कक्ष सर्वथा निर्वात अथवा अन्धकारमय न था। प्रतिमा के चरणों के निकट दीप-माला अवश्य थी, किन्तु प्रतिमा केवल उसी के प्रकाश से उद्‌भासित न थी; न जाने और कहाँ से आती किरणों की ज्योति देवी की मूर्ति को अनिवर्चनीय तेज से नहाए थी। मन-प्राण को उल्लसित करती सुवास का स्रोत देवी के गले में पड़ी सुगन्धित श्वेत पुष्पमाल मात्र नहीं, बल्कि ऐसा लगता था जैसे चारों ओर खिड़कियाँ खुली हों और बाहर सुगन्धित फूलों से लदी टहनियों पर से बहती बयार भीतर को आ रही हो। मैं इतनी छोटी और तहख़ाने की दीवारें और छत इतनी ऊँची! विस्मय-विमूढ़ विस्फारित नयन बार-बार चारों ओर फिराने पर भी मैं कहीं कोई वातायन न ढूँढ़ पाई...सहसा जब उन पर दृष्टि पड़ी तो मैं चिहुँक उठी—बड़े-से काठ के मटमैले सन्दूक़ के बराबर दीवार की ओर पीठ किए आसन पर जद्दू बाबा सुखासन में बैठे थे, मेरुदंड तना, मन्द-मन्द मुस्काते। बैठे-बैठे ही पंडीज्जू को प्रणाम कर, बोले—

"पंडीज्जू, जय गणेश, विद्यारम्भ कराइए।"

पंडीज्जू ने सन्दूक़ पर से दो आसन और उतारे और प्रतिमा के समक्ष बिछाते हुए कहा, "बैठो, रूपमती।"

मैंने सोचा, तो इन्हें भी ज्ञात है मेरा नया नाम!

देवी की ओर को मुँह करके पंडीज्जू खड़े हुए, चुल्लू में जल, अक्षत और दूर्वा लिए कुछ देर मंत्र-पाठ करते रहे, फिर मुझे अभिषिक्त कर आसन पर बैठ गए और मेरे दाहिने हाथ की उँगलियाँ अपने हाथों में लेकर काठ के श्यामपट्ट पर शुभ्र मुलायम पत्थर की खड़ी से कुछ अंकित कराया, और बोले? श्री गणेशाय नमः- उस समय अक्षर-ज्ञान तो मुझे था नहीं, सो जान न पाई कि क्या लिखा। बाद में जब हुआ तो जाना कि लिखा भी वही था।

"उठो रूप, गुरू के चरण स्पर्श करो", राव ने कहा। मेरी शिक्षा-दीक्षा का आरम्भ हो चुका था। जहाँ तक बाद में अनुमान कर पाई, वह मेरे जीवन का आठवाँ वर्ष रहा होगा।

यही सब तो बताना चाह रही थी तारा को, पर उसने तो मेरी बात को 'सुपणा' कहकर झुठला दिया, यहाँ तक कि तहख़ाने में देवी मन्दिर के अस्तित्व को ही नकार दिया!

कुछ ही सप्ताह बाद नवरात्र की महा-अष्टमी वाले दिन जब पंडीज्जू मुझे पहले की तरह अपने संग तहख़ाने में ले गए, और मैंने आँखें खोलीं तो मैं लज्जा और ग्लानि से भर उठी।

साक्षात्कार : 7

केवल तारा ही थोड़ी थी वहाँ!

कालूराम समेत रेबारियों का समूचा क़ुन्बा मन्दिर-कक्ष के दोनों किनारे दीवार की ओर पीठ किए, हाथ जोड़े खड़ा था—सब के सब पंडीज्जू के मंत्र-पाठ के अनुसरण में मंत्रोच्चार करते जैसे वे साधारण गड़ेरिये नहीं, बल्कि कुलीन मंत्रपाठी ब्राह्मण अथवा क्षत्रिय हों। अपने-अपने बेटे-बेटियों को अपने आगे खड़ा किए, उनके सिर-कन्धों पर हाथ रखे, श्रद्धानत।

जब मैं आँखें बन्द किए, पंडीज्जू का हाथ पकड़े पहुँची थी वहाँ, तो मुझे रत्ती-भर आभास न था की इतना बड़ा हुजूम देखने को मिलेगा। आँखें खोलते ही मैं अवाक्! सिर घूम-सा गया मेरा। विद्यारम्भ वाले दिन की बातचीत से तो ऐसा लगा था कि राव, पंडीज्जू और मेरे अतिरिक्त किसी को इस भूमिगत देवी मन्दिर की जानकारी नहीं, फिर यह क्या!

देवी प्रतिमा के सामने पहली पंक्ति में केवल दो आसन थे...एक पर जद्दू बा बैठे थे, और दूसरा रिक्त। उनके पीछे दो आसन और थे जिनमें से एक पर केतकी थी और दूसरे पर भौंडा। और तारा समेत बस्ती का पूरा क़ुन्बा दीवारों के किनारे खड़ा। कालूराम के आगे तारा...मुझे तब तक मालूम न था कि तारा किसकी बेटी है! आँखें मिलते ही उसने हल्के से मुसक कर नज़र झुका ली...गालों में गड्ढे पड़ गए। मुझे लगा, जैसे उसकी आँखें कहती हों, तेरे पेट में बात नहीं पचती। तारा की ओर देखने के बाद मैंने अनायास तरल हो आईं अपनी आँखें झुका लीं। मेरी बालबुद्धि को तत्काल भान हो गया कि अवश्य कोई रहस्य है जिसे मैं समझ नहीं पा रही।

"यहाँ बैठ जाओ रूप," जद्दू बा अपने बराबर के आसन को इंगित कर बोले।

मैं क्यों, केतकी क्यों नहीं!...मन में प्रश्नों की फ़सल उगाने का रोग था मुझे, किन्तु वहाँ उत्तर कौन देता! विशेषकर ऐसे प्रश्नों का जो मन में ही उगते और मन ही में घुट जाते!

फिर पंडीज्जू एकत्रित जनसमूह के सामने कर्मकांड की सामग्री तथा पुष्पों की ढेरी अपने आगे लेकर बैठ गए और लगभग एक पहर तक दुर्गा सप्तशती का पाठ करते रहे...आँखें अर्द्धोन्मीलित, हाथ प्रणाम की मुद्रा में जुड़े। पाठ करने के बाद वे उठकर खड़े हो गए। तब तक रेवादिया बलि का बकरा ले आया था...गौरवर्ण, सौम्य मुख किन्तु बलिष्ठ चौड़े कन्धों-वाला सुदर्शन पुरुष था रेवादिया। उसने मिमियाते हुए छागल को बलपूर्वक भूमि पर स्थिर रखा, गर्दन एक छोटे-से काष्ठखंड पर धरी थी...पंडीज्जू उठे, सन्दूक़ पर रखा खड्ग म्यान से निकाला...मेरी आँखें सहम कर

अपने-आप बन्द हो गईं। एक हिस्स...की-सी ध्वनि हुई, फिर समवेत स्वर में बारम्बार जयघोष—जय माँ भवानी! मैं उस प्रथम बलिप्रदान की प्रत्यक्षदर्शी साक्षी न हो सकी, जब आँखें खुलीं तो देखा कि रक्त की छींटें दूर-दूर तक पड़ी थीं और फ़र्श आरक्त हो गया था। लौटते हुए लोग सीढ़ियों पर लाल पंजों के चिह्न छोड़ते गए थे जिन पर मेरे अतिरिक्त किसी का ध्यान न गया। मन न जाने कैसा हो गया—विरक्त-सा।

लेकिन उस दिन के बाद से पठन-पाठन के लिए भूमिगत देवी-मन्दिर ले जाते हुए पंडीज्जू ने आँखें बन्द करने की हिदायत फिर कभी न दोहराई। मन्दिर की गोपनीयता समाप्त हो चुकी थी।

༄༅

साक्षात्कार : 8

"हाँ, वह एक प्रकार की परीक्षा ही थी तुम्हारी, और भविष्य में सावचेत रहने की हिदायत भी", दैनन्दिन अध्यापन की वेला एक दिन पंडीज्जू ने मुझे समझाया, "किन्तु अधिक लज्जित होने की आवश्यकता नहीं। हाँ, यह अवश्य ध्यान रखना कि इस बस्ती के एकजुट परिजनों के अतिरिक्त किसी और को इस मन्दिर के अस्तित्व का ज्ञान नहीं है, और यह गोपनीयता लगभग ढाई सौ वर्षों से अक्षुण्ण रही है...आगे भी उसे ऐसा ही रखना है, अन्यथा न जाने क्या अनर्थ हो जाए इस म्लेच्छ राज में!" वे निरन्तर मेरे मुख पर आँखें गड़ाए देखते रहे...सम्भवत: इस आश्वासन की प्रतीक्षा में कि मैं भविष्य में किसी से उस गुप्त मन्दिर की चर्चा न करूँगी। किन्तु मेरे मुँह से अस्फुट स्वर में बस इतना ही निकला—

'ढाई सौ बरस!...' तब तक वे मुझे मौलिक अंकगणित सिखा चुके थे।

'हाँ, लगभग इतना ही समझ लो...बड़ी दारुण कथा है वह-देवी के प्रख्यात सिद्ध-पीठ की इस प्रतिमा के इस अनाम खोह में विस्थापन की...किस तरह राव के चार या पाँच पीढ़ी पहले के पूर्वज इसे बचा कर यहाँ लाए!'

उस दिन का अध्ययन-काल समाप्तप्राय था। पंडीज्जू मुझे काल-ज्ञान और इतिहास के पाठ देते कभी न अघाते। उस दिन उनकी मनोदृष्टि उस गहराते अन्धकारमय अतीत की ओर अनायास मुड़ गई, और दीवार पर किसी अदृश्य बिन्दु पर आँखें गड़ाए वे मुझे वह कथा सुनाने लगे :

"मालव के परभारों के छिटपुट राजे-रजवाड़ों के अवसान का अन्तिम चरण था वह—मुसलमान आक्रमणकारियों से एक-एक कर परास्त होकर वे अतीत के गर्त में समाते जा रहे थे। मालव के चारों ओर हिन्दू राज्यों के स्थान पर दिल्ली सुल्तान के दबंग सिपहसालार अपनी-अपनी सल्तनतें कायम कर चुके थे। पश्चिम में गुजरात और दक्षिण में खानदेश तथा बहमन सुलतान का प्रभुत्व स्थापित हो चुका था—मालव भला कब तक बचता! अन्ततः विक्रमादित्य और राजा भोज की कीर्ति-गाथाओं की थाती उनके वंशज सँभाल न पाए, और उज्जयिनी पर आक्रमणकारियों का आधिपत्य हो गया।

चारों दिशाओं में लूट-पाट, क़त्लेआम और आगजनी से हाहाकार मचा था। परभारों के हज़ारों-हज़ार सैनिक या तो खदेड़े जा चुके थे या मार डाले गए थे। हज़ारों की संख्या में सामान्य नगरवासी—युवा पुरुषों की तो बात ही क्या, वृद्ध-जन, स्त्रियाँ और बच्चे तक—क़त्लेआम की भेंट चढ़ चुके थे, इतने सिर कटे कि नगर के नाले-परनालों का जल रक्ताभ हो गया। नगर के परकोटे और गली-चौबारों पर युद्ध में खेत प्रमुख विरोधी योद्धाओं के भालों से छिदे नरमुंड भविष्य में संघर्ष के विरुद्ध चेतावनी-स्वरूप लटका दिए गए थे। कुछ नगरवासी जो बचे सो वही जिन्होंने विजयी सेना के मुल्लों का कहा मानकर धर्म-परिवर्तन स्वीकार कर लिया।

मुसलमानों की विजयी सेना की गृद्ध-दृष्टि महल-क़िलों के कोश-कक्षों के बाद सीधे मन्दिरों पर ही पड़ती—धार्मिक विद्वेष से भी अधिक वहाँ एकत्रित स्वर्ण व आभूषणों के कारण। फिर यह भी कि मन्दिरों को तोड़ कर शिलाखंड व निर्माण-सामग्री हाथों-हाथ मिल जाते और रातोंरात मस्जिद बन जाते। अनगिनत मन्दिर तोड़े और लूटे गए। उनमें से एक देवी की इस प्रतिमा वाला मन्दिर भी था। उज्जयिनी लुट चुकी थी; त्राहिमाम् का आर्त्तनाद थम चुका था। प्रगाढ़ होते लहू और धीरे-धीरे बासी होते शवों की गन्ध चारों ओर फैली थी।

साँझ पड़ते ही विजयी सुल्तानी सेना के ख़ेमों में जश्न के दौर प्रारम्भ हो चुके थे। देवी के मन्दिर को तोड़ने का कार्य कल पर टल गया।

यह कोई नई बात न थी—बारहवीं शताब्दी के अन्त से ही उत्तरी भारत, गंगा-जमुना के दोआब, गुजरात आदि के अनेक नगरों में आक्रमणकारियों द्वारा विजय पश्चात कुफ़्र के प्रतीक मन्दिरों-प्रतिमाओं की यही दशा होती आई थी; विजयी सेना सुरा-सुन्दरी का आनन्द लेती, यह कृत्य धीरे-धीरे, आराम से पूरा करती। वैसे भी भारी शिलाखंडों से निर्मित मन्दिरों को तोड़ना आसान न होता।

न यह बात नई थी कि पराजय की सम्भावना प्रबल होते ही, अथवा पराजय के तुरन्त बाद की आपाधापी में पराजित हिन्दू सेना की बची-खुची टुकड़ियों में से कोई श्रद्धालु टुकड़ी अपने प्राण संकट में डालकर सिद्ध-पीठों की प्रतिमाएँ उठा लाती और उन्हें किसी गुप्त स्थान पर प्रस्थापित कर देती।

उज्जयिनी में भी उस रात ऐसा ही कुछ हुआ—परभार सेना का एक दस्ता जान की बाज़ी लगाकर रात्रि के अन्धकार और जलती हुई बस्तियों से उठते धूम-घन की ओट में यह प्रतिमा बचा लाया। राव के परदादा के पिता उस अभियान के नायक थे और कालूराम के तत्कालीन पूर्वज उनके प्रमुख सहायक। परन्तु चार सौ मन की इस मूर्ति को उज्जयिनी से यहाँ तक लाना कोई बच्चों का खेल न था। कहते हैं, यात्रा के अन्तिम चरण में गाड़ी का एक बैल थकान के मारे मर गया, और तब, आख़िरी तीन कोस उस भाग का जुआँ कालूराम के बलिष्ठ पर-परदादा अपने कन्धों पर खींचते हुए लाए थे। सबने रेवा मैया तथा अपने बच्चों की सौं ली थी कि इस हवेली में भूमिगत मन्दिर की बात अपने निकट परिजनों तक ही रखेंगे, कोई किसी और को कानोंकान ख़बर न होने देगा। वह दिन और आज का दिन, इस बस्ती का बच्चा-बच्चा उस सौगन्ध की अटूट कड़ी है, और मन्दिर की कोई अनधिकार चर्चा होते ही हमें सूचना मिल जाती है। अब तुम समझीं कि ऐसे में तारा से तुम्हारी बातचीत...परन्तु तुम अब व्यर्थ ग्लानि में न पड़ी रहना—त्रुटि वास्तव में मुझ से ही हुई कि मैंने तुम्हें केवल आँखें बन्द करने को कहा, स्पष्ट रूप से सावचेत न कर दिया...चलो, आज बस इतना ही, कल हम फिर इतिहास का अध्ययन करेंगे।''

मैं उठकर चली आई और अकेली बैठी सोचती रही, हज़ार तरह-तरह की बातें। महा-अष्टमी के बाद एक अरसे तक तारा मुझसे मिलने नहीं आई। जब तारा ही नहीं आई तो उप-ग्रहों की भाँति उसके इर्द-गिर्द मँडरानेवाली बाक़ी दोनों सखियाँ कहाँ से आतीं! मैं फिर अकेली पड़ गई थी, और जिस प्रकार के अपराधबोध से ग्रसित हुई बैठी थी, तारा भी प्रकारान्तर से सम्भवतः कुछ वैसी ही मनोदशा में रही हो। मैंने जो कुछ भी उसे बताने की चेष्टा की थी, वह तो अनजाने में सखाभाव से कहा था, किन्तु उसने जो कर्तव्यपालन किया वह अनिवार्य भले ही रहा हो, मेरी दृष्टि में आवश्यक न था। मन में पड़ी गाँठ बहुत दिनों न खुली।

मेरी आत्मकथा के श्रुतिलेखक महाशय, कहीं आपको ऐसा तो नहीं लग रहा कि इतनी छोटी-सी बच्ची और बातें इतनी बड़ी-बड़ी! तो चलिए, स्वीकार करती हूँ कि मैंने उस दिन जो भी देखा या सोचा उसका प्रासंगिक ज्ञान समयक्रम में कुछ बाद में हुआ होगा, जब पंडीज्जू की शिक्षा-दीक्षा ने मेरी सोच-समझ को विस्तार दे दिया। पर मैंने तो पहले ही कह दिया था न-जैसे-जैसे जो कुछ याद आएगा बताती जाऊँगी। पर उसमें भी समस्या यह है कि अपने छोटे-से जीवन में जो कुछ बाद में देखा-सुना-समझा उस सबको अलग-थलग करके केवल बचपन की बातें सुनाना दुष्कर है। उस सबका भी कुछ रंग तो रिसेगा ही न बयान में! इसका कोई निदान नहीं मेरे पास।

ख़ैर, अब इस प्रकार मेरा मुँह तो न निहारिए जैसे वे सब निहारते थे जब मैं कुछ बड़ी होने लगी थी!

उनके टोकते ही खट् से ध्यान आया कि सचमुच कुछ देर से मैं उन्हें अपलक निहार रहा था, साथ ही यह भी कि उन्होंने मेरा मनोभाव चेहरे से पढ़ लिया—मैंने झेंपकर नज़र नीची कर ली। नहीं...नहीं, मुझे ऐसा क़तई न करना चाहिए—न अनधिकार चेष्टा, न अविश्वास ।

ꣿ

साक्षात्कार : 9

पंडीज्जू का सन्दूक़ ग्रन्थों और ज्ञान का एक अकूत भंडार था, और उनका मस्तिष्क उससे भी बड़ा। अगले दो वर्षों के क्रम में उन्होंने अपनी ज्ञान-सरिता से मेरी गागर में सागर भर दिया। अक्षर व गणित-ज्ञान से इतिहास-भूगोल, प्राचीन से वर्तमान तक की अनगिन बातें! द्वापर, त्रेता और कलियुग की पौराणिक कथाएँ, साहित्य—कालिदास से अमीर ख़ुसरो तक...और भी न जाने क्या-क्या। पंडीज्जू न होते तो दोहे और कबित्त लिखनेवाली कवयित्री बनना तो दूर, शायद मैं मूढ़ की मूढ़ रह जाती! वे बहुधा मुझे समझाते, 'रूप, शिक्षा के आगार में जानकारियाँ तो इतनी हैं की कोई सात जनम भी अध्ययन करे तो पार नहीं पा सकता, किन्तु वास्तव में ज्ञान के आयाम सरल, सीमित और शाश्वत हैं, और कोई यदि सचमुच प्रयास करे तो इन्हें साध-समझ सकता है...सबसे अधिक महत्त्वपूर्ण है स्थितप्रज्ञ होना। जैसे कि यह स्वीकार करना कि आज मालव देस पर मुसलमानों का शासन है; पिछले डेढ़ सौ बरसों में यहाँ पहले गोरियों का आधिपत्य रहा, फिर खिलजी-वंशीय शासकों ने राज किया, और अब शुजात ख़ान सुलतान है। शुजात ख़ान को मालवा की सूबेदारी दी तो हुमायूँ-विजेता, दिल्ली के बादशाह शेर शाह सूरी ने थी, पर अब वह स्वतंत्र रूप से मालव-राज बन चुका है। जो उसकी बात न माने, उसका सिर क़लम!

वैसे पंडीज्जू यह सब कहने के बाद यह भी दोहराते कि ये सल्तनतें तो आती-जाती माया हैं...हर सुलतान के सर पर कई-एक तलवारों के साए मँडराते रहते हैं। उनमें से जाने कौन-सा, कब उससे भी प्रबल किसी बाहुबली के तलवार का वास्तविक रूप धर कर स्वयम् उसी का सिर काट दे, यह कोई नहीं जानता। पर वह जैसा भी हो परम-आर्य परभारों का काल तो गया समझो; कुछ चिंगारियाँ जो बची भी हों तो उन्हें बहुत लम्बे अन्तराल तक जुगनुओं की भाँति अन्धकार में भटकते रहना होगा। सम्भवतः यह

उनकी इतिहास की जानकारी नहीं, उनके शाश्वत ज्ञान का निचोड़ रहा हो, किन्तु कभी-कभी मैं सोचती, कहीं वे किसी व्यक्ति विशेष की ओर तो इंगित नहीं कर रहे!

पंडीज्जू को जितना अच्छा लगता उतना ही बताते। प्रश्नों का उत्तर देना, विशेष कर वर्तमान राजनीति पर, उन्हें अधिक रुचिकर नहीं, यह मैं जान चुकी थी। देवी-प्रतिमा की ओर इशारा करते हुए मैंने उनसे एक दिन पूछा,

''गुरूजी, आपने कहा था कि यह प्रतिमा परभारों की पराजित सेना की एक टुकड़ी यहाँ लाई थी जिसके सरदार राव के पूर्वज थे।''

''हाँ, कहा तो था।'' उन्होंने कुछ उद्विग्न-से स्वर में उत्तर दिया, जैसे कोई भूल स्वीकार कर रहे हों।

''तो क्या राव परभारों के वंशज हैं?''

कुछ देर वे चुप रहे, फिर बोले,

''अवश्य होंगे। तर्क तो यही कहता है कि यदि पूर्वज परभार थे तो वंशज भी वही होंगे।'' टालमटोल का स्वर।

''तो फिर यह गड़ेरियों जैसी वेशभूषा क्यों? और संगी-साथी भी सब रेबारी, भेड़ें चरानेवाले, ऐसा क्यों पंडीज्जू?'' मैंने अपने बालसुलभ स्वर में जिरह जारी रखी।

''रूपमती, मालवदेश का इतिहास जितना मुझे आता है, तुम्हें पहले ही बता चुका। अब इन बातों में क्या रखा है। शुजात ख़ान हमारे सुलतान हैं और हमसब उनकी प्रजा। हारे हुए लोग भी तो जैसे-तैसे जीवनयापन करते ही हैं। कल से कुछ दिवस हम अमीर ख़ुसरो की काव्य रचनाएँ पढ़ेंगे।'' मैं समझ गई; मेरे मनचाहे विषय का लोभ दे कर बात बदल दी गई थी। मैं चुप हो गई। पर वे उसी दिशा को अग्रसर रहे,

''और हाँ, मालवदेश के फूल-पत्तों, वनस्पति, यहाँ की लोक-संस्कृति, राग-रागिनियों का ज्ञान भी तुम्हें होना चाहिए। संगीत का ज्ञान मुझे तो नहीं है, पर रेवादिया को सुरों का अच्छा ज्ञान है। उसे कहूँगा तुम्हें थोड़ा सिखाए।''

उस दिन की बात वहीं समाप्त हो गई, पर मैं देर तक सोचती रही—अजीब वीतराग हैं पंडीज्जू! इतने श्रद्धालु, कर्मकांडी हिन्दू पंडित हैं किन्तु मुसलमानी सल्तनत से कोई कष्ट नहीं इन्हें।

एक बार और प्रयास किया मैंने। पंडीज्जू मुझे काल-ज्ञान देने में लगे थे पर मेरा ध्यान फिर अपने उद्गम की ओर चला गया।

''पंडीज्जू, क्या आपको मेरे माता-पिता के बारे में कुछ पता है?'' मेरे इस अप्रासंगिक प्रश्न पर किंचित वक्रदृष्टि से मेरी ओर देखकर बोले,

''रूप, अच्छा हो यदि तुम राव को अपना पिता और केतकी को अपनी माता मान लो। पहले ही तुम बहुत संकट झेल चुकीं, अब और व्यर्थ जानकारी का बोझ मोल क्यों लेना चाहती हो।''

''पर बाबा ने कहा था कि वे मुझे सब कुछ बता देंगे।''

"तो फिर उन्हीं से पूछना होगा न...अब हम काल-गणना की विभिन्न परम्पराओं की चर्चा पर वापस लौटें?" उन्होंने मेरे व्यतिक्रम पर पूर्णविराम लगा दिया।

"हाँ, तो मैं कह रहा था कि पराक्रमी परमार-नरेश विक्रमादित्य ने शक घुसपैठियों पर विजय पश्चात् एक नवीन काल-गणना की घोषणा की जो विक्रम संवत के नाम से जाना जाता है। फिर विक्रमादित्य के वंशज शालिवाहन ने भी शकों को निर्मूल करने पर शक संवत की स्थापना की। सुदूर पश्चिम देश के ईसाई धर्मावलम्बी ईसा के जन्म से पूर्व और उसके जन्म के वर्ष से काल-गणना करते हैं, और मुसलमान क़ौम के लोग हजरत मोहम्मद के मक्का से मदीना की यात्रा के वर्ष से आरम्भ होनेवाले हिजरी पद्धति का प्रयोग करते हैं। विक्रम संवत ईसाइयों की गणना से लगभग छप्पन वर्ष आगे, शक संवत ईस्वी से लगभग उन्यासी वर्ष पीछे, तथा हिजरी उससे लगभग छह सौ वर्ष पीछे चलते हैं।"

पंडीज्जू पहले ही बता चुके थे कि हिन्दू और इस्लामी व्यवस्थाओं की जानकारी तो उन्हें थी ही, ईसाई परम्परा का ज्ञान उन्हें मांडवगढ़ में आनेवाले ईसाई व्यापारियों से प्राप्त हुआ था।

"तो, इन विभिन्न गणनाओं की दृष्टि से अभी विक्रम संवत 1606, इस्लामी हिजरी वर्ष 971 तथा सन् 1550 ई. चल रहा है।"

काल-गणनाओं का दीर्घ आख्यान सुनते-सुनते मैं ऊँघने-सी लगी थी।

"पंडीज्जू, आपने कहा था मालवदेश के फूल-पत्तों, राग-रागिनियों का ज्ञान भी आवश्यक है। वह कब आरम्भ करूँ?"

"लगता है काल-गणना के व्याख्यान से ऊब गईं तुम! चलो...कोई बात नहीं, कल फिर चर्चा करेंगे। मेरे साथ अध्ययन के अतिरिक्त बचे समय में इन अन्य बातों पर जितनी जल्दी ध्यान दे सको, उतना अच्छा।"

ഇൽ

साक्षात्कार : 10

एक बार फिर नवरात्र आ गया। इस बार मैं सुभ्यस्त थी। आँखें बन्द करके न ले जाया गया, न बलि-प्रदान के समय ही मेरी आँखें बन्द हुईं। धीरे-धीरे मैं उन सब में घुलती-मिलती जा रही थी। फिर भी हमेशा ऐसा लगता, कुछ तो ऐसा है जो मुझे देय नहीं, कहीं बाहर की हूँ, बस कुछ दिनों के लिए यहाँ रह रही हूँ...यहाँ के लोग तरस खा कर मुझ अनाथ बालिका को मजबूरन सहन तो कर रहे हैं, किन्तु इस नगर

की पूरी नागरिकता मुझे प्राप्त नहीं। मैं लगभग दस बरस की होने को थी; गुरुकृपा से मेरे ज्ञान-चक्षु इतने तो खुल ही गए थे कि आस-पास के दुनिया-जहान, इतिहास-पुराण, निवर्तमान-वर्तमान की चार बातें समझ सकूँ। गढ़ धर्मपुरी और बस्ती के लोग निरन्तर मुग्ध भाव से मुझे देखते रहते, किन्तु मुझसे अधिक बातचीत कोई न करता। जैसे सब मुझ से कुछ छिपा रहे हों, जैसे कोई रहस्य है जो मुझ पर खुल गया तो अच्छा न होगा। ग़नीमत थी तो बस यह कि सखियाँ फिर मेरे साथ खेलने आने लगी थीं। धीरे-धीरे हम सब अपेक्षाकृत कुछ बड़ी, अधिक चैतन्य और प्रस्फुटित होने लगी थीं। आयु के साथ खेल की प्रकृति में भी परिवर्तन होने लगा था। लुक्का-छिप्पी और चोर-सिपाही की जगह गुड्डे-गुड़ियों का ब्याह, मेलों में जाने की उत्कंठा, पास के वृक्षों पर झूले लगाकर पींगे भरते रहने की ललक ने ले ली थी। अपने से बड़ी स्त्रियों के बात-व्यवहार में ताक-झाँक करने में रस मिलने लगा था...काना-फूसी करना और बात-बात पर ठिठियाते रहना अपने-आप में एक खेल था। लगता था जैसे कोई अदृश्य तिलिस्म टूटने को है। पर अभी तक सारे रहस्य तो क्या, आधे भी आधे-अधूरे ही समझ आए थे।

आह...कुछ-कुछ जानने और बहुत कुछ न जानने के बीच का वह अन्तराल कितना रसीला, कितना रोमांचक था, यह जानने के लिए तो आपको नारी का जन्म लेना पड़ेगा, श्रुतिलेखक महाशय!

और हम चारों सखियाँ तो अभी किशोरावस्था में पहुँची भी न थीं!

परन्तु उस अवस्था में मेरा प्रवेश कितना अपमानजनक होगा, इसकी तो उस समय कल्पना भी नहीं कर सकती थी मैं।...लीजिए, फिर मैं अपने कथा-क्रम से आगे को भाग पड़ी!

ᘓᘏ

साक्षात्कार : 11

अगले दिन सखियों से बड़े उल्लासपूर्वक, मुसकते हुए बताया कि पंडीज्जू ने मुझे मालवा के फूल-पत्तों के बारे में जानकारी प्राप्त करने की अनुमति दी है...मैं भी अब उनके साथ गढ़ से बाहर वन-उपवन में जा सकती हूँ। कहा तो हुलस कर ही लेकिन मन में कहीं खटका भी लगा था...शेर-चीतों को जब-तब भेड़ों के बाड़ों में छापामारी

करते सुना था...और दस्यु...फिर कोई लोहे जैसे कठोर पंजों से मुँह दबा कर उठा न ले घोड़े पर! मगर तारा मुस्कुराते हुए झूमकर मेरे गले लग गई, और हम चारों बिना बात खिलखिलाने लगीं।

जंगल इतना भयावह घना था कि बहुत दूर जाते भय होता था, पर तारा कहाँ माननेवाली। उसने मेरे मन में छिपा भय भाँप लिया,

"अरी, डर मति, मैं ले चलूँगी तणे, सारी पगडाँडिया छानी हुई हैं म्हारी।"

"कहीं दूर निकलकर राह भटक गए तो..." मैंने झिझकते हुए कहा।

"कुछ भी ना होवैगो, तू चल तो सही...अभ्भी तो तीन पहर दिन बच्यो है, और हम कोई भौत दूर थोड़ी ना जावैंगे।" सविता और किशोरी ने कुछ कहा नहीं, केवल सिर हिलाकर तारा की हाँ में हाँ मिला दी। लगा, वे दोनों अधिक उत्साहित न थीं, पर तारा अड़ गई।

"कहीं बाघ आ गया या कोई दस्यु..."

"अरी, तु इत्तो डरेगी तो ज़रूरमज़रूर कोई दिवस बाघ खा जावैगो तणे, या उठा लै जावैंगे डाकू," तारा विहँसते हुए मेरा हाथ पकड़कर खींचते हुए बोली, "अरी, अब चाल, थारा मन हरौ हो जावैगो।"

मांडव की ओर जानेवाले पथरीले रास्ते पर थोड़ी दूर चलकर हम पच्छिम की ओर को एक पगडंडी पर उतर गईं। चारों ओर सुनसान जंगल, दिन में भी झींगुर और चिड़ियों की आवाज़ें...ऊँचे-ऊँचे पेड़, कुछ सीधे आकाश की ओर ऊपर को शीश उठाए तो कुछ चतरे हुए छतनार। बीच-बीच में मोटे बाँसों की सघन बँसबिट्टियाँ।

"देख, वा कटहल कौ पेड़ है, तने सैं चिपके छोटे-छोटे वा फल दीखैं तणे, कुछेइक दिवस माँ लम्बोतरे कद्दुओं-से व्है जावैंगे, और वो जामुन है...हौर वा हाथी जैसो मोटे तने हौर लटकतैं चूहों समान फड़ वाला पेड़...खोरासानी इमली रो है।"

सीताफल के पेड़ तो चारों ओर झाड़-झंखाड़ की तरह फैले थे, और साल-सागवान तथा आकाश-चाँदनी के लम्बे, सीधे तने ऊपर आकाश को छूते...लम्बी घास में शुभ्र सफ़ेद और पीले फूलों की छींटें पड़ी थीं, जहाँ-तहाँ उगे कुछ अन्य काँटेदार पत्तियों-वाले पौधों पर सुर्ख़ लाल फूल खिले थे।

"यह कौन-सा फूल है?" मैंने रुककर पूछा। तारा हँस पड़ी,

"अरी, एई तो है जो अठाई का लोगाँणे दारू से दवा तक देवै, आके फड़ माँ से हफ़ीम निकलै, डोडा कहैं वाणे।" बड़ी देर तक मैं मुग्ध-मन उन लाल कटोरों-से फूलों को निहारती रही। लौटते-लौटते साँझ का झुटपुटा-सा हो गया था, और जंगल की नीरवता में झींगुर-कीट का स्वर और अधिक मुखर हो उठा था। एक बँसबिट्टी के मध्य से चलते हुए सहसा पथ पर बिखरे सूखे पत्तों में सरसराहट-सी हुई—शुः...ह्ह्ह...तारा ने आँखें तरेरे एक बाँह उठाकर हमें एकदम से रोक लिया और मुँह पर उँगली रख चुप रहने का इशारा किया। हमारे आगे से पाँच-छह हाथ

लम्बा एक काला साँप सरसराता हुआ पगडंडी पार कर दूसरी ओर के झुरमुटों में लोप हो गया। कुछ देर हम चारों सहमी–सहमी आखों से देखती, काँपती खड़ी रहीं; जब लगा कि ख़तरा टल गया तब हम आगे बढ़ीं। लगा, तारा भी थोड़ा हिल–सी गई थी लेकिन फुसफुसाते हुए बोली,

"सर्प के बारे में कहणा तो बिसर ही गई रही। इन वनों में हरदम हुशियार रहणों पड़ै कि कहीं नाग पर पग न पड़ जावै, इणका काटा तो पाणी भी ना माँगे!"

कुछ देर बाद हम बिना भटके गढ़ के द्वार पर थे।

तारा ने ठीक ही कहा था—मेरा मन सचमुच हरा हो गया था वन की हरीतिमा से। वह दुपहर निरापद क्या बीती, मुझे तो लत–सी पड़ गई; वनों में फिरते रहना मेरा प्रिय व्यसन हो गया।

ɛɔɑ

साक्षात्कार : 12

उसके बाद तो हर दूसरे–तीसरे दिन तारा सविता और किशोरी को साथ लेकर आ जाती मेरे पास और हम पहरों वन में घूमते। कुछ ही दिनों में बिना किसी विघ्न जंगल की सैर कर लौट आने पर मैं निर्भीक हो गई। वन की हरियाली और एकान्त से मन जैसे निर्मल और शान्त हो जाता। बार–बार वापस जाने को जी करता।

वन–भ्रमण के दौरान भले ही कोई विघ्न न आया हो, पर लौटने के बाद आरम्भ में केतकी की ओर से कुछ कलह अवश्य हुआ,

"कठे चली जावै तू इत्ती–इत्ती देर कौं?"

"गुरुजी ने कहा है मालवदेश की वनस्पति और फूल–पत्तों की जानकारी प्राप्त करो, सो सखियों के साथ यहीं पास के जंगलों में फिरि आई।"

"कर लई फूल–पात की जानकारी प्रापत?" फिर स्वर आरोहित होकर सीधे पंचम पर, "अरी महाराणी, उठा के लै जावैगो सेर कोई दिवस तणे या नईं तैं कोई बाग़ी...चली पंडिताइन बनणे!" फिर मुँह बिचकाती धम्म–धम्म करती हुई अन्दर को चली गई।

मुझ पर कोई असर न हुआ। वन के गाछ–वृक्ष की ठंडी बयार में झूमते बाँस की टहनियों के नीचे धूप–छाँव के चकत्तों पर दिपदिपाते पीले और सफ़ेद फूलों से मुझे प्रेम हो गया था, और दुपहरी होते ही मैं अवश–सी प्रतीक्षा करने लगती कि कब सखियाँ आकर फिर मुझे ले जाएँगी।

एक दिन तारा बोली,

"अब भौत होय गै नजीक-पास के बाँस-झुरमुट! चल, आज तणे घुमाय लाऊँ चाँपारेणी कौं अधपदम तलाओ...थोड़ी दूर तो जरूर है पण..."

"चाँपारेणी...अधपदम तलाओ...ये कैसे नाम हैं भला?"

"अरी, देखैगी तो आपइ समझ जावैगी क्यों कहैं अधपदम वाणे...हाले बता देऊँ तो थारो कौतुक चौपट व्है जावैगो..."

"कहाँ, कितनी दूर है?" मैंने उत्कंठित हो पूछा।

"हेई कोई दो कोस पर है, रेवा मैय्या के तट से थोर इधर को। चम्पा के इत्ते पेड़ हैं चहुँदिस कि पूरा थान मह-मह करै खुसबू सैं। यूँ समझ लै, मालवा की धरती पर छोटा-सा स्वर्ग है वा। घने जंगलों के बीच तलैया है, निठाह कचोट हरे पानी कौ, तू देखेगी तो मोह व्है जावेगा तणे। वापस आण ना चाह्वेगी...पर थारे पैर तो न दुखण लागेंगे चार कोस आते-जाते?"

"मेरे पैरों को क्या हुआ भला! तू चल लेगी और मैं गिर पड़ूँगी?" मैंने क्षोभ का अभिनय किया, फिर फुसफुसाकर पूछा, "संझा से पहले लौट तो पाएँगे ना?"

"हाँ...हाँ, और वन में थोर अँधियारा भी व्है गयौ, तो चिन्ता रो कई बात—छोटी मशाल है म्हार कण, बार लेऊँगी।"

मशाल की सुनकर थोड़ी धुक-धुकी सी हुई—उस दिन सविता और किशोरी नहीं आई थीं...बस, मैं और तारा। पर वनों को छानते वहाँ समय व्यतीत करने का चस्का ऐसा लगा था मुझे कि तारा के पीछे खिंची चली गई।

गढ़ के द्वार से चोरक़दम सौ-दो सौ हाथ भी न चली होंगी हम कि मांडव की ओर से आनेवाला रास्ता सरपट दौड़ते घोड़े की टापों से धमधमा उठा—तड़ाक... तड़ाक...तड़ाक...हमारी हृदयगति भी उसी अनुपात में भाग चली...धड़...धड़... धड़धड़...धड़धड़। हम झट रास्ते से उतर एक घने झुरमुट के पीछे को हो गईं। देखा, चमचमाते लौह-सिरस्त्रान और ज़िरह-बख़्तर पहने दो घुड़सवार, पीछे एक बिना सवार घोड़ा लिये, तीव्रगति गढ़ के द्वार पर पहुँचते ही ऐसी फ़ुर्ती से उतरे जैसे अगले ही क्षण भूचाल आनेवाला हो, और दौड़ते हुए-से अन्दर चले गए। मैंने इससे पहले गढ़ या बस्ती में कभी सैनिकों को नहीं देखा था। भय, कौहतूल और अनिष्ट की आशंका से मेरा कंठ सूख गया। मैं तो क्या, तारा भी अधपदम तलाओ का अभियान भूल चुकी थी; अब हमदोनों झुरमुट के पीछे इस ताक में बैठी थीं, कब मौक़ा मिले कि गढ़ में चुपचाप लौट जाएँ। तभी देखा, दोनों सैनिक जद्दू बाबा के साथ बाहर निकले; दोनों अपने-अपने घोड़े पर सवार हुए, और तीसरे पर बाबा ऐसे फाँद कर बैठ गए जैसे बरसों घुड़सवारी की हो, और तीनों मांडव की ओर को सरपट दौड़ चले। जब वे हमारे पास से निकले, मैंने लक्ष्य किया राव के उन्नत ललाट पर चिन्ता की गहरी रेखाएँ खिंची थीं। कुछ समझ में

न आया कि उन्हें लिवा लाने के लिए सैनिक किसने भेजे होंगे। इतना तो स्पष्ट था कि वे उन्हें बन्दी बना कर नहीं ले गए थे, बल्कि उनके लिए एक ख़ाली घोड़ा लेकर आए थे।

कौतूहल तो ऐसा कि जैसे कोई फाँस गले में अटकी पड़ी हो, पर जानती थी कि कोई कुछ विशेष जानकारी मुझे नहीं देनेवाला। शीघ्र ही पुष्टि भी हो गई,

''जद्दू बाबा को सैनिक कहाँ ले गए?'' मैंने रेवादिया से पूछा। गढ़ में प्रवेश करते सबसे पहले वही दिखाई दिए।

''तुम्हें किसने बताया?''

''हमने उन्हें जाते हुए देखा...क्या कोई दुर्घटना हुई है?''

''नहीं तो, पर तुम व्यर्थ चिन्ता में क्यों पड़ती हो...गए होंगे मांडव तक किसी काम से, कभी-कभी शाह के बुलावे पर हर किसी को जाना पड़ता है। आ जाएँगे शाम तक।'' कहकर वह चलने को हुए। मैं समझ गई कि वह यदि कुछ जानते भी हों तो नहीं बताना चाहते।

''पंडीज्जू ने कहा कि आप सुर-संगम के भारी ज्ञाता हैं, मुझे राग-रागिनियाँ सिखाएँगे।'' अचानक विषय परिवर्तन, और अपनी प्रशंसा से अचकचा कर झेंपते हुए बोले,

''हाँ, मुझे भी कहा था। कल-परसों आरम्भ करेंगे।'' और झटक कर चल पड़े जैसे किसी आवश्यक काम से जाना हो।

शाम को राव लौट आए। बात आई-गई हो गई। मेरे मन का कौतूहल ज्यों का त्यों रह गया।

ഇ൨

साक्षात्कार : 13

जाने कैसा होगा अधपदम तलाओ? जब-तब सोचती रहती; तारा ने जैसे उसका वर्णन किया था, उससे मन में उसका चित्र बनाने का प्रयास करती पर कुछ बन न पड़ता। थोड़ा पढ़-लिख गई थी, सो विचारते हुए लगा कि जिसे वह अधपदम कहती थी, वह अवश्य अर्द्धपद्म होगा और चाँपारेणी सम्भवत: चम्पारण्य। किन्तु अर्द्धपद्म क्यों, यह तो उसने मेरी उत्कंठा बनाए रखने के लिए बताया ही न था...कई दिनों से वह आई भी न थी कि पूछ लेती फिर।

इस बीच एक दिन सुबह-सवेरे रेवादिया आ गए, बोले,

"चलो, आज से आरम्भ करते हैं संगीत-अभ्यास...आओ।" मैं उनके पीछे चल पड़ी। गढ़ के विशाल प्रांगण के दक्षिणी परकोटे से लगे भग्न-से कमरों की ओर। पहले एक नीम-अँधेरी कोठरी, फिर कई छोटे-छोटे ज़ीने, कभी इस ओर कभी उस ओर; मन में आया, यह कहाँ लिए जा रहे हैं मुझे, पर रेवादिया का सौम्य व्यक्तित्व इतना मनभावन था कि पूछना उचित न लगा। पीछे-पीछे चलती गई। जब हम परकोटे के ऊपर बनी उस छतरी पर पहुँचे, तो मैं चकित रह गई—बिना दरवाजों की वह छतरी तीन ओर से पत्थर की बारीक़ जालियों से घिरी थी और दक्षिण की ओर बिलकुल खुली। उतनी ऊँचाई पर से दक्षिण की घास-भरी ढलानों और रेवा-पार घने जंगलों से ढकी मांडव की उपत्यका की खड़ी चढ़ाई, और उससे भी आगे मांडवगढ़ क़िले के प्राचीर के कंगूरों की उस अद्‌भुत विहंगम दृश्यावली का वर्णन मेरे बस की बात नहीं। कक्ष के अन्दर का सरंजाम भी कम अद्‌भुत न था—साफ़-सुथरी दरी पर सफ़ेद चादर बिछी थी जिस पर एक ओर को वाद्य-यन्त्र रखे थे। एक, जिसका एक सिरा कोहड़े जैसा गोल था और उससे निकले हत्थे पर दूसरे सिरे के अन्त तक किसी धातु के कई तार गुटकों से बँधे थे; एक और जिसमें तारों के दोनों सिरों पर तुंबे थे; दो अन्य जिन्हें मैं देखते ही पहचान गई क्योंकि वे नवरात्र के दौरान मन्दिर में बजाए जाते थे—दुहुल, और नै जैसी मेरे पिछले जनम की माँ के कृष्णा-कन्हैया के हाथों में हुआ करती थी।

"बैठो, रूपमती।" रेवादिया बोले और स्वयम् भी बैठ गए। फिर अपने अँगरखे की जेब से कुछ लाल धागे-सा निकालकर कहा, "दाहिना हाथ आगे करो," और धागा मेरे हाथ में पकड़ा दिया। फिर अपनी दाहिनी कलाई आगे को बढ़ाकर बोले,

"बाँध दो, संगीत सीखना है तो मुझे अपना उस्ताद बनाना होगा न।"

मैंने झिझकते हुए धागा उनके मणिबंध पर बाँध दिया।

"देखो,...यह तंबूरा[1] है और...यह बीण[2]", पहले दो वाद्यों को इंगित करते हुए बोले, "बाक़ी दोनों को तो सम्भवतः पहचानती ही होगी तुम—दुहुल[3] और बाँसुरी?"

मैंने सर हिलाकर हामी भरी।

"तुम इतनी सहमी-सहमी रहोगी तो कैसे सीखोगी संगीत...मुझसे झिझक दूर करनी होगी।"

मैंने अपना सूखता-सा कंठ खकसते हुए पूछा,

"क्या प्रतिदिन यहीं अभ्यास करेंगे?"

---

1. तम्बूरा—तानपुरा जैसा मध्यकालीन वाद्य-यंत्र,
2. बीण—वीणा का पुराना रूप,
3. दुहुल—ढोल

‘‘हाँ,...क्यों, तुम्हें यह जगह अच्छी नहीं लगी ? जब समय मिलता है मैं तो यहीं रियाज़ करता हूँ...कितना मनोहर दृश्य है, और घास के विस्तार पर होती हुई ठंडी बयार आती है...हाँ, गढ़ की रिहाइशी हिस्से से थोड़ी दूर, एकान्त में तो है।’’

मैं थोड़ी देर को चुप रही। रेवादिया ही विहँसते हुए बोले,

‘‘न हम किसी अरसिक के कानों की व्याधि बनेंगे, न कोई हमारे अभ्यास में बाधा डालेगा।’’ सहसा रेवादिया गम्भीर हो गए,

‘‘संगीत-अभ्यास के लिए एकान्त आवश्यक है...आज केवल सरगम की सात ध्वनियों को सुनकर उन्हें पकड़ने की शुरुआत करो।...सा...रे...ग...म...प...ध... नी...सा...उन्होंने कई बार दोहराकर सुनाया। सचमुच रेवादिया के कंठ में अद्‌भुत मिठास थी; मुझे लगा जैसे उनके कंठ में स्वयं सरस्वती का निवास था—पहले ही दिन से मैं मोहित हो गई।

ᘏᘎ

साक्षात्कार : 14

लौटते हुए जब मैं आख़िरी ज़ीना उतरकर अँधेरी कोठरी से बाहर आई तो जी धक् से रह गया—एक भहरती हुई-सी चबूतरी पर भौंडा मुँह खोले बैठा अपलक उसी ओर निहार रहा था जिधर से मैं निकली थी। लगा, उसने ज़रूर सा...रे...ग...म की तान सुन ली होगी। इन वर्षों में वह क़द में तो नहीं लेकिन चेहरे-मोहरे से किशोरावस्था में प्रवेश कर चुका था...होठों के ऊपर मसें आने लगी थीं। उसकी भाषा भी बदल गई थी; राजस्थानी अपभ्रंश के स्थान पर सायास हिन्दी बोलने का प्रयत्न करता। अब तक वह हार-मारकर हम लड़कियों के साथ खेलने की इच्छा व्यक्त करना भी छोड़ चुका था, पर अक्सर दूर बैठा नीची नज़रों से हमें देखता ज़रूर रहता। उस दिन उसे वहाँ देखकर मुझे फिर वही अजीब-सी अनुभूति हुई...कुछ वितृष्णा भी, कुछ दया भी। मैं थम गई। उसने नज़र उठाई तो देखा, उसकी आँखें तरल हो आई थीं। मैंने पहले तो कभी भँवर से संवाद आरम्भ न किया था, पर उस दिन मुझसे रहा न गया।

‘‘क्या बात है, भँवर, ऐसे क्या देख रहे हो ?’’ कुछ क्षण वह मुझे अपलक निहारता रहा, फिर कातर स्वर में बोला,

‘‘रूपमती...’’...फिर चुप।

‘‘हाँ, कहो न क्या हुआ तुम्हें ?’’

‘‘उसने मुझे थप्पड़ मारा’’, उसने सर झुकाया तो दो बूँद आँसू टपक पड़े।

"कौन...किसने मारा तुम्हें ?" मैंने अचकचा कर पूछा...कहीं तारा ने तो न उठा दिया हाथ...

मैंने भँवर के कन्धे पर हाथ रखकर उसे थपथपाया तो वह चिहुँककर खड़ा हो गया।

"रूप, तुम बहुत...", वह फिर चुप हो गया, और अचानक मुड़कर चल पड़ा, जैसे उसने भूत देख लिया हो। मैंने पीछे मुड़कर देखा—कोठरी के कपाट-विहीन, सँकरे द्वार से सिर नवाए रेवादिया निकल रहे थे। जाते-जाते हिदायत कर गए—"कल उषाकाल तैयार होकर आ जाना...वह समय अभ्यास के लिए सर्वोत्तम होता है।"

अपनी कोठरी वापस आकर वह पोथी पढ़ने लगी जो बहुत निहोरे के बाद पंडीज्जू ने सन्दूक़ से निकालने की अनुमति दी थी—अमीर ख़ुसरो के दोहों, कबित्तों और कहमुकरनियों की पुस्तक। पर आश्चर्य! आज उसमें भी जी न लगा। बीच-बीच में यही सोचती रही कि भौंडे को थप्पड़ किसने मारा...और वह छलछलाती आँखें लिए मुझसे क्या कहना चाहता था जिसे अधूरा ही छोड़ना पड़ा। कुछ देर बाद स्वतः ही पता चल गया मुझे। प्यास लगी थी। पानी लेने चौके में गई। दरवाज़ा पार करती उससे पहले ही केतकी की फुँफकारती-सी आवाज़ सुनाई दी। मैं ठिटक गई।

"थप्पड़ तो खायगो ही तू...इत्तो भी न हो सकै थारे से कि देखता रैवे हौर आ के बताए म्हाने...निकम्मो है तू...अब जा, म्हारा मुख काईं देखै!"

मैं उलटे पाँव लौट आई...किसे देखते रहना था भौंडे को, क्या गुप्तचरी करनी थी ? क्या हम सखियों की ? मन अनाश्वस्ति से भर उठा। वैसे, देखता तो भला क्या वह--हम अल्हड़ सखियाँ तो बस बाँस-जंगल की हरियाली निहारतीं और फिस्स...फिस्स...एक दूसरे के कानों में फुसफुसाती, बिन बात ठिठियाती फिरतीं! यह कोई ऐसा अनर्थ तो नहीं। पर होते-होते हो ही गया अनर्थ!

ഌ൫

साक्षात्कार : 15

मैं जहाँ कभी गई नहीं वहाँ का सपना आया मुझे!...चाँपारेणी का अधपदम तलाओ, या जैसे मैंने अपने मन में उसका नामकरण कर लिया था—चम्पारण्य का अर्द्धपद्म ताल। कुछ भी स्पष्ट नहीं...बस धुँधलके-से में एक लम्बोतरा जलाशय, चारों ओर से वृक्षों और लता-गुल्म से घिरा, पानी की सतह पर झुकी टहनियाँ और हज़ारों-हज़ार कमल के फूल, कुछ खिले कुछ अधखिले। अवश्य ही उस स्वप्न का उदगम् तारा के आधे-अधूरे वर्णन से हुआ होगा, लेकिन जब आँखें खुलीं तो अनुभव हुआ

कि मेरी हृदयगति बहुत तेज़ हो उठी थी, जैसे उस सपने से कुछ भय का आभास हुआ हो, यद्यपि उसमें डर लगने जैसा तो कुछ भी न था। रात अभी दो पहर बाक़ी थी, करवट बदली, और फिर से सो जाने की चेष्टा करने लगी। लेकिन हज़ार जतन करने पर भी नींद न आई। अच्छा ही हुआ—सुबह संगीत-अभ्यास का दूसरा ही दिन था और मैं उस्ताद के इंगित समय पर ही पहुँचना चाहती थी।

जब वहाँ से दो पहर के बाद लौटी तो मेरे पाँव ज़मीन पर न पड़ते थे। बात ही कुछ ऐसी थी।

"आज तुम्हें सरगम के स्वर मेरे साथ-साथ गाने होंगे, कर सकोगी?" रेवादिया ने अभ्यास के आरम्भ होते ही पूछा।

मैं सिर झुकाए सोचती थी, मुझे क्या पता। बोली, "पूरा जतन करूँगी।"

"इससे अधिक कोई कुछ कर भी नहीं सकता...पूरे मन से जतन-साधना। उससे आगे सब कुछ उसके हाथ है", उन्होंने अपनी तर्जनी आकाश की ओर उठाई और सरगम के स्वर गाने लगे। लगता था ऊषा की किरणें क्षितिज पर नहीं, उनके कंठ से फूट रही हों। हमदोनों के स्वर एक दूसरे से लिपटे हुए प्रवाहित हो रहे थे...सा...रे...ग...म...प...ध...णी...सा—हू-ब-हू एक जैसे, कहीं तनिक भी अन्तर नहीं, सिवाय इसके कि एक स्वर पुरुष और दूसरा नारी का था। लगा जैसे दोनों एकमेक हों, एक ही कंठ से उठते हों...दो या तीन बार समवेत गायन के बाद रेवादिया कुछ अचम्भे से मेरी ओर देखते हुए बोले,

"रूप, अब एकल स्वर दोहरा सकोगी सरगम?"

"आप आज्ञा दें तो प्रयास..."

"हाँ, हाँ...करो।"

मैंने एकल स्वर गाया तो सहसा मेरे रोंगटे खड़े हो गए...एकदम वैसी ही आवाज़...थोड़ी भारी और खसखसाती हुई-सी किन्तु पूर्ण स्थिर, जैसे कहीं ज़ोर न लगाना पड़ा हो—वही...*हे राधा के कृष्ण-कन्हैया वाली* आवाज़! उस दिन मुझे विश्वास हो गया कि जो स्त्री मौलश्री के छतनार वृक्ष वाली वीरान हवेली में रहती थी, वही मेरी माँ थी, जिसे शायद अब कभी न देख सकूँगी।

"वाह...वाह...फिर से गाओ।" मैंने अनुपालना की।

रेवादिया मुग्धभाव मुझे गाते देखते रहे। फिर हथेली से थमने का इशारा करते हुए बोले,

"रूप, तुम्हारे कंठ में तो स्वयम् सरस्वती विराजती हैं...जानती हो, जब मैंने सीखना आरम्भ किया था तो मात्र सरगम के स्वर साधने में कितना समय लगा था—पूरे तीन महीने! तुम तो सधी-सधाई ही अवतरित हुई जान पड़ती हो। कल से हम सीधे रागिनियों का अभ्यास शुरू कर सकते हैं।"

कुछ देर इस अप्रत्याशित प्रशंसा से अवाक् उन्हें देखती रह गई।

"ऐसे क्या देखती हो...विश्वास नहीं होता न," उन्होंने विहँसते हुए कहा, "मुझे भी नहीं हो रहा पर मैं तुम्हारी झूठी प्रशंसा क्यों करूँगा भला...सचमुच तुम रूपमती ही नहीं, सर्वगुणमन्ती भी जान पड़ती हो—पंडीज्जू अन्य विषयों में भी तुम्हारी ग्रहण एवम् स्मरण शक्ति और प्रत्युत्पन्नमति की प्रशंसा करते नहीं थकते।"

मैं नीचे उतरी तो लगा जैसे तीनों लोकों का हर्षोल्लास मेरे कन्धों से डैने उगा चुका हो, मुझे पाँव ज़मीन पर धरने की आवश्यकता ही नहीं!

इतनी ख़ुशी, किसे बताऊँ, किससे छिपाऊँ। पर यह याद आते ही कि कोई ऐसा न था जिससे मैं अपनी ख़ुशी बाँट सकती, हृदय के अन्दर कुछ धँसक-सा गया। जी में आया कि और कुछ नहीं तो भँवर को ही बताऊँ जाकर, वह सब कुछ जो रेवादिया ने कहा था। फिर मन-ही-मन हँस भी पड़ी—वह फ़ौरन अपनी बहन को जा बताएगा, और केतकी निश्चय ही कुढ़ कर बोल उठेगी, 'हुँ:...अब पंडिताइन संग-संग मिरासिन भी व्है जावैगी काईं यौ छोरी!'

मुई तारा भी न जाने कहाँ जा मरी थी—पाँच-छह दिनों से इधर को झाँका तक नहीं। सविता और किशोरी तो ख़ैर उसके बिन गढ़ में कभी आती ही न थीं।

ꩠꩡ

साक्षात्कार : 16

तारा कई दिनों बाद आई, सविता और किशोरी को साथ लिए। कुछ तो उससे सचमुच ही रुष्ट थी, कुछ और रुष्ट होने का अभिनय करती हुई मैं बोली,

"कहाँ मस्त रहीं इत्ते दिन...यह भी सुध न ली आकर कि सखी जीती है या मर गई!"

"नईं री,...म्हारा मन ठीक ना था कई दिवस...इस वास्तै", उसने सिर झुका लिया जैसे मौन-क्षमायाचना करती हो।

"क्या हुआ...ज्वर?" मैंने पूछा

"नईं, बस पेट माँ व्याधि रही...पिराय रहा..."

मुझे न जाने क्या सूझा अन्य दोनों सखियों के सामने ही ठिठोली कर बैठी; हमेशा की भाँति फुसफुसाकर नहीं, सस्वर,

"बालक तो नहीं पड़ गया तेरे पेट!"

किशोरी और सविता ठिठियाने लगीं; तारा का मुँह आरक्त हो उठा,

"धत्...लाज-सरम नईं तणे?"

इधर कुछ दिनों से पेट में बालक पड़ने की बात हम सखियाँ बतौर विनोदपूर्ण श्राप एक-दूजे के कानों में फुसफुसाने लगी थीं...बस्ती की गृहस्थ स्त्रियों की खुसर-पुसर से अब तक हम उसका गूढ़ अर्थ जान चुकी थीं, और चारों में से जो जिससे चिढ़ जाती, या जिससे ठिठोली करनी होती, उसके कान में फुसफुसा आती—'जा...बालक पड़ जाए तेरे पेट!' जब पहली बार हममें से कोई यह जुमला बोली तो हठात् बहुत पहले पंडीज्जू की किसी पोथी में पढ़ा एक दोहा मन में कौंधा :

बालक हठ जालिम का ऐसौ
हिरनी कैं आखेट में
एक निकसि कैं ठाढ़ न होयौ
दूजो परि ग्यौ पेट में

उस समय तो कुछ समझ न पाई थी; अब सखियों को सुनाया तो सब हँस पड़ीं।

परन्तु तारा की अस्वस्थता के प्रसंग में बात कुछ अटपटी हो बैठी थी—उसका मुँह छोटा हो गया। तथापि तारा में यह सिफ़त थी कि ऐसी स्थितियों को भी शीघ्र सहज बना लेती। मुस्कुराते हुए बोली,

''मो जानूँ किसलई बालक पार रही म्हारे पेट तू...इत्ते दिनों अधपदम तलाओ जो न लै जा पाई तणे, पण म्हारो काईं दोख...एक दिवस सैनिक आय गए, दूजे दिन मो आई तणे ढूँढ़ती तो तेरो पतो कोन्नी...बस चबूतरी पै बैठो थौ भौंडा मुँह खोले, फिर व्याधि पटकि दइ मोय। काल्हे ले चालूँ तणे?'' उसने इस तरह हुलस कर पूछा जैसे वह स्वयम् व्याकुल हो वहाँ जाने को।

मैं तो कब से उत्कंठित थी ही, किशोरी और सविता भी राज़ी हो गईं।

दूसरे दिन कुछ जानी-पहचानी पगडंडियों और बँसबिट्टियों को पार करते हुए जब हम पच्छिम की ओर मुड़ीं, तब जंगल और भी घना हो गया। लगा, जैसे सहसा साँझ पड़ गई हो। एक अनचीन्ही पथरीली ढलान पर चढ़ती हुई राह और निर्जन एकान्त...कुछ ही देर चलकर दम फूलने लगा लेकिन तभी चढ़ाई समाप्त हो गई; हमारे आगे ढलान से नीचे कमर तक ऊँची-ऊँची घास का विशाल मैदान पसरा था जिसमें झुंड के झुंड हिरन चर रहे थे...हमारी आहट से चौकन्ने होकर मुड़कर थम-से गए। हमसब भी सुस्ताने के लिए पल भर को रुकीं...अद्भुत दृश्य था। घास के मैदान के बीचों-बीच सघन केश के मध्य माँग के समान एक पगडंडी थी। उसे पकड़ हम आगे को बढ़ती गईं...एक बार फिर ढलान की चढ़ाई, उसे पार कर जब हम मैदान के दूसरे सिरे के शिखर पर पहुँचीं, तो तारा बोली,

''बस अब आ ही गए समझ।'' कुछ दूर और चलने पर हम चारों ओर एक ही प्रजाति के वृक्षों के कुंज में पहुँच गए। आम के पत्तों जैसे मगर हल्के हरे रंग के नीचे को लटकते पत्ते और पीले-पीले सुगन्धित फूलों से भरे चम्पा के वृक्ष—

मैंने झुककर भूमि पर गिरा एक ताज़ा फूल उठा लिया। तितली के पंखों जैसी पँखुड़ियों वाले फूलों की सुरभि से सचमुच मह-मह करता था वह वनखंड। मैं चमत्कृत-सी बहुत देर तक उस अद्भुत स्थान को निहारती खड़ी रही। सहसा पीठ पर हाथ रखकर हल्के-से धकेलती हुई तारा बोली, "अब चाल भी, आ गयौ थारा अधपदम तलाव।"

जैसे ही चम्पा के पेड़ों का घेरा पार हुआ, मैं ठगी-सी रह गई। बिलकुल वैसा ही जैसा स्वप्न में देखा था! हरे पानी का लम्बोतरा ताल जिसके आधे हिस्से में कमल के हज़ारों खिले-अधखिले फूल ठंडी बयार में हौले-हौले डोलते थे। दुपहर की धूप में बड़ी-बड़ी थालों जैसे कमल के पत्तों पर पानी की बूँदें मोतियों-सी दमकती थीं...किन्तु आश्चर्य! ताल का हमसे दूर का आधा हिस्सा निर्मल, नीलछाँह हरे जल से भरा था, वहाँ कोई कमल नहीं। ताल के चारों ओर लगभग दो सौ क़दम चौड़ी पाल, जल-स्तर तक हल्की ढलान से उतरती थी। उस पार एक पुरानी छतरी के अवशेष थे...छतरी क़ायम, मगर कंगूरे टूटकर लटके हुए, चारों ओर घुटनों-भर ऊँची पत्थर की जालियाँ कहीं-कहीं से भग्न...किन्तु छतरी में रखी पत्थर की चौकी बिलकुल साबित। छतरी के दोनों ओर कुछ ऐसी प्रजाति के वृक्ष थे जिनकी टहनियाँ पानी की सतह के समानान्तर दूर तक बल खाती हुई-सी फैली थीं। देखते ही लगा, जिसने छतरी बनवाई उसी ने जान-बूझकर ऐसे वृक्ष ताल की शोभा बढ़ाने के लिए लगवाए होंगे। सचमुच विलक्षण रमणीय स्थान था चम्पारण्य का अर्द्धपद्म ताल। सच कहा था तारा ने...मालवा की धरती पर छोटा-सा स्वर्ग!

"अब समझीं क्यों कहैं याणे अधपदम तलाव? देखती है न, आधी तलैया में कमल भरे पड़े हैंगे हौर आधे में निर्मल जल। उस पार चलकर देख, पाणी इत्तो सुथरो है कि तले के पत्थर तक दिखाई देवैं।" तारा मेरा हाथ खींचते हुए ले चली। मैं जैसे तन्द्रा से जाग कर उससे लिपट गई और मुस्काते हुए उसके कान में हुलस कर फुसफुसाई, "तू ठीक कहती थी तारा...यह तो वास्तव में स्वर्ग समान ही है। यहाँ लाकर बड़ा अनुग्रह किया तूने...मैं कभी न भूलूँगी। लेकिन यह कैसे हुआ कि आधे ताल में तो कमल के फूलों की भरमार और आधा बिलकुल साफ़? और वह छतरी कब की है?"

"अरी...क्या कर रही है, म्हाणे छोड़े फिरी तो बताऊँ कुछ...देख ताल के ऐ भाग माँ तो है माटी हौर कीच जा में कमल उगैं-खिलैं, औ वा भाग हो पथरीलौ...अब यौ सब तो रेवा मैय्या री देन है। याँ सैं नद्दी भी दूर नईं, बस उन पेड़ों के पार। हौर काईं पूछती रही...हाँ, वा छतरी...म्हारे बाबू कहैं उनके बाबा बतावैं थे कि होशंग शाह रह्यौ भौत पैले मालवा रो सुल्तान, वाणे बनवाई थी रास-रंग रचाण वास्तैं।"

तेज़ क़दमों से दौड़ते ताल के दूसरे किनारे तक पहुँचने में आधी घड़ी लगी मुझे...मैं जल-स्तर से लगे एक पत्थर पर जा बैठी, देखा तो वास्तव में पानी में डूबा

पथरीला तला बिलकुल साफ़ दिखाई देता था। फिर एक और पत्थर पर जा बैठी, जहाँ ऊपर बल-खाई हुई टहनी की छाया में स्थिर पानी की सतह ऐन दर्पण समान थी—अपना मुख देखा तो चौंक-सी उठी, तो ऐसे हैं मेरे नाक-नक़्श-नैन...तभी सब मुँह निहारते रहते हैं मेरा, मैं सचमुच रूपमती हूँ...बहुत सुन्दर...क्या यही कहते-कहते रुक गया था भौंडा उस दिन? सहसा मुझे बोध हुआ कि बारह वर्षों के जीवन में स्वयम् को मैंने दर्पण में न देखा था...जो देखा हो तो याद नहीं।

''चल उठ अब, लौटण री बेला भई'', तारा ने मेरी सोच का तारतम्य तोड़ दिया।

फट छतरी के चारों ओर फिर कर उसे देख आई। फिर झटकते हुए कमल वाले किनारे पर आ गई। नीचे उतर हाथ बढ़ाकर कमल का एक फूल चुन लिया, और सूँघने लगी। मैं इतनी प्रफुल्लित थी अर्द्धपद्म ताल आकर कि समझ में न आ रहा था कि क्या कुछ कर डालूँ...बिन पिये ही मदोन्मत्त! वापस लौटने को जी नहीं कर रहा था।

लौटते हुए साँझ पड़ने लगी, और उस पर से सघन वन, दोनों ने मिलकर दिन ढलने से पहले घुप्प अँधेरा कर रखा था। वन की नीरवता और झींगुरों की किर्र-किर्र दोनों जैसे दुगुनी हो उठीं। कुछ अन्य गुर्र-गों की ध्वनियाँ भी आने लगी थीं। तारा समेत हम सब के लिए अँधेरे के बाद वन में होने का यह पहला ही अनुभव था। हम चारों डरी-सहमी सी चल रही थीं। केवल रास्ता भटक जाने ही का नहीं, हिंस्र पशुओं का ख़तरा भी था। तारा ने मशाल जला ली। सविता और किशोरी रौशनी में हमदोनों से आगे झटकती चली जाती थीं, हमदोनों थोड़ा पीछे थे। अन्तत: जब हम मांडव जाने वाले रास्ते के निकट की जानी-पहचानी पगडंडियों तक पहुँचीं तब कहीं जाकर जान में जान आई।

किन्तु उससे पहले ही तारा ने मुझसे पिछले दिन की ठिठोली का बदला ले लिया था। अँधेरा होने पर जब तारा और मैं अन्य दोनों सखियों से पीछे रह गईं तो उसे मैंने वह सब कुछ विस्तार से बताया जो पिछले दिनों संगीत-अभ्यास के दौरान रेवादिया और मेरे बीच घटा था। अपनी प्रशंसा का विवरण बाँचने को इतनी उतावली थी मैं कि फुसफुसाते हुए लगभग अक्षरश: सब कुछ उगल दिया। वही उल्टा पड़ गया।

''सावधान रहियो रूप, इत्तो मीठे बोलों सैं मन मोह के क़द पेट में बालक न पार दै थारा उस्ताद!''

''क्या बोलती है...बदला ले रही है कल की बात का?'' मैंने रुक्ष स्वर में कहा।

''नईं, सच्ची कहूँ तणे, वा रेवा पार कौ किसी गाँव माँ एक बुढ़िया मिरासन को गुरुआइन बना राख्यौ है। सब कहैं वा गाँव की सारी छोरियाँ जान छिड़कती रहीं रेवादिया पर...वा-से नाक-नक्कश वाले कई बालक फिरैं वाँ, किशोरी की माँ कहती रही किसीणे, म्हारे भी कान पड़ गी।''

सुनकर मन खिन्न हो उठा था। बाक़ी रस्ते भर कुछ न बोली मैं। केवल यही सोचती रही, क्या यह सब सच हो सकता है? उद्विग्न अवश्य हो गई थी, पर गढ़ पहुँचने के बाद इस पर अधिक सोचते रहने का समय कहाँ मिला।

ꣻ

साक्षात्कार : 17

गढ़ पहुँची तो साँझ हुए दो पहर से अधिक हो गए होंगे। छाती धक्-धक् करती थी, कहीं केतकी के सामने न पड़ जाऊँ...जल्द वापस लौटने की जुगत में सचमुच पाँव दुखने लगे थे...तिस पर तारा की बात सुनकर मन खिन्न। केतकी ने साँझ के कलेवा के समय ढूँढ़ा तो न होगा कहीं? अक्सर भोजन के लिए मैं स्वयं ही चौके में जाती—बुला भेजने-ढूँढ़ने का कोई नियम न था, पर क्या पता भेज दिया हो भौंडे को बुलाने... रात के भोजन का समय हो चला है, पहुँच जाऊँगी सीधे चौके में...सोच में डूबी आगे बढ़ ही रही थी कि सहन से लगे चौड़े ओसारे के खम्भे के पीछे से आवाज़ आई,

''रूप, जल्दी आओ जीजी भोजन परोसने ही को हैं।'' मैं चिहुँककर थम गई। भौंडा!...यह कब से ताक रहा था मुझे! ''कलेवा की बेला भी पूछा था, मैंने कह दिया, अपनी कोठरी में पड़ी है...अपच है, कलेवा न खावैगी आज।'' तो झूठ बोल कर केतकी के कोप से बचाया और अब अनुग्रह जता रहा है! पर प्रतिवाद क्या करती।

उस रात राव ने भी भोजन हमारे साथ किया; फिर ओसारे की बड़ी तख़त पर बैठे, एक बाँह से मुझे घेरकर पूछते रहे पंडीज्जू के साथ क्या-क्या अध्ययन करती रही पिछले दिनों, बड़ी देर तक प्रश्न करते और मेरा मुख निहारते रहे। मेरे उत्तर उन्होंने सुने भी या नहीं, कुछ संशय में ही रही।

पीछे खड़ी केतकी की आँखें आग बरसा रही थीं।

कुछ देर बाद मैं अपनी कोठरी में आकर बिछौने पर लेट गई। मेरे टखनों का दर्द धीरे-धीरे ऊपर को उठकर अब कमर और पेट के निचले हिस्से में आ गया था, और थोड़ी देर में इतना तेज़ हो गया कि रुलाई छूट गई। फिर जो हुआ उसके लिए मुझे किसी ने सावचेत न किया था—न केतकी ने, न मेरी सखियों ने, न बस्ती की किसी और स्त्री ने। बाद में केतकी ने यह कहकर पल्ला झाड़ लिया, 'अरी, तू कद बैठे म्हार कण तभई तो बताऊँ दुनियादारी रो बाताँ।'

सहसा आरम्भ हुए स्राव से मेरे नीचे के वस्त्र भींग-से गए...मैं बुरी तरह घबरा गई पर हमेशा विष उगलती उस स्त्री को बीच रात जगा कर सहायता माँगने न

गई...स्वयम् ही जो फुराया सो किया। एक पुराने घाघरे को फाड़कर पट्टी बाँधी, और पौ फटते ही तारा के घर जा पहुँची। द्वार तारा की माँ ने खोला। मुझे देखकर वह अवाक्! सामान्यतया तारा ही गढ़ में आया करती थी, बस्ती में कालूराम का घर कौन-सा है, मैं जानती ज़रूर थी पर न कभी किसी ने वहाँ बुलाया न पहले कभी गई थी। तारा की माँ कपाट खोल कुछ देर किंकर्तव्यविमूढ़-सी मुझे निहारती रही, फिर बोली,

"आप इत्तो सवेरे अठे?" तब तक तारा पीछे से निकल आई। जब वह मेरी हालत समझ चुकी, तो बोली,

"केतकी णे पहले कुछ बताया-समझाया न था के तणे?"

"क्या समझाया?...मुझे तो कुछ नहीं कहा।"

"यही कि अब कभी भी आरम्भ हो सकै, हौर अब हर महीने होवैगो?" मेरी आँखें खुली की खुली रह गईं। मैं जब अपनी कोठरी में वापस लौटी तो रात की घटना से मन रुद्ध था...कमर में दर्द, और स्राव अब तक जारी था। फिर भी केतकी से जा उलझने की ऐसी दुर्निवार लहक उठी,

"आपने कुछ बताया क्यों नहीं इस बारे में?" मैंने प्रश्न की भूमिका बताई ही न थी; उसका अचकचा कर देखना बेजा न था।

"काईं बात कैं बारे, कुछ बोलैगी भी।" सुबह-सुबह मेरे क्रुद्ध स्वर से वह भी खिसिया कर बोली। बहरहाल, हमारे संवाद का अन्त वैसे ही हुआ—'अरी, तू बैठे भी तो म्हारे कण आण कैं कद...'

लौटकर जो बिछौने पर आई तो तीन दिन न उठी। पिछली बार की भाँति उपवास तो न किया, पर बिस्तरे पर पड़ी रुक-रुककर रोती रही। इस बार तारा आती और कुछ रोटी-पानी ला-लाकर देती रही।

फिर भी उस घटना के बाद के दिनों में मैंने मन-ही-मन स्वयम् को जितना निरीह, अनाथ और एकाकी अनुभव किया जीवन में उतना कभी और न किया। अपनी जननी से बिछड़ ही नहीं चुकी थी...मैं तो यह तक न जानती थी कि वह थी कौन, उसका नाम, वर्ण, जाति...कुछ भी नहीं! फिर कभी उससे मिलने, या उसे देखने का तो स्वप्न भी न आता अब। राव को बाबा कहती तो थी पर नदी से उठाकर लाई गई एक लावारिस बच्ची अधिक से अधिक उनकी गोद ली हुई बेटी जैसी ही तो हो सकती थी। केतकी के लिए तो शायद मेरा न होना ही अच्छा होता—मैं उसकी कोई नहीं, न वह मेरी कुछ लगती थी। भौंडा तो बस, भौंडा ही था—वह शायद मुझे पसन्द करता था...चाहता था कि मैं भी उसे पसन्द करूँ, पर भँवर!...सखियों में एक तारा ही अन्तरंग थी, सो उसने भी उस्ताद पर सन्देह की छाया डालकर मेरा जी कुछ खट्टा कर दिया। ले-दे कर एक पंडीज्जू, उनकी सन्दूक़ की ग्रन्थ-पोथियों और उनके बुद्धि-विलास पर ही निर्भर था मेरा अस्तित्व। और हाँ, सन्देह

की छाया के बावजूद तन-मन को तृप्त और झंकृत कर देनेवाली राग-रागिनियों एवम् वाद्य-यंत्रों का नियमित अभ्यास भी जारी रहा। वाद्य-यंत्रों में बीण बजाना सबसे अधिक सुखद और कर्णप्रिय लगता।

ꣳ

साक्षात्कार : 18

समय की गति तो निरपवाद रूप से निरन्तर एक जैसी ही रहती है, पर उस गति की अनुभूति पर वैविध्य राज करता है। यदि किसी मनचाही बात या घड़ी की प्रतीक्षा हो, तो एक बीतता पहर पूरे एक वर्ष अनुभव करा देता है!...जैसे फिर से कभी अर्द्धपद्म ताल जाने की मेरी उत्कंठा। और यदि दिन अच्छे कट रहे हों, और रातें उनसे भी अच्छी, तो पलक पहले झपकी कि बरस पहले बीता, कुछ पता नहीं चलता—जैसे बाज़ के साथ मेरा पहला बरस!

लेकिन पहले गढ़ धर्मपुरी का प्रवास तो निस्तारित हो ले!

सचमुच अर्द्धपद्म ताल फिर जाकर वहाँ कुछ समय बिताने और उस नीरव, सुन्दर एकान्त में संगीत साधना करने को बहुत जी करता। प्रत्येक दिन मध्याह्न तक के पहर तो उस्ताद के साथ संगीत-अभ्यास और पंडीज्जू के साथ अध्ययन में कट जाते, किन्तु बाक़ी बचा समय पहाड़-सा लगता। सखियाँ अब नियमित रूप से नहीं आतीं। सम्भवत: घर के काम-काज सीखने में लग गई थीं। पर मैंने तारा का घर देख लिया था...हमदोनों के बीच खटास की जो बात मैंने कही, उसके बावजूद तारा स्नेह तो बहुत रखती थी मुझसे। निहोरा करने पर मानी, लेकिन मान गई। वह मान गई तो बाक़ी दोनों भी चलने को राज़ी हो गईं।

दूसरी बार अर्द्धपद्म ताल के लिए हमसब बहुत सवेरे निकल पड़ीं। पंडीज्जू उज्जयिनी और रेवादिया किसी काम से बाहर गए थे। चलने से पहले मैंने भँवर को पास आने का इशारा किया तो उसका चेहरा खिल उठा और मुँह थोड़ा और खुल गया। मैंने उसके कान में फुसफुसाकर कहा,

''मैं सखियों के संग कहीं जा रही हूँ,थोड़ा समय लग जाएगा...तुम सँभाल लोगे न?'' कुछ पल वह चिंतित-सा मेरी ओर देखता रहा, जैसे कुछ आशंका हो...फिर सिर हिलाकर हामी भर दी।

आह...अर्द्धपद्म ताल...प्रकृति की गोद में स्थित चम्पारण्य के उस छोटे-से स्वर्ग में अवश्य कुछ ऐसा जादू था जो मुझे मदोन्मत्त-सा कर देता।

श्रुतिलेखक महाशय, अर्द्धपद्म ताल अब न देख सकेंगे आप। समय का अहर्निश चक्र बनाता भी रहता है, मिटाता भी...महल-क़िले, जंगल, पहाड़, नदी, ताल सब कुछ! अर्द्धपद्म ताल अब कहीं नहीं। आप मांडव आ भी गए तो कुछ महल-क़िलों के अवशेषों से ही सन्तोष करना होगा।

वहाँ जाने का वह दूसरा अवसर अविस्मरणीय है—सचमुच चम्पा के फूलों से सुगन्धित वनखंड को पार कर जैसे ही मैंने आधे भाग में शतदल से घने ताल को देखा, अन्तरतर में उमड़ते हर्षोल्लास से कदाचित् मानसिक सन्तुलन खो बैठी...या शायद वह उमर ही कुछ ऐसी मदमाती-सी थी कि स्वयम् अपने पर वश न रहा।

एक बार चारों ओर नज़र फिराई—क़तई निर्जन, कहीं कोई नहीं।

''सब उतारो अपने वस्त्र...आज हम चारों गोपियों वाला स्वांग करेंगी...घाघरा-चोली इन टहनियों पर टाँग कर स्नान करेंगी, देखें, कन्हैया आते हैं कि नहीं!'' मैंने कहा।

''बाँवली हो गइ कैं!'' तारा ने आँखें गोल करके मुझे देखा। किशोरी और सविता के मुख विवर्ण!

फिर तारा का स्वर धीमा हो गया, जैसे वह स्वयम् भी इस रोमांचक सुझाव पर पुनर्विचार करने लगी हो,

''कोई ने देख लिऔ तो गजब व्है जावैगो।''

सविता ने फुसफुसाते हुए ठिठोली कर ही दी, ''कईं बालक तो न पर जावैगो पेट!''

हम चारों खिलखिलाकर इतना हँसीं कि पेट में बल तो पड़ ही गया, आँखों में आँसू भी आ गए। हुआ स्नान, निर्विघ्न, कलियुग में कन्हैया कहाँ!

हम सखियाँ सशंकित दृष्टि चारों ओर फिरातीं, परस्पर एक दूसरे के विकसते अंगों और वक्ष पर अधखिले कमलों से परिचित हुईं; कभी-कभी लगता जैसे किनारे के घने झुरमुटों की ओट से कोई अनजानी आँखें हमें देख रही हैं।

''कहीं भौंडा तो न आ गयौ पाछै?'' तारा विहँस कर बोली तो मुझे वह थप्पड़ वाली बात याद आ गई। मैं सिहर उठी—कहीं सचमुच वह...नहीं,नहीं...मैं तो उसे अपने लिए बहाने बनाने को बिठा आई हूँ। निर्वस्त्र होकर स्नान करने का संकोच ही मन को भ्रमित कर रहा है।

वापस लौटते हुए मैं रस्ते का एक-एक मोड़, एक-एक पगडंडी और मार्गदर्शक चिह्न ध्यान से देख, स्मृति में अंकित करती गई। कभी...कहीं अकेले आना पड़े, यद्यपि इतने बीहड़ वन में एकाकी आने का साहस जुटाना असम्भव जैसा ही था।

ꣻ

साक्षात्कार : 19

एक दिन बाद ही रेवादिया वापस आ गए। और उससे अगले दिन पंडीज्जू। संगीत-अभ्यास और अध्ययन का नियमित क्रम पुनः आरम्भ हो गया।

अब मुझे रागिनियों का काफी ज्ञान हो गया था—भोर के लिए भैरवी की मेरी तैयारी पर उस्ताद ने मुसकते हुए मेरी पीठ थपथपा दी थी। मैं घोंघे की नाईं अपने आप में सिकुड़ गई। फिर कुछ सप्ताह संध्याकाल और रात्रि के लिए राग कल्याण और मालकौंस का अभ्यास चलता रहा। बीच-बीच में मेरी प्रगति पर उस्ताद शाब्बाशी देते—"वाह...वाह...तुम मात्र प्रतिभाशाली नहीं, साक्षात प्रतिभा की ओज हो...एक बार जो सुन लेती हो बिसरती नहीं...तुम्हारी पकड़ और स्मरण शक्ति वास्तव में विलक्षण है।"

मैं फूली न समाती पर उन्हें जानने न देती कि मुझे उनकी बातों से कितनी प्रसन्नता हो रही है। विनयपूर्वक सिर नवाए सुनती रहती...एक दिन उनसे पूछ बैठी—"उस्ताद, कोई वाद्य न बजाएँ अब?" वे हँस पड़े।

"बीण बजाना चाहती हो शायद...अच्छा, बजाओ, किन्तु एक शर्त है : पंडीज्जू के सन्दूक़ में सारंगदेव कृत *संगीत रत्नाकर*[1] नाम की एक पोथी है। उसका अध्ययन करना होगा। संगीत के व्यव्हारिक अभ्यास के साथ-साथ सैद्धान्तिक तत्त्वों का ज्ञान भी होना चाहिए।"

उधर पंडीज्जू भी मेरी प्रगति से कम प्रसन्न न थे। इतिहास, भूगोल, गणित से इतर साहित्य चर्चा में भी उदार होने लगे थे।

"आपकी अनुमति हो तो कुछ दिखाना चाहती हूँ।"

काग़ज़, क़लम, स्याही हमारे समय में अलभ्य-प्राय थे, श्रुतिलेखक जी! अभ्यास के लिए पत्तों, सरकंडे की क़लम और काजल घोलकर बनाई गई रोशनाई से काम चलाना पड़ता था।

"हाँ, हाँ...अवश्य दिखाओ।"

मैंने साल का छाँव-सुखाया पत्ता आगे को कर दिया—मेरे लिखे पहले दो दोहे :

कागद कालिख सैं दागी व्है
नोरे नीर दहाय
लेखन चिन्तन पै दग्ध हिया
बन्धन रहा लगाय *

---

1. संगीत रत्नाकर—तेरहवीं शताब्दी में सारंगदेव द्वारा रचित संगीत-शास्त्र की महत्त्वपूर्ण पुस्तक।

* 'द लेडी ऑफ़ द लोटस', एल.एम्. क्रम्प—पृष्ठ 69, क्र.सं. I (1)

तू म्हारा सम्पूरन जीबन
तों से बिछरब मौत
जौं मुख तोर न सुमिरति होती
*साँस न चलती होत**

कुछ देर पंडीज्जू बड़े ध्यानपूर्वक पत्ते पर अंकित दोहे पढ़ते रहे, फिर कुछ चकित से मेरी ओर देखकर बोले,

''यह तो उत्तम हैं, किसी पोथी से तो नहीं उतार लिये!''

मेरा मुँह उतर गया। तुरन्त बोल उठे,

''नहीं...नहीं, मैं तो हँसी कर रहा था। उत्कृष्ट दोहे हैं। अभ्यास करती रहीं तो अच्छी कवयित्री बन जाओगी, रूप।''

पंडीज्जू ने भी मेरी पीठ थपथपाई पर मैं उनके स्पर्श से न जाने क्यों वैसे संकुचित न हुई जैसे रेवादिया के छूने से हुई थी। तारा की बात निशाने पर लगी थी।

तथापि भोर होती रही, साँझ होती रही, दिन बीतते जाते—अभ्यास अध्ययन में। सप्ताह-महीने घूम फिर कर एक बार फिर शारदीय नवरात्र के दिनों पर आ गए। देवी के गुप्त मन्दिर में फिर वही सब कुछ दोहराया गया जो मैं सात वर्षों से देखती आई थी, सिवा इसके कि इस बार पंडीज्जू ने न्यौत कर उस प्रकार भोजन नहीं कराया जैसे पहले कराते आए थे...मेरी जगह तारा की छोटी बहन ने ले ली थी। इसका कारण कुछ साफ़ समझ में नहीं आया। कुछ थोड़ा आभास अवश्य हुआ। राव ने भी अब मुझे बाहों से घेरकर अपने निकट लेना छोड़ दिया था। सहसा लगा कि मेरा बचपन छिटक कर कुछ और दूर जा पड़ा था। पूर्व-जन्म कुछ और धुँधला गया था।

मैं बड़ी होने लगी थी। पिछले कुछ महीनों में ही मैं पंडीज्जू की छोटी क़द-काठी से ऊपर को निकल गई थी। मेरी टाँगें किसी बेडौल जंतु-सी लम्बी दिखाई देने लगी थीं, पर साथ ही साथ लोगों की मेरा मुख निहारते रहने की प्रवृत्ति भी जैसे उत्तरोत्तर बढ़ती ही जा रही थी। मुझे देखते हुए भौंडे का मुँह कुछ और अधिक खुल जाता। धीरे-धीरे खुला कि मैं बेडौल नहीं, अत्यन्त सुडौल और रूपवती हूँ; और यदि विदुषी नहीं तो तत्कालीन मानदंडों से पढ़ी-लिखी, संगीत की रागिनियों में पारंगत और वाद्य-यंत्रों में प्रवीण हूँ। बहुत सम्भव, मुझे अपने सौन्दर्य, अपनी उपलब्धियों का दंभ अपने चंगुल में लेने लगा था, पर उस समय मुझे न इसका स्पष्ट भान हुआ, न इस बात का कुछ आभास कि यह लावण्य और उपलब्धियाँ मेरे लिए कितनी विपत्तियों का कारण बन जाएँगी। उन दिनों तो मैं अपने आप में मगन थी।

मेरा चौदहवाँ वर्ष—जहाँ तक मैं गिन पाई थी—मेरे लिये बड़ी उथल-पुथल का समय रहा। न जाने कितने रहस्यों के अवगुंठन ढीले पड़ कर छल-छल करते रेशम की भाँति गिर पड़े। मैं क्या थी और क्या हो गई!

---

* 'द लेडी ऑफ़ द लोटस', एल.एम्. क्रम्प—पृष्ठ 71 क्र.सं. I (10)

साक्षात्कार : 20

सौन्दर्य और बुद्धिमता का दर्प मुझे निर्भीक भी बनाता जा रहा था। मुझे लगता कि मैं जिस किसी की ओर थोड़ी देर ध्यान से अथवा दम्भपूर्वक देख लूँगी, वह जहाँ का तहाँ खड़ा रह जाएगा, मेरी ओर बढ़ना या मुझे स्पर्श करना तो दूर की बात! चाहे वह कोई पुरुष हो या दस्यु या वन्य-प्राणी। मुझे वन में अकेले जाने से अब भय न होता, जब भी जी करता विचर आती।

पर अर्द्धपद्म ताल...वह तो बहुत दूर था। सखियों को मनाया, हम फिर वहाँ गईं, लेकिन इस बार हमने ताल में नहीं, रेवा मैय्या की पवित्र धारा में डुबकियाँ लगाईं। नदी वहाँ से दूर न थी। ताल के महार से पच्छिम को घने जंगलों से होकर लगभग पाँच सौ क़दम और चलने पर पथरीली ढलान से पगडंडियाँ नदी-तट को उतर जाती थीं।

''लोग कहैं अधपदम तलाव के भीतर रेवा मैय्या की धार से ही सोता आवै, एइकर बड़े सैं बड़े सूखे माँ भी वा कौ पाणी ना टूटै कभू।'' तारा ने हमारा सामान्य ज्ञान बढ़ाया। उस बार लौटते हुए हमने साँप नहीं, एक चीता देखा-- हमसे क़रीब बीस-एक क़दम की दूरी पर झुरमुटों के बीच से दूसरी ओर को मुँह किए राजसी चाल से चलता हुआ। तारा फिर एक बार थमक कर, मुँह पर उँगली रखे हमारा रास्ता रोके खड़ी रही...दो पल दम साधे रहने तक में ही चीता आँखों से ओझल हो गया। पिछली बार साँप देखकर ही मेरी घिघ्घी बँध गई थी, पर अब चीता भी देखकर अकुतोभय रही। अपनी निर्भीकता पर गर्व और ठोस हो गया। मुझे क्या पता था कि अर्द्धपद्म ताल की अगली यात्रा क्या रंग लानेवाली है!

ജ്വ

साक्षात्कार : 21

एक बार पंडीज्जू ने भारतवर्ष के भूगोल और विभिन्न क्षेत्रों का वर्णन करते हुए बताया था—भोर हो तो बनारस जैसी, संध्या तो अवध की-सी, किन्तु रात्रि जैसी मालव देस की होती है, और कहीं की नहीं होती। मालव की रात्रि, और वह भी हेमन्त ऋतु में वास्तव में अवर्णनीय होती। वर्षा ऋतु से भीगी हरियाली सघन हो

जाती, नाना प्रकार के फूल खिल उठते और मन्द-मन्द चलती बयार में चाँदनी डोलती-सी दिखाई देती। घास के पीले और सफ़ेद फूलों के साथ वन-प्रान्तर में जहाँ-तहाँ अम्मल के रक्त-वर्ण पुष्प धीरे-धीरे काँपते-थिरकते।

अगले दिन कार्तिक पूर्णिमा थी। रेवादिया फिर किसी कार्यवश बाहर थे। उषाकाल का संगीत अभ्यास स्थगित था। अचानक मुझे जँच गई—कार्तिक पूर्णिमा की चन्द्रिका में अर्द्धपद्म ताल की छटा देखूँगी...देखूँगी ही देखूँगी! चाहे प्राणों की आहुति ही क्यों न देनी पड़े, चाँदनी रात में चम्पा के फूलों की मनहर सुरभि का आनन्द लेती हुई छतरी की चौकी पर बैठकर बीण बजाऊँगी।...

पागल तो नहीं हो गई, रूप, मन के किसी कोने से अपनी ही दूसरी आवाज़ आई...रात को उस बीहड़ जंगल में बिना किसी संगी-साथी के जाएगी तू?...हाँ, मैं जानती थी कि इस रात्रि-अभियान में साथ चलने के लिए सखियों को कदापि न मना पाऊँगी। फिर मन के दूसरे किसी कोने से प्रतिवाद हुआ : अरी डरपोक, कुछ न होगा। चल न, देखना कितना आनन्द आएगा...अन्ततः मेरी निर्भीक आत्म-विश्वास भरी आवाज़ ने भीरु, भयभीत स्वर को चुप कर दिया।

मैंने निश्चय कर लिया—जाऊँगी और कार्तिक पूर्णिमा की धवल चाँदनी में नहाए ताल को देखते हुए चम्पा और कमल की सुरभि से मत्त होकर बीण अवश्य बजाऊँगी। सर्प आ जाए, चीता खा जाए, दस्यु उठा ले जाए...जो होगा देखा जाएगा। चल पड़ी चौके से लगे भंडार में से मशाल चुराने—वह तो अपरिहार्य आवश्यकता थी उस रात्रि-अभियान की।

पर भंडार के रस्ते में ही अवरोध! राव ओसारे के तख़त पर बैठे, उठकर चलने को उद्यत पंडीज्जू से बहस में उलझे थे। हाथ के इंगित से रोक कर बोले,

"देखती हो अपने पंडीज्जू को, रूपमती—हमेशा म्लेच्छों का पक्ष लेकर हमारी अस्मिता को ठेस लगाते हैं...कह रहे थे जो युद्ध में विजयी हो वही राजा, चाहे वह म्लेच्छ ही क्यों न हो..."

"कैसी अस्मिता राव...आप कैसे अस्मिता की..." पंडीज्जू तमक कर बोले, पर मेरी ओर देखकर वाक्य के मध्य में ही रुक गए। फिर गहरी साँस ली, जैसे स्वयम् को संयत करते हों। फिर शान्त-स्वर में बोले, "राव, मैं तो केवल यह कह रहा था कि युद्ध उस आदिम काल से होते आए हैं जब जाति, धर्म, समाज क्या, परिवार तक की परिकल्पना भी न हुई थी...मात्र भोजन और काम-तृप्ति के एकाधिकार के लिए आदिम पुरुष एक दूसरे से लड़ते थे, मारते और मरते थे...म्लेच्छों को धर्म के नाम पर ही दोष क्यों दें? क्या उनसे पहले हमारे हिन्दू राजे-महाराजे अहंकार और भूमि-विजय के लिए मारते-काटते नहीं थे?...सत्ता-लोलुप पितृ-हंता या भ्रातृ-हंता हिन्दू नायकों या खलनायकों से इतिहास भरा पड़ा है। आप कैसे भूल गए कि महाभारत इसी भूमि पर हुआ...युद्ध सदा से होते आए हैं और होते रहेंगे, और

राज वही करेगा, जो सबसे अधिक मार-काटकर सकेगा, चाहे वह हमारे धर्म को मानने वाला हो या विधर्मी।''

''तथापि, पंडीज्जू...आपके मुख से म्लेच्छों के बाहुबल का महिमामंडन प्रकारान्तर से भी शोभा नहीं देता...आपने तो स्वयम् अपने पिता का सिर एक म्लेच्छ की तलवार से कटकर भूमि पर लुढ़कते देखा था...'' यह अन्तिम तर्क देकर राव भी सहसा चुप हो गए।

''अच्छा, मेरी सांध्य-पूजा का समय हो गया, मैं चलूँ, राव?'' मौन को स्वीकृति मान पंडीज्जू नपे-तुले क़दमों से देवी मन्दिर को उतरने-वाले ज़ीने के गलियारे की ओर को बढ़ गए। मैं उन दोनों के उत्तेजित संवाद से सन्न-सी खड़ी थी। राव ने मेरी ओर देखा,

''कहाँ जा रही थीं?''

''नहीं...बस, यहीं ज़रा...'' मेरे मन में तो चोर था, कुछ अधिक बोला न गया। उन्होंने हाथ से तख़्त पर कुछ दूर बैठने का इशारा किया।

''तुम्हें कुछ बताना है रूप।''

मैं बैठ गई। उत्कंठित, न जाने क्या बताना है जो इतने गम्भीर हो उठे अचानक!

''मैंने तुम्हारे लगन के लिए श्रीफल-अक्षत चित्तौड़गढ़ भेज दिया है। बड़ा मनोरथ है कि तुम्हारा विवाह वहाँ के किसी कुमार से हो...अब तुम सयानी हो गई हो, अधिक इधर-उधर न भटका करो गढ़ से बाहर...समझ रही हो न?'' मैं सहसा संत्रस्त हो गई...चित्तौड़गढ़! धर्मपुरी का वह खँडहर होता हुआ गढ़ घर-द्वार जैसा लगने लगा था। चित्तौड़गढ़ जानती थी...पंडीज्जू ने वहाँ के इतिहास की चर्चा विस्तार से की थी...जानती थी कि उत्तर को लगभग तीन सौ कोस पर है चित्तौड़...वही, जहाँ रानी पद्मिनी ने जौहर किया था, और जहाँ के महाराजाओं की अनबन मालवा के शासकों, हिन्दू हों या मुसलमान, सैकड़ों सालों से चलती आई थी।...वहाँ भेज देंगे मुझे...किसी अपरिचित पुरुष के हवाले कर देंगे! मेरा हृदय कुछ बैठ-सा गया। थोड़ी देर कुछ न बोल पाई, कंठ अवरुद्ध था। सिर नवाए बैठी रही। राव भी कुछ न बोले। सम्भवत: मेरे उत्तर की उन्हें कोई विशेष अपेक्षा भी न थी, किन्तु वातावरण असहज हो गया था। फिर मैं अपना सहज कौतूहल न रोक पाई,

''बाबा, आप क्या कह रहे थे, कि पंडीज्जू ने अपने पिता का सिर कटते स्वयम् अपनी आँखों से देखा था?'' अपने भविष्य की चिन्ता तथा पंडीज्जू के लिए करुणा से तरल हो आई आँखें राव की ओर उठाकर पूछा।

''हाँ, वह पूरा प्रकरण मालव देस आने के कुछ ही दिनों बाद स्वयम् पंडीज्जू ने मुझे सविस्तार बताया था।''

ꕥ

राव ने पंडीज्जू के पिता के वध, उनके मिथिला से मालवा पलायन और गढ़ में शरण लेने की लोमहर्षक कथा इतने विस्तार से सुनाई कि उसके समाप्त होते-होते आधी रात हो गई, और मेरा अर्द्धपद्म ताल का रात्रि-अभियान प्रारम्भ होने से पहले ही पचड़े में पड़ गया। तथापि वह कथा थी तो सुननेवाली!

''तुम्हारे गुरुजी,'' राव कह रहे थे, ''वास्तव में मालवा के मूल निवासी नहीं हैं। वे शरणार्थी के रूप में यहाँ आए और यहीं के होकर रह गए। मिथिला में शक्ति-पूजा और माँ काली की आराधना की परम्परा जितनी पुरातन है, हिन्दू दर्शन एवम् संस्कृत भाषा के प्रति निष्ठा भी उससे कम नहीं। यहाँ गढ़ में हमें ऐसे किसी विद्वान पंडित की कमी खलती थी।...पंडीज्जू का नाम भी सम्भवत: तुम नहीं जानतीं...पंडित संकर्षण शर्मन। कुछ विचित्र-सा नाम है न? वास्तव में यह भगवान विष्णु के सहस्त्र नामों में से एक है। पंडीज्जू के पिता व पूर्वज मिथिला के मूल निवासी थे...तुम्हें मालूम है मिथिला कहाँ है?''

''हाँ...रामायण की कथा सुनाते हुए पंडीज्जू ने एक दिन बताया था...यहाँ से लगभग छह-सात सौ कोस उत्तर-पूर्व को, हिमालय की तराई से दक्षिण...'' मैं चकित होकर बोली।

''हाँ, वही। प्राचीनकाल में मिथिला राजा जनक का राज्य था। मिथिला की दक्षिणी सीमा पर एक गाँव है सिंहद्वार। पंडीज्जू का जन्म वहीं हुआ था। माँ का देहान्त उन्हें जन्म देते ही हो गया; दस वर्ष की आयु तक वे अपने पिता एवम् गुरू के साथ वहीं रहे। पिता पंडित चक्रधर शर्मन व्याकरण, ज्योतिष, दर्शन के प्रकांड विद्वान्...दस वर्षों में ही उन्होंने अपना सारा ज्ञान-पांडित्य पंडीज्जू की झोली में उड़ेल दिया था। लेकिन तब अचानक उन्हें वहाँ से भागना पड़ा...तब तक बंग-देस और मिथिला पर दिल्ली के सुल्तानों का आधिपत्य हो चुका था, और सल्तनत के मुल्लों-उलेमा का हुक्म था—धर्म-परिवर्तन नहीं तो मरण! हज़ारों की संख्या में लोगों ने या तो धर्म-परिवर्तन कर अपने प्राण बचाए, अथवा धर्म व प्राण रक्षा हेतु वे राजा जनक की पुरानी राजधानी जनकपुरी की ओर हिमालय की तराई के वनों में पलायन कर गए।

एक काली रात सिंहद्वार की बारी आई...सल्तनत के ज़िरह-बख़्तरधारी सैनिकों ने गाँव को चारों ओर से घेर लिया...तब तक आक्रमणकारियों को पलायन के सरल मार्गों का ज्ञान हो चुका था...तुम डाल-डाल, मैं पात-पात! सबसे अधिक कड़ा पहरा उत्तर दिशा में लगा था जिसे भेद पाना लगभग असम्भव जैसा था। भागो तो दक्खिन को, और उधर पहले तो गंगाजी की प्रबल धारा डुबा देगी, जो

बच गए तो पटना की सुल्तानी सेना के शिकंजे में आ जाओगे। अधिकतर ग्रामवासियों ने घुटने टेक दिये, कलमा पढ़ लिया—मन-ही-मन मन्दिर-शिवालों को सर नवाते रहे, नमाज़ पढ़ने भी जाते रहे...स्त्रियों ने माँग में सिन्दूर लगाना नहीं छोड़ा, तीज-त्यौहार भी मनातीं, ईद भी...किन्तु चक्रधर शर्मन तो पुराने वेद-पाठी, घोर कर्मकांडी और अडिग मेरुदंड के स्वामी! दोहरा जीवन किंचित भी स्वीकार न था...झोरे-झपटे-डंडे से अधिक कुछ था भी नहीं ग़रीब ब्राह्मण के पास, सो उठाया, और बेटे की उँगली थामी और भाग चले। विद्वान् थे, अनुमान कर लिया—यदि सीधे रस्ते दक्षिण को भागे तो तत्काल पकड़कर काट दिए जाएँगे। पहले पूरब को चलो कुछ दूर...जहाँ लगा कि सैनिकों की संख्या कम होगी वहाँ गाँव के दक्खिन बहती नदी पार करने उतरे। रात्रि के अन्धकार में हाथ को हाथ न सूझता था, यह कहाँ पता चलता कि बुढ़नद का जल उनसे पहले भागनेवालों के रक्त से लाल पड़ चुका था। सीने तक पानी में से बेटे को कन्धों पर उठाए जब वे नदी पार उतरे तो मानो रक्त-स्नान करके आए हों। न जाने भविष्य कैसे अनिष्ट के संकेत दे रहा था।

थोड़ी साँस लेकर आगे बढ़े तो दो लोगों ने धर पकड़ा बाप-बेटे को। अँधेरे में हाथापाई हुई...सैनिक न थे...केवल लाठियाँ लिये हुए, स्वयम् ही कुछ अनाश्वस्त-से।...कौन...कौन लोग हो तुम, लज्जा नहीं आती...ब्राह्मणों से उठा-पटक करते—श्राप दे दूँ तो सात जन्मों तक न उबरोगे! बड़े पंडीज्जू भली-भाँति जानते थे कि असली शास्त्रों में सात जन्मों के श्राप का कोई उल्लेख नहीं, तथापि झाँसा-पट्टी कड़क आवाज़ में दी। उन दोनों की पकड़ ढीली पड़ गई...पंडीज्जू आप हैं?...कौन?...महेन्द्र...श्रवण...तुम दोनों यहाँ क्या कर रहे हो?...इस धर-पकड़ में क्यों लगे हो? फिर दिव्यज्ञान...ओह, अब समझा!...दोनों युवक हकलाने लगे...क्या करते पंडीज्जू, जान बचाने का और कोई रस्ता न था। फिर छूटते ही इस काम पर लगा दिया म्लेच्छ सैनिकों ने, देखते रहना—कोई इधर से भागने न पाए...क्षमा कर दीजिए पंडीज्जू, आप जाइए। पैर छूकर दोनों प्रणाम करते बोले...जाओ, प्रसन्न रहो, माँ भगवती कल्याण करें तुम्हारा।

दो रात लगातार चले...रात-रात भर प्रेतों की तरह। दिन घास-झुरमुट में दुबक कर बिताते...भूख-प्यास के मारों को कहीं आश्रय नहीं। आस-पास के सब गाँव वीरान पड़े थे। जगह-जगह वृक्षों से फाँसी लटकाए गए लोगों के शव हवा में डोलते थे...वैसे भयावह दृश्यों को देखकर पंडीज्जू की अडिग स्थितप्रज्ञता भी दरक गई, आँखों से आँसू बहने लगे। बच्चे से कहते आँखें मूँद ले, पर वह बेचारा कब तक आखें मूँदे रहता—सर्वत्र वैसे ही हृदयविदारक दृश्य थे।

तीसरी रात गंगा तट पर पहुँचे। गंगा-स्नान, संध्या-वंदन करके गुहार लगाई—हे माँ गंगे, रक्षमाम्! पर पार उतारने वाला वहाँ कोई दिखाई न दिया। फिर नदी

किनारे चलते-चलते दूर एक नाव दिखाई दी, छोटी-सी किश्ती। पूछा, ले चलोगे पार...किसी निर्जन स्थल पर उतार देना, चाँदी की पूरी एक अशर्फ़ी दूँगा।

उस पार उतरे तो घाट ही पर ज़िरह-बख़्तरधारी सैनिकों का दस्ता तैयार खड़ा; मल्लाह बेचारा, अपराधी-सा नतशिर। उसकी आँखें कहती थीं, मरता क्या न करता! सैनिक दोनों बाप-बेटे को रस्से से बाँध कर ले चलने को हुए तो बड़े पंडीज्जू धीरे से बोले, ''मैं समझ रहा हूँ तेरी विवशता। जा, तुझे ब्रह्म-हत्या के पाप से मुक्त करता हूँ।'' बच्चा चीत्कार कर उठा, ''यह क्या कहते हैं, बाबू...कैसी ब्रह्म-हत्या?''

घोड़े दुलकी चाल चलते, दोनों पीछे घिसटते! गंगा से थोड़ी-सी दूर पटना दुर्ग के परकोटे की भूमिगत काल-कोठरी में लाकर दोनों को बन्द कर दिया सैनिकों ने। तीन दिनों तक पानी के अतिरिक्त कुछ नहीं। यद्यपि व्रत-उपवास का अभ्यास पर्याप्त था पर इतनी दूर चलने, इतने हृदय-विदारक दृश्यों से दो-चार होने और घोड़े के पीछे घसीटे जाने का तो नहीं। कोठरी में मल-मूत्र की सड़ाँध ऐसी कि श्वास लेना भी दुष्कर था। दोनों मरणासन्न...अर्द्ध-मूर्छित।

तीसरे दिन नायब कोतवाल के सामने पेशी हुई, पीछे सफ़ेद चोगे में साफ़ा बाँधे लम्बा-चौड़ा मौलवी...हाथ में सुमरनी। नायब गाव-तक़िये के सहारे अलमस्त ओंघड़ाया हुआ-सा तख़त पर बैठा था, म्यान में रखी तलवार बगल में पड़ी थी।

''उतार ये जुन्नार[1], मिटा कश्क़ा[2] और पढ़ ले कलमा, तो जान बख़्श दूँगा।''

बड़े पंडीज्जू चुप।

''सुनता नहीं है...बहरा है क्या ये काफ़िर!''

फिर भी पंडीज्जू चुप। बालक आधी बेहोशी में थर-थर काँपता था। टाँगें, लगता कि घुटने पर से उल्टी ओर को मुड़कर ढह जाएँगी।

''एजाज़! तुम निकाल फेंको इसकी जुन्नार...और कश्क़ा मिटा दो माथे पर से।''

पीछे खड़ा सैनिक आदेश की अनुपालना में सामने को आया, हाथ बढ़ाता उससे पहले ही बड़े पंडीज्जू ने खुली हथेली सामने को कर दी।

''नहीं होगा, अमीर! आपको जो करना हो करो...मैं भी जो मेरा अन्तःकरण कहेगा सो करूँगा।''

बड़े पंडीज्जू पूजा-पाठी थे पर कद-काठी में किसी सैनिक से कम नहीं...उन्नत ललाट, गौर-वर्ण, गोल मुख...

''क्या बोला ये कमबख़्त बिरहमन...ज़बानदराज़ी करता है!'' पंडीज्जू की बात सुनकर नायब का मुख क्रोध से लाल हो उठा था। सहसा वह चीते की-सी फ़ुर्ती से तख़त पर से उछल कर खड़ा हो गया, तलवार म्यान समेत बाईं मुट्ठी में लिये—सामने खड़े किंकर्तव्यविमूढ़ सैनिक को एक धक्के से परे करता हुआ बोला,

---

1. जुन्नार—जनेऊ
2. कशक़ा—माथे का तिलक

"तू हट, एजाज़, मैं ख़ुद देखता हूँ इसे।" उसने झपटते हुए अपना हाथ बड़े पंडीज्जू के वक्ष-स्थल की ओर बढ़ाया तो उन्होंने भी अपनी हथेली उसी ओर को कर दी—हथेली पर नायब की मुट्ठी थप् से पड़ी, पंडीज्जू फिर बोले,

"कहा न, अमीर, नहीं होगा। आगे की सोचो!"

नायब कोतवाल ने ऐसी अवज्ञा सम्भवत: पहली बार देखी थी—कब उसका पारा बर्दाश्त की हद से बाहर होकर आसमान चढ़ गया, कब उसका दायाँ हाथ तलवार की मूठ पर गया और कब सन्न...की ध्वनि के साथ पंडीज्जू का सिर धड़ से अलग होकर भूमि पर जा गिरा, किसी को ठीक से पता न चला। किन्तु संकर्षण ने फटी-फटी आँखों से सब कुछ देखा, मानो वह सब असामान्य रूप से धीमी गति से हुआ हो, बल्कि उसे तो यह भी न भूला अब तक कि तड़ित गति से तलवार म्यान से निकालकर वार करते हुए उस क्रूर नायब कोतवाल ने क्या कहा था—'ऐसे काफ़िरों से जिरह करना फ़िज़ूल है!' सिर जब कटकर गिरा तो लहू की फुहारें इतनी तीव्रता से छूटीं कि पास खड़े सैनिक और बालक के शरीर रक्त से लथ-पथ से हो गए। धड़ आँधी से उखड़े वृक्ष-सा बेलाग गिर पड़ा और दहाई घड़ी भर तड़फड़ाता-तिड़कता रहा, फिर धीरे-धीरे शान्त हो गया। पर यह सब बालक ने नहीं देखा। पिता के सिर को भूमि पर गिर शोणित उगलते देखकर वह एक चीत्कार मार, मूर्च्छित हो गिर पड़ा था। नायब लहू टपकती तलवार लिए तख़त पर जा बैठा...पीछे खड़े सैनिक की ओर हाथ किया और उससे लाल कपड़े का एक टुकड़ा लेकर बुदबुदाते हुए तलवार की धार पोंछी और म्यान में रख ली। फिर ज़ोर से चिंघाड़ा,

"ले जाओ इस कमबख़्त की लाश, लटका दो परकोटे से...साफ़ करो यह सब यहाँ से।"

भीमकाय मौलवी की आवाज़ मानो कुएँ में से उभरती हुई-सी गूँजी,

"अल्ल...आह!" और वह मुड़कर पीछे के द्वार से बाहर चला गया, जैसे किसी नाटक में कोई पात्र अपना काम पूरा करके मंच पर से जाता हो।

सैनिकों ने दायें हाथ की बन्द मुट्ठी सीने से लगाकर सिर नवाया और हुक्म की तामील में लग गए। बालक अब भी बेहोश वहीं फ़र्श पर पड़ा था।

"इसका क...क्या करें, अ...अमीर?" एजाज़ ने हकलाते हुए धीरे से पूछा।

"क्या करें?" नायब की त्यौरियाँ चढ़ गईं। "ले जाओ, मौलवी के पास, होश में आए तो कलमा पढ़वा देना। और जो दहशत से फ़ोत हो गया हो, तो दफ़ना देना कहीं।" नायब एजाज़ पर ऐसे हबका जैसे सारी ग़लती उसी की हो।

एजाज़...एजाज़ मियाँ...चार-पाँच महीने भी नहीं हुए थे घुटने टेककर कलमा पढ़े। बनारस का डोम-राजा रामेश्वर...विश्वनाथ के मन्दिर में प्रवेश तो उसे प्राप्त न था, किन्तु दूर से ही सही पर, था रोज़ माथा टेकनेवाला भक्त...अभी

तक उसके स्वप्नों में मन्दिर की घंटियों की ध्वनि गूँजती रहती...ऐसी किसी घटना के बाद अब भी उसके मन में 'हे शिव...हे शिव' ही स्फुरित होता। अब भी वह मन-ही-मन यही जप रहा था...हे महादेव! इस ब्रह्म-हत्या में मेरा कोई दोष नहीं, आप तो अन्तर्यामी हैं...सब कुछ देखते हैं...मुझे नरक में न झोंक देना, प्रभू—थरथर काँपता हुआ, बालक को बाहों में उठाकर बाहर आया तो जैसे साँस में साँस आई। इधर-उधर देखा...कोई नहीं। झट से एक पतली गली में घुस गया...फिर एक और गली...कई द्वारों के पार...फिर अँधेरी कोठरियाँ...हे भगवान! इस बालक का क्या करूँ...यह भी जनेऊ पहने है, ब्राह्मण है यह भी...इसका धर्म, इसके प्राण बचा दूँ तो प्रायश्चित हो जाए।...तभी ध्यान आया कि कोस-भर दूर एक भग्न हवेली में मध्य-भारत के कुछ पराजित सैनिकों की टुकड़ी छिपी बैठी है, मौक़ा मिले तो देस लौटें। आए तो थे कि पुरातन मगध-देस की अस्मिता जगाएँगे...छापामार दल संगठित कर सल्तनत की फ़ौज के छक्के छुड़ाएँगे। क्या हुआ जो अतीत में मगधवालों ने हमारे मालावदेस पर आधिपत्य जमा कर राज किया। मागध थे तो वीर। अनेक सदियों में उन्होंने समस्त आर्यावर्त्त को एकीकृत कर अखिल-भारतीय साम्राज्यों की स्थापना की और पाटलिपुत्र को उनकी राजधानी बनाया।...तुम्हें तो बताया होगा पंडीज्जू ने, इतिहास साक्षी है कि लगभग दो हज़ार वर्ष पूर्व सम्राट अशोक उज्जयिनी के प्रान्तपाल रहे थे। मौर्यों के बाद फिर गुप्त वंश...मुझे तो आश्चर्य न होगा यदि परभारों की कई प्रशाखाओं में कुछ रक्त मगध का भी हो।...मालव के क्षत्रियों की टुकड़ी आई तो बड़े हौसले से थी, पर भाग्य ने साथ न दिया। पहली ही मुठभेड़ में उनके नायक के कन्धे पर तलवार की धार ऐसी लगी कि फिर घाव कभी भरा ही नहीं। तीन दिवस, तीन रात्रि शरीर ज्वर से तपता रहा...विष ऐसा फैला कि अन्ततः ले ही गया राव को...मेरे पिता की मृत्यु पटना में हुई थी, रूप! यह बात तो आज बहुत दिनों बाद याद आई है तुम्हें पंडीज्जू की कथा सुनाते हुए। मैं यहाँ था उस समय, मुखाग्नि का सम्मान भी उन्हें न दे सका।'' राव का गला भर आया था।

''उसके बाद पंडीज्जू का क्या हुआ यह स्वयम् ही अनुमान लगा सकती हो। जब वे यहाँ लाए गए तब दस-बारह वर्षों के रहे होंगे। मैं तब अट्ठारह बरस का था। अपने पिता की ऐसी क्रूर हत्या देखकर उस वयस के बाल-मन पर ऐसा तड़ितपात हुआ कि लगभग एक माह तक पंडीज्जू कुछ बोले ही नहीं, केवल फटी-फटी आँखों से चारों ओर देखते जैसे कोई अनपढ़ मूढ़ हों।''

और मैं! मेरी कोई चर्चा ही नहीं। मैं भी तो न बोली थी एक शब्द महीने भर किसी से, केवल विस्फारित नयनों से चारों ओर देखती थी, सो कुछ नहीं? हाँ, इतना फ़र्क़ अवश्य था कि मैं वास्तव में अनपढ़ थी। पर क्या मूढ़ भी?

"जब पंडीज्जू एक बार यहाँ के वातावरण में सुस्थित हो गए, तब हमें पता चला कि दस-बारह बरस की अल्पायु में ही वे कितना ज्ञान और पांडित्य अर्जित कर चुके थे...अच्छा अब बहुत हुई पंडीज्जू की कथा। जाओ विश्राम करो...और हाँ, मैंने पहले जो बात कही थी उसका ध्यान रखना।"

ഇര

साक्षात्कार : 23

आधी रात बीत चुकी थी, और उस पर राव की वह हिदायत। मेरा निश्चय डिगने लगा। पर मैं भी तो किसी और ही मिट्टी की बनी थी! जो ठान ली सो ठान ली।

जब लगा कि सब निश्चिन्त सो गए, तो दीवार टटोलते हुए भंडार तक गई—सरकती हुई कि ज़रा भी आहट न हो। मशाल कहाँ रखी है, पहले ही देख चुकी थी। एक बड़ी चुनरी को चौपेत, लम्बा झोला-सा बना कर बीण भी डाल ली—कन्धे पर टाँग, गढ़ के प्रवेश द्वार से दबे पाँव निकल गई। बाहर आई तो हौसला जवाब देने लगा। मैंने स्वयम् को ललकारा—इतने ही बल-बूते पर चली थी कुँवरानी रूपमती! आरम्भ ही भय से?...चलना है तो चल, नहीं तो वापस लौटकर पड़ जा अपनी गुदड़ी पर!...पैरों से कहा, चलो, तो चल पड़े। मांडव वाले बड़े रस्ते तक चाँदनी का इजोत फैला था—मशाल जलाना आवश्यक न था। पगडंडी पर उतरने के सौ क़दम बाद मशाल जलाने को चकमक पत्थर रगड़ती हुई उँगलियाँ थरथरा रही थीं—कुछ भय से, कुछ रोमांच से। लगा जैसे मशाल जलाते एक पहर निकल गया हो। वास्तव में बीते दो-चार पल ही होंगे। फिर झटकते हुए चल पड़ी।

ताल तक पहुँचने में सचमुच का एक पहर लगा। चम्पा के वृक्षों का घेर पार करते ही जो दृश्य सामने आया वह सचमुच अलौकिक था, जीवन का एक अविस्मरणीय क्षण...हृदय को निर्मल आनन्द से आह्लादित कर देनेवाला क्षण! पूर्णिमा के शुभ्र प्रकाश में आधे ताल पर चाँदनी झिलमिलाती थी, जैसे सुरमई आँचल पर चाँदी के तार...और आधे में कमल का एक-एक फूल निखरा हुआ। उस पार के वृक्षों और छतरी पर हल्की धुंध का झीना परदा हिलकोरें लेता था। पत्तों से ओस चूने की आवाज़ आती थी...टप्...टप्...टप्। बाक़ी सब कुछ शान्त, अलावा दूर कहीं से मोर की कर्कश काँय...काँय के। मेरा हृदय विह्वल हो उठा...कुछ देर तो स्तम्भित खड़ी निहारती रही वह दृश्य...फिर धीर-धीरे चलती हुई उस पार पहुँची। जब छतरी के बीच रखी चौकी पर बैठने लगी तो पत्तों के खड़कने जैसी ध्वनि आई...कहीं बीण

बजाने से पहले ही तो...मशाल को नीचे झुकाकर देखा...नहीं...कुछ नहीं। सोने की चमचमाती थाली-सा चाँद सामने क्षितिज से एक तिहाई ऊपर टँगा था।

फिर पत्तों के सरसराने की आवाज़, इस बार ताल के बाईं ओर के पेड़ों की ओर से...मैं सशंकित हो, उधर देखने लगी। कहीं कोई छिप कर बैठा मुझे देख तो नहीं रहा...आशंका भी अजीब मन:स्थिति होती है, एक बार पकड़ ले तो छोड़ती ही नहीं, अजगर की गुंजलक की भाँति लिपटती ही चली जाती है...मेरा रात्रि-अभियान सहसा थोड़ा धूमिल हो चला था। हृदय जैसे कानों में धड़कने लगा था। बीण बजाने का मन न हुआ। सोचा, फिर कभी...पर चलने से पहले कुछ तो कर ले रूप! यहाँ तक आ गई है तो भैरवी का अभ्यास ही कर ले...गाने लगी, घबराहट से साँसें उखड़ी-सी होने के बावजूद स्पष्ट सुरीली तान वनखंड की नीरव रात्रि में गूँज उठी। कुछ देर मैं विभोर-सी गाती रही...बन्दिश के आख़िरी टुकड़े पर पहुँची तो सहसा लक्ष्य किया चन्द्रमा नीचे तरु-शिखाओं पर आ गया था। अब मेरा मन कुछ स्थिर होने लगा था, सम्भवत: भैरवी की तान का असर था। अचानक फिर मेरा दर्प उभर कर सतह पर आ गया...कोई छिप कर देखता हो तो देखे, मेरा सामना करने की हिम्मत कहाँ है! मैं अपने रात्रि-अभियान के भीषण उन्माद पर सहसा खिलखिलाकर हँस पड़ी...मैंने अपना निश्चय साकार कर लिया। आगे जो हो, सो हो! उठी और वापस चल पड़ी।

गढ़ के द्वार पर पहुँची तो पौ फटने को था। सोचा, धन्यभाग जो उस्ताद आज यहाँ नहीं। आराम से सो सकती हूँ देर तक। अँगड़ाई लेकर अपनी कोठरी की ओर चल पड़ी।

साक्षात्कार : 24

मेरी कोठरी के द्वार के कपाट आधे खुले थे और अन्दर से दिए का मद्धम प्रकाश आ रहा था।...मेरी आश्वस्ति का भाव सहसा ध्वस्त हो गया—यह क्या? यहाँ तो अन्धकार होना चाहिए था। कौन प्रतीक्षा में बैठा होगा—सोचकर प्राण कंठ में आ गए...क्या राव को मेरे हाव-भाव से कुछ सन्देह हो गया था? क्या वे स्वयम् बैठे मिलेंगे वहाँ? क्या मुँह दिखाऊँगी उन्हें। शायद बचूँ ही नहीं मुँह दिखाने को! उन्हें देखते ही प्राण-पखेरू उड़ जाएँगे। हृदय ज़ोरों से धड़कने लगा था फिर से...या फिर केतकी...जाने क्या कहेगी, कोई तुर्श ताना मात्र दे कर छोड़ देगी, या इतनी देर रात

को लौटता देखकर बात का बतंगड़ बनाने पर उतर आएगी...ज़ोर-ज़ोर से बोलेगी...राव आ जाएँगे बवाल से जाग कर! अवश्य वही होगी, राव तो कहकर गए थे, जाओ विश्राम करो...मेरी कोठरी में क्या करते होंगे! भँवर ने मुझे जाते देख लिया होगा, और केतकी को बता दिया होगा...क्या होगा अब? द्वार से कुछ दूर किंकर्तव्यविमूढ़ खड़ी विचारती रही मन में। माथा सन्न था, पर धीरे-धीरे कुछ आत्मविश्वास लौटा...वही, जो होगा देखा जाएगा...धीरे से कपाट अलगाए—देखा तो भँवर मेरी पलंग पर बैठा एक-टक द्वार की ओर देखता! मैं भयाक्रान्त तो थी किन्तु उसे अपनी कोठरी के निजी एकान्त में बैठा देखकर सहसा क्षोभ की लहर पैरों से उठी और सीधे माथे पर आ ठहरी। मेरा दर्प आँखों से फूट पड़ा। थमक कर द्वार पर खड़ी भवें सिंकोड़ आँखों से उसे चुनौती देती हुई बोली,

"तुम...तुम यहाँ क्या कर रहे हो मेरी कोठरी में इतनी रात गए?"

"रू...प, तुम्हें ऐसा नहीं करना चाहिए..." लगभग फुसफुसाते हुए इतना ही बोल, वह मुझे अपलक निहारता रहा।

"क्या...क्या नहीं करना चाहि..." फिर बीच में ही वाक्य अधूरा छोड़कर मैंने दोबारा आक्रामक रुख़ लिया,

"पहले यह बताओ कि तुम यहाँ कर क्या रहे हो। तुम्हारी इतनी हिम्मत! राव को पता चला तो..."

"राव को पता चल गया तो बहुत बुरा होगा।" वह मेरी कमज़ोरी का फ़ायदा नहीं उठा रहा था, केवल समझाइश कर रहा था। इतना तो उसके कातर, फुसफुसाते हुए स्वर से स्पष्ट था। मैं समझ गई—उसने मुझे सिर्फ़ जाते ही न देखा था, मेरे पीछे-पीछे अर्द्धपद्म ताल तक गया था। वही रहा होगा झुरमुटों के पीछे...मैं अवाक्। इसे क्या पड़ी थी? यह भी अनुमान कर लिया कि वन के उस भयावह अँधेरे के बावजूद वह मुझसे कुछ पहले वापस लौटकर मेरी प्रतीक्षा कर रहा था, किन्तु किसी और को कुछ बताया नहीं था। विस्मय से मेरी आँखें और खुल गईं...बचपन से अब तक इतनी उपेक्षा झेलने के बाद भी...मेरा दर्प और पींगे मारने लगा...किंचित मुसकते हुए उलटे मैं समझाइश करने लगी,

"भँवर, तुम्हें इतने अँधेरे में बिना मशाल के मेरे पीछे आने का ख़तरा मोल लेने की क्या पड़ी थी...और अब यह नाटक...रूप, तुम्हें यह नहीं करना चाहिए...वह नहीं करना चाहिए।"

वह कुछ बोलने को हुआ तो मैंने हाथ उठाकर उसे रोक दिया,

"कहो, क्या किया मैंने? तुमने तो देखा न सब...अर्द्धपद्म ताल तक गई, छतरी की तख़त पर बैठकर भैरवी गाई...यही न? जाओ, बता दो सब को जाकर।" मैंने रूठ जाने को उद्यत बाल-स्वर में कहा। वह मेरी समझाइश क्या करता भला, उस ग़रीब का फ़ायदा तो मैं उठाने लग गई थी—चाहती थी कि वह स्पष्ट स्वीकार

ले कि मेरा सन्देह सही था : उसने मेरा पीछा किया किन्तु अब तक किसी और को कुछ बताया न था। वह कुछ न बोला। पहली बार उसका मुँह बन्द था, और नज़र ज़मीन पर।

''अब कुछ बोलोगे भी...'' मैंने दबाव बढ़ाया।

''रूपमती, मैं...गया था तुम्हारे पीछे क्योंकि अकेले तुम्हें ख़तरा हो सकता था...मैं...मैं...'' वह फिर चुप हो गया था जैसे आवाज़ गले में अटक गई हो, या आधे रस्ते में किसी और ही तरफ़ को मुड़ गई हो। मैं तत्काल समझ गई, वह पूरी तरह मेरे क़ब्ज़े में था। रूप का दर्प चीते या दस्यु पर चले न चले, भँवर पर तो पूरी तरह से हावी हो चुका था। मैं आगे को बढ़ी और उसका दाहिना हाथ अपने हाथ में ले लिया। वह चिहुँक पड़ा जैसे कोई झटका-सा लगा हो। मुझे कोई फ़रक़ नहीं। मैंने संयत भाव से उसका हाथ अपने माथे पर रख लिया,

''अब कहो कि फिर कभी मेरा पीछा न करोगे...मुझे तुम्हारे संरक्षण की नहीं, बस तुम्हारे सखा-भाव की आवश्यकता है। देखो...इधर मेरी ओर।''

उसने आँखें उठाईं तो देखा वे भर आई थीं। उसका हाथ सिर पर रखे, आँखें उसकी आँखों में डाले बोली,

''अब लो मेरे सिर की शपथ कि यह बात हमदोनों तक ही रहेगी, और आगे से तुम मेरी निगरानी के लिए मेरे पीछे प्राणों की आहुति देने न चले आओगे। तब हम मित्र हो सकते हैं।''

''मैं तुम्हारी शपथ लेता हूँ,'' उसने बहुत धीमे उदास-से स्वर में कहा और हाथ छुड़ाकर एकदम से चल पड़ा।

मुझे कहाँ पता था कि ऐसे शपथ उलटे भी पड़ सकते हैं।

ꕥ

साक्षात्कार : 25

सुबह आँख खुली तो झरोखे की ओर देखते ही जान गई पहर भर दिन चढ़ आया था। फर्र-फर्र करते हवा के शीतल झोंके आ रहे थे। रात की बातें स्मरण करके लगा जैसे कोई बहुत सुन्दर स्वप्न अन्ततः दुःस्वप्न में परिणत हो गया हो—भँवर की अवशता का अनधिकार लाभ उठाकर उसे शपथ दिलाने की बात रह-रहकर मन में खटक उठती। मेरे स्वभाव में कौटिल्य भी है, ऐसा पहले कभी नहीं लगा था, और अब यह अनुभूति मुझे साल रही थी...बहुत तर्क दिए स्वयम् ने स्वयम् को—ऐसा

क्या अनर्थ कर दिया मैंने, उससे गोपनीयता का वचन ही तो लिया था, मेरे निजी मामलों में दख़ल न देने का! इसमें इतना बुरा तो कुछ नहीं...फिर भी मन में कुछ चुभता-सा रहा...रूप, तू सरल-हृदय नहीं...रूपवती हो, बुद्धिमती भी हो भले, पर कुटिल भी है...

जब बहुत हो चुकी अपनी मीन-मेख तो अपने-आप को झिंझोड़कर उधेड़-बुन से निकाला किसी तरह...अच्छा तो हूँ कुटिल-बुद्धि, यदि न हुई तो इस घमासान में जिऊँगी कैसे...

आप तो जानते होंगे श्रुतिलेखक जी, हमारा युग कैसा था—कोई भी बाहुबली सौ-पचास घुड़सवार लेकर निकल पड़ता अपना अलग राज्य क़ायम करने, किसी का भी सिर उतार लेता, किसी को भी उठा ले जाता...सर्वत्र अनिश्चितता की स्याह परछाईं...कौन दस्यु कब राजा बन जाएगा, राजा बन कर भी दस्यु-वत आचार करता रहेगा, कुच्छ पता नहीं!...ऐसे में थोड़ा कुटिल-बुद्धि तो होना ही था।

जब अपनी ऊहा-पोह से बाहर निकली तब सुनाई दिया मुझे वह विलाप...पहले तो लगा जैसे बिना सुर-भास के स्त्रियों का कोई समूह गाता हो...नहीं, यह तो कुछ स्त्रियों के विलाप का पंचम था, बहुत से लोगों के इकट्ठे बोलने-बतियाने की पृष्ठभूमि से उभरता हुआ...हवेली के प्रांगण की ओर से। जी धक् से रह गया, क्या होता है बाहर! झटक कर ओसारे पर निकली तो सचमुच मजमा लगा था—बस्ती के सौ-दो सौ लोग गोल बना कर खड़े खुसर-पुसर करते थे। सबके मुख विवर्ण! कुछ लोग झुककर एक मूर्च्छित स्त्री के मुँह पर पानी के छींटे दे रहे थे...चिंचियाते विलाप का पंचम थम चुका था। ओसारे के तख़त पर राव माथा हथेली पर टिकाए झुके बैठे थे...आगे बढ़ी...अरे...मूर्च्छित स्त्री देह तो तारा की माँ थी...कुछ स्त्रियाँ उसे सहारा दे कर उठाने का जतन करती थीं। उनके पीछे सविता और किशोरी मुँह अंगवस्त्र से दबाए फफक-फफक कर रोती थीं...क्या हुआ...क्या हुआ? मैं झटक कर उनकी ओर बढ़ी। उल्कापात!

"तारा...हाइ दइआ रे...तारा चली गई, रूप..." रोते-रोते सविता बस इतना ही बोली। मैं सन्न!

"तारा...क्या हुआ तारा को?"

सहसा राव तख़त पर से उठ खड़े हुए, उनकी आँखें लाल थीं।

"आप सब जाओ, ले जाओ इन्हें...होश कराओ...रोने से कुछ ना होवै...आओ कालू, खोज-ढूँढ़ करेंगे...छोड़ेंगे नहीं, एक-एक को कुक्कुर की भाँति मारेंगे।" उन्होंने कालूराम को बाँहों से घेरते हुए ढाढ़स बँधाया। कालूराम की आँखों से धाराप्रवाह आँसू बहते थे,

"अब क्या ढूँढ़ना, राव अब नहीं मिलने की म्हारी तारा...वा तो गई, राव।" वह हिचकता हुआ रो पड़ा। राव उसके कन्धे घेरे हवेली के अन्दर चले गए। कुछ स्त्रियों और युवकों ने तारा की माँ को सहारा देकर उठा लिया और गढ़ के बाहर को ले चले। बाक़ी लोग भी एक-एक कर पीछे को चल पड़े...भीड़ बिखर गई।

ओंकारेश्वर ज्योतिर्लिंग के मन्दिर क्षेत्र में प्राचीन काल से कार्तिक पूर्णिमा का मेला भरता आया है। हज़ारों-हज़ार श्रद्धालु पूर्णिमा स्नान के लिए एकत्रित होते...हमारे काल में वह मेला ऐसी घटनाओं के लिए कुख्यात था। गुजरात के शाहों और इर्द-गिर्द के रजवाड़ों की आँखें मालवा की समृद्धि पर तो लगी ही रहती थीं। स्थानीय फ़ौज की निगरानी में तनिक-सी कोताही हुई नहीं कि सीमा पार से दस्युओं का भेस धर कर सैनिकों के दस्ते मेले में उतर आते—सैकड़ों लोग घोड़ों की टापों और भागते पैरों तले रुँद कर हताहत हो जाते। लूट-पाट की, और फ़ौरन वापस अपनी सीमा में। कूटनीतिक आपत्तियों का प्रत्युत्तर सदैव वही—दस्यु होंगे, कदाचित् आपके अपने ही इलाक़े के...अपना प्रशासन ठीक कीजिए। कई बार दस्यु वास्तव में दस्यु ही होते! वापस लौटते हुए घुड़सवार अक्सर युवतियों को खींच कर घोड़े पर बिठा लेते...सख़्त पंजों से मुँह भी न दबाते हों शायद—लुटते हुए मेले की आपा-धापी में एक-एक चीख़ को सुनने की किसे फ़ुर्सत!

तारा की नानी आई थीं ओंकारेश्वर स्नान के लिए। बेटी-नातिन को सन्देस भेजा—ये सब भी चार-छह जनों की टोली बना कर चले गए। कब गए...मुझे तो पता भी न चला...मेले में भगदड़ के बाद बहुत ढूँढ़ा सबने, पर तारा कहीं न मिली...

हाय! तारा, सबसे लाडली सखी मेरी...कहाँ गुम हो गई रे तारा...मैं तो कुछ दिनों विक्षिप्त-सी हो गई सन्ताप से...बार-बार एक ही बात मन में घूमती रहती...जब मैं चाँदनी रात में अर्द्धपद्म ताल को निहारती भैरवी गाती थी, उसी समय मेरी प्यारी तारा को कोई क्रूर घुड़सवार घसीट कर अपने घोड़े पर ले गया होगा...उस धक्के से मैं एक अरसे तक न उबर पाई, न कभी तारा को भूल पाई।

ꣻ

साक्षात्कार : 26

मेले में तारा के ग़ायब हो जाने की घटना का प्रभाव मुझ पर अप्रत्याशित रूप से विपरीत हुआ—मैं भयभीत होने के बदले और अधिक निर्भीक हो गई। तारा के गुम

हो जाने—या अपहरण कर लिए जाने—से मन में कितना क्लेश था यह बताने के लिए मेरे पास पर्याप्त शब्द नहीं। लगता, जैसे अन्तर का कोई स्निग्ध, अत्यन्त कोमल भाग सूख कर दरक-सा गया है...हृदय पर पत्थर रखकर किसी तरह स्वयम् को समझा लिया कि हर व्यक्ति की अपनी नियति होती है जिसे पूरा करना ही पड़ता है...मेरी माँ भी कर रही होगी कहीं; किसी खूँख़ार जानवर से नुचते-कटते हुए तारा भी काट रही होगी अपने दिन; और मैं भी, यहाँ इस वीरान-सी गढ़ी में पूरी कर रही हूँ अपने कारावास की मियाद। अगर वन में किसी दस्यु द्वारा अपहृत होना अथवा किसी हिंस्त्र पशु द्वारा खा लिया जाना ही मेरा प्रारब्ध है, तो वैसा ही होगा। मेरी इस सोच के पीछे मेरी शिक्षा-दीक्षा की भूमिका नगण्य न थी। पंडीज्जू, मेरे गुरु, भी इस नियतिवाद के भारी पक्षधर थे : बहुधा कहते, होनी को कोई टाल नहीं सकता; यत्न करने से यदि कोई दुर्दिन टल जाए तो प्रयास की सफलता ही को होनी मानना चाहिए। इसलिए मनुष्य को प्रयास तो अवश्य करते रहना चाहिए, किन्तु यह जान कर कि अन्ततः होगा वही जो प्रभु पूर्व-निर्धारित कर चुके हैं।

तारा के गुम हो जाने के बाद मेरा एकाकीपन और बढ़ गया। सविता और किशोरी अब नहीं के बराबर दिखाई देतीं। थोड़ी बहुत बातचीत किसी से होती तो मजबूरन भँवर से ही...हाँ, मैं मन में भी अब उसे भौंडा क्या, भौंरा भी नहीं कहती। हर उस मोड़ पर जहाँ मैंने उस पर गुप्तचरी का सन्देह किया था, वास्तव में भँवर ने मेरी सहायता ही की थी। पर जो उसके मन में था, वह मेरे बस का न था। मैं समझ तो चुकी थी कि वह मित्रता से कुछ अधिक की अपेक्षा रखता था, लेकिन उस दिशा में मेरी गति न थी...और फिर वह तो मेरा...

उन दिनों मेरी चिन्ता का सबसे बड़ा कारण राव की वह चित्तौड़ वाली बात थी। सच कहूँ तो उनके उस प्रस्ताव के ध्यान मात्र से मैं उद्विग्न हो उठती...जाने कैसे कुमार के साथ बाँध दी जाऊँगी...कहीं जो भँवर की नाईं क़द में मुझसे एक बालिश्त छोटा, गठे बदन, खुले मुँह वाला निकला चित्तौड़ का कुमार! क्या ऐसे ही किसी को समर्पित कर देना होगा रूप का यह स्वर्ण-कमल! मन घबरा उठता। जितना चाहती कि इस विषय में न सोचूँ, उतना ही जी उधर को जाता। फिर मैंने निश्चय किया कि अपने ध्यान को मनचाही दिशाओं में उलझाए रखूँगी...रेवादिया न भी होते तो संगीत-अभ्यास की छतरी में बैठी पहरों विभिन्न रागिनियों और वाद्य-यंत्रों का अभ्यास करती रहती...देवी मन्दिर में अध्ययन-काल के पश्चात भी देर तक ग्रन्थ-पोथियाँ निकाल-निकालकर उलटती-पलटती रहती...दोहे और कबित्त रचती...फिर भी समय न कटता तो बेझिझक अर्द्धपद्म ताल की ओर चल पड़ती। वहाँ रहते-विचरते समय कैसे निकल जाता कुछ पता ही नहीं चलता। मैंने कहा था न, यदि समय मन का न हो तो भारी पत्थर-सा बोझ लगता है, किन्तु वही समय अगर मनचाहा तो फूल-सा हल्का हो जाता है...इतनी बार हो आई चम्पारण्य

उन दिनों में कि गिनती तक भूल गई। ऐसा लगने लगा कि यदि आँखों पर गांधारी जैसी पट्टी बँधी हो, तो भी बिना किसी कठिनाई के वहाँ पहुँच सकती हूँ।

अब जो मैं कहने जा रही हूँ, श्रुतिलेखक जी, उसे सुनकर आप अवश्य यही सोचेंगे कि आँखें खुली होने पर भी आख़िर ये भटक कैसे गईं?

रानी रूपमती मेरी प्रतिक्रिया का अनुमान लगाते हुए खिलकर मुस्कुराईं...लगा जैसे मुक्ता की लड़ियाँ दमक उठी हों, फिर विहँसती हुई बोलीं :

तो उसके जवाब में मैं कहूँगी कि होनी को कौन टाल सकता है! केवल रास्ता ही नहीं भटकी, भटक कर जहाँ पहुँची और जो कुछ वहाँ देखा मैंने, वह भी प्रारब्ध ही तो था।

ꣳ

साक्षात्कार : 27

बाद के वर्षों में मैं कई बार सोचती कि अर्द्धपद्म ताल का भूत मेरे सर न चढ़ा होता तो मेरा जीवन इतनी उलझनों में न पड़ता—किन्तु फिर जीवन इतना उत्कट, इतना रोमांचक भी न होता। किसी भँवर-नुमा कुमार के अंक में दबी-भिंची, अवसादग्रस्त, घुटती पड़ी रहती गढ़ चित्तौड़ की किसी कोठरी में। मेरे बाज़ की शैली, उस जैसा बाँकपन, उसका कंठ, उसका संगीत कहाँ से लाता और कोई कुमार! उसके जैसा तो एकमात्र वही था।

उस दिन मैं घास के मैदान के पार तक तो सही रस्ते पर थी, पर चम्पारण्य की मादक सुगन्ध में विभोर कुछ गुनगुनाती हुई कब किसी ग़लत पगडंडी की ओर बढ़ गई, कुछ ध्यान ही न रहा। जब लगा कि यह तो ताल को जानेवाली राह नहीं, तब तक सचमुच पूरी तरह भटक चुकी थी। बहुत दूर तक चलते रहने के बाद जब ध्यान आया तो देखा, मैं पहाड़ी की चोटियों की एक उतार-चढ़ाव वाली वृत्ताकार शृंखला पर थी, कि अचानक जो दृष्टि नीचे को गई तो मैं खड़ी की खड़ी रह गई...

अद्‌भुत अप्रत्याशित दृश्य था—चारों ओर से उस वृत्ताकार पर्वत-शृंखला से घिरा एक समतल मैदान था जो सम्भवत: और कहीं से न दिखाई देता होगा। मैदान के एक ओर एकमंज़िली कोठरियाँ बनी थीं—लगभग प्रत्येक में अश्व बँधे थे। एक-दो ख़ाली-से लगे। कोठरियों के ठीक सामने दो हाथ ऊँचा मंच था जिस पर

पत्थर की एक चौकी लगी थी, और उस पर...दूर से देख रही थी, पहले तो आँखों पर विश्वास ही न हुआ—उस पर राव बैठे थे। किन्तु कहीं से भी जाने-पहचाने जैसे राव-से नहीं...सुनहरी कोर की धोती और नया अँगरखा पहने, रत्न-जटित मुकुट धारण किए, कमर से सुनहरे काम-वाली म्यान में तलवार टँगी। मुख पर अभूतपूर्व तेज। ऐसा लगा जैसे रंगमंच का कोई पात्र राजा की भूमिका कर रहा हो। उनके एक ओर कालूराम और दूसरी तरफ़ रेवादिया, हाथ बाँधे मुस्तैद खड़े। मैदान में तीन या चार...ठीक याद नहीं आता, रेत से भरे गोलों पर हमारी बस्ती के लगभग सभी नवयुवक—मैं अचानक पहचान पा रही थी सब को—तलवारबाज़ी का अभ्यास कर रहे थे। एक गोले में मल्ल-युद्ध हो रहा था। इतना ही मुझे स्तम्भित कर देने को पर्याप्त था।

लेकिन...वह तो कुछ न था—कुछ क्षण ही बीते होंगे, राव ने हथेली ऊपर को उठा, अभ्यास समाप्त करने जैसा कुछ संकेत दिया। मैंने अनुमान किया, जैसे कोई राजा करता होगा अपने दरबार में...सब अभ्यास करने वालों ने एक-एक कर राव के चरण-स्पर्श किए और मंच के दोनों ओर पाँत बाँध कर खड़े हो गए। रेवादिया ने झुककर राव के कान में कुछ कहा...जहाँ मैं थी उतनी दूर से सुनाई तो कैसे देता, पर कान में कहा था तो कुछ गोपनीय बात ही रही होगी...लगा, अवश्य ही जी बहलाने के लिए कोई नाटक खेल रहे होंगे...सहसा सब के सब गड़ेरिये सैनिक कैसे हो गए...मैं लगभग हँस पड़ी उस स्वांग से। बस, वह मात्र स्वांग ही तो न था! यह तो कुछ ही क्षणों में स्पष्ट हो गया।

रेवादिया के गोपन-संवाद के समाप्त होते ही राव ने राजसी भंगिमा से 'आगे की कारवाई हो', ऐसा कुछ इंगित किया। सहसा पीछे की कोठरी में से दो सैनिक एक बन्दी को लगभग घसीटते हुए ले आए—हाथ-पाँव रस्से से बँधे; पीछे से धकेला तो राव के समक्ष भूमि पर घुटनों के बल आ गिरा। हाथ जोड़े, जैसे प्राणों की भीख माँगता हो...राव की आँखें लाल...कुछ बोले, इतने क्रोध में कि मुख विकृत हो उठा...कुछ देर तक ऐसे ही संवाद चला—एक ओर से याचना, दूसरी ओर उत्तरोत्तर बढ़ता क्रोध। फिर हाथ से कोई इंगित। बन्दी को सैनिक घसीटते हुए रेत के एक ख़ाली वृत्ताकार अखाड़े की ओर ले चले। अखाड़े में दो बालिश्त ऊँचा वृक्ष के तने का टुकड़ा रखा था। एक सैनिक ने बन्दी की गर्दन को बलपूर्वक दबा कर उस पर रख दिया—जैसे रेवादिया नवरात्रों में छागल का रखता था देवी के मन्दिर में। दूसरे सैनिक ने तलवार म्यान से खींची और अगले ही पल उस जीते-जागते, गिड़गिड़ाते आदमी का सिर कटकर रेत में लोट गया। दूसरे सैनिक ने धड़ को तब तक पकड़े रखा जब तक उसका तड़फड़ाना धीमा पड़ कर थम न गया।

आगे और क्या हुआ, देख न पाई। अचानक उबकाई की एक अदम्य लहर उठी और मैं पलट कर, घुटने टेक झाड़ियों में वमन करने लगी। आँसू बहने लगे, आँखों

के आगे अँधेरा-सा छा गया। मुड़कर भागी तो बिलकुल न जानती थी किधर को जा रही हूँ। आश्चर्य कि वापसी का मार्ग पाँवों को स्वतः मिल गया। गढ़ तक पहुँचते साँझ का झुटपुटा हो गया था। मैं बदहवास-सी किसी तरह अपनी कोठरी में पहुँची और कटकर गिरते हुए वृक्ष की नाईं बिछौने पर ढह गई।

यदि वह कोई नाटक था तो बेहद जीवंत अभिनय किया था पात्रों ने!

ஐ

साक्षात्कार : 28

गिर तो पड़ी बिस्तर पर लेकिन एक पल को नींद न आई उस रात। मस्तिष्क में खलबली मची थी—कौन हैं ये लोग जिनके बीच रह रही हूँ मैं?...ये भेड़ें चराने वाले...मटमैले अँगरखों-साफों में, चमरौंधे पहने लोग गड़ेरियों का छद्म-वेश धरे हैं क्या?...या वे युद्ध-अभ्यास करते सैनिक, सिंहासन पर बैठ मृत्युदंड देता राजा...यह सब कोई नाट्य-लीला है? इनका असली स्वरूप कौन-सा है? या दोनों ही किसी और गहरे षड्यंत्र के पहलू हैं?...बहुत सोचा पर कहीं कोई तारतम्य न बैठा, कुछ समझ में नहीं आया। किन्तु एक अनाम वितृष्णा और जुगुप्सा का धुआँ-सा मन में उठता रहा...बार-बार आँखों में उस गिड़गिड़ाते बन्दी का रुआँसा मुख व्याप जाता, फिर उसके सिर का कटकर रेत में लुढ़क जाने का दृश्य...रह-रहकर रोएँ खड़े हो जाते...किसी से कुछ पूछना निरर्थक था। पहले तो कोई स्वीकार ही न करता कि वैसा कुछ हुआ भी था; और फिर मैं कहती भी क्या कि मैं उस बीहड़ वन में गढ़ से इतनी दूर कर क्या रही थी। नहीं, किसी से कुछ जानकारी मिलने की कोई सम्भावना नहीं। चुप बैठने, और आगे समय जो भी लाए उसकी प्रतीक्षा करने के अतिरिक्त कोई विकल्प न था।

यह सब मैं इतने विस्तार से इसलिए बता रही हूँ कि आप उस समय की मेरी मनःस्थिति समझ सकें, यह जान सकें कि जिनके साथ मैं रह रही थी उनके वास्तविक स्वरूप की अनिश्चितता ने मुझे किस सीमा तक उनसे विमुख और विलग कर दिया था। मेरा अतीत धुँधला पड़ चुका था, मेरे वर्तमान ने ऐसी नक़ाब डाल रखी थी कि उसके किसी पात्र से जुड़ना तो दूर, उन्हें पहचान भी न पा रही थी; एक पंडीज्जू के अतिरिक्त कोई निश्छल नहीं लगता—उनकी छद्म-विहीन पारदर्शिता के बारे में मैं अब तक पूर्णतया आश्वस्त थी, लेकिन वे भी कुछ अधिक खुलेंगे ऐसा कोई भ्रम न था मन में।

और मेरा भविष्य ? उस रात कई बार ऐसा लगा कि यहाँ रहते चले जाने से तो बेहतर हो कि वह चित्तौड़ वाला प्रस्ताव ही फलीभूत हो जाए और मैं इस रहस्यमय दलदल से निकल जाऊँ! पर मैंने कहा था न, हममें से हर एक की नियति पूर्वनिर्धारित होती है; अच्छी या बुरी, जिसकी जैसी हो उसे पूरी करनी ही पड़ती है। और मेरी हथेली में चित्तौड़ के किसी अनाम कुमार की नहीं, बाज़ की रेखा थी। अत्यन्त लघु रही हो भले ही, पर थी उसी की!

ഇര

साक्षात्कार : 29

कार्तिक पूर्णिमा की उस रात अर्द्धपद्म ताल पर झुरमुटों के पीछे छिप कर किसी के देखते होने की आशंका से ग्रसित मैं बीण न बजा पाई, और मात्र भैरवी की बन्दिश गा कर लौट आई थी। किन्तु उसके बाद कई बार वहाँ गई और पहरों बीण पर राग-रागिनियों का अभ्यास करती रही थी। बीण बजाने में अब तक इतनी सिद्धहस्त हो गई थी, कठिन से कठिन धुन भी आसानी से बजा लेती...आँखें बन्द, सुध-बुध लोप...रेवादिया अक्सर कहते, साँप केवल सँपेरों वाली बीन से ही नहीं, बीण की झंकार से भी आकृष्ट हो जाते हैं...साँप तो नहीं आया कभी पर अपने संगीत पर मैं स्वयम् नागिन की भाँति झूम-झूम उठती। उस भग्न-सी छतरी की चौकी पर बैठकर इतनी बार संगीत का अभ्यास किया वहाँ कि मुझे ऐसा लगने लगा जैसे वह ताल, छतरी, चौकी सब कुछ मेरे लिए ही बना कर छोड़ गया हो कोई।

राव के राजा बन कर मृत्युदंड देने वाली घटना से उद्वेलित मन जब कहीं न बहला तो पैर एक बार फिर उसी स्थल की ओर उठ गए, पर वहाँ तो उस दिन घोर आश्चर्य मेरी प्रतीक्षा कर रहा था। जैसे ही ताल दृष्टिगोचर हुआ देखा कि छतरी में बैठा कोई तंबूरा बजाता है...कोई पुरुष आकृति। तर्कसंगत तो यही होता कि मैं घबरा कर उलटे पाँव लौट आती। पर न जाने ग्रहों का संयोग कैसा था कि घबराने की बजाय मेरा स्वभाव बन चुका रूप का दर्प हुंकार भर कर अकड़ गया—यह जगह तो मेरी है, यहाँ कोई और कैसे आ बैठा! आव देखा न ताव, छतरी के सामने पहुँचकर एक हाथ कमर पर रख चुनौती की मुद्रा में खड़ी हो गई। उसकी आँखें बन्द थीं, एक हाथ की उँगलियाँ नखशिख से वाद्य के तार झंकृत करतीं और दूसरे की राग के आरोह-अवरोह को नियंत्रित। द्रुत से मध्य-लय, पुनः मध्य-लय से द्रुत में बहते संगीत में तन्मय वह आँखें मूँदे थिरक-सा रहा था—लगभग पच्चीस का रहा होगा।

गुलाबी गौर वर्ण, शुक-नासिका, भरे-भरे कोमल-से आरक्त होंठ; आँखें अभी तक देखी न थीं, पर सुदर्शन था; उसने कमख़ाब का कत्थई अँगरखा, चमचम करते रेशमी अधोवस्त्र पहन रखे थे, कमरबन्द में कटार। छतरी के पिछले खम्भे से ललछौंहा भूरा अश्व बँधा था। नाक-नक़्श, अस्त्र-वस्त्र-वाहन से निस्सन्देह किसी ऊँचे कुल का लगता था। तंबूरा बजा अच्छा रहा है, मैंने सोचा...नहीं, यह तेरा दंभ बोल रहा है, रूपमती...मात्र अच्छा नहीं, अद्‌भुत् वादन कर रहा है। सिद्धहस्त है, तेरा उस्ताद रेवादिया भी सम्भवत: इसके टक्कर का नहीं, मन ने कहा। सहसा मैं कुछ विचलित-सी होने लगी...बेकार इसकी साधना में बाधा डालने आ गई। बोली कुछ नहीं...पर वहाँ से गई भी नहीं, उसके वादन के समाप्त होने की प्रतीक्षा में खड़ी रही। जब अन्तिम द्रुत झंकार के साथ उसने आँखें खोलीं तो लगा जैसे कमल की पँखुड़ियाँ खुली हों...दो पल को बिना कुछ बोले विस्मय से मेरी ओर देखता रहा...फिर जैसे अभिवादन को खड़ा हो गया...मैं स्वयं बहुत लम्बी थी पर वह कुछ नहीं तो दो बालिश्त और ऊँचा था; सुगठित छरहरा बदन, लम्बे हाथ, स्पष्ट दिखाई देती ऊर्ध्वोन्मुख ग्रीवा, घने घुँघराले केश—मुझे अफ़सोस होने लगा...व्यर्थ सींग लड़ाने आ गई इससे! पर स्वाभिमान ने त्यौरी चढ़ाए यथावत खड़ा रहने पर विवश कर दिया।

"आप कौन?"

"मैं...मैं कुँवरानी रूपमती, गढ़ धर्मपुरी से आती हूँ...यह मेरी जगह है...संगीत-अभ्यास की!"

"अच्छा...मुझे पता न था...मैं तो हमेशा से सुनता आया कि यह होशंग शाह की छतरी थी...अब उनकी भी नहीं रही...पर आप ले लीजिए अपनी जगह।" अपना वाद्य हाथ में उठाकर वह चलने को हुआ। मैं उसकी शालीनता से मन-ही-मन थोड़ा लजाई। झुँझला-सी गई।

"नहीं, आप बैठना चाहें तो मुझे कोई आपत्ति नहीं...मैं इस ओर..." न जाने मैंने उसे चले क्यों नहीं जाने दिया!

जैसे अपलक वह देखता था मुझे, वैसे ही मैं भी उसे।

"और...आप?"...अनावश्यक प्रश्न क्यों करती है, रूप, अनजान युवक से इस बियाबान एकान्त में, बातें बढ़ाए क्यों चली जाती है तू, मन बोला। मैंने उसे चुप कर दिया।

"मैं बायज़ीद...सब बाज़ बुलाते हैं मुझे, गढ़ मांडव से आता हूँ अभ्यास करने... संगीत ही मेरा जीवन है। आप किस वाद्य का अभ्यास करने आती हैं इतनी दूर?"

"बीण...राग-रागिनियाँ..." मैं बोलती ही जा रही थी।

"बीण...इस घने जंगल में! साँप से नहीं डरतीं?"

"नहीं, अब तक तो कोई साँप न आया मेरी बीण सुनने..." मैं धीरे से हँस पड़ी, वह भी मुस्कुराया, बिजली-सी कौंधी। मेरा दर्प थोड़ा और ठंडा पड़ गया।

"तो मुझे सुनाएँगी?"

"आप...आप सुनेंगे?"

"आप कहें तो तंबूरे पर संगत भी दे सकता हूँ... !"

क्या मैं इस अनजान व्यक्ति से सम्मोहित होती जा रही हूँ? अवश्य ऐसा ही कुछ होगा, नहीं तो इतनी देर तक उससे बातें !...मैं चौकी के एक किनारे पर बैठ गई...वह दूसरी ओर। मैंने अपनी बीण निकाली और कुछ हिचकिचाते हुए बजाना शुरू किया...हिचकिचाहट क्यों...कहीं उसे मेरा वादन अच्छा न लगा तो!

किन्तु सुर सधे हुए निकले, और निकलते ही चले गए...आरोहित-अवरोहित होते...कुछ देर वह मंत्र-मुग्ध सा मेरी ओर देखता रहा, फिर एक साँस भर कर संगत देने लगा...अद्‌भुत नहीं, अलौकिक लग रहा था उसके तम्बूरे की सुन्दर संगत में मेरी बीण से निकलता संगीत...उसकी आँखें फिर मुँद गई थीं और उसकी सुन्दर गर्दन ताल पर थिरक रही थी। मैं बीण ऐसी तन्मयता से बजा रही थी कि जैसे मेरे प्राण उस संगत की सफलता पर निर्भर हों। मैंने इतना अच्छा बीण पहले कभी न बजाया था, न तंबूरे के तारों से हृदय कभी इस तरह झंकृत हुआ था। सचमुच, रेवादिया मेरे उस्ताद सही, इस बाज़ की उड़ान के समान आकाश नहीं छू सकते...हर झंकार जैसे मेरे अन्तरतर के तंतुओं से कुछ खींचे लिए जाती थी। मैं विभोर-सी कितनी देर बीण बजाती रही मुझे कुछ ध्यान नहीं।

सहसा पच्छिम को आँखें गईं तो मैं चौंक उठी। सूरज ढलने पर था।

"मैं...चलती हूँ अब। एक पहर लगेगा जाते..." मैं उठकर खड़ी हुई तो वह भी उठा।

"बीण बजाने में बहुत माहिर हैं आप...बहुत ख़ुशी हुई आपसे...आपको संगत देने में। याद रहेगा अरसे तक...फिर मिलेंगे कभी?" मन ने कहा, कहो—हाँ, क्यों नहीं, पर मुँह से निकला कुछ और ही,

"क्या...मुझे नहीं पता...मैं तो..." भय हुआ कि थोड़ी देर और रुक गई तो उसे बता न दूँ कि शायद कुछ ही दिनों में मैं सदा के लिए चित्तौड़ भेज दी जाऊँगी। फिर कहाँ होगा मिलना। मैं उसे नहीं बताना चाहती थी...मैं उसे सबकुछ बता देना चाहती थी।

"आप कहें तो कल फिर इसी वक़्त आ जाऊँ...मिलकर रियाज़ करेंगे, आज से भी बेहतर संगत।"

सहसा मैं भयभीत हो उठी...यह क्या कर रही हूँ मैं, राव को पता चलेगा तो...जाने क्यों, सहसा गिड़गिड़ाते हुए उस बन्दी की छवि आँखों के सामने आ गई। भँवर का कहा कानों में गूँज उठा...राव को पता चल गया तो बहुत बुरा होगा...

"मुझे नहीं मालूम।"

वह मुझे निहारता हुआ बोला,

''अच्छा...जैसा आपको ठीक लगे...चलता हूँ।'' मैं मुड़कर चल पड़ी; सामने कमल के हज़ार फूलों पर डूबते सूरज की अलसाई किरणों का जाल-सा बिछा था। लगा, जैसे पीछे कुछ छूटा जाता है। मैंने मुड़कर देखा तो विदा में एक हाथ उठाए वह अपने ललछौंहे भूरे घोड़े पर मूर्तिवत बैठा मुझे जाते देख रहा था।

ꣳ

साक्षात्कार : 30

सारे रास्ते मैं यही सोचती आई—अजीब संयोग है...यह भी इतनी दूर से यहाँ संगीत-अभ्यास करने आता है, और मैं भी!...कैसा नाम हुआ यह भला...बाज़! बायज़ीद...बाज़...पहले कभी सुना ही नहीं। मन प्रसन्न था, फूल-सा हल्का। रास्ता चलते मैं अनमनी-सी राग सारंग की कोई बन्दिश गनगुनाती थी...कमाल का बीण-वादन हुआ था उसकी संगत में...या केवल मैं ही ऐसा सोच रही थी?...कुछ पता नहीं उसे कैसा लगा। मन कहता अवश्य अच्छा लगा होगा, नहीं तो फिर कल आने की बात थोड़े ही करता...मैंने बीण पूरी तन्मयता से बजाई थी, जाते-जाते उसकी आँखों में सम्मान का भाव था, यद्यपि उसका वादन तो मुझसे बीस ही था...रूप, क्या तेरे इस उल्लास का कारण बस इतना ही है या और भी कुछ?...जाने क्यों न बोल सकी 'हाँ, कल फिर आऊँगी', यूँ ही बिना कुछ सोचे-समझे कह दिया 'मुझे नहीं पता'। क्या नहीं पता! अब कहाँ मिलेगा वह ढूँढ़ने से...बस, उसी के बारे में सोचे चली जा रही थी, और कुछ भी नहीं।

उससे पहले का सब मानसिक क्लेश भूल-सा गई थी। उस घड़ी न मुझे वह युद्ध-अभ्यास याद आया, न बन्दी को दिया गया मृत्युदंड और न रेबारियों के छद्म का भेद...केवल घोड़े पर सवार हाथ उठाकर विदा देते उस सुदर्शन अपिरिचित पुरुष की छवि रह-रहकर आँखों में फिर रही थी...अच्छा हुआ मैंने चित्तौड़ वाली बात का उल्लेख उससे न किया...नहीं तो सम्भवत: आगे साथ अभ्यास करने का प्रस्ताव भी न करता वह...कितना तो शालीन, सुसंस्कृत व्यक्ति था, सच्चे कलाकार होते ही ऐसे हैं!...बिलकुल अपने नाम का विलोम—बाज़ तो नन्ही चिड़ियों को झपट्टा मारकर दबोच ले जाता है, जैसा वह रहा होगा जो तारा को घोड़े पर घसीट ले गया; मेरा...मतलब कि यह बाज़ तो भला आदमी था...साथ अभ्यास करने की बात भी एक से दूसरी बार न कही—'अच्छा...जैसा आपको ठीक लगे...चलता हूँ', और सचमुच चला ही गया!

सोचते...सोचते...सोचते—उसी की बातें, उसी के वस्त्र, उसी के नाक-नक़्श, उसी की क़द-काठी; सोचते-सोचते मैं ख़ुद को कोसने-सी लगी...क्या हो जाता जो

'हाँ' कह देती तू। कितना कुछ सीखने को मिलता! अब तो क्या मिलेगा वह। क्या मांडवगढ़ जाएगी गली-गली पूछते फिरने—भाई, बाज़ नाम का संगीत-प्रेमी कहाँ रहता है? कुछ मालूम है किसी को?

रात भर सपने में भी हर ओर वही दिखाई देता रहा...कभी मुस्कुराता हुआ—'साँप से नहीं डरतीं', कभी बड़ी उम्मीद से कहता—'आप कहें तो कल इसी वक़्त फिर आ जाऊँ', कभी डूबते-से स्वर में—'अच्छा...जैसा आपको ठीक लगे...चलता हूँ' और कभी घोड़े पर सवार विदा में एक हाथ उठाए, दूसरे से घोड़े की रास थामे, मूर्तिवत खड़ा।

भोर हुई तो आँखें खुलते ही तारा की बे-सँभार याद आई, रुलाई छूट गई...हाय तारा! कहाँ खो गई तू...जो तू होती तो कहती न तुझसे ये सारी बातें! और तू...तू...तू ठिठोली करने से बाज़ न आती—'रूप, सम्भल के रहियो! कहीं बालक न पार दे पेट'। सहसा मैं पुलक कर हँस पड़ी।

ഌ൫

साक्षात्कार : 31

मैं निर्मल जल, वह रंग; मैं पुरवाई, वह फूलों की सुगन्ध...वह धीरे-धीरे घुलता रहा मुझमें, और मैं उसकी बातों के टुकड़े मन-ही-मन दोहराती, भींजती-सिहरती रही उसकी मानस-छवि का दर्शन करते। रेवादिया के साथ संगीत-अभ्यास के समय सहसा स्मरण हो आया—'अभी तक तो कोई साँप नहीं आया मेरी बीण सुनने...!' मुसक उठी।

"आज तो बहुत प्रसन्न हो...कोई विशेष बात?"

"नहीं, नहीं...यूँ ही बस...भँवर का कहा कुछ याद आ गया।" मैं साफ़ झूठ बोल गई। रेवादिया हँस पड़े।

पंडीज्जू को एक नया कबित्त लिखकर दिखाई

कछु मानुख होवैं ही झुट्ठे
कछु मनखे सच्चे भी होवैं
कछु भरि दे हैं करज खरा
पर कछु लेवैं तो कभू न देवैं
मेहरारुन कछु पहिरैं धोती
कछु स्वामी-गन पहिरैं घघरा
कछु मूँछन पै देवैं ताओ
*कछु कौ कभु हिमतै ना होती**

* 'द लेडी ऑफ़ द लोटस'—एल.एम्. क्रम्प—पृष्ठ 80, क्र.सं. XXII)

पंडीज्जू पढ़कर ज़ोर से हँसे, फिर मेरी पीठ थपथपा कर शाबाशी दी। याद आया...'बहुत माहिर हैं आप', मैं पुलक उठी।

यह नहीं कि मैंने कोई जतन ही न किया...खिंची चली गई अनेक बार, पर केवल चम्पारण्य के अर्द्धपद्म ताल का निर्जन एकान्त ही मिला वहाँ—वह फिर कभी दिखाई न दिया, उस रात से पहले, जब कि अपनी सच्ची पहचान से अर्द्धविक्षिप्त-सी भागती हुई फिर अन्धकार में ताल पर पहुँची...परन्तु वह तो बहुत बाद की बात है।

जब-जब तारा की याद आती, मैं व्याकुल हो उठती। उसकी कमी बहुत खल रही थी। वह होती तो अवश्य कुछ बताती कि मुझे हो क्या रहा है...वह समझ जाती मुझे कौन-सी व्याधि बेचैन किए रहती है...क्यों बार-बार हो आती हूँ अर्द्धपद्म ताल और फिर भी लगता है जैसे कोई प्रिय वस्तु खो गई है, हज़ार ढूँढ़ने पर भी किसी तरह नहीं मिल रही—सारा ध्यान उसी पर लगा है। पहले तो कभी ऐसा न होता था—अर्द्धपद्म ताल के दर्शन मात्र से मन आकंठ तृप्त हो जाया करता था या हरा, जैसा तारा कहती थी!

कभी-कभी अजीब-से विचार मन में कौंधते, और बाद में तर्क की कसौटी पर हास्यास्पद-से लगते। जैसे कि एक बार सोचने लग पड़ी—कहीं किसी प्रेत-बाधा के इंद्रजाल में तो नहीं फँस गई मैं? उसने कहा था वह छतरी होशंग शाह की थी, सो अब उसकी भी न रही...कहीं होशंग शाह का प्रेत तो नहीं...फिर मैंने उस विचार को रद्द कर दिया। अच्छे-भले जीते-जागते संगीत वादन करते इंसान को प्रेत कहकर उस भावना का निरादर तो न कर, रूप, जो वास्तव में तुझे आप्लावित किए है!...केवल 'त' और 'म' का ही तो अन्तर है प्रेत और प्रेम में—हो न हो, प्रेत ने नहीं, प्रेम ने वशीभूत कर लिया है तुझे!

कल न परत है मोहे तुझ बिन
तोहे सुमिरऊँ पल-छिन निस दिन

पंडीज्जू के सन्दूक़ की एक पोथी में पढ़ी थीं ये पंक्तियाँ। वह क्या था?...प्रेम? क्या होता है प्रेम? जिसको देखे बिन दिन-रात हृदय व्याकुल रहे, हर पल तड़पता रहे, वही तो नहीं होता प्रेम? जिसके स्मरण से मन पुलक उठे, वह होता है प्रेम?...तो क्या मुझे प्रेम हो गया है? लेकिन उसे...उस अपिरिचित संगीतज्ञ को? उसे कुछ ऐसा हुआ होता तो आता नहीं दोबारा फिर कभी ताल पर! सोच-सोचकर जी हार गई मैं, पर अपनी पुलक-भरी उदासी का तोड़ न खोज पाई।

भँवर ने सिर की शपथ देने के बाद मुझसे बात करना लगभग बन्द कर दिया था। बस, ज़रूरत भर कभी-कभार; आते-जाते कभी एक उदास, उड़ती-सी नज़र डालता, नहीं तो सो भी नहीं। आँखें व्याकुल, चेहरा उतरा हुआ, पर आश्चर्य—अब उसका मुँह सदा बन्द और आँखें अक्सर नीची होतीं। कभी-कभी उसकी हालत

देखकर मेरा हृदय दरक उठता—कहीं मैं उस अपरिचित संगीतज्ञ के लिए वैसी ही तो नहीं, जैसा मेरे लिए भँवर?

देर रात तक नींद न आती; पहरों मैं अपनी कोठरी की प्रांगण में खुलने वाली खिड़की से गढ़ के प्रवेश द्वार की ओर कुछ ऐसे देखती रहती कि जैसे कभी भी वह अपने ललछौंहे भूरे घोड़े पर सवार आएगा और मुझे अपने साथ ले जाएगा। पर हुआ कुछ और ही।

৪০৫

साक्षात्कार : 32

रात के सन्नाटे में गढ़ के द्वार की ओर से जब सहसा घोड़े की टापों की ध्वनि सुनाई दी तो एक क्षण को मुझे लगा, कहीं वह सचमुच ही तो नहीं आ गया। किन्तु द्वार पर लगे मशालों के प्रकाश में जो अश्वारोही फ़ुर्ती से उतरता दिखाई दिया वह कोई और ही था...रेवादिया ने घोड़े की रास छोड़कर उसे सड़क किनारे अन्धकार में दौड़ा दिया और स्वयम् लम्बे-लम्बे डग भरते हुए गढ़ के रिहाइशी भाग के मध्य में स्थित बड़े आयताकार कक्ष में चले गए।

गढ़ के अच्छे दिनों में सम्भवत: वह दरबार कक्ष रहा होगा। कक्ष के सिरे पर दो बित्ते ऊँचे मंच पर पत्थर का एक बड़ा तख़त और निचले तल पर दोनों ओर छोटी-छोटी कई चौकियाँ थीं। आयत की दोनों लम्बी दीवारों के सहारे छत से चार-पाँच हाथ नीचे पत्थर की जालियों के पीछे पर्दानशीनी छज्जे थे जिन पर से शायद कभी परिवार की स्त्रियाँ बैठकर दरबार की कार्यवाही देखती रही होंगी।

रेवादिया को अन्दर गए दो घड़ी भी न हुए होंगे कि गढ़ के प्रवेश द्वार की ओर से कई-एक टापों की आवाज़ रात के अँधेरे पर फिर कोड़े बरसाने लगी। इस बार दो सशस्त्र सवार आगे, दो पीछे और उनके बीच एक चार अश्वों-वाली बन्द चौपहिया गाड़ी द्वार पर आकर रुके। देखते ही लगा कि ऐसे सशस्त्र सवार और वाहन सल्तनत की सेना के अलावा और किसी के नहीं हो सकते। कौतूहल और आशंका से मेरा कंठ सूख-सा गया, हृदय-गति तेज़ हो उठी...इतनी रात गए सैनिकों के संरक्षण में कौन आगंतुक है? क्या सुल्तान ने भेजा होगा किसी को मांडव से?

सारा ध्यान दृष्टि में केन्द्रित किए एकटक देखती रही द्वार की ओर। गाड़ी का द्वार खुला तो एक स्त्री-आकृति बाहर आई, किसी गाढ़े रंग का ढीला चोगा पहने और अंगवस्त्र से घूँघट काढ़े। धीरे-धीरे चलती हुई वह दरबार-कक्ष की दिशा में

बढ़ी तो दो सैनिक उसके साथ ओसारे के किनारे तक आकर रुक गए; वह अन्दर चली गई। ओसारे पर चढ़ते ही वह मेरी खिड़की से अगोचर हो चुकी थी। अनुमान किया, अवश्य दरबार कक्ष में ही गई होगी...

अदम्य कौतूहल से व्यग्र हो मैं अपनी कोठरी से निकली, और दबे-पाँवों दो गलियारे पार कर जालीवाले छज्जों में से एक पर जा छिपी। दरबार-कक्ष में एक मशाल की रौशनी, मैं अँधेरे में...दिखाई देने का कोई ख़तरा तो न था पर हृदय ऐसे धक्-धक् करता था कि लगा जैसे बाहर तक सुनाई देता होगा।

नीचे कक्ष में राव मंच के किनारे पर खड़े थे; निचले तल पर उनके पास ही वह स्याह वस्त्रों वाली स्त्री भी...राव का मुख और उसका पृष्ठभाग मेरी ओर थे। दोनों में बातचीत तो हो रही थी किन्तु इतने धीमे स्वर में कि कुछ सुनाई देता तो बीच-बीच में बहुत कुछ रह भी जाता। मेरी जासूसी निष्फल होती दिखाई देती थी...फिर भी कान लगाए बैठी रही घुटनों के बल।

''...जो सम्भव नहीं...। कैसे...। नहीं हो सकता'', राव बोले।

''...। मैंने बड़े कष्ट झेले हैं...। मुझ पर दया कीजिए...'',

''तुम्हें यहाँ आने का हौसला कैसे हुआ...समझ नहीं आता...ख़ैर, जो चीज़ मेरे पास है ही नहीं...कह किसने दिया...''

''...पता चल चुका...रबात खान के सामने आते ही...उगल दिया..., दया कीजिए,'' वह औरत लगभग गिड़गिड़ा रही थी।

''अच्छा! तो क़िलेदार के बल-बूते पर धमकाने आई हो मुझे?'' रबात खान का नाम सुनते ही राव के मुख पर कटुता का विद्रूप पसर गया और सहसा उनका स्वर भी ऊँचा हो गया, ''तुम अपना नाच-गाना म्लेच्छों तक ही रक्खो, मेरे सामने तमाशा मत करो, रुक़ैय्या। आ गई सौदा करने!''

''सौदा तो आपने किया था, और उलटे मुझ पर आरोप लगाते हैं। मेरी सांत्वना का एक ही सहारा था, वह भी छीन लिया मुझसे और कटाक्ष भी मुझी पर! लज्जा नहीं आती?''

''लज्जा तो तुम्हें आनी चाहिए म्लेच्छों का मनोरंजन करते!''

''जैसे कि आप उनकी सेवा नहीं करते, राव! मुझसे न कहलवाइए...''

''तुम्हारी इतनी हिम्मत...क़िलेदार की शह पर इतना न उछलो, मुँह के बल गिर पड़ीं और यह मुखड़ा टूट गया, तो मुड़कर देखेगा भी नहीं दोबारा...अब जाओ यहाँ से...मैं नहीं डरता किसी से...मैं तो सुबह की प्रतीक्षा में हूँ, कभी तो मेरा दिन आएगा...देख लूँगा तुम्हारे म्लेच्छ स्वामियों को...''

''आपके अतिरिक्त तो किसी को मैंने अपना स्वामी स्वीकार न किया कभी। किन्तु स्वामी से सब कुछ तो नहीं मिल सकता न? और आपसे लड़ भी नहीं सकती...चलती हूँ।'' अब उसकी वाणी संयत और स्पष्ट थी।

जब वह मुड़ी, मुझे कुछ क्षण तो लगे। फिर माथा सन्न हो गया। वही थी, जिसे स्वप्न में देखने की आस भी टूट चुकी थी। आठ वर्षों के अन्तराल ने आँखों की कोरों और गालों पर अपने चिह्न अवश्य काढ़ दिए थे लेकिन वही आँखें, वही माथा, वही घुँघराले बाल, वही क़दो-क़ामत। मेरे केश सहलाते हुए मुझे सोनचिरैया कहनेवाली स्त्री...मेरी माँ! क्या मुझे ही ढूँढ़ती आई थी वह? पर राव...स्वामी! और रुक़ैय्या!

मेरा माथा घूम-सा रहा था, इतनी देर तक उनकी कड़वी बातों पर कान लगाए बैठे रहने से, या शायद मस्तिष्क में उठते अनुमानों के चक्रवात से।

जब उसे पहचान गई तो एक हूक-सी उठी मन में...जी में आया कि ज़ीने की दो-दो सीढ़ियाँ फलाँगते हुए नीचे जाकर लिपट जाऊँ उससे, रो लूँ उसके गले लग कर। नीचे तक आई भी किन्तु ओसारे के खम्भे पर एक हथेली रखे राव की स्याह आकृति राह रोके खड़ी थी। मेरे पाँव पत्थर-से हो गए।

ജ്ഞ

साक्षात्कार : 33

जब वह जा चुकी तो मुझे अपने आँखों-देखी कानों-सुनी बातों पर भी भ्रम होने लगा—क्या मैंने सही पहचाना था, या वह कोई और थी, और मैंने उसमें अपनी मनचाही सूरत देख ली थी...नहीं, ऐसा नहीं हो सकता, मेरी आँखें और स्मृति इतनी धुँधली नहीं पड़ीं कि उसे देखूँ तो पहचान ही न पाऊँ। पर उसने राव को स्वामी क्यों कहा? और राव ने उस पर ऐसे आरोप क्यों लगाए? वह म्लेच्छों के लिए नाचने-गाने की बात...तो क्या मेरी माँ एक गणिका थी? लेकिन मैं भूतकाल का प्रयोग क्यों कर रही हूँ...अभी-अभी तो वह मेरी आँखों के सामने जीती-जागती गई है, मुझे तो कहना चाहिए—क्या मेरी माँ एक गणिका है जो सल्तनत के हाकिमों के लिए नाचती-गाती है? मेरा हृदय धँसकने-सा लगा। कुटिल बुद्धि फट् से बेईमानी पर उतर आई—इस बात का प्रमाण क्या है कि वह स्त्री जिसके साथ मैं मौलश्री के वृक्ष वाली सूनी हवेली में रहा करती थी, वही मेरी माँ है...पर विवेक ने दो क्षण को भी बुद्धि का साथ न दिया; मैं भली-भाँति जानती थी कि वही औरत मेरी माँ है...यानी वह औरत जो राव को अपना स्वामी बता कर गई है, वह मेरी माँ है, और उसके स्वामी का कहना है कि वह म्लेच्छों के हाथ बिकी हुई है...उनके लिए नाचती-गाती है। मेरा हृदय इस तर्क के परिणाम से टूक-टूक हुआ जाता था। मैं, कुँवरानी रूपमती, एक गणिका की बेटी हूँ! मैं अवश-सी अँधेरे गलियारे में पीछे को सरकती

जा रही थी—उस स्याह आकृति से दूर जो सम्भवत: मेरे पिता की थी। मेरी आँखों से आँसू बह निकले।

बिना पीछे देखे सरकते हुए मैं गलियारे के एकदम घुप्प अँधेरे कोने में आ गई थी, जैसे उस स्याह छाया से जितनी दूर जा सकूँ उतना अच्छा, कि मेरी पीठ अकस्मात् किसी अन्य देह से जा लगी। मैं चिहुँक उठी। सम्भवत: एक स्वत:स्फूर्त चीत्कार मेरे कंठ तक आ गई थी जिसे उस दूसरे ने भाँप लिया—लोहे जैसे कड़े एक पंजे ने मुख भींच लिया...सहसा बचपन के उस अश्वारोही के पंजे की याद से दम घुटने लगा।

"चिल्लाना मत, राव जान जाएँगे कि पीछे छिप कर तुम उनकी बातें सुन रही थीं..."

वह मेरे कान में फुसफुसाया...रेवादिया, मेरे संगीत गुरू! यह अभी तक यहीं छिपे हुए हैं? मेरा हृदय ऐसे फड़फड़ा उठा जैसे बढ़ते हुए हाथ से भयभीत कोई पंछी।

"तुम चिल्लाना मत, अभी बहुत-सी बातें समझानी हैं तुम्हें।" उन्होंने सख़्त आदेश-भरे स्वर से कहा। मुख पर से पंजा थोड़ा ढीला पड़ा जैसे मेरी प्रतिक्रिया जाँचता हो...मैंने गहरा श्वास लिया,

"उस्ताद...आप यहाँ?" मैं स्वयम् भी फुसफुसाते हुए उस गोपन गुप्तचरी की सहभागी हो गई।

कुछ ही क्षणों में जैसे कई शताब्दियाँ बीत गईं। राव ओसारे से हट के अपने कक्ष में चले गए थे।

"चलो..." मेरा हाथ पकड़कर लगभग खींचते हुए रेवादिया ने कहा, "अभ्यास-स्थल पर चलते हैं, वहाँ बात करेंगे।"

"वहाँ...इस समय?"...अपना बोला हुआ दूर से आता किसी और के स्वर जैसा लगा। कंठ अवरुद्ध था, और कुछ बोल न पाई।

"हाँ, वह हमारे संगीत की शारदा-स्थली है...वहीं बताऊँगा सब कुछ..."

कौतूहल से अवश, मैं बिना कुछ बोले यंत्रवत चलती गई।

ꕥ

साक्षात्कार : 34

जब हम अँधेरी कोठरियों से होते हुए ऊपर अभ्यास-छतरी पर पहुँचे तो मैंने लक्ष्य किया कि वहाँ एक आले पर बड़ा-सा दिया पहले ही से जल रहा था, जैसे रेवादिया

जानते हों कि मुझे वहाँ लेकर जाएँगे...मैं थरथर काँप रही थी। मेरी मांस-पेशियों में अजीब-सी ऐंठन हो रही थी।...लगता था कभी भी मूर्च्छित होकर गिर पड़ूँगी। आँखों से अविरल अश्रु-धाराएँ बहती थीं।

''रूपमती, तुम रोओ मत...तुम्हें ऐसी दशा में देखकर मुझे क्लेश होता है...''

''उस्ताद...आप तो मेरे गुरू हैं, आपको मेरे सिर की शपथ, मुझे सच-सच बताइये, क्या मेरी माँ गणिका है? क्या मेरा जन्म एक नाचने-गाने वाली की कोख से हुआ है?'' मैं अप्रत्याशित ढंग से फूट पड़ी और हथेलियों में मुँह छिपा कर रोने लगी।

''नहीं कुँवरानी रूपमती, ऐसा कुछ भी नहीं...यह सब तो भाग्य की विडम्बना है...या पूर्व-जन्म के ऋणों की भरपाई!...नियति के इस खेल में व्यक्ति-विशेष का क्या दोष?''

''लेकिन राव ने तो...''

''आधी अधूरी बातों पर न जाओ, रूप...और फिर क्रोध में तो मनुष्य अपना आपा खो बैठता है।''

''तो फिर आप बताइए पूरी बात।'' मैंने सिसकते हुए कहा।

''हाँ, मैं जानता हूँ तुम बहुत दिनों से उतावली हो सब कुछ जानने को...मुझे पंडीज्जू ने भी कहा था और...''

''और...और क्या?''

''और कहा था कि मैं तुम्हें इस सब के बारे में कुछ न बताऊँ...तुम अपने मातृक-मूल का अतीत जान कर कहीं और अधिक दुखी न हो जाओ...किन्तु मुझे लगता है कि अब तुम्हें सब कुछ सच-सच बता देना ही अच्छा होगा...ऐसे भी तो तुम कम क्लेश में नहीं, और आज तो तुम्हें कुछ एक विशेष बात बतानी है जो मैंने अब तक राव को भी नहीं बताई...बोलो, तुम संयत होकर सुन सकोगी सब कुछ? दुर्भाग्यपूर्ण अतीत को कुरेदना अत्यन्त कष्टदायी होता है।''

मैंने अपनी ओढ़नी की कोर से मुँह पोंछ लिया और मन कड़ा करके बोली,

''आप ठीक कहते हैं उस्ताद—इस तरह अन्धकार में घुटते रहने से कहीं अधिक श्रेयस्कर होगा कि एक बार सत्य का सूर्य-दर्शन कर लूँ, भले ही उस प्रयास में आँखों की रौशनी क्यों न चली जाए...आप निःसंकोच कहिए...पंडीज्जू ने मुझे स्थितप्रज्ञ रहने का विधिवत अभ्यास करा रखा है। मैं अब सर्वथा संयत...''

मेरा वाक्य अभी पूरा भी न हुआ था कि एक बार फिर घोड़े की टापों से रात का सन्नाटा गूँज उठा। रेवादिया चौंक कर एकदम से खड़े हो गए।

''अरे! यह क्या...अब किसी और दिन...लगता है मुझे तत्काल जाना होगा।'' वे तेज़ी से गढ़ के प्रांगण में उतरने वाली सीढ़ियों की ओर को चल पड़े। मैं जाली के पीछे खड़ी देख रही थी। लगभग पन्द्रह-बीस घुड़सवार सैनिक प्रांगण के अन्दर

तक आ गए थे। रेवादिया दस्ते के सरदार के घोड़े के पास पहुँचकर उससे बात करने लगे। इतने में राव ओसारे पर निकल आए, और लंबे डग भरते हुए उन दोनों के पास पहुँच गए। आनन-फानन में वे दोनों भी ख़ाली घोड़ों पर फलाँग लगाकर बैठ गए। सबने अपने-अपने घोड़े का मुँह फेरा और रवाना हो गए। मैं अवाक् खड़ी देखती और सोचती रही—अब क्या हो गया!

साक्षात्कार : 35

सुबह जब राव और रेवादिया लौटे तो गाँव-गढ़ में तत्काल सनसनी फैल गई—पन्द्रह साल से मालवा सुल्तान रहे शुजात ख़ान पिछली रात गुज़र गए थे। चारों ओर खुसर-पुसर और अनिश्चितता। उस युग में सुशासन हो या कुशासन, दोनों का कर्णधार होता था सुल्तान या बादशाह। जब कोई मज़बूत पुराना स्तम्भ गिरता, तो हर ओर अफ़रा-तफ़री मच जाती—राज-परिवार से कई-एक दावेदार तो खड़े हो ही जाते, महत्त्वाकांक्षी सिपहसालारों की आँख भी गद्दी पर गड़ जाती। लूट-पाट, मार-काट की आशंका से कपाट बन्द हो जाते और कुछ दिनों तक 'अब क्या होगा?' का प्रश्न लोगों के दिल को दहलाता रहता। सन् 1555 ई. की उस रात मांडव में वैसा ही माहौल था।

शुजात ख़ान के तीन सम्भावित उत्तराधिकारी थे—उसका दत्तक पुत्र दौलत ख़ान अजियाला और उसके दो औरस शहज़ादे, तीनों आपस में लड़ मरने को तैयार। अधिकतर उमरा-सिपहसालार अजियाला के पीछे थे। वह शुजात का चहेता था। बादशाह शेर शाह की अकाल-मृत्यु के बाद नये बादशाह ने कुछ समय के लिए शुजात को मालवा की सूबेदारी से हटा कर ईसा ख़ान को सूबेदार बना दिया था; तब अजियाला की मदद से ही उसे गद्दी वापस मिली थी। पर था तो वह दत्तक ही, शुजात ख़ान के सगे बेटे अपनी दावेदारी क्यों छोड़ते! सब के पीछे समर्थकों की छोटी-बड़ी फ़ौजें थीं। मालवा गृह-युद्ध की कगार पर था।

आप आश्चर्यचकित हैं न, कि इतना समकालीन इतिहास मुझे कहाँ से आ गया?

हे ईश्वर! चेहरे से जान लेती हैं कि मैं क्या सोच रहा हूँ...कहीं मैं भी प्रेत-बाधा की चपेट में तो नहीं...फिर होशंग शाह के भूत वाली बात याद आ गई। मैंने झेंपकर आँखें झुका लीं।

बताती हूँ; वास्तव में, मुझे द्वार के पीछे खड़े होकर लोगों की बातें सुनने की आदत पड़ती जा रही थी। क्या करती? अपने भविष्य की बागडोर जब दूसरों के हाथ में हो तो दरवाज़े पर कान धरना ही पड़ता है।

दूसरे दिन लौटने पर राव और रेवादिया सीधे मन्दिर में पंडीज्जू के पास आ गए थे। अध्ययन-काल असमय समाप्त; पर मैं द्वार के पीछे छिपी सुनती रही,

''पंडीज्जू,'' राव बोले, ''तनिक देखिए, क्या कहते हैं नक्षत्र...मुझे लगता है समय उपयुक्त है...''

कुछ देर सब चुप, फिर पंडीज्जू ने कहा,

''नहीं राव, अभी व्यर्थ पचड़े में न पड़िए, देखिए समय क्या लाता है।''

बहुत अनुमान लगाने पर भी उनकी बात का अभिप्राय कुछ समझ न पाई। न यह समझ में आता कि राव या रेवादिया का सल्तनत के उत्तराधिकार के टंटे से क्या लेना-देना जो इतनी भाग-दौड़ में लगे हैं!

तीन चार हफ़्तों बाद एक दिन जब राव निश्चिन्त-से ओसारे के तख़त पर बैठे थे, पंडीज्जू आरती की थाली लेकर आए,

''बहुत दिन बाद इतना सुभ्यस्त देख रहा हूँ, राव...कुछ शुभ सन्देस?''

तब राव ने बताया कि शुजात ख़ान की बड़ी बेगम के बीच-बचाव से तीनों शहज़ादों में जागीरों का बाँट-बखरा करके सुलह हो गई थी।

''अपना इलाक़ा बायज़ीद के हिस्से आया है...बड़ा शातिर है बाज़! देखिए, कब तक इतने पर ही रहता है'', राव बोले।

जी धक् से रह गया; बाईं आँख फड़क उठी। पहली बार दोनों नाम इकट्ठे सुनते ही समझ गई...आह! तो मेरे हृदय के मरुथल की मरीचिका था वह अपरिचित संगीतज्ञ। शुजात ख़ान का बड़ा शहज़ादा, अब मालवा की एक-तिहाई का स्वामी!

लगा जैसे कोई वस्तु जो मिली भी न थी, अचानक मुझसे गुम हो गई है।

ൿ

साक्षात्कार : 36

एक बार फिर मैं घोर हताशा के भँवर में डूबने-उतराने लगी थी। कभी तारा की याद आती, कभी अपनी माँ से राव के ज़हर-बुझे संवाद की, तो कभी रेवादिया से उस बातचीत की जो बीच रस्ते रह गई थी। कुछ दिनों राव और रेवादिया इतने व्यस्त रहे थे कि संगीत-अभ्यास लगभग स्थगित हो गया था। रेवादिया से अकेले में भेंट

ही न हुई। हाँ, पंडीज्जू अवश्य सदा की भाँति स्थितप्रज्ञ अपनी पूजा-पाठ में लगे रहते; उनके साथ अध्ययन में कोई व्यतिक्रम न आया, पर शेष बचे समय में मेरा मन भटकता रहता। कई बार विचार किया जी बहलाने को ताल तक हो आऊँ, पर गई नहीं। उधर से भी कुछ मोहभंग-सा हो गया था—अपरिचित संगीतज्ञ के ध्यान से हृदय में जो पुलक होती थी, उसके वास्तविक परिचय के आघात से निस्पन्द पड़ गई थी...कहाँ वह सल्तनत का वारिस, कहाँ मैं इस ढहती गढ़ैया के राव की बेटी, सो भी मुँहबोली...मेल-मिलाप तो बराबर वालों में होता है!...अर्द्धपद्म ताल से उस निरीह बन्दी के हृदयविदारक वध की स्मृति भी जुड़ गई थी...कई बार सोचती, क्या किया होगा उसने जो इतनी निर्दयता से मौत के घाट उतार दिया गया।

परन्तु अधिकतर मेरा ध्यान घूम-फिर कर माँ और राव की बातचीत पर आ जाता। मैं, रूपमती, एक नाचने-गाने वाली की बेटी...तो फिर, राव का मुझसे क्या लेना-देना। उस स्त्री के मात्र स्वामी कह देने से यह तो साबित नहीं हो जाता कि वही मेरे पिता हैं...या हो जाता है? क्या मैं ख़ुशी के मारे मरने लगूँगी जो वही मेरे पिता निकलें?...अच्छा, उस दिन मेरी माँ क्या मुझे ही माँगती थी राव से...तो क्या अपने साथ ले जाकर मुझे भी नाच-गान सिखाना चाहती है?...कुछ लोग कुँवरानी क्यों बुलाते हैं मुझे...कुछ ही क्यों, सब क्यों नहीं? ऐसे ही बीसियों और प्रश्नों के उत्तर ढूँढ़ता मेरा मन हवा में उड़ते सूखे पत्ते की तरह यहाँ से वहाँ डोलता फिरता, और अन्तत: निरुत्तरता के मकड़जाले में जा अटकता।

अक्सर अपनी कोठरी के एकान्त में बैठकर रो लेती पर जी फिर भी हल्का न होता। पलक के पीछे आँसू घुमड़ते ही रहते। उन्हीं दिनों पहली बार आत्महत्या का विचार मन में कौंधा था...कब तक ऐसा निरर्थक, उलझनों भरा अस्तित्व ढोती रहूँ? रेवा मैय्या से निकली थी, उन्हीं में समा जाऊँ वापस...

शायद ऐसी ही किसी सोच में डूबी, अपने घुटने निहारती ओसारे की कोर पर बैठी थी उस दिन कि भँवर पास आकर खड़ा हो गया। मैंने सिर उठाया...इस बीच वह ठिगने क़द, हृष्ट-पुष्ट बदन का भरपूर जवान हो गया था। दाढ़ी-मूँछ निकल आई थी। निष्पलक मुझे निहारता हुआ बोला,

"रूपमती...मैं...मैं यहाँ से कहीं दूर चला जाना चाहता हूँ...यहाँ अब कुछ भी न बचा मेरे लिए।" उसकी आँखें भर आईं।

"क्या मतलब...अब कुछ न बचा...कहाँ दूर चले जाना चाहते हो?" मैंने अचकचा कर पूछा।

"शायद हाड़ौती...ये लोग मुझे कभी न अपनाएँगे...अब तो और भी नहीं, राव ने मेरी आँखों के सामने मेरे भाई का क़त्ल करवा दिया..."

अच्छा! तो यह भी था वहीं कहीं...मेरे सिर की शपथ तोड़ कर मेरा पीछा करने से बाज़ नहीं आया...एकदम से क्रोध आया पर पी गई; सारी बात जानना चाहती थी, उसे बोलते रहने को उकसाती गई,

''तुम्हारा भाई ?...तुम्हारा कोई भाई भी है? मैंने तो देखा ही नहीं कभी...''

''हाड़ौती से आया था हमें ढूँढ़ता...गागरौन के पास था हमारा गाँव...वहीं से तो उठाकर लाए थे हमें...''

''क्या लाल-बुझक्कड़ खेल रहे हो...सारी बात साफ़-साफ़ क्यों नहीं कहते ?'' मैंने खीज का अभिनय किया तो वह धाराप्रवाह अपनी कथा सुनाने लगा। वही चाहती भी थी मैं।

''बारह बरस हो गए...एक पूरा युग, मालवा और हाड़ौती का सीमा-विवाद उलझते-उलझते पूरा युद्ध ही हो गया। मेरे पिता और बहनोई...जीजी के पति, इलाक़े के जाने-माने तलवारबाज़ थे, हाड़ौती की तरफ़ से लड़ते थे। दोनों खेत हो गए। मेरा बड़ा भाई, कँवर, उस समय सोलह बरस का था, तलवार चलाना सीख रहा था...उसने बाबा की तलवार उठा ली, पर उसके कन्धे पर ऐसी लगी कि मर ही गया, समझो। किसी तरह शवों के नीचे को सरक गया, लोगों ने मरा हुआ मानकर छोड़ दिया...उसके भाग्य में हमें ढूँढ़ते हुए दस बरस और जीना लिखा था, बच गया...''

''तो तुम और केतकी यहाँ कैसे... ?''

''क्यों...युद्ध के बाद जीतनेवाले जो सब करते हैं, वही सब कुछ किया इन्होंने भी...हमारे घर को आग लगा दी...मैं और जीजी भुसकाँड़ में छिपे थे, जब धुएँ की गन्ध और लपटों की पड़पड़ाती आवाज़ आई हम समझ गए, अब हमारी ख़ैर नहीं...भूसे में सने भूतों-से दीखते बाहर निकले...राव ने जीजी को देखते ही बाँह पकड़ घोड़े पर आगे को ले लिया...जीजी एकदम से पलट कर गुत्थमगुत्था हो गईं, दोनों घोड़े से गिरते-गिरते बचे...वह ज़ोर से चीखीं...मेरो भाई अकेल्ले मर जावैगो, जान दे दूँगी पण वा के बिन न जाऊँगी...राव ने रेवादिया को इशारा किया, उसने मुझे अपने घोड़े पर खींच लिया...यहाँ ले आए।''

''पर यहाँ तो तुम दोनों इतने बरसों से निर्बंध रहते आए...भाग क्यों न गए ?''

मेरा कंठ अवरुद्ध हो उठा था, शायद मुझे अपने प्रारंभिक दिनों में गढ़ से भाग छूटने की योजनाएँ याद आ गई थीं।

''भाग क़र जाते कहाँ...हमारा पूरा गाँव जल कर राख हो चुका था, नाते-रिश्ते के सब लोग बिखर गए थे...और फिर यहाँ इतनी दूर, चारों ओर भयावह जंगल, नदी और उस पर राव के छद्मवेश-धारी गुप्तचर...फिर भी शुरू-शुरू में कोशिश की थी एक-दो बार, पकड़े गए उन्हीं के हाथों...''

''छद्मवेश-धारी ?...राव के गुप्तचर कौन ?'' मैंने फिर उसे उकसाया।

''तुम जानती नहीं या न जानने का नाटक कर रही हो, रूप?'' उस दिन भँवर की वाणी सहसा धीर-गम्भीर-मुखर हो उठी थी।

''नहीं, मैं सचमुच कुछ नहीं जानती।''

''ये गड़ेरियों का वेश धरे लोग जो भेड़ें चराने जाते हैं न चारों दिशाओं में, सब असल में परभार योद्धा हैं...गुप्तचर हैं सब, राव इनका मुखिया है...मालवा सुलतान के लिए बरसों से जासूसी करते आए हैं सब। युद्ध में भी सबसे आगे यही जाते हैं...''

''मैं भी बरसों से यहाँ हूँ पर कुछ न जान पाई, तुम कैसे जान...पर छोड़ो, मैं तो समझती थी...'' मेरी बात पूरी भी न हुई थी कि वह एक गहरी साँस भर कर बोला,

''हाँ, बचपन से ही मुझे आभास है कि तुम मुझे मूर्ख समझती आई हो...पर मैं तो अब इन लोगों के सब छल-कपट जान चुका हूँ! एक ओर तो म्लेच्छ!...म्लेच्छ! करते रहते हैं, दूसरी तरफ़ सुलतान का नमक खाते हैं...राव सल्तनत सेना का मुख्य छद्मवेशी गुप्तचर है...उसके लोग भेंड़ें चराने के बहाने आती-जाती सेना की टुकड़ियों पर और तमाम दुनिया पर नज़र रखते हैं। हाँ, इनके मन में एक मरीचिका अब तक कुलाँचे भरती रहती है—मालव देस के मूल स्वामी हम हैं, हमारे दिन भी फिरेंगे...हम फिर राज करेंगे। तभी तो छिप-छिप कर राजा होने का नाटक खेलते हैं...पर सब व्यर्थ! आपसी कलह इतना है कि ये छोटे-मोटे राव-राजा-सुल्तान, हिन्दू हों कि मुसलमान, कुछ भी नहीं कर सकते, केवल भाँड़ में अकेले चने की भाँति बजते रहेंगे...फिर से कोई दिल्ली का बादशाह आएगा और निगल लेगा इन सब को, क्या मालव, क्या गुजरात।'' भँवर तो भविष्यवाणी करने लगा था। मैं अब तक उसे ठीक से समझ नहीं पाई थी।

''तो तुम्हारा भाई...वह कैसे...'' उसने फिर मेरी बात काट दी।

''बताता हूँ...आज तो ठान कर आया हूँ, तुम्हें जो भी कहना है सब कह दूँगा...जब मेरे भाई के कन्धे का घाव भरा तो उसने हमें ढूँढ़ना आरम्भ किया। उसे पूछताछ से यह तो पता चल गया कि कुछ मालवी सैनिक हमें उठा ले गए, पर और कुछ नहीं। दस वर्षों तक वह मालव के कोने-कोने की ख़ाक छानता फिरा...मांडव, माहेश्वर,उज्जयिनी, विदिशा हर जगह ढूँढ़ा। दस बरस हो गए थे ढूँढ़ते...वह जी हार कर हाड़ौती लौटने ही वाला था कि मृत्यु उसे यहाँ खींच लाई...जिस दिन तुमने मुझे शपथ दी थी, ठीक उसके दो दिन बाद वह यहाँ आया। उस समय गढ़ में और कोई न था, तुम भी शायद वहीं अपनी तलैया पर गई होगी। उसने रात को जीजी और मुझे साथ ले जाने की प्रतिज्ञा की, हमसे लिपट कर रोया और फिर अँधेरा होने तक वन में छिपा रहने को चल पड़ा।

लेकिन दुर्भाग्य! गढ़ से निकलते ही वह राव के दो लोगों के हत्थे चढ़ गया; अपरिचित व्यक्ति को अपने इलाक़े में देखते ही वे उसे पकड़कर उस नाटक में ले चले जो राव उस दिन खेल रहा था। मैं भी काँपता-थरथराता उनके पीछे लग गया। वे मेरे भाई को एक पहाड़ियों से घिरे मैदान में ले गए जिसमें रेत के अखाड़ों पर

राव के लोग युद्ध-अभ्यास कर रहे थे। राव एक मंच पर राजा की भाँति बैठा था, रेवादिया और कालू राम उसके दोनों ओर हाथ बाँधे खड़े थे। मंच के पीछे कोठरियाँ थीं, उन्ही में मेरे भाई से कड़ी पूछताछ हुई। मैं पीछे कोठरी की दीवार से लगा, खिड़की से देख रहा था।

'कहाँ जाना था मांडव में...किसके पास?' एक ज़ोर के थप्पड़ के साथ प्रश्न।

'व्यापारी हूँ...बाज़ार में काम था।'

'किस चीज़ का व्यापार...किससे काम था? सच-सच बता नहीं तो सिर उतार लेंगे तेरा। बोली से तो हाड़ौती का लगता है तू...' फिर प्रहार।

'तलाशी लो इसकी।' दूसरे सैनिक ने फिर पेट में घूँसा मारा। भाई के होठों से खून बह निकला था।

'हाड़ौती के सिक्के...ये चाक़ू किस ख़ातिर लिए फिरता था?'

फिर प्रहार।

मेरा भाई अब तक समझ गया था कि वह उनलोगों से पिटते-पिटते मर भी जाए तो उनके पूछताछ का पार न पाएगा। उसने सब कुछ उगल दिया, सम्भवतः इस उम्मीद से कि केतकी का सम्बन्धी होने के कारण राव उसे क्षमा कर देगा। मैंने भी यही सोचा था उस समय कि सच बता देने पर वह बच जाएगा। मगर उन क्रूर हत्यारों ने तो मेरे सामने उसका सिर काट दिया। एक बार तो मन हुआ कि अकेला और निहत्था ही सही, कहीं से कोई अस्त्र उठाकर टूट पड़ूँ राव पर, लेकिन जिस तेज़ी से रक्त में उबाल आया था उतनी ही जल्दी बैठ भी गया...मैं भी मर गया तो जीजी अकेली पड़ जाएँगी! किन्तु वह तो पड़ ही चुकीं अकेली, सदा के लिए..." भँवर का मुख हताशा की स्याही से पुत गया था।

"क्यों...केतकी को क्या हुआ?" मैंने किसी अज्ञात अनिष्ट की आशंका से सचमुच चौंक कर पूछा।

"कुछ नहीं। बस, वह मेरे साथ नहीं जाएँगी...और मैं किसी हाल में रुकूँगा नहीं अब!...उन्हें समाज को मुँह नहीं दिखाना, उन्हें डर है कि सब यही कहेंगे-म्लेच्छों के क्रीतदास एक मालवी राव ने अपनी रखैल बना लिया, और प्राण गँवाने की हिम्मत भी न जुटा पाई चुड़ैल!...पर मेरे लिए अब यहाँ कुछ भी नहीं...एक बार जीजी गिड़गिड़ाई थीं राव के आगे,

'म्हारा भँवर भी सीखण चावै तलवारबाजी...बापू भारी योद्धा रहे...' राव ने उनकी बात काटते हुए कड़े सुर में स्थायी निषेधाज्ञा लगा दी थी,

'यौ अब इस जीवन में तलवार छुएगा भी नहीं, अच्छी तरह ध्यान धर लो यह बात!'

और मेरे भाई की हत्या के बाद तो राव मेरी ओर देखता तक नहीं...उसे मालूम होता कि मैंने सब कुछ अपनी आँखों से देखा है तो अब तक मुझे भी ठिकाने लगा चुका होता। मुझे अब कोई नहीं रोक सकता, रूप...आज रात ही निकल पड़ूँगा मैं।"

फिर कुछ ठहर कर मेरी आँखों में आँखें डाले एक-एक शब्द पर ज़ोर देता हुआ बोला,

''रूपमती, तुम मेरे साथ चलोगी?''

''कहाँ, हाड़ौती?''

''हाँ।''

''क्या करेंगे वहाँ?''

''क्या...क्या करेंगे। साथ जियेंगे, साथ मरेंगे!''

यह बात उसने इतनी भोली गम्भीरता से कही कि हँसी छूट गई। वह अपलक मुझे देखता रहा।

''मैं तो यहीं मरूँगी, भँवर!'' मैंने विनोद के स्वर में कहा।

सहसा वह भी हँस पड़ा। उसे खुल कर हँसते हुए शायद पहली बार ही देख रही थी। स्मित से उसका अति-साधारण चेहरा भी खिल उठा था।

''तो चलो फिर, मैं भी कहीं नहीं जाता...मैं भी यहीं मरूँगा!''

साक्षात्कार : 37

सल्तनत परिवार के सुलहनामे को दो माह भी न हुए थे कि एक दिन पुनः रेवादिया ताबड़तोड़ घोड़ा दौड़ाते गढ़ के द्वार पर उतरे और हाँफते-दौड़ते हुए-से राव के कक्ष में चले गए। घोड़े की सफ़ेद ख़ाल पर बहते स्वेद-बिन्दुओं की धार से स्पष्ट था कि वह बहुत दूर से अधिकतम वेग से दौड़ाता लाया गया था।

कुछ क्षण भी न हुए, राव और रेवादिया देवी मन्दिर की ओर जाते दिखाई दिए। दो पल के अन्तराल पर मैं भी मन्दिर के द्वार पर।

'पंडीज्जू, बाज़ बहादुर ने सुलहनामा तोड़ दिया!' राव उत्तेजित स्वर में बोले।

'क्यों...क्या हुआ?'

'वह अजियाला को बहला-फुसलाकर शिकार पर ले गया। अचानक कार्यक्रम बनने से अजियाला का पूरा अमला साथ न जा पाया...वैसे भी उसे अपने बाहुबल का इतना घमंड था कि मात्र दो अंगरक्षकों के साथ निकल गया...बाज़ उसे वन में जिधर को ले गया वहाँ उसने अपने जाँनिसारों की कुमुक पहले से तैनात कर रखी थी। उतनी बड़ी फ़ौज के सामने तीन लोगों की क्या चलती...तीनों का सिर काट, भालों में गाँथे मांडव पहुँच गया वह...अजियाला का सिर मांडव के परकोटे पर टँगा

है अब। उसके बाद बाज़ और उसके लशकर ने छोटे शहज़ादे मलिक मुस्तफ़ा का महल घेर लिया...पर मुस्तफ़ा को पहले ही कुछ भनक लग गई थी। वह अपनी फ़ौज के साथ मांडव से पूरब जंगलों में छिपा बैठा है...बाज़ अपने लशकर के साथ उधर उसके पीछे गया है। टक्कर होगी दोनों भाइयों में! फ़िलहाल मांडव ख़ाली पड़ा है।'

रेवादिया की रपट समाप्त होते ही राव बोले,

'पंडीज्जू, अब क्या कहते हैं आप?'

'राव, आपके पास जितने कुल योद्धा हैं, बाज़ और उसकी फ़ौज की अनुपस्थिति में भी उससे कई गुना अधिक सैनिक मांडव की प्रतिरक्षा के लिए तैनात होंगे। और फिर यह न भूलिए कि उनके पास ईसाई और तुर्क व्यापारियों से ख़रीदी हुई तोपें और बन्दूकें भी हैं, और तिस पर वे गढ़ में क़िलाबन्द हैं। आपके दो-तीन सौ योद्धाओं को पहर-भर में काट-भुनकर रख देंगे।' पंडीज्जू ने संयत स्वर में अपनी राय दे दी।

'पर हमें मांडवगढ़ में प्रवेश की छूट है...अप्रत्याशित आक्रमण का लाभ मिलेगा', राव हारे हुए-से स्वर में बोले।

'गढ़ में स्वच्छन्द आने-जाने की छूट मात्र आपको और आपके एक-दो साथियों को है, राव! आपको सदल-बल आते देख क़िले के द्वार पर ही घमासान मच जाएगा...तब तक द्वार बन्द हो जाएगा और ऊपर प्राचीर से अग्नि-वर्षा होने लगेगी...नहीं, राव, नहीं, अभी दूर तक मुझे कहीं आपका समय आया दिखाई नहीं देता, तथापि अन्तिम निर्णय तो आप ही करेंगे।'

'पर पंडीज्जू...मांडव हमारा है और...अभी स्वामिविहीन पड़ा है...' राव ऐसे बोल रहे थे जैसे कोई बच्चा, जिसके हाथों से उसका खिलौना छिना जाता हो।

'नहीं महाराज, मांडव स्वामिविहीन नहीं, बाज़ का आधिपत्य है वहाँ, वह तो बस अपने छोटे भाई के आखेट को गया है जंगलों में।'

'हाँ, सिर्फ़ यही तो करना आता है इन भ्रातृ-हंता म्लेच्छों को!'

'राव, गद्‌दी के लिए सदियों से भाइयों की क्या, पिता की हत्या भी करते आए हैं, राजवंशों के कुमार, क्या हिन्दू क्या मुसलमान, भूल गए...जिन मागधों की प्रशंसा करते नहीं थकते आप, वहाँ के इतिहास में भी अ से अजातशत्रु और अशोक ही स्मरण में आते हैं।''

आज झुँझलाने के बदले राव कर्कश हँसी के बाद बोले,

'म्लेच्छों का बचाव तो कोई आपसे सीखे, पण्डित! हम तो उनका नमक खा कर भी विष ही उगलते रहे!'

उनके निकलने से पहले, भागती हुई जब मैं अपनी कोठरी के एकान्त में पहुँची तो मन में परस्पर विरोधाभासी विचारों का घमासान मचा था...तो शहज़ादा ही नहीं, हत्यारा भी निकला वह बाहर से सुन्दर, शालीन दिखाई देनेवाला संगीतज्ञ...फ़रेबी

और मक्कार...मन के दूसरे कोने ने कहा...अरे! इतनी भोली न बन, हत्यारे तो ये सब हैं—क्या बाज़, क्या राव, क्या अजियाला। कहना पंडीज्जू का, जो सबसे अधिक मार-काटकर सके, वही राजा!...प्रेम में अन्धी हो गई है तू, म्लेच्छों का पक्ष लेकर लड़ती है!...फिर दूसरी ओर से, कौन म्लेच्छ! क्या वह म्लेच्छ नहीं जो युद्ध में हारे-मारे की विधवा को घसीट लाए और रखैल बना ले! उसने कम-से-कम ताल के निर्जन एकान्त में कोई अनधिकार चेष्टा तो नहीं की! बल्कि दोबारा मिलने का प्रस्ताव नकार देने पर भी वही शालीन स्वीकृति...'जैसा आपको ठीक लगे...अच्छा, चलता हूँ'। वह चाहता तो आसानी से घोड़े पर घसीट लेता मुझे...आह! कितना सुन्दर था न वह ललछौंहा भूरा घोड़ा...चुप्प निर्लज्ज, पिता को म्लेच्छ और म्लेच्छ को भद्र-पुरुष कहते जीभ नहीं जलती तेरी...मैंने खीज कर अपने कान हथेलियों से बन्द कर लिए मानो आवाज़ें कहीं बाहर से आ रही हों!

तीसरे दिन ख़बर आम हो गई कि मलिक मुस्तफ़ा ख़ान की फ़ौज बुरी तरह पिट गई और वह अपने जाँनिसारों के साथ भाग खड़ा हुआ; बहुत ढूँढ़ने पर भी उसका कुछ पता न चला, और यह कि बाज़ बहादुर के मालवा का एकछत्र सुल्तान होने का ख़ुत्बा मांडव के जामी मस्जिद में पढ़ा जा चुका।

मन ने कहा, ले! तेरा संगीतज्ञ एक तिहाई नहीं, सम्पूर्ण मालवा का सुलतान हो गया। न जाने क्यों, कुछ विशेष प्रसन्नता नहीं हुई इस समाचार से...या, कहीं मेरा मन बाज़ की सफलता से उदासीन होने का नाटक तो नहीं कर रहा ?...वह ललछौंहा अश्व बराबर आँखों के फेरे क्यों लेता रहता!

फिर भी इसमें सन्देह नहीं कि उस पहले दिन की स्वप्निल जुगलबन्दी में कुछ बेसुरेपन का आभास होने लगा था।

ꣿ

साक्षात्कार : 38

रातों को नींद न आने का रोग लग गया था। देर-देर तक तन्द्रा में पड़ी रहती—आँखें बन्द पर मस्तिष्क सक्रिय, यहाँ-वहाँ डोलता रहता। ज़रा-सी आहट होते ही पलकें खुल जातीं।

रात के दो पहर बीत गए थे। द्वार पर खट् की ध्वनि हुई...कौन होगा ? क्या भँवर फिर कोई कथा लेकर आ गया ? उठकर आधा कपाट खोला...रेवादिया। थोड़ा काँप-सी गई।

"चलो मेरे साथ, उस दिन बात अधूरी रह गई थी...और वह बात जो मैंने अब तक राव को भी नहीं बताई।"

पहली बार रेवादिया की नीयत स्पष्ट रूप से सन्देहास्पद लगी। मैंने पूछा,

"कहाँ चलना है?"

"क्यों...वहीं अभ्यास छतरी पर...वहाँ ठीक से बात हो पाएगी। तुम जानना चाहती थीं न अपनी माँ के बारे में?"

इतनी रात को जाना तो नहीं चाहती थी किन्तु अदम्य कौतूहल से विवश होकर मैं रेवादिया के पीछे-पीछे चल पड़ी।

"अब बताओ क्या जानना चाहती हो तुम?"

"सब कुछ। आपने तो पहले ही कह दिया था कि कथा दुखद और लम्बी है...मैं सुनने को तैयार होकर ही आई हूँ।" जितनी आश्वस्ति का मैं अनुभव कर रही थी उससे अधिक आत्मविश्वास से बोली, और सायास अपने दर्प को आहूत किया...भृकुटी तन गई, हल्के-से मुस्कुराई जैसे रेवादिया की बात सुनना स्वीकार करके मैं उन्हीं पर कोई अनुग्रह करती होऊँ...लगा, जैसे मेरे उस्ताद का रंग कुछ फीका-सा पड़ गया।

इस बार पहल मैंने की,

"परन्तु आपको पहले मेरी शपथ लेनी होगी कि आप पूरा सच बताएँगे...चुन-चुन कर नहीं, सब कुछ, कष्टप्रद भी हो तो मुझे कोई अन्तर नहीं पड़ता। लेंगे शपथ?" मैंने प्रायः आदेश के स्वर में कहा।

"क्यों, मेरी शिष्या को मुझ पर अब भरोसा न रहा?" रेवादिया फीकी मुस्कान के साथ राल गटकते हुए बोले।

"इस बातचीत में मैं आपकी शिष्या नहीं, केवल रूपमती हूँ।"

रेवादिया ने हाथ बढ़ाया और मेरे सिर पर रखकर शपथ ली, फिर बोले,

"ले ली शपथ...वैसे भी अब गुरु-शिष्या का सम्बन्ध समाप्त-प्राय ही है, जितना संगीत मुझे आता है उससे अधिक ही सिखा चुका शायद। चिन्ता न करो मैं सब कुछ बताऊँगा बिना किसी काट-छाँट के। उसके बाद यह निर्णय तुम स्वयम् ही कर लेना कि तुम गणिका की बेटी हो अथवा परभार कुल की कुँवरानी...

तुम्हारे मातृ-पक्ष की दुखद कथा का आरम्भ लगभग तीस वर्ष पहले हुआ था। मालवा पर मुसलमानों का आधिपत्य तो बहुत पहले हो चुका था किन्तु पुरबिये और परभार राजपुत्रों के कई-एक दल अब तक सक्रिय थे और खिलजी फ़ौजों पर छापेमारी करके उनकी नाक में दम किए रहते थे, और जवाबी कार्रवाई में उनके योद्धाओं की तलाश के बहाने नगरों में लूट-पाट, हत्याएँ और स्त्रियों को बलात् उठा ले जाने की घटनाएँ सामान्य-सी बातें थीं। खिलजी फ़ौज के दस्ते घरों में दविश

देकर बिना सवाल–जवाब लोगों के सिर काट लेते, स्त्रियों को सुल्तान–सिपहसालारों के हरम के लिए उठा ले जाते...

उज्जयिनी के नायब सूबेदार बख़्तावर ख़ान की क्रूरता किम्वदंती बनने की ओर अग्रसर थी। तनिक भी सन्देह होता, तो वह घरों में घुस कर स्वयम् अपने हाथों से लोगों के सिर काटता, भाले की नोक पर नर–मुंड गाँथ कर नगर में गश्त करता और फिर उन्हें परकोटे पर टँगवा देता।

तुम्हारे नाना खड्ग सिंह परभारों के जाने–माने योद्धा थे। उनका घर उज्जयिनी की एक सँकरी गली में था। एक मुठभेड़ में घायल होने के बाद खड्ग सिंह ग़ायब हो गए थे। असल में कुछ दिनों तक यहाँ–वहाँ भटकने के बाद उन्हें अपनी हवेली का तहख़ाना ही सर्वाधिक निरापद लगा। वहीं छिपे बाँह के घाव भरने की प्रतीक्षा करते थे। आए तो यही मानकर थे कि अपने ही घर में छिपा होना सन्देह से परे होगा...किन्तु दुर्भाग्य का क्या उपचार!

बख़्तावर को सँकरी गलियाँ सख़्त नापसन्द थीं पर उस दिन वह उसी ओर मुड़ गया। दरवाज़े धड़–धड़ बन्द होने लगे, पर उसके बरछे पर बिंधे नर–मुंड में ऐसा जुगुप्सा–जन्य सम्मोहन था कि हाथ शिथिल हो जाते...तुम्हारी नानी खिड़की बन्द करतीं उससे पहले ही बख़्तावर की नज़र उन पर पड़ गई...तुम्हारी नानी गौरी बाई विलक्षण सुन्दरी थीं...ज़ाहिर है मैंने उन्हें साक्षात कभी नहीं देखा, श्रुति के आधार पर कह रहा हूँ।

'किसकी हवेली है यह?' बख़्तावर ने अपने नायब से पूछा...पीछे मुड़कर कुछ खुसर–पुसर के बाद उसने कहा 'खड्ग सिंह की, पर वह यहाँ नहीं होगा'। बख़्तावर चिढ़ गया...अहमक़...कुछ अक्ल ही नहीं! कड़क कर बोला,

'चलो तुड़वाओ दरवाज़ा'। नायब ने बन्द मुट्ठी छाती से लगाई। उसके इंगित पर छह–आठ सैनिक लग गए हुक्म की तामील में। उस काल में हवेलियों के प्रवेश–मार्ग सुरंग–नुमा बनाए जाते थे ताकि कोई हमलावर घुसें तो एक–एक कर ही आ पाएँ।

घर में तुम्हारे नाना–नानी और दस बरस की तुम्हारी माँ के अलावा कोई न था। तहख़ाने में छिपे खड्ग सिंह ने दरवाज़ा तोड़े जाने की तड़ाक...तड़ाक सुनी तो तलवार उठाकर ऊपर को दौड़े और गलियारे के अन्दरूनी सिरे पर घात लगाकर बैठ गए। कहते हैं कि घायल होते हुए भी एक के बाद एक चार खिलजी सैनिकों के सिर काट लिए, पर पाँचवें ने गिरते–मरते भी अपनी तलवार उनके पैरों पर दे मारी। उनके भूमि पर गिरते ही अगले सैनिक ने उनका सिर काट डाला।

तुम्हारी नानी थरथर काँपतीं, रोती–बिलखतीं ऊपर हवेली की खिड़की से यह कांड देखती थीं। उन्होंने अपना नेज़ा निकाला और अपने सीने पर वार करने को उद्यत हुई ही थीं कि बच्ची का ध्यान आ गया...इसे किसके सहारे छोड़ूँ! हाय स्वामी, हमदोनों को ही पहले ख़तम कर जाते...अब क्या करूँ?...हाँ, वही जो वे करने से

चूक गए, पहले इसे मारूँ, फिर मरूँ...बच्ची ज़ोर-ज़ोर से माँ-माँ चिल्ला रही थी...बस, इसी सोच-विचार में विलम्ब हो गया—पीछे से दो सैनिकों ने आकर जहाँ-तहाँ से पकड़ लिया। एक ने हाथ मरोड़कर नेज़ा गिरा दिया। इतने में बख़्तावर स्वयम् आ गया; पहले का मानव-मुंड मृत सैनिकों के ढेर पर गिरा कर खड्ग सिंह का सिर भाले पर गाँथ लाया था। तुम्हारी नानी छटपटाते हुए श्राप और अपशब्दों की बौछार कर रही थीं...बच्ची की चीख़ इतनी ऊँची और तीख़ी हो गई थी जैसे कोई बंशी-वादक पूरी साँस ले पंचम पर पहुँचकर ठहर गया हो।

'मुँह बाँध दो इनके...उठा लाओ'।

सैनिक इस प्रकार की ज़रूरत के साधनों से लैस होकर चलते थे, तुरन्त दोनों के मुँह बाँध दिए गए। विलाप के स्वर थम गए।

बख़्तावर के हरम में कई महीनों तक जीवित ही नरक में रहीं तुम्हारी नानी, आत्महत्या के कई असफल प्रयास भी किए...काँच की चूड़ी तोड़ कर कलाई की धमनियाँ काट लीं, किन्तु रक्त-स्राव शुरू भी न हुआ था कि दिन-रात पहरा करते स्याह-रंग, घुँघराले बालों वाले हिजड़ों में से एक ने देख लिया, तत्काल मरहम-पट्टी कर दी गई। फिर कुछ दिनों बाद अपना चन्द्रहार दे कर एक हिजड़े से ज़हर की पुड़िया मँगवाई। बच्ची को खिलाया, फिर ख़ुद खाया और सो गईं कि सुबह तक उस नरक से मुक्ति मिल जाएगी। सुबह उठीं तो सब ज्यों का त्यों! केवल वह हिजड़ा खीसें निपोरे अपने गले में चन्द्रहार दिखा-दिखा कर उनका मुँह चिढ़ाता था।

हरम के कमरों में कोई कपाट नहीं लेकिन कोई खुली खिड़की या छज्जा भी नहीं कि कूद कर प्राण दे दें। आख़िर जी हार गईं—बख़्तावर से व्यापार किया...मेरा तो जो हुआ सो हुआ, मेरी बच्ची को कोई न छुए। बख़्तावर मोहित था, पर शर्त रख दी। दूसरे दिन सवेरे-सवेरे मुल्ला आ गया दोनों को कलमा पढ़ाने। कुछ न बोलने पर भी कलमा पढ़ा हुआ मानकर मुबारक हो...मुबारक हो का घोष हुआ। तुम्हारी नानी गौरी बाई से गौहर जान हो गईं, तुम्हारी माँ रुक्मिणी से रुक़ैय्या!''

मैं घुटनों में सिर दे कर फफक रही थी। रेवादिया ने हाथ बढ़ाकर मेरे कन्धे पर रखा ही था कि मैंने कन्धा उचका कर झटक दिया। ओढ़नी के कोने से मुख पोंछ कर कहा,

''आगे बढ़िए।'' रेवादिया कुछ पल मेरा मुँह देखते रहे, फिर बोलने लगे,

''कुछ महीनों बाद बख़्तावर ख़ान को फ़ौरन अपनी फ़ौज के साथ गुजरात सीमा पर पहुँचने का आदेश मिला। गुजरातियों ने अचानक आक्रमण कर दिया था। नायब सूबेदार और आला फ़ौजी हुक्मरानों के जाते ही उज्जयिनी के कोट और हरम की चौकसी लस्त पड़ गई। अधिकारी-गण मदिरापान और नाच-रंग में, और हिजड़े अफ़ीम के डोडों का अरक़ पी-पी कर मस्त ओंघड़ाए रहते। सुरक्षा-व्यवस्था चरमराती देखकर पुरबिए राजपुत्रों के एक दस्ते ने धावा बोल दिया। उसी अफ़रा-तफ़री का फ़ायदा उठाकर तुम्हारी माँ और नानी वहाँ से भाग निकलीं। किन्तु अब जाएँ कहाँ?

यदि अपने घर गईं तो शायद पहुँचने से पहले ही धर ली जाएँगी...विपरीत दिशा में चल पड़ीं। रात का अँधेरा इतना घना था कि कुछ दिखाई न देता कि उज्जयिनी का कौन-सा हिस्सा है। वैसे यदि दिन भी होता तो तुम्हारी नानी और माँ...''

जाने मुझे क्या हुआ, हथेली से उन्हें ठहरने का इंगित करते हुए रुक्ष स्वर में बोली,

''उस्ताद! मुझ पर एक कृपा कीजिए, बार-बार नानी और माँ न कहकर उन्हें नाम से ही बुलाइए—गौरी या गौहर, और रुक्मिणी अथवा रुक़ैय्या, जैसा आप चाहें।''

रेवादिया को मेरी इस आक्रामकता का सिर-पैर शायद कुछ समझ न आया। सच पूछिए तो मुझे भी नहीं! कुछ देर वे हैरान-से मुझे देखते रहे...

''दोनों चलते-चलते थक कर चूर...घबराहट से कंठ में काँटे-से उग आए थे, न जाने कब गश्त करता कोई सैनिक टकरा जाए, गुर्राने लगे...कौन हो, इतनी रात कहाँ जाती हो? रात का तीसरा पहर...किसी भवन में रौशनी की एक किरण नहीं, फिर अचानक सड़क से कुछ दूर एक दोमहली हवेली में रौशनी दिखाई दी, पास जाने पर लोगों के बोलने-चालने की आवाज़ें भी आती सुनाई दीं। बड़ा-सा द्वार, सम्भवतः आँगन में खुलता होगा...''

मेरा माथा घूम-सा गया, पूछ बैठी,

''क्या उस आँगन में मौलश्री का वृक्ष था?'' रेवादिया मुस्कुराए।

''जिस हवेली की अभी कह रहा हूँ वह तो मैंने देखी नहीं, किन्तु जिसकी बात तुम कर रही हो उसका उल्लेख तो बहुत बाद में आएगा।...गौहर ने कुण्डी खटखटाई, और दीवार से लगी प्रतीक्षा करती रही। कुछ देर बाद अन्दर से एक गहरा स्त्री स्वर उभरा,

'कौन?'

अब क्या कहें कि कौन!

'हम दो दुखिया माँ-बेटी हैं...एक रात बिताने-भर की जगह ढूँढ़ती आई हैं...'

बड़े द्वार के फाटक में बना एक छोटा कपाट खुला; बस इतना ही कि उन्हें देखा जा सके। एक मोटी, बूढ़ी स्त्री...गोल मुख, बड़ी-बड़ी आँखें, केश आधे सफ़ेद आधे काले, हाथ में छोटी-सी मशाल।

'क्या नाम है...कहाँ की हो?' बड़ी-बड़ी आँखें इतनी उथली कि जैसे अब निकल पड़ेंगी बाहर!

गौहर सोचती खड़ी...इसे यदि बता दिया कि नायब सूबेदार के हरम से भाग कर आई हैं तो खटाक् दरवाज़ा बन्द कर लेगी!...कुछ सूझ ही नहीं रहा था। रुक़ैय्या छोटी थी पर थी समझदार। माँ को चुप देख समझ गई, मामला बिगड़ जाएगा, बोल उठी,

'मैं रुक्मिणी हूँ, खड्ग सिंह परभार की बेटी, और ये मेरी माँ गौरी...म्हारे बापू की हत्या कर दइ म्लेच्छों ने...'

'शुः...हहह, कुछ मत बोलो, चुपचाप अन्दर आ जाओ', औरत फुसफुसाई और दोनों को अन्दर ले कपाट बन्द कर लकड़ी की मोटी किल्ली चढ़ा दी। आँगन के

एक किनारे ऊपर जाने का ज़ीना था...ऊपर गलियारे में खुलता था। गलियारे के दोनों ओर कोठरियाँ और मध्य में बड़ा आयताकार कक्ष। दोनों ओर की कोठरियों की चौखटों पर खड़ी छह-सात युवतियाँ झाँक-झाँककर इतनी देर रात को नई आनेवालियों को हेरती थीं। बूढ़ी औरत ने त्यौरी-चढ़ा उन्हें अन्दर चले जाने का इंगित किया। गौहर और रुक़ैय्या को बड़े कक्ष में ले आई। एक ओर फ़र्श पर गद्दे, सफ़ेद चादर, मसनद। तीनों बैठ गईं।

गौहर जान गई वे कहाँ आ गई हैं; हृदय भय से काँप उठा—नरक से निकले तो सीधे रौरव नरक! सिर झुकाए धीरे से बोली, 'माँ, अनजाने में हम शायद ग़लत जगह आ गए...हमें जाने की अनुमति दीजिए'। रुक़ैय्या हैरान, ये क्या कहती है माँ! इतनी मुश्किल से तो सिर छिपाने को आश्रय मिला...

'यदि तुम सचमुच वही हो जो इस बच्ची ने बताया, तब तो तुम बिलकुल सही जगह पहुँची हो लेकिन पहले सच बताओ, तुम हो कौन?' बुढ़िया ने ध्यान से गौहर का मुँह देखते हुए पूछा।

'मैं बेटी के सिर की शपथ लेकर कहती हूँ इसने जो भी कहा बिलकुल सत्य है', गौहर ने रुक़ैय्या के सिर पर हाथ रख दिया।

'परन्तु खड्ग सिंह की हत्या तो लगभग चार-पाँच महीने पहले हुई थी...मुझे अच्छी तरह याद है, क्योंकि जिस दिन उसका मुंड परकोटे से टँगा था, यहाँ खाना नहीं बना था! यदि तुम सचमुच उसकी विधवा हो तो इतने दिन बाद कहाँ से भागती आई हो?...सब कुछ सच-सच बताओगी तभी कुछ सोचूँगी, नहीं तो भले चली जाओ...मैं क्यों रोकूँगी?'

बूढ़ी औरत भी हाव-भाव से जान गई थी, दोनों किसी अच्छे घर की हैं बेचारी।

गौहर की जीभ जली जाती थी सब कुछ बताते, तथापि कोई और विकल्प न देख कलपते हुए बोली, 'बता दूँगी...पर पहले आप बताइए कि उनकी हत्या के दिन आपके घर मातम क्यों हुआ भला...'

'खड्ग सिंह परभारों के खड्ग का प्रतीक था...और किसी पिछले जनम में मेरा दूर का कुटुम्ब भी...इसीलिए कहा न कि यदि वास्तव में उसकी घरनी हो तो सही जगह पहुँचीं हो। अब मैं तो खुल चुकी, तुम साफ़ कहो जो कहना है।'

दोनों माँ-बेटी बहुत देर तक सिर झुकाए बैठी रहीं, उनकी आँखों से आँसू टपक-टपककर सफ़ेद चादर पर सीलन के छल्ले डालते रहे। फिर धीमे—धीमे सिसकते हुए गौहर ने अपनी व्यथा-कथा सुना दी उस बूढ़ी औरत को।

'तो तुम अब गौहर हो और यह रुक़ैय्या! फिर अपना परिचय भी दे दूँ...मैं रज़िया हूँ; जिस जनम में खड्ग मेरा कुटुम्ब था, उसमें राजेश्वरी थी...सौ बातों की एक बात, जो तोर हाल सो मोर हाल! और अधिक कथा बाँच कर क्या होगा...हाँ, मैंने पेशा तो कर लिया पर शायद कुछ पुन्न भी कमाती हूँ...यहाँ जो लड़कियाँ देखीं

तुमने, उन्हें इससे भी क्रूर नरक से बचा रक्खा है...तुम्हें भी रख लूँगी...नहीं, नहीं...ऐसा कुछ न करना होगा जिससे खड्ग सिंह समान वीर के मान को बट्टा लगे...'

गौहर असमंजस में पड़ी थरथर काँपती रही।

'माँ, मेरा तो सर्वस्व लुट चुका...पर मेरी बेटी...यहाँ आनेवाले पुरुषों की लोलुपता पर किसका वश, इसे यहाँ न रहने दूँगी...हमें जाने दीजिए, कहीं मर-खप जाएँगे।'

'कहाँ जाओगी!' रज़िया बोली, 'हो सकता है यहाँ से निकलते ही कोई उठा ले...तुम दोनों को एक दूसरे से अलग कर दे, पता भी न चलेगा कि बेटी गई कहाँ?...क्या होता है उसके साथ?...मेरी मानो तो आज की रात यहीं रहो अब, ठंडे मगज़ सोच लो। कल बता देना। लेकिन जदि यहाँ रहीं, तो बिटिया को दो-एक पहर छोड़ बाक़ी बख़त तहख़ाने में रहना पड़ेगा, सो जान लो...'

गौहर के मन में खटका लगा था, सो लगा ही रहा...कितना भरोसा किया जाए रज़िया पर। क्या वह सचमुच हमदोनों को वेश्यावृत्ति से बचा कर रख सकेगी यहाँ? या धूल झोंक रही है आँखों में...धीरे-धीरे करके तोड़ेगी हमें, कुछ स्पष्ट सूझ न रहा था।''

रेवादिया रुककर कुछ विचारमग्न-से हो गए थे। मैं भी सुनते-सुनते हलकान हो गई थी।

''एक और कृपा करेंगे उस्ताद? कथा का विन्यास थोड़ा कम करके बताएँगे कि अन्ततः हुआ क्या गौरी और रुक्मिणी का।'' मेरे तुर्श स्वर से रेवादिया का मुँह उतर-सा गया।

''मैंने तो पहले ही कह दिया था कि कथा लम्बी है, संक्षेप में कहूँगा तो तुम कहोगी कि चुनी हुई बातें बता दीं...'' उन्होंने कुछ आहत स्वर से कहा।

''नहीं, नहीं...कटाक्ष नहीं कर रही थी...उतावली होकर कुछ का कुछ कह गई, क्षमा चाहती हूँ। आप अपनी तरह से कहिए।''

''अब अधिक बचा भी नहीं...सात वर्ष बिताए माँ-बेटी ने रज़िया की हवेली में। गौहर घूँघट काढ़े एक-दो गीत सुना कर उठ जाती। बड़ा सुरीला कंठ था उसका, ऐन तुम्हारे जैसा। हवेली में प्रवेश सल्तनत के ख़ास हाकिमों या बड़ी हैसियत वालों तक ही सीमित था। यदि कोई गौहर से एकान्त में मिलने या उसे देखने का हठ करता, तो रज़िया उसके कान में कुछ ऐसा फुसफुसाती जिसे सुनते ही उनके चेहरे का रंग उड़ जाता और अभिरुचि ठंडी पड़ जाती।

रुक़ैय्या का अधिकांश समय तहख़ाने में ही बीतता। रज़िया अपने वचन पर खरी उतरी, उसकी रक्षा अपने प्राणों से बढ़कर करती रही। उसे बड़ा मान था कि उसने परभारों के खड्ग की एकमात्र जीवित सन्तान को दाग़ी होने से बचा रखा है। उसने गौहर से झूठ नहीं कहा था—किसी और जनम में वह खड्ग सिंह की मौसेरी बहन की ननद थी।

रुक़ैय्या दोपहर बाद से रात भर तहख़ाने में बन्द रहती; रज़िया उसे बन्दियों की तरह सुबह दो-एक पहर को धूप-हवा लेने को बाहर निकलने देती। उस समय वहाँ कोई नहीं होता, लड़कियाँ सोई पड़ी होतीं। धीरे-धीरे रुक़ैय्या को तहख़ाने में रहने की आदत पड़ गई...वह वहाँ अपने को आश्वस्त अनुभव करती और पहरों अपने माँ के भजन गुनगुनाती रहती।

जब रुक़ैय्या लगभग सोलह की होने को आई, उन्हीं दिनों सल्तनत के हाकिमों के साथ राव का दो-चार बार रज़िया की हवेली पर आना-जाना हुआ। सल्तनत के फ़ौजी हाकिमों के साथ राव की अच्छी छनती थी, कारण कि...''

रेवादिया की बात बीच में ही काटते हुए मैं फिर थोड़े तैश से बोल उठी,

''कारण से मैं भली-भाँति अवगत हूँ, आगे कहिए।'' रेवादिया ने चौंक कर मेरी ओर देखा किन्तु कुछ बोले नहीं।

''राव उस समय भरपूर जवानी में थे। वे आते-जाते तो थे मुसलमान सिपहसालारों की सोहबत में, पर हाव-भाव-स्वभाव से रज़िया ने ताड़ लिया कि वे उनमें से एक न थे। एक दिन अकेले में पूछ बैठी,

'तुम कौन हो? इन लोगों के साथ क्या करते हो?' राव भी रज़िया के बारे में सब कुछ जान चुके थे। ऐसी बातें वे न जाने कैसे खोद निकालते थे।

''मैंने भी फ़िलहाल वही कर रखा है, राजेश्वरी, जो तुमने किया : समय से समझौता। बस, और कुछ न कहूँगा। अगर तुमने कोई पाप किए हों तो उनके साथ यह बात भी छिपा कर रख लेना, नहीं तो बहुत से परभारों के सिर उतर जाएँगे।'

रज़िया ने चुप साध ली, किन्तु उसके बाद धीरे-धीरे राव उसके बहुत नज़दीक हो गए। उनका हवेली पर आना-जाना भी बढ़ गया। कभी-कभी वे रात वहीं ठहर भी जाते। इसी आने-जाने में एक दिन उन्होंने रुक़ैय्या को देख लिया। तत्क्षण मोहित हो गए...लेकिन फिर वह कहीं दिखाई ही न दे! रज़िया से खोद-खोद कर राव ने आख़िर सारी बात उगलवा ही ली।

'क्या कहा?...वह युवती खड्ग सिंह की बेटी है?...' राव आश्चर्य से अवाक्!

'हाँ...सात बरसों से छिपा कर बचा रक्खा है...आगे भगवान का ही भरोसा है। मेरे बाद न जाने क्या होगा इन दोनों का!'

राव ने हठ ठान ली—रुक्मिणी से ब्याह करा दो मेरा। खड्ग सिंह परभार की बेटी है...कलमा पढ़ा दिया तो क्या? मैं वापस शुद्धिकरण करा लूँगा...उद्धार करो इसका।'

रज़िया और गौहर ऊहापोह में। गौहर सोचती जाने कौन है...कहता तो है कि राव भीम सिंह परभार का बेटा है, मुँह-कान क़द-काठी से भी तेजस्वी है लेकिन इस घोर कलियुग में किसका क्या भरोसा...यदि सच बोलता हो तो निश्चय ही संकट में फँसी बेटी का उद्धार हो जाएगा...एक बार यह बोझ सिर से उतर गया तो रज़िया अम्मा की अनुमति लेकर वृन्दावन चली जाऊँगी प्रायश्चित को। लेकिन फिर

मन डोलने लगता—म्लेच्छों की सोहबत में कोठे पर आने-जाने वाले इस अपरिचित आदमी के हाथों में एक बार बेटी सौंप दी, और यह धूर्त्त निकला, तो बच्ची का जीवन बरबाद हो जाएगा...इसी उधेड़-बुन में कुछ महीने निकल गए। पुन: एक बार गौरी बाई को निर्णय करने में विलम्ब हो गया।

बख़्तावर ख़ान वापस उज्जयिनी लौट आया था!

मदमस्त झूमता सदल-बल पहुँचा रज़िया की हवेली पर। काइयाँ दिमाग़ था बख़्तावर—नशे की हालत में भी मात्र कलाई देखकर पहचान गया गौहर को,

'रज़िया, घूँघट उठा इसका।'

रज़िया के कान में फुसफुसाने का असर उल्टा हुआ—चेहरे का रंग उड़ने की बजाय लाल हो गया। रज़िया को धकियाते हुए उसने स्वयम् एक झटके से घूँघट खींच कर गौहर का मुँह उघाड़ दिया, फिर ठठा कर हँसते हुए बोला,

'देखा गौहर जान, कितना इश्क़ है तुमसे...सिर्फ़ कलाई देखकर ही नब्ज़ पकड़ ली...' फिर रज़िया की ओर मुड़कर, 'इसकी तो एक बेटी भी थी...माशाअल्लाह, अब तो जवान हो गई होगी। कहाँ है?'

रज़िया फटी-फटी आँखों से देखती हुई बोली, 'थी सरकार, मगर मर गई...पिछले साल...हाय, हाय...कुछ भी तो न हुआ था, बस दो दिन को बुख़ार चढ़ा, दो-चार उल्टी-दस्त, तीसरे दिन फ़ोत हो गई...'

'चुप्प, बख़्तावर ख़ान की आँखों में धूल झोंकती है चुड़ैल...तलाशी लो हवेली की।'

तलाशी हुई। कोना-कोना छान मारा बख़्तावर के सिपाहियों ने। कहीं कुछ नहीं। तहख़ाने को उतरनेवाले सीढ़ी के पटरे पर तो वह ख़ुद मसनद लगाए बैठा था, उसके नीचे का गद्दा कौन उठवाता।

'इसकी पतुरियों को खड़ा करो मेरे सामने...उनमें तो नहीं मिल गई!' सो भी हुआ। एक-एक को घूरता हुआ बख़्तावर देर तक हाथ पीछे बाँधे टहलता रहा।

'नहीं, इनमें नहीं है।' फिर मसनद पर जा बैठा और गौहर से कहा,

'चलो, उठो बेगम...तुम्हें फ़ौरन मेरे साथ चलना है, मुद्दत हो गई तुम्हें क़रीब से देखे, जाओ, ले आओ जो कुछ साथ ले चलना हो।'

'अभी आई ख़ान...मुझे भी इस नरक में रहते लगता है बरस बीत गए', गौहर बोली। बख़्तावर खिल उठा। रज़िया अवाक्!

गौहर जो उठकर गई तो फिर नहीं लौटी। कुछ देर बाद जब बख़्तावर की समझ नशे की घुंक में से वापस उसके भेजे में लौटी, वह कोठरियों की ओर लपका, मगर तब तक गौहर अपनी नाभ से लेकर पसलियों तक नेज़े को आड़ा-तिरछा घुमाते हुए कलेजे के रग काट, रक्त के फव्वारों से रंगे फ़र्श पर औंधी पड़ी थी। बख़्तावर का क्रोध आग-उगलती ज्वालामुखी-सा फट पड़ा। फ़ोश गालियाँ बकता, चिल्लाता रहा, 'देख लूँगा, ये नहीं तो इसकी बेटी को तो ज़रूर...पताल में भी होगी तो खोज निकालूँगा।'

रज़िया सिर झुकाए बुदबुदाती रही, 'ख़ान...ख़ान...रहम कीजे, सरकार, हमें न मालूम था ये कमबख़त ख़ुदकुशी कर लेवेगी...हमें बख़्श दीजिए, ख़ान...'

आख़िरकार दो मनचाही लड़कियों के हाथ पकड़कर उन्हें खींचता हुआ बख़्तावर चला गया।

तीन दिनों तक रुक़ैय्या तहख़ाने के घुप्प अँधेरे में बन्द रही। केवल एक मश्क पीने के पानी पर। सचमुच पाताल ही था वह!

गौहर की मृत्यु से रुक़ैय्या के भविष्य का निर्णय आसान हो गया। रज़िया को भी लगने लगा कि अब आगे बहुत दिनों तक उसे छिपाए रखना अत्यन्त कठिन होगा। अगली बार राव वहाँ रात के अँधेरे में छिपते-छिपाते आए। उन्हें गौहर के बारे में पता चल चुका था। बख़्तावर कितना धूर्त्त था, वे अच्छी तरह जानते थे। किसी को कानोंकान ख़बर न हो, इसलिए कोई अंगरक्षक भी साथ न लाए। घोड़े के आगे लबादे में रुक़ैय्या को छिपाए खादर के कम चलते रास्तों से रातोंरात उस मौलश्री वाली हवेली पर पहुँचे जिसकी तुम्हें याद आती है। एक ज़माने में राव के पुरखों की वैसी कई हवेलियाँ इस इलाक़े में वीरान पड़ी थीं। उज्जयिनी से लगभग पच्चीस कोस दूर वह हवेली भी उनमें से एक थी।

वहाँ पंडीज्जू और परिवार की एक विश्वस्त परिचारिका दोनों की प्रतीक्षा करते थे। पंडीज्जू के मंत्रपाठ-अभिषेक से रुक़ैय्या फिर से रुक्मिणी हो गई। उसके बाद उन्होंने राव और रुक्मिणी का विधिवत विवाह कराया। साक्षी केवल वह परिचारिका ही थी...''

मैं बोल उठी, ''थी माने? अब कहाँ गई वह?''

''प्रतिरोध करने की चेष्टा में मारी गई।'' मैं चुप हो गई, यह भी न पूछा कि किसका प्रतिरोध। कुछ-कुछ समझ में आने लगा था।

''उसी हवेली में तुम्हारा जन्म हुआ और तुम उन दोनों स्त्रियों के साथ वहाँ छह-सात वर्षों तक रहीं।'' फिर कुछ ठहर कर रेवादिया बोले, ''राव वहाँ निरन्तर तो रह नहीं सकते थे, पर अक्सर आते-जाते रहते थे।''

''मैंने तो उन्हें कभी आते देखा न जाते! गढ़ धर्मपुरी आने पर ही पहली बार उनके दर्शन हुए।'' मैंने व्यंग्य किया।

''हो सकता है तुम्हें बोध होने के बाद कम गए हों...या किसी ऐसे समय जब तुम सोई रही हो...आगे बताऊँ या इतना पर्याप्त है?''

''नहीं...आगे बताइये, आपने शपथ ली है पूरी बात बताने की, मैं यहाँ कैसे आ गई और मेरी माँ कहाँ और कैसे चली गई? कहाँ गई वह?'' मैंने दृढ़ता से कहा।

''ठीक है, तो सुनो...बख़्तावर ने हार न मानी, सुराग़ ढूँढ़ता रहा रुक़ैय्या के। न जाने कैसे, पर उसे विश्वास था कि रुक़ैय्या मरी नहीं, रज़िया ने झूठ बोला था। साम-दाम-दंड-भेद सब का उपयोग किया। आख़िरकार उसका एक जासूस जो रज़िया की लड़कियों में से एक का आशिक़ था, उस औरत का मुँह खुलवाने में

सफल हो गया...सिपहसालारों की सोहबत में एक परभार युवक आता था, वही रुक़ैय्या को भगा ले गया, नाम तो नहीं जानती, पर हट्ठा-कट्ठा छैल-छबीला था...रज़िया उसका नाम जानती होगी, उसके इर्द-गिर्द घूमता रहता था।

बख़्तावर ने ख़ुद पूछ-ताछ की रज़िया से। अपनी आरे की-सी धार वाली तलवार उसकी गर्दन पर रख जिबह करने लगा...बता, नाम बता रज़िया, रज़िया...सुनती है कि बहरी हो गई...रज़िया की गर्दन से ख़ून की धार बह निकली। वह जान गई उसका अन्त आ गया है। चाहे राव का नाम बताए या न बताए, रुक़ैय्या के मर जाने का झूठ उसे मारेगा अवश्य। आख़िरी वक़्त तक बख़्तावर उसकी गर्दन रेतता हुआ कहता रहा...रज़िया, बता दे तो अब भी जान बख़्श दूँगा तेरी...और वह हर बार यही कहती, रज़िया कौन? मैं तो राजेश्वरी हूँ...मेरा नाम राजेश्वरी है, सरकार। रज़िया ख़तम! बख़्तावर की तफ़तीश अधूरी रह गई।

पर वह कहाँ हार माननेवाला। एक ही उलटी खोपड़ी था वह भी! कोई बात उसमें अटक जाती तो अटकी ही रहती...सात-आठ साल से लगातार उज्जयिनी के कोट में तैनात नायबों की पेशी हुई। एक-एक से अलग-अलग क़ुरान-पाक पर हाथ रखवाया...अन्ततः उनमें से एक टूट गया—राव यदुवीर सिंह परभार! बख़्तावर पर जैसे मनों पानी पड़ गया।

'क्या...राव यदुवीर! होश में तो हो?'

बख़्तावर को मालूम था राव की पहुँच सीधे सुलतान तक थी; और जो भी रहा हो, वह मूर्ख न था, समझ गया बिना अमीर को बताए उस पर हाथ डालना भारी पड़ेगा। बहुत सोचने-विचारने के बाद उसने सुलतान के नाम सील-मोहर बन्द रुक्क़ा भेज दिया।

पंडीज्जू ने इतिहास पढ़ाते हुए शायद बताया ही होगा तुम्हें : सुल्तान-सिपहसालार चाहे जितनी हिन्दू स्त्रियाँ अपने हरम में डाल लेते, हिन्दू राव-राजाओं का मुसलमान स्त्रियों को उठा लेना उनके बर्दाश्त के बाहर था...शुजात ख़ान यों तो बड़ा सहिष्णु और उदार सुलतान था पर मुल्लों के नियम-क़ायदे तोड़ना उसके बस की भी न थी।''
रेवादिया काफ़ी देर को फ़र्श पर आँख गड़ाए चुप बैठे रहे, फिर मेरी ओर देखकर बोले,

''अब जो मैं बताने जा रहा हूँ उसे सुनकर सम्भवतः तुम्हें बहुत आघात पहुँचे...सन्तान अपने माता-पिता की कमज़ोरियों से दो-चार नहीं होना चाहती...कहते हुए भी बुरा लगता है, कहीं तुम यह न सोचो...''

''चिन्ता न कीजिए उस्ताद, मेरी सोच मेरे मस्तिष्क से उत्पन्न होगी, किसी और के कहे से नहीं...आप तो कटुता की अधिकतम सीमा तक सत्य कहिए,'' मैंने उनकी बात काटते हुए कहा।

''राव की पेशी हुई शुजात ख़ान के सामने; राव यदुवीर सुलतान के चहेते थे, एकान्त में बुलाए गए।

‘राव यदुवीर,’ सुल्तान ने कहा, ‘आप पर एक मुसलमान औरत को उठाने का इल्ज़ाम है। मुझे लगता है इसमें कुछ सच्चाई ज़रूर है क्योंकि सब जानते हैं आपके सर पर मेरा हाथ है, बिना पूरी छान-बीन के कोई ऐसा इल्ज़ाम लगाने की जुरअत न करेगा। आपको मालूम है आमतौर पर इस जुर्म की सज़ा क्या है। आप अगर सब सच-सच बयान कर दें...और लड़की को चुपचाप लौटा दें, तो मैं आपकी जाँ-बख़्शी की कोई तरकीब निकालूँ...''

राव तत्काल समझ गए सुल्तान के आगे झूठ अधिक देर नहीं टिकेगा, और देर-सवेर फिर किसी दिन परभार सम्प्रभुता का उनका सपना उनके साथ ही भस्म हो जाएगा। वह एकदम खुल गए,

‘पर सुलतान, वह लड़की मुसलमान औरत नहीं, खड्ग सिंह परभार की बेटी रुक्मिणी थी! मुझे...’

‘तो आप तस्लीम करते हैं कि रज़िया नाम की तवायफ़ की हवेली से लड़की आपने उठाई थी?’

‘जी सुलतान...,’ राव फ़र्श पर बिछी कालीन को पढ़ते हुए-से बोले। न जाने यह क्यों न कहा कि उन्होंने रुक्मिणी से विवाह किया, एक बच्ची भी थी...सम्भवतः सोचा हो उससे कोई फ़ायदा न होगा। एक क्षण बाद शुजात ख़ान ने कह भी दिया,

‘पहले किसकी बेटी थी इससे कोई फ़र्क़ नहीं पड़ता...बरसों पहले कलमा पढ़ लेने के बाद वह एक मुसलमान औरत ही है...मेरे इतने क़रीबी अज़ीज़ न होते तो आपका सर इसी वक़्त क़लम हो जाता।...ख़ैर, आपने क़ुबूल कर लिया है तो मैं आपकी जान बख़्शता हूँ...मुल्लों से मैं निपट लूँगा। आप तो बस यह बता दीजिए कि लड़की कहाँ है।’

‘सुलतान, मुझे एक दिन की मोहलत...’ राव विनती करते बोले।

‘ठीक है, राव, कल दे दीजे उसका पता-ठिकाना ताकि परसों उसे सरे-दरबार हाज़िर करके यह बवाल ख़त्म हो...मैं ख़ामख़ाँ उलेमा से उलझना नहीं चाहता, लेकिन याद रहे किसी फ़रेब में पड़े, तो परसों आपका सर परकोटे पर टँगा होगा...ख़ुदा-हाफ़िज़!’

राव को पता था उनकी गतिविधियों पर नज़र रक्खी जाएगी। वह सीधे यहाँ आए और रात में तुम्हें उठा ले आने के लिए घुड़सवार भेज दिया...''

''और दूसरे दिन जाकर सुलतान को मेरी माँ का पता-ठिकाना बता आए...'' मैंने टूटते-से स्वर में कहा।

''हाँ, पर...तुम्हें यह कैसे...''

''उस्ताद, मुझे पंडीज्जू ने दो और दो चार जितना ज्ञान तो दे ही दिया है...पर एक बात कहूँ यदि आप अन्यथा न लें—आप संगीत के तो ज्ञानी हैं किन्तु आपकी भाषा की शब्दावली अत्यन्त सीमित है।''

रेवादिया के मुख पर क्रोध की रेखाएँ खिंच गईं।

"आप मेरे पिता की कमज़ोरियों का उल्लेख करते हिचकिचा रहे थे न...उन्होंने जो किया उसे कमज़ोरी नहीं, विश्वासघात कहते हैं उस्ताद! चलिए, समापन करें?...राव ने पहले मुझे उठवा लिया, दूसरे दिन पता बता आए; तीसरे दिन सुल्तान के सिपाहियों ने रुक्मिणी उर्फ़ रुक़ैय्या को बरामद करके दरबार में हाज़िर कर दिया। फिर क्या कहा रुक्मिणी ने?...मुझे अपने यहाँ रख लीजिये...नाच-गा कर मन बहलाऊँगी आपका!" रेवादिया की आँखें ज़मीन पर।

"सुलतान ने पूछा, 'क्या नाम है तुम्हारा?'

'रुक़ैय्या बानो'।

'शादी-शुदा हो?'

'नहीं'।

'क्या करती हो?'

'गीत-भजन गाती हूँ।'

'गा कर सुना सकती हो?'

शुजात ख़ान को संगीत से बहुत लगाव था। रुक़ैय्या के आलाप लेते ही शुजात की आँखें ऐसे चमक उठीं जैसे सस्ते में नायाब हीरा पाकर किसी जौहरी की। गीत समाप्त होते ही सुलतान ने उसे अपने पास आने का इंगित किया, झुककर रुक़ैय्या के गले में एक मोतियों की माला पहनाते हुए फुसफुसाए, 'तुम बड़ी बेगम की ख़िदमत में रहना, रोज़ मुझे एक-दो गीत सुना देना, बस। तुम पर और किसी बात का दबाव न होगा।' फिर दरबार को सम्बोधित करते हुए बोले, 'हम रुक़ैय्या बानो को गुलू-ए-बुलबुल का ख़िताब अता करते हैं। आज से ये मलिका-ए-आलिया की ख़िदमत में रहेंगी! माकूल इन्तज़ामात किए जावें।'

तब से रुक़ैय्या बीबी मांडव के जहाज़-महल परिसर में रहती हैं। क़िलेदार को हुक्म है कि उनकी हर ज़रूरत का ख़याल रखे।

"तो वे राव से क्या माँगने आई थीं उस रात?"

"शायद तुम्हें।" सहसा मन तिक्त होने पर भी मेरे कलेजे में ठंड-सी पड़ गई—मेरी माँ को मेरी कमी महसूस होती है अब तक!

"अच्छा, अब एक अन्तिम बात यह और बता दीजिए उस्ताद, मुझे अग़वा क्यों करवाया राव ने?"

"क्यों...क्या मतलब क्यों? तुम एकमात्र सन्तान हो उनकी...तुम्हारी सुरक्षा उनका दायित्व था!" रेवादिया मुझे आश्चर्य से देखते हुए बोले।

"अच्छा, दायित्व! और अपनी पत्नी की सुरक्षा? वह उनका दायित्व नहीं था?"

"क्या बात करती हो? उनकी तो अपनी जान पर बनी थी...वे क्या करते!"

"तो प्रतिष्ठा के लिए प्राण दाँव पर लगाने की परम्परा को तिलांजलि दे चुके आप सब?"

''मैं तो एक मामूली गड़ेरिया...'' मैंने उन्हें रोकती हुई बोली,

''नहीं, रेवादिया! मैं भली-भाँति जानती हूँ आप कौन हैं, क्या करते हैं! अच्छा चलिए, यह और बता दीजिए कि मुझे कौन, कैसे उठाकर लाया? सब तो कहते रहे कि मैं रेवा मैय्या में बहती हुई पाई गई थी...''

''देखो तुम बात समझ नहीं रहीं...बख़्तावर को यह तो पता चल गया था कि रुक़ैय्या जीवित है, पर यह नहीं कि उसका विवाह हुआ, बेटी है...अतः तुम्हारी जान राव बचा सकते थे...उनका कर्तव्य था...''

''इसलिए कि मुझसे उनकी जान को कोई ख़तरा न था! पर मैंने पूछा यह था कि मुझे लाया कौन?''

''एक सैनिक को भेजा था...किन्तु घोड़े पर तुमने उसका हाथ इतनी ज़ोर से काट खाया कि...'' बात काटते हुए मैंने तड़ से पूछा,

''आपको कैसे पता कि मैंने उसका हाथ काट खाया, कान नहीं... ?'' पूछते ही लक्ष्य किया-रेवादिया का दाहिना हाथ स्वतःस्फूर्त बायें हाथ के अँगूठे और तर्जनी के बीच चला गया था।

''अच्छा...तो आपको भेजा था राव ने! मैंने तिक्त स्वर में कहा। कुछ देर रेवादिया अपने हाथों को निहारता रहा, फिर धीरे से बोला,

''राव का कोई आदेश हम टाल नहीं सकते, रूपमती...हमसब ने सूर्यदेव की शपथ ले रखी है...तुम तो जानती हो हम सूर्यवंशी सूर्य-देव से उत्पन्न हुए...''

रेवादिया के प्रति सम्मान के साथ-साथ मेरी हिचकिचाहट भी ख़त्म हो चुकी थी। फिर उसकी बात काटी,

''उत्पन्न तो सभी अपनी माँ के पेट से ही होते हैं, उस्ताद, पर आप जैसे पुरुष अपनी वीरता के अहंकार में इस वास्तविकता को राल की तरह निगल कर देवी-देवता की आराधना का ढोंग मात्र करते हैं...छोड़िए, आप स्वयम् न समझ पाए, तो शिष्या क्या समझाए! अब वह रहस्य भी बता ही डालिए जो आपने राव से छिपा रखा है अब तक, कई बार कह चुके आप...'' आहत भाव से मुझे देखते हुए रेवादिया ने कहा,

''हाँ, बताता हूँ...मुझे ग़लत न समझना, इसमें मेरा कोई दोष नहीं। तुम्हारे रिश्ते के लिए श्रीफल-अक्षत लेकर मेरा ही एक विश्वासपात्र गया था। हाड़ौती...चित्तौड़, सब जगह गया। अफ़सोस, कहीं से कोई सन्तोषप्रद प्रत्युत्तर नहीं...राव यदुवीर को तो सब जानते हैं, पर माँ का नाम भी पूछते हैं अभागे! सम्भवतः जान-बूझकर। न जाने ऐसी बातें कैसे फैल जाती हैं! पर तुम चाहो तो मैं राव से बात करूँ...''

मैं समझ गई आगे क्या आनेवाला है। मेरी त्यौरियाँ अपने आप चढ़ गईं,

''बात क्या करनी है! उन्हें बता दीजिए कि मैं हाड़ौती और चित्तौड़ के कुमारों के लिए स्वीकार्य नहीं, और क्या!''

''नहीं, मैं मेरे और तुम्हारे रिश्ते की बात करने की कह...'' मैं खौल उठी।

"ख़बरदार रेवादिया! कदापि नहीं। आगे बोलना भी मत...कुछ दिनों से मन के किसी कोने में आभास होता था कि तुम ऐसा कुछ कहनेवाले हो, पर सोचना भी मत। मैं नहीं चाहती कि व्यर्थ एक और परभार नर-मुंड मांडव के परकोटे पर टँगे...ऐसी बातें फैल जाती हैं या फैला दी जाती हैं!...तुम्हें लाज नहीं आई, मुझसे दुगुनी से अधिक उम्र के और मेरे उस्ताद होते हुए ऐसा प्रस्ताव करते?" मैं क्रोध से थरथर काँपने लगी थी।

"रूपमती, सुनो...मैंने पहले ही कहा था मुझे ग़लत न समझना...मैंने तुम जैसी सुन्दरी जीवन में आज तक नहीं देखी...अभी तो मैं चालीस का भी नहीं हुआ, बहुत प्रेम करता हूँ तुम्हें, रानी की तरह रखूँगा..."

"चुप्प! अब आगे एक शब्द भी नहीं," मैं उठती हुई बोली, "मैं जा रही हूँ, मेरे पीछे आए तो मुझ से बुरा..." वाक्य अधूरा रह गया।

"अरे, तुम्हें जाने कौन दे रहा है..." वह मेरी ओर लपका, तो मैंने भी तड़ित-गति वापस लपककर खुली हथेली से एक भरपूर थप्पड़ जड़ दिया, इतना सटीक कि रक्त की एक बूँद उसके होंठ के कोने से बह निकली।

रेवादिया मेरे प्रहार की आकस्मिकता पर अविश्वास से क्षण-भर को स्तम्भित हो गया; मैं आक्रामकता के उसी चपल प्रवाह में मुड़ी और भयभीत हिरनी की भाँति कुलाँचे भरती, दो-दो सीढ़ियाँ इकट्ठे फलाँगती नीचे आँगन में उतर आई।

आकाश के एक कोने में फाल्गुन की चौथ का हँसिए-सा चाँद परकोटे पर टिका हुआ जैसा लगता था। दीवार के साये में परकोटे से चिपक कर खड़ी हो गई। दो-चार पल बाद रेवादिया भी धड़धड़ाता हुआ उतरा और लगभग दौड़ता हुआ मेरी कोठरी को जानेवाले गलियारे की ओर चला गया। मैं मुड़ी और वैसी ही फ़ुर्ती से गढ़ के मुख्य द्वार से बाहर निकल गई।

ೲ

साक्षात्कार : 39

तारा ठीक कहती थी...ठीक कहती थी तारा...सिरा बदल-बदलकर यही वाक्यांश बजे जा रहा था निरन्तर मेरे माथे में। कमीना निकला, रेवादिया! मेरी इज़्ज़त पर हाथ डालना चाहता था, ज़बरदस्ती करना चाहता था मुझसे। तारा ठीक कहती थी...ठीक कहती थी। भँवर भी ठीक कहता था, अवश्य उसके भाई का असली हत्यारा भी रेवादिया ही रहा होगा।

सहानुभूति का तो महज़ नाटक था। वास्तव में मेरे मातृ-पक्ष के दुर्भाग्य तथा मेरे पिता के विश्वासघात का इतिहास सुना कर मेरा मनोबल नष्ट करना चाहता था...ताकि मैं उसका घिनौना प्रस्ताव ख़ुशी-ख़ुशी स्वीकार लूँ, मेरी अस्मिता ने घुटने न टेके तो ज़बरदस्ती पर उतर आया...तारा बिलकुल ठीक कहती थी।

मुख्य-द्वार से निकलते हुए झपट कर मैंने मशाल ले ली। पाँव स्वत: अर्द्धपद्म ताल की पगडंडी पर उतर गए। रेवादिया की उस लम्बी, संत्रास भरी कथा, और उसके बाद तड़ित-वेग से जो कुछ घटित हुआ उस सब की एकत्रित उत्तेजना सहसा गहरे अवसाद में ढल गई—परिस्थितियों से विवश होकर ही सही, मेरी नानी और माँ वर्षों तवायफ़ के कोठे पर रहीं, मेरी माँ सुल्तान के दरबार में गायिका है, पिता एक विश्वासघाती खलनायक है जिसने अपने प्राण बचाने के लिए विधिवत विवाहिता पत्नी का सौदा कर लिया और मुझे अग़वा करवा कर गढ़ धर्मपुरी की इस कारा में डाल दिया...और अब रेवादिया जैसा नीच व्यभिचारी मेरा पति-परमेश्वर बन बैठना चाहता है। सम्भवत: राव को भी इसमें कोई आपत्ति न होगी। चित्तौड़ का कोई भौंडा कुमार भी मेरे भाग्य में नहीं। अतीत मैला, वर्तमान असह्य, और भविष्य अन्धकारमय! ऐसे जीवन का कोई अर्थ नहीं। इसका अन्त कर देना ही अच्छा होगा...अर्द्धपद्म ताल का पानी-वाला भाग कितना गहरा होगा?...या रेवा मैय्या की शरण में ही चली जाऊँ वापस?...मेरे गाल आँसुओं से भींग गए थे। चलती हुई हिचक-हिचक कर रोए जा रही थी।

सच यह है, श्रुतिलेखक जी, कि मैं मरना चाहती थी और मृत्यु से भयभीत भी थी। कहने को तो मैं रात-दिन गढ़ की कारा में घुटती रहती थी, पर उस समय मैं इस भय से काँप रही थी कि पानी जब मुँह और नाक दोनों में घुस कर उन्हें बन्द कर देगा, फेफड़े श्वास भरने के लिए कबूतरों की भाँति फड़फड़ाएँगे, तब कैसी घुटन का अनुभव होगा? जैसे-जैसे ताल निकट आता जा रहा था, मेरी देह का थरथराना भी उत्तरोत्तर बढ़ता जाता था। काश! मरने से पूर्व एक बार उस ललछौंहे भूरे घोड़े पर बैठ लेती...आप सोचेंगे—कहाँ तो जीवन से विरक्त आत्महत्या को उद्यत लड़की, और कैसी हास्यास्पद अन्तिम इच्छा!...पर मेरी यह छवि जो आप देख रहे हैं, वह तो बहुत बाद की है। जिस दिन की बात कह रही हूँ, मैं केवल चौदह बरस की थी। हमारे देस-काल के मानदंडों से भले ही विवाह-योग्य युवती हो चुकी थी, किन्तु अपने समय के मानकों से परखकर भी देखिए...थी तो एक छोटी-सी बच्ची ही, मरने से भय कैसे न होता!

रोती-हिचकती मैं चम्पारण्य के घेर तक पहुँच गई थी, जिसे पार करते ही थोड़ी दूर पर ताल दिखाई देने लगा...एक आख़िरी बार कमल के खिलते फूलों को स्पर्श कर लूँ, उनकी कुछ सुगन्ध अपने प्राणों में बसा ले चलूँ—सिर झुकाए ताल की ओर

ढलान से उतरी, कमल के फूल-कलियों की घनी बाढ़ हथेलियों से सहलाई, दो अधखिले फूल तोड़ लिए। एक दीर्घ श्वास भर कर फिर सोचने लगी थी...अर्द्धपद्म या रेवा मैय्या की धार ? मशाल बुझने पर आ गई थी। सिर उठाकर ताल के जल-वाले हिस्से की ओर देखा तो चिहुँक उठी—होशंग शाह की छतरी में प्रकाश फैला था...सहसा हृदय बेलगाम हुलस उठा—कहीं वह संगीतज्ञ...नहीं, रूप...वह संगीतज्ञ तो अन्तर्धान हो चुका, बचा केवल सुलतान बाज़ बहादुर...फिर वही परस्पर गुत्थमगुत्था आवाज़ें मन के दो कोनों से...जिस संगीतज्ञ ने तुझे संगत दी थी, वही तो है वह, सुलतान हो गया तो क्या! उन दोनों को अलग कैसे कर सकती है तू, रूप...तन-मन के तार झंकृत हो उठे थे, कि वास्तव में कोई तंबूरा ही बजा रहा था ? मद्धम प्रकाश से आलोकित छतरी को अपलक निहारती उठ खड़ी हुई...इस बार मिला तो बात भी न करूँगी उससे...फिर कभी आया क्यों नहीं!...यह क्या, मिलने से पहले ही उससे रूठने भी लगी...क्या वह ललछौंहा भूरा अश्व भी लेकर आया होगा उस दिन की तरह...एक बार कह देखूँगी, शायद मरने से पहले मेरी अन्तिम इच्छा पूरी कर दे...पर इसके लिए तो उससे बात करनी पड़ेगी। हाय। क्या करूँ! क्या वह मुझे मर जाने देगा...या बाँह पकड़कर रोक लेगा। लगातार उसका सुन्दर मुख नयन-पटल पर क्यों देख रही हूँ...कि सहसा मेरा माथा सन्न!

कहीं रेवादिया तो न आ गया यहाँ ? सम्भव है मेरी कोठरी की खिड़की से मुझे बाहर निकलते देख लिया हो, और पीछा करते हुए किसी छोटे रस्ते से यहाँ आ बैठा हो! इस बार क्या करूँगी ? दोबारा तो थप्पड़ नहीं खानेवाला वह...मन बना कर आया होगा, चोटिल सर्प की भाँति सामने आते ही डँस लेगा। चलो, अब सिर पर कफ़न बाँध ही ली है, तो रेवादिया से क्या भय!...मैं छतरी की ओर चल पड़ी।

इस बार उसकी आँखें मुँदी नहीं थीं। मेरे पहुँचते ही उठ खड़ा हुआ।

"आइये कुँवरानी, न जाने क्यों मेरा मन कहता था कि आज आप ज़रूर आएँगी।"

मेरे बात न करने का निर्णय कहाँ उड़ गया कुछ पता ही न चला।

"मैं तो इतनी बार आई कि गिनती भूल चुकी। आप ही न आए फिर कभी...लेकिन अब मैं आपसे और बात नहीं कर सकती...मैं यहाँ आज केवल डूब मरने के लिए आई हूँ।" मैं फिर हिचक-हिचक कर रोने लगी थी। वह मेरी ओर देखकर मुस्कुराया,

"क्यों, ऐसा सख़्त फ़ैसला लेने की क्या वजह ?" उसका स्वर ऐसा कि जैसे किसी बच्चे से बात करता हो।

"मैं अपने जीवन से विमुख हो चुकी हूँ। मेरा कोई भविष्य नहीं। बस, आप मेरी अन्तिम इच्छा पूरी कर दें...और चले जाएँ। मुझे ताल में डूबना है।"

"कैसे तंग आ गईं अपने जीवन से ? अभी तो आपका जीवन ठीक से शुरू भी नहीं हुआ...और ताल में डूबना मुमकिन नहीं।"

"क्यों नहीं मुमकिन ?"

''क्योंकि मैं यहाँ हूँ और बतौर सुलतान अपनी रिआया को ख़ुदकुशी से बचाना मेरा फ़र्ज़ है,'' फिर मुस्कुराते हुए आगे बोला, ''ख़ैर, आप जिस आख़िरी ख़्वाहिश की बात...।''

मैंने कुछ न सुना कि उसने आगे क्या कहा—मेरे अन्दर कोई ज़ोरों से चीख़ रहा था...क्या बचकानी बातें किए चली जा रही है, इससे कहती क्यों नहीं, प्रेम हो गया है तुमसे, फिर क्यों नहीं आए तुम, मुझे अपने ललछौंहे अश्व पर क्यों न बिठाया कभी ?...तुम नहीं आए तो मेरे पुलकित हृदय की उमंग घुट-घुटकर थम गई, इसलिए अब मैं भी मर जाना चाहती हूँ...मैं और ज़ोर-से सिसकने लगी थी। उसने दोनों हाथ उठाए और दोनों हथेलियाँ कुछ इस तरह से झाड़ीं कि जैसे मच्छर-पतिंगे भगाता हो...उसी क्षण, मुझसे और न रहा गया, मैं अवश-सी आगे बढ़कर उसके वक्ष से लग गई। उसने अपने हाथ गिराए और हल्के से मुझे अपने अंक में ले लिया पर भींचा नहीं।

''तुम फिर कभी क्यों नहीं आए ? क्या केवल मैं ही तुम्हें चाहती रही ?'' मेरा स्वर बिलकुल किसी रूठे हुए बच्चे-सा निकला।

''अल्लाह की क़सम, मैं तो यहाँ तक़रीबन रोज़ ही आता रहा। और इश्क़, वह तो पहली निगाह में ही हो गया था। तभी तो मैंने दूसरे ही दिन फिर मिलने की पेशकश की थी। तुम्हीं ने कुछ साफ़ न कहा। फिर इत्तेफाक़ की बात कि मैं शायद किसी और वक़्त आया, इन्तज़ार करके चला गया, तुम किसी और वक़्त। आख़िर मुझे उन्हें मनाना पड़ा गढ़ जाने के लिए।''

''किन्हें ?'' मैं चिहुँक-सी उठी पर बाहों की घेर से न मैं निकली, न उसने बाहें गिराईं।

''बानो को।''

''उन्हें आपने भेजा था ? क्या वे स्वयम् नहीं चाहती थीं कि मैं उनके पास आऊँ ?'' मेरा गला भर आया।

''बहुत चाहती हैं तुम्हें, रोती हैं तुम्हारे लिए...पर कहती हैं कि वे अपने और अपनी माँ के साये से तुम्हें दूर रखना चाहती हैं। जब मैंने उनसे तुम्हारा ज़िक्र किया तो उन्हें लगा कि मैं सिर्फ़ तुम्हें रखने की बात कर रहा हूँ। जब मैंने उन्हें सब सच-सच बताया तब वो मानीं।''

''क्या बताया सच-सच ?...मुझे भी बताओ।'' मैं फुसफुसाई जैसे किसी के सुन लेने का डर हो।

''यही कि मैं तुमसे बेपनाह मोहब्बत करता हूँ, और अगर सुल्तान हो गया तो तुम्हें पटरानी बनाऊँगा।''

''तो मुझे मुसलमान बना दोगे ?''

''ये किसने कहा ! मैंने तो पटरानी बनाने की बात कही थी। तुम रानी रूपमती ही रहोगी।''

“वे गढ़ जाने को मान गईं, और तुम सुलतान भी बन गए। पर राव ने तो नहीं मानी उनकी। मुझे पटरानी कैसे बनाओगे?” इतनी देर बाद मैंने लक्ष्य किया कि हमदोनों आप से तुम पर उतर आए थे।

“तुम फ़िक्र न करो। राव यदुवीर सुलतान का कहा नहीं टाल सकते।”

“अगर टाल दिया तो क्या मुझे जबरन अपने घोड़े पर घसीट ले जाओगे?...मेरी अन्तिम इच्छा भी पूरी हो जाएगी।”

“बिलकुल, जो भी तुम्हें हासिल करने के लिए ज़रूरी हो, इंशा-अल्ला, करूँगा।”

“और क्या-क्या करोगे मेरे लिए? तुम्हारी तो बहुत-सी बेगम-रखैलें होंगी पहले ही से?”

“हाँ हैं, लेकिन तुम जैसी पद्मिनी-समान कोई नहीं, रूप। मैं सबसे पहले तुम्हारा, और उन सबसे पहले तुम।”

“और क्या करोगे?”

“और...तुम्हारे लिए एक आलीशान महल बनवाऊँगा; सुना है रेवा मैय्या की भक्तिन हो तुम—तो, महल के कुंड में वहीं का पानी मँगवा दूँगा ताकि तुम रोज़ इस म्लेच्छ की सोहबत के बाद पाक-साफ़ हो सको!' कहकर वह ज़ोरों से हँस पड़ा, और मैं भी।

फिर सहसा मैं ख़ुशी से पागल हो उठी—उसके वक्ष से और अधिक निकट हो गई; एड़ियाँ उचका कर उसके कानों में फुसफुसाई,

“सुलतान बाज़ बहादुर, आपने सारे के सारे उत्तर बिलकुल सही दिए...इसलिए यह दासी आपकी सेवा में एक उपहार पेश करती है,” और अपने अधर उसके अधरों से लगा दिए। उपहार मैंने दिया था, उसने मात्र स्वीकार ही किया। जो वस्तु मेरी थी, वह मैं...केवल मैं ही तो किसी को दे सकती थी।

ꢀꢁꢂ

साक्षात्कार : 40

गढ़ लौटते हुए मुझे चलकर वापस नहीं आना पड़ा। बाज़ ने मेरी अन्तिम इच्छा उसी रात पूरी कर दी थी! मेरी दोनों बाहें पकड़ फूल की भाँति सहजता से उठाकर अपने ललछौंहे भूरे अश्व पर बिठा दिया। एक और अश्व न जाने कहाँ से प्रगट हो गया—सुल्तान की महिमा समझिए! वह स्वयम् उस सफ़ेद घोड़े पर सवार हो गया, और उसके दोनों पार्श्वों को अपनी जाँघों से कसकर दबाते हुए दिखाया—ऐसे बैठो।

घोड़े अगल-बगल चलते; मैंने पूछा हाथ उठाकर झाड़ क्या रहे थे, जब मैं तुमसे लिपटी उसके ठीक पहले? बिना किसी हिचकिचाहट उसने सरलता से असली वजह बता दी—सुलतान कहीं भी बिना सुरक्षा-घेरे के नहीं रह सकता, ऐसी सुनसान जगहों में तो कदापि नहीं; हाथ झाड़ कर तख़लिया का मौन आदेश इंगित कर रहा था—दूर हटो, दूसरी ओर देखो...कुछ देर को तन्हाई चाहिए!

गढ़ धर्मपुरी का परकोटा जब दिखाई देने लगा, उसने घोड़े पर से उतार दिया। "यहाँ से चली जाओगी न?" मैंने अपना सिर हिलाकर हामी भरी, उसने अपना सिर झुकाकर मेरा माथा चूम लिया, "मैं बहुत जल्द आकर ले जाऊँगा, फ़िक्र न करना"। मुड़कर एक घोड़े पर सवार हुआ, और दूसरे की रास थामे चल पड़ा।

रात्रि का अन्तिम पहर था; दिग-दिगंत निस्तब्ध। फिर घबराहट लौट आई वापस—कहीं रेवादिया दाँत पीसता न बैठा हो प्रतीक्षा में!

जब थोड़ा और निकट पहुँची द्वार के तो जी धक् से रह गया—परकोटे की मोटी दीवार में बना सुरंगनुमा प्रवेश-द्वार अन्दर से आते तेज़ प्रकाश से दीप्त, जैसे भीतर प्रांगण में बहुत-सी मशालें जलती हों। हे भगवान!...अचानक याद आया—आज तो वसन्त-पंचमी है। प्रति-वर्ष की भाँति गढ़ में वसन्तोत्सव होगा, गाँव के सब लोग केसरिया पीत वस्त्र पहने एकत्रित होंगे, गीत गाएँगे; माँ शारदा की अर्चना होगी...पर इतने सवेरे से तैयारी पहले तो कभी आरम्भ न हुई, इस बार क्या हो गया! स्वयम् को लाख संयत रखने की चेष्टा की, फिर भी हृदय-गति हर क़दम पर बढ़ती ही जाती।

प्रवेश करते ही जो देखा वह सचमुच स्तब्ध कर देनेवाला था—प्रांगण में दोनों ओर बस्ती के लोग ठट्ठ के ठट्ठ भरे, बीच में मेरे लिए जैसे पहले ही से रस्ता छोड़ रखा हो। ओसारे में तख़त पर राव बैठे थे, उनके एक बगल रेवादिया और कालूराम एकटक द्वार की ओर देखते, और दूसरी तरफ़ भँवर, सिर झुकाए। ओसारे के अन्दर केतकी और पन्द्रह-बीस स्त्रियाँ घूँघट काढ़े खड़ी थीं। चारों ओर सचमुच इतनी मशालें जलती थीं जितनी पहले कभी न देखीं।...पंडीज्जू कहीं दिखाई न दिए।

प्रवेश करते ही मैंने लक्ष्य किया सब के सब मुझे घूर रहे थे। राव की आँखें अंगारों-सी लाल। कालूराम की दूर परकोटे की बुर्जियों पर टिकीं; और रेवादिया की मन्द-मन्द मुस्कातीं, जैसे कहती हों-लो, और मारो थप्पड़!

पर अब आगे बढ़ते जाने का कोई विकल्प न था—जैसे-जैसे आगे चलती लोग एक-एक पग पीछे को हट जाते जैसे मुझे छूत का रोग लगा हो।

क्या हो गया...क्यों इकट्ठे खड़े इस प्रकार घूर रहे हैं, क्या जानते हैं ये?...अधिक प्रतीक्षा न करनी पड़ी। जैसे ही ओसारे के किनारे पहुँची राव उठकर खड़े हो गए, अपने हाथों से मेरे कन्धे पकड़ लिये जैसे मुझे गले लगा लेंगे। सहसा उनके पंजे लोहे जैसे सख़्त हो उठे और उन्होंने इतनी ज़ोर से झिंझोड़ा कि लगा मेरी पसलियाँ अलग होकर झूल जाएँगी। फिर उनका दाहिना हाथ उठा, एक ज़ोर का थप्पड़ मारा...लगा

कि मैं गिर पड़ूँगी पर उनका बाँया पंजा मुझे कन्धे से थामे था। कुछ खारा-सा जीभ पर टघर आया...मैं जान गई रक्त की एक बूँद होंठ के कोने से मुँह में बह आई थी। रेवादिया का स्मित और स्पष्ट हो गया।

''कुल-कलंकिनी, तू भी वैसी ही निकली...' राव फुँफकारते हुए चिल्लाए। फिर दाँत पीसते हुए उद्घोष जैसा किया,

''मृत्युदंड!'' उनकी बोली परकोटे की दीवारों तक फैल गई; कई और पुरुष-स्वरों ने समवेत दोहराया, ''मृत्युदंड।''

मैं भय और घृणा से थरथर काँपती थी,

''किन्तु बाबा...''

''चुप्प, कुलटा! अपने मुँह से फिर कभी यह आखर न फूटना...''

मैंने देखा भँवर भी सिर झुकाए थरथर काँपता था। उसकी आँखों से आँसू टपक-टपककर भूमि पर गिर रहे थे। राव मेरी बाँह पकड़, घसीटते हुए ओसारे पर स्त्रियों के झुंड की ओर ले गए और ज़ोर से उनकी ओर धकेल दिया। मैं जहाँ जाकर गिरी, केतकी के पैर थे। उसने लपककर उठाया तो लक्ष्य किया उसकी आखें नम थीं...धीरे से बुदबुदाई, ''राव, फूल-सी छोरी...''

''चुप्प! तुझे भी मरना हो इसके साथ तो आगे बोल...ले जा इसे...कोठरी में बन्द कर, और गाढ़े अम्मल का कटोरा तैयार कर...अब्भी, इसी बख़त!''

मन्दिर वाले गलियारे की ओर से पंडीज्जू प्रगट हुए।

''क्या हुआ राव?''

''कुछ नहीं, मेरी नाक कटवाकर आई है आपकी चेली...मैं मृत्युदंड दे चुका इसे। अब आप बीच में न पड़ियेगा।''

फिर मूर्तिवत खड़ी स्त्री-गण को लक्ष्य कर गरजे, ''मैंने कहा न, ले जाओ इसे मेरे आगे से...और अफ़ीम तैयार करो।''

स्त्रियाँ मुझे मेरी कोठरी की ओर ले चलीं; आँगन में लोगों की भीड़ छँटने लगी थी, सब चुप, सन्तुष्ट!

ꕥ

साक्षात्कार : 41

केतकी के अतिरिक्त सभी स्त्रियाँ मुझे घुटनों में सिर दिए सिसकती छोड़कर चली गईं। केतकी कुछ देर रुकी; यह पहली बार ही था कि उसने मेरे सिर पर हाथ रखा और बाल सहलाते हुए बोली,

'तू डरे मति, रूप, भगवान रो सुमिरन कर...वा ही कुछ कर सकैं।'' बाहर से कुंडा बन्द हो गया। निकलने का कोई रास्ता नहीं—खिड़की पर मोटी-मोटी छड़ें। मेरे आँसू सूख गए थे। मैं अफ़ीम के कटोरे की प्रतीक्षा करने लगी...सोचती थी तेरी अन्तिम इच्छा तो पूरी हो ही चुकी—मरने ही तो गई थी अर्द्धपद्म ताल। डूब कर मरने से तो आसान ही होगा सोते-सोते फिर कभी न उठना...केतकी ठीक कहती है, भगवान को याद कर, सम्भव है वही कुछ कर दें।

दो घड़ी बीते, कपाट पर कुंडा खुलने जैसी खटर-पटर हुई—ले, आ गया तेरा अफ़ीम का कटोरा, रूप!

एक कपाट खुला। भँवर, सिर नवाए। रो-रो कर उसकी आँखें सूज गई थीं।

''तुम क्यों रोते हो? मैंने तो पहले ही कह दिया था तुम्हें—मैं यहीं मरूँगी!''

''मुझे क्षमा कर दो, रूपमती...'' भर्राए गले से बोला।

''क्षमा...तुम्हें? क्यों...तुमने क्या किया?''

''मुझसे रहा नहीं गया...मेरे तन-मन में आग लग गई...ईर्ष्या का विषैला धुआँ भर गया, मैं अन्धा हो गया था। मैंने सोचा भी न था कि मेरी चुग़ली का दंड इतना भयानक भी हो सकता है!...मैंने तो...'' उसकी आँखों से पुनः आँसू की धारें बहने लगीं। मैं अवाक् हो उसकी ओर देख रही थी।

''तो तुमने...पर तुमने तो मेरे सिर की क़सम खाई थी...तुम! तुम तो मुझे हाड़ौती ले जाना चाहते थे, साथ जीने-मरने के लिए। मैं तो समझी थी रेवादिया...''

''हाँ, उसी को तुम्हारी कोठरी की ओर जाते देख...मुझे क्षमा कर दो, मैं जान गया हूँ मैं तुम्हारे योग्य नहीं, प्रेम नहीं करता था, केवल प्राप्त करना चाहता था। राव से कहो मेरे प्राण ले ले, वही मेरा प्रायश्चित हो सकता है।''

''नहीं भँवर, अपराध मुझसे हुआ है तो दंड भी मुझे ही मिलेगा...तुम अब कुछ नहीं कर सकते। हाड़ौती भी नहीं ले जा सकते...विष का कटोरा दो घड़ी नहीं आया।''

मैं संयत हो चुकी थी।

''नहीं, आज नहीं।''

''क्या, आज नहीं? मतलब?''

''तुम्हें विष कल सूर्योदय के बाद देंगे...पंडीज्जू ने कहा, किसी भी स्थिति में बत्तीसों लक्षणों से युक्त पद्मिनी-समान कुँवारी कन्या का वध शारदोत्सव के दिन नहीं होना चाहिए...देवी अप्रसन्न हो गईं तो राव के सब स्वप्न दुःस्वप्न में परिणत हो जाएँगे। राव चीख़े-चिल्लाए, अनाप-शनाप बोले पर पंडीज्जू अडिग रहे, कहा, 'वसन्त-पंचमी के दिन यदि मृत्युदंड दिया तो शस्त्र-विद्या छोड़िए, अपने पुरखों के नाम-गोत्र तक भूल जाएँगे, जिस मान-मर्यादा-प्रतिष्ठा के लिए मृत्युदंड दे रहे हैं, मटियामेट हो जाएगी। बाक़ी आपकी इच्छा सर्वोपरि है। मेरा कर्तव्य तो मात्र परिणाम से अवगत करा देना है। सो कर दिया।' तब जाकर राव ने कहा,

'ठीक है...तो कल भोर की पहली किरण के साथ जाएगी वह।'

मुख्य द्वार पर रेवादिया और उसके बीस लोग पहरे पर हैं।''

तो, एक दिन और जीना बाक़ी है!

झरोखे से सहसा वसन्त की ताज़ा बयार का झोंका आया...मैंने एक दीर्घ श्वास लिया। चुनरी के कोने से अपना मुँह पोंछ लिया। भँवर अब तक सिर झुकाए खड़ा ही था,

''क्या करूँ? क्षमा न करोगी तो मैं मर जाऊँगा।'' उसने कातर स्वर में कहा।

''वह तो होगा ही...तुम मेरे साथ यहीं मरने के लिए ही तो हाड़ौती नहीं गए, तो और क्या होगा। मैं तो बचूँगी नहीं...तुमने मेरे सिर की शपथ जो तोड़ दी।'' मैंने अनमने-स्वर में अपना प्रतिशोध ले लिया। भँवर मेरी बात सुनकर फिर रोने लगा था। मैंने दूसरी ओर को मुँह फेर लिया।

''तुम कुछ न कहोगी तो मैं सचमुच तुमसे पहले मर जाऊँगा! मुझे अब अपनी जान की कोई परवाह नहीं रही।''

मैं चौंक उठी। अभी कुछ पहर पूर्व ही मैं आत्महत्या के निर्णय का त्रास झेल चुकी थी...मृत्युदंड से पहले इस बेचारे को उस ओर क्यों धकेलूँ; इसने जो किया वह भले अक्षम्य सही, पर मैं तो राव नहीं हूँ!...मुझे मृत्युदंड देकर राव ने सिद्ध कर दिया था कि मैं उन्हीं की औरसी हूँ।

श्रुतिलेखक जी, आपके युग की तो नहीं कह सकती, पर हमारे देस-काल में किसी युवती का असली पिता ही अपनी मान-मर्यादा के लिए बेटी की बलि ऐसे चढ़ा देता था जैसे बेटी नहीं छागल हो! दूसरों की बेटी से उसे क्या, उनको कोई अग़वा कर ले, रखैल कर ले, तो उसकी बला से...

नहीं, मैं राव जितना क्रूर नहीं हो सकती थी। उन्होंने कँवर का सिर कटवा दिया; अब मैं भँवर की आत्महत्या का कारक हो जाऊँ! कहीं यह पागल सचमुच अपराधबोध के मारे कुछ कर ही न बैठे...मन ने कहा अपने तईं इसे मुक्त कर दे इस सन्ताप से, रूप।

''भँवर, क्या तुम सचमुच मेरे लिए कुछ करना चाहते हो?''

''कुछ भी...'' याचना की पराकाष्ठा उसकी आँखों में तैर आई।

मैंने पंडीज्जू से माँगकर लाई एक पोथी का अन्तिम पन्ना फाड़कर उस पर लिखा—

जद्दपि राति न हो पायो थौ सम्पूरन अभिसार
तबहूँ बाबुल वाणे दौ है मिरतू कौं उपहार
भोर भये कल पइलि किरन कैं संग पियासी तोर
प्रेम कौं रस की साध लिए ही तजि जइहै संसार
मरणो न चावै, तारि ले आ कै, आ एहि खण करतार

वाई जा णे
राति दई थी अधरन मधु उपहार

लिखते-लिखते भी सोचती थी—पहुँच तो क्या पाएगी उस तक पाती, किन्तु इस बहाने भँवर की ग्लानि तो कम हो जाएगी। मोड़कर पर्ची उसकी ओर को बढ़ा दी,

"इसे पहुँचा सकोगे मांडव के क़िलेदार रबात ख़ान के हाथों तक? यदि उस तक पहुँच सको तो कहना कि रानी रूपमती ने भेजा है सुलतान के लिए मारफ़त रुक़ैय्या बानो। याद रहेगा? रानी कहना न भूलना!"

उसने गम्भीरता से सिर हिलाया।

"और हाँ, तुम चाहो तो इसे पढ़ सकते हो। पढ़ने के बाद ले जाने का जी न करे तो फाड़कर फेंक देना। अपने प्राण संकट में हरगिज़ न डालना।"

"मेरी हँसी उड़ा रही हो रूप...राव ने न तो कभी तलवार हाथ में लेने दी न खड़ी! मुझे पढ़ना आता तो क्या पता शायद पढ़कर फाड़ ही देता। और प्राण! अब प्राणों की आहुति भी दे दूँ तो मेरा अपराध अक्षम्य ही रहेगा। जिसे अपने प्राणों से प्रिय समझता था, उसकी नरबलि का हेतु बन गया, तो मृत्यु से क्या डरना! चलूँ?"

"परन्तु जाओगे कैसे? तुम ने तो कहा कि रेवादिया द्वार छेंके बैठा है।"

"तुम्हारी संगीत-अभ्यास की छतरी से घास के मैदान तक उतरने भर को पर्याप्त रस्सा है मेरे पास!"

ꙮ

साक्षात्कार : 42

सुबह हुई पर गढ़ निःशब्द रहा। उस वर्ष वसन्तोत्सव नहीं मनाया गया। सम्भवतः पंडीज्जू ने शारदा पूजन की परम्परा संक्षेप में चुपचाप पूरी कर दी थी। दो पहर दिन चढ़े पूजा की थाली हाथ में लिए वे आए—चौखट के पास खड़े होकर कुछ देर तक करुणामय नयनों से मेरा मुख देखते रहे, फिर दो पग आगे बढ़कर मेरे माथे पर रोली का टीका लगा दिया और पंचपात्र के जल से मेरे माथे को सिक्त करते हुए बोले,

"ॐ नमो भगवते वासुदेवाय! सुखी रहना।"

मैं कुछ न बोली। झुककर चरण स्पर्श किए। वे और कुछ बोले बिना मुड़े और कोठरी से निकल गए।

दिन बहुत धीरे-धीरे बीता...लगा जैसे एक शताब्दी तक झरोखे पर खड़ी मैं नीचे खाई के पार रेवा मैय्या की चमचमाती धार को देखती रही, तब कहीं जाकर

केतकी छिपली पर भोजन लेकर आई। आँखें ज़मीन पर किए धीरे से बोली, "भौत कह्यौ राव णय...सुणयौ कोन्नी..."

साँझ हुई तो सूरज के साथ मेरा मन भी डूबने लगा। भँवर वापस लौटकर नहीं आया। क्या जाने मांडवगढ़ तक जाते-आते कितना समय लगता है। वापस लौट भी आया तो अन्दर कैसे आएगा...क्या उसी रस्से से...क्या उसे याद रहा होगा 'सुलतान मारफ़त रुक़ैय्या बानो'? पता नहीं जा भी पाया कि नहीं...गया भी हो तो क़िलेदार के सिपाही क्या किसी अनजान गँवई को यूँ ही उस तक पहुँच जाने देंगे! रुक्के पर कोई शाही सील-मुहर थोड़े ही लगी है!...मन भटकने लगा...कहाँ छिपा रहा होगा भँवर, क्या किसी पेड़ पर? वह तो अच्छा हुआ कि बाज़ के अंगरक्षकों ने देखा नहीं...देख लिया होता तो बेध देते ज़हर-बुझे तीर से, धप्प से गिरता भूमि पर, मृत...खुले मुँह! हे भगवान...क्या-क्या सब सोचे जा रही हूँ मैं! फिर अचानक वह आलिंगन...मेरा सिर उसके वक्ष से लगा, एड़ियों के बल उचका शरीर...क्या-क्या दिखा होगा दिए की मद्धम रौशनी में...मैं सिहर उठी। मेरे हाथ-पाँव सर्द हो गए थे। रात हो गई। सम्भवतः मेरे संक्षिप्त जीवन की अन्तिम रात। अपना बचपन याद आने लगा...नहीं, यह तो किसी और का बचपन था...अँधेरे तहख़ाने में रुक्मिणी भजन गुनगुनाती थी—

हे राधा के कृष्ण-कन्हैया
पार लगा दौ म्हारि भी नैया

आँख लग गई। फिर आखें खुल भी गईं। अन्तराल? एक-दो घड़ी, एक पहर, दो पहर...एक शताब्दी...कुछ भी स्पष्ट नहीं। कितनी देर होगी पौ फटने में?...फिर आँख लग गई। स्वप्न है या सचमुच हो रहा है यह—सिरस्त्रान और ज़िरह-बख़्तर पहने घुड़सवार भाले की नोक पर नरमुंड गाँथे चला आ रहा है...पास आया तो देखा, भँवर का सिर भाले की नोक पर...चिहुँककर उठी तो लगा प्रांगण में खुलने वाली खिड़की से ख़ूब रौशनी आ रही है, जैसे फिर नीचे बहुत-सी मशालें जलती हों वहाँ।

बिछौने पर से उठने लगी तो देखती हूँ, बगल में एक ज्योतिर्मयी स्त्री-आकृति खड़ी है। मेरे रोंगटे खड़े हो गए। कानों में फुसफुसाती हुई आवाज़ :

'डरो मत, रूपमती, मैं रेवा हूँ। पहले भी मेरी गोद में आई थीं तुम, पर मैंने तुम्हें बचाया, अब भी तुम मेरे संरक्षण में हो...खोजना, मांडव में अपने वर्चस्व के दिनों में भी खोजना मुझे। इमली के विशाल वृक्ष की छाया में अजस्र धार मिलेगी—ढूँढ़ लोगी तो मैं तुम्हें रोज़ नहलाऊँगी'...

फिर सहसा ज्योतिर्पुंज लुप्त हो गया। स्वप्न था...सत्य था...या कुछ और, कह नहीं सकती।

उठकर खिड़की से नीचे को झाँका तो वास्तव में बहुत सी मशालें जल रही थीं...याकि यह भी कोई स्वप्न था। नहीं, गढ़ का प्रांगण राव के सैनिकों से भरा था...सौ–दो सौ या शायद और भी कुछ अधिक, कि रात का निस्तब्ध घोड़ों की टापों से गूँज उठा। गढ़ का मुख्य द्वार आज पहली बार ही बन्द देखा। मशालों की रौशनी में द्वार के कपाटों पर मढ़े धातु–कमल कहीं–कहीं से चमकते थे...मौलश्री वाली हवेली के द्वार के कपाटों पर भी बिलकुल ऐसे ही कमल थे...गड...गड...गड जैसे सैकड़ों अश्व–नाल पथरीले रास्ते की सतह को रौंद रहे हों...कोलाहल। राव के सैनिक सरकते हुए ओसारे के किनारे आ गए थे। राव, रेवादिया, कालूराम में से कोई कहीं दिखाई न दिया...धम्म...धम्म...तड़ाक–तड़ाक सहसा मुख्य द्वार के कुंडे टूट गए। न जाने कितने ज़िरह–बख़्तर पहने, भारी अस्त्र–शस्त्र से लैस घुड़सवारों से प्रांगण भर गया था। उनका सरदार कड़ककर चिल्लाया,

''कहाँ हैं राव?...फेंको हथियार, जान प्यारी है तो सब के सब फेंको अपने हथियार, मैं कहता हूँ।''

कोई जवाब नहीं। सल्तनत की भारी कुमुक को देखकर राव के सैनिक कुछ पल के लिए जड़-से हो गए थे--फिर सहसा उनकी मूर्च्छा टूटी...उनमें से तीन चार अपनी–अपनी तलवारें आगे को किए दौड़ पड़े लेकिन अगले ही क्षण कटे वृक्षों की भाँति ढेर हो गए—मुख्य द्वार के दोनों ओर परकोटे पर चढ़ चुके तीरंदाज़ों का निशाना कम दूरी पर इतना सटीक बैठा था कि एक तीर भी ख़ाली न गया। कोलाहल एकदम से शान्त हो गया। सल्तनत के कुमुक–सरदार ने इत्मीनान से अपने घोड़े की ज़ीन से टँगे चमड़े की थैली से फ़रमान की नली निकाली और पढ़ने लगा :

राव यदुवीर,

पहले आपको सुलतान बाज़ बहादुर का सलाम।

आगे आपको हुक्म दिया जाता है कि मालवा के सुल्तान की पटरानी, रानी रूपमती को फ़ौरन बाइज्ज़त सल्तनत के फ़ौजी दस्ते की हिफ़ाज़त में मांडवगढ़ के लिए रवाना कर दें।

मांडवगढ़ के क़िलेदार, रबात ख़ान आपको हुक्म दिया जाता है कि जो कोई शख़्स इस हुक्म कि तामील में आड़े आवे, उसका सर क़लम करके सुल्तान की ख़िदमत में पेश करें।

फ़जर की पहली किरन से दो पहर पेश्तर हुक्म की तामील हर हाल में हो जावे।

''राव यदुवीर हैं यहाँ या नहीं? कोई बताएगा।'' फ़रमान पढ़कर रबात ख़ान ने झुँझलाते हुए पूछा, किन्तु गढ़ धर्मपुरी के ज़िम्मेदार लोगों में से कोई था ही नहीं जो

जवाब देता। राव, रेवादिया, कालूराम—कहीं कोई नहीं। सम्भवत: उन्होंने किसी और दिन के युद्ध के लिए फ़िलहाल रस्से का उपयोग कर लिया था!

''है कोई और सुलतान की हुक्मउदूली पर आमादा? वरना फेंक डालो अपने असले अब भी...आधी रात को रबात ख़ान गाजर-मूली काटने नहीं आया यहाँ।''

प्रांगण झन-झन-झन की आवाज़ों से गूँज उठा; तलवारों, बर्छियों के ढेर लगने लगे। राव के लोग हाथ ऊपर को उठाए घुटने टेककर बैठ गए।

''अब कोई बताओ, रानी रूपमती कहाँ हैं?''

फिर पीछे मुड़कर बोला, ''ख़ान-ए-सामाँ, रानी की पालकी आगे लेकर आएँ।''

मैं अवाक् यह सब कुछ खिड़की की छड़ें पकड़े देख रही थी। चिल्लाना चाहा, 'मैं यहाँ हूँ...अरे, यहाँ हूँ...इधर!' पर गले से आवाज़ न निकली। मेरे भीतर शोर मचा था—तू अब रानी रूपमती है। रानी जैसा बर्ताव रख, चुप बैठी रह। सब ठीक हो जाएगा। सोचती ही थी कि सब गड़बड़ हो गया!

एकाएक सल्तनत के घुड़सवारों के बीच से शोर-सा उठा—अरे, अरे...रोको, पकड़ो...पकड़ो, मेरी तलवार ले भागा कमबख़्त। एक साथ दो-तीन सौ लोगों की चिल्ल-पों से आँगन फिर गूँज उठा। जो दूर थे, कौतूहल से उचक-उचककर देखने में लगे थे—मैं ऊपर से सब कुछ साफ़-साफ़ देख रही थी। जैसे ही उसे घुड़सवारों के पीछे से हाथ में नंगी तलवार लिये रबात ख़ान के घोड़े की ओर बेतहाशा दौड़ते देखा, मैं अपने कंठ की पूरी शक्ति से चिल्लाई, 'नहीं भँवर नहीं...' पर मेरी आवाज़ शोर के भँवर में डूब गई। इससे पहले कि कोई ठीक से समझता कि हो क्या रहा है, वह रबात ख़ान के घोड़े के नीचे पहुँचकर चिल्लाया,

''मेरे जीते जी कोई कुँवरानी रूपमती को यहाँ से नहीं ले जा सकता...आ लड़ मुझसे।''

रबात ख़ान को अपनी आँखों पर विश्वास न हुआ!

''अरे, तुम?...तुम्हीं तो रानी का ख़त लेकर...''

भँवर इतना ठिगना कि उसकी तलवार बड़ी कठिनाई से घोड़े की ऊँचाई तक पहुँच पा रही थी। भारी तलवार उसके हाथ में पहली बार...राव ने न तो कभी तलवार हाथ में लेने दी, न खड़ी!...उसके अनाड़ी हाथ में काँपती तलवार देखकर रबात ख़ान हँसने लगा,

''पागल हो गया क्या?''

इतने में सन्न की ध्वनि के साथ तलवार की पूरी धार घोड़े की गर्दन में धँस गई—अश्व के रक्त के फ़व्वारे से भँवर का मुख भींज गया। सहसा घोड़ा ढह-सा गया और रबात ख़ान कोहनियों के बल भूमि पर गिर गया।

कोलाहल समुद्री तूफ़ान की तरह ठाठें मारने लगा। मैं बार-बार चीख़ती रही पर मेरी आवाज़ किसी के कानों तक न पहुँच पाई। रबात ख़ान उठा तो उसके सर

पर ख़ून सवार था पर उसने ख़ून का घूँट पी कर ख़ुद पर क़ाबू कर लिया...आख़िर यह ठिगना नौजवान होनेवाली मलिका का रुक्क़ा लेकर आया था। घोड़ा तो फिर आ जाएगा!

पर दुर्भाग्य देखिए, श्रुतिलेखक जी!

इससे पहले कि रबात ख़ान कहता, 'इसे हिरासत में ले लो', पीछे से उसके नायब ने भँवर का सिर काट दिया। ओसारे पर से केतकी दौड़ती हुई गई और भँवर का मुंड हाथों में लेकर अश्व और मानव रक्त से सिक्त मिट्टी पर लोटती हुई धाड़ें मार-मारकर विलाप करने लगी। एक बार फिर सन्नाटा छा गया, और केतकी का रुदन प्रांगण में फैल गया।

ओसारे पर से पंडीज्जू नीचे उतरे और धीरे-धीरे चलते हुए केतकी के पास पहुँचे, उसके सिर पर हाथ रखकर बोले, "धैर्य रख, बेटी, सब का समय निर्धारित होता है।" फिर रबात ख़ान की ओर मुड़कर, "ख़ान, अब और रक्तपात का कोई कारण नहीं। राव तो न जाने कहाँ हैं, पर मैं उनका पंडित हूँ...आइये, मैं ले चलता हूँ रानी के पास।"

इस बार जब द्वार पर खटर-पटर हुई, मैं पहले ही से जानती थी कि गढ़ धर्मपुरी वाले मेरे इस जनम का अन्त आ गया है।

नतशिर, घुटनों के बल बैठे राव के सैनिकों के बीच से चलती हुई मैं भँवर के आत्महत्या स्थल के पास आ कर दो पल को ठहर गई—न केतकी को होश था कि वह मेरी ओर देखती, और न मुझमें उसका सामना करने की हिम्मत थी। मैंने विलाप करती हुई उस अभागी स्त्री को अपने किसी दुःस्वप्न का हिस्सा मान लिया, और सोने के तार से कढ़ी लाल अतलस के परदों वाली पालकी की ओर बढ़ गई जहाँ ख़ान-ए-सामाँ सीने पर बँधी मुट्ठी लगाए मेरी प्रतीक्षा करता था।

ဢ

साक्षात्कार : 43

आठ कहार आगे, आठ पीछे—विशाल पालकी थी वह; इतनी बड़ी कि कोई चाहे तो पसरकर सो भी जाए। गुदगुदे गद्दों पर हल्के पीले रेशम की चादर बिछी थी और एक ओर सुर्ख़ गिलाफ़ में सुनहरे फुदनों वाले मसनद-तक़िये। कन्धे बदल-बदलकर

चलते कहारों की दुलकी चाल से पालकी का बिछौना ऐसे हिलता था जैसे पानी की हिलकोरों पर बिछा हो...मैं सोच रही थी, न जाने कैसा होगा मेरा यह नया जनम। पंडीज्जू हमेशा कहते थे, जब भी कुछ नया आरम्भ हो तो सिद्धिदाता गणेश का स्मरण करना। रात भर की जागी आँखें गढ़ के द्वार पर लगी गणेश-प्रतिमा का ध्यान करतीं कब लग गईं, कुछ पता न चला। न जाने कितनी देर बाद ज़ोर की आवाज़ में कोई बोला, ''बस, यहाँ...इस चबूतरी पर रख दो पालकी।''

मेरी आँखें खुल गईं। मुझे लगा मैं सो कर नहीं, रो कर उठी हूँ। मेरे गाल आँसुओं से भींगे थे। भँवर के त्रासदिक अन्त का दृश्य दु:स्वप्न बन कर मेरी नींद में समाया था...क्या रबात खान उसका सिर अपने भाले पर गाँथे मेरी पालकी के पीछे-पीछे चल रहा होगा?...आह! भँवर वास्तव में प्रेम करता था मुझसे...अपने आवेश का दंड स्वयम् आमंत्रित कर लिया उसने...

पालकी ठहर गई थी। परदा उठा तो मैं उसे देखती रह गई कुछ देर...इतनी स्याह, काली स्त्री मैंने जीवन में पहले कभी न देखी थी। उसके मुँह और देह का रंग जैसे अमावस की रात, या कोयला; अनगिनत हाथों के स्पर्श से चिकने हो चुके कसौटी-पत्थर के शिवलिंग-सी दमकती त्वचा, गोल सिर पर ऐंठे हुए छोटे-छोटे घुँघराले बाल, बड़ी-बड़ी आँखें जिनके सफ़ेद डिम्ब बिल्लौर-से चमकते थे। छोटी-सी ऊर्ध्वाकार नासिका और मोटे होंठ। अत्यधिक श्याम वर्ण के बावजूद वह मुखाकृति सम्मोहक थी।

''ख़ुशामदीद, मलिका!''

आवाज़ भी वैसी ही गम्भीर जैसा उसका वर्ण।

''आ...प?'' मैं इतना ही बोल पाई।

''मैं नायला हूँ...सुलतान ने मुझे आपकी ख़ास ख़ादिमा मुक़र्रर किया है। वैसे मैं सुलतान के हरम के पहरेदारों की मुन्तज़िम हूँ।''

''आपने मुझे...ये ख़ुशामदीद, मलिका क्यों कहा? मेरा नाम रूपमती है, रानी रूपमती...आपके बोले हुए बहुत-से शब्द ठीक से समझ नहीं पा रही हूँ।''

''रानी रूपमती, आप मुझे तुम कहकर बुलाएँ तो ज़्यादा मुनासिब, मैं आपकी ख़िदमतगार हूँ...ख़ुशामदीद का मतलब स्वागत, और सुलतान की पटरानी को हमलोग मलिका कहते हैं...और भी बहुत-सी बातें बतानी हैं पर वह सब बाद में, पहले आप चलकर हाथ-मुँह धो लें और कुछ खा लें।''

''मैं रानी रूपमती ही रहना चाहती हूँ...मलिका न कहना। सुलतान कहाँ हैं?''

''वो तो सुबह की घुड़सवारी को निकल गए...शायद कुछ शिकार भी कर लाएँ।''

जब मैं पालकी से बाहर निकली और हमदोनों साथ खड़े हुए तो मैंने लक्ष्य किया कि नायला मुझसे भी लम्बी थी, और उसकी ग्रीवा कन्धों से लगभग बालिश्त-

भर ऊँची थी, जैसे कोई चौंकी हुई हिरनी। काली होते हुए भी वह अत्यन्त आकर्षक और सुडौल स्त्री थी।

पालकी आम के वृक्षों के कुंज में बनी चबूतरी पर रखी थी। मेरे अंगरक्षक अमराई के छतनार वृक्षों की छाया में बिखर गए थे। आम के हल्के हरे रंग के अभिनव पल्लवों से सुबह की धूप छन-छनकर पालकी के रेशमी आवरण पर चमकती थी। हमारे सामने ढलान पर बसन्त की हल्की बयार में घास के फूल मन्द-मन्द डोलते थे। लगभग दो सौ हाथ दूर समतल स्थान पर पाँच विशाल ख़ेमे लगे थे। ख़ेमे क्या...दीवारों के स्थान पर दरी जैसा मोटा कपड़ा था, अन्यथा आकार में तो वे छोटे-मोटे भवनों जैसे थे। बीचों-बीच एक लाल रंग का सबसे बड़ा, और बाक़ी चार छोटे, सफ़ेद। लाल ख़ेमे पर हरे रंग का तिकोना पताका लहराता था जिस पर चाँदी के तार से हँसिए-सा चाँद और तारा कढ़ा था।

''वह बड़ा ख़ेमा सुलतान का है और बाक़ी उनके ख़ास ख़िदमतगारों और जाँनिसारों के लिए'', नायला बोली।

पालकी से लेकर सुलतान के ख़ेमे तक लाल कालीनें बिछी हुई थीं, जिसके दोनों किनारे थोड़ी-थोड़ी दूर पर सुलतान के सिपाही हाथों में बर्छियाँ लिये बाहर की ओर देखते मूर्तिवत खड़े थे। ख़ेमों के चारों ओर लगभग पचास क़दम की दूरी पर चारों दिशाओं में तोपें लगी थीं।

''ये सब जाँनिसार आपकी हिफ़ाज़त के लिए तैनात हैं, रानी।''

उस रात नायला ने अकेले में मुझे बहुत-सी बातें बताईं। पहल मैंने ही की क्योंकि एक बार फिर मेरे मन में अन्तर्द्वन्द्व का घमासान छिड़ा था...कहीं एक कारागार से निकलकर दूसरी कारा में तो नहीं जा रही, रूप! तू जानती ही कितना है इस मुसलमान सुलतान की हरम के क़ायदे-कानूनों के बारे में? गढ़ धर्मपुरी की उस कारा में से निकलकर तो फिर भी छिपते-छिपाते हो आया करती थी तू अर्द्धपद्म ताल के छोटे-से स्वर्ग तक, पर इस हरम की क़ैद से सुलतान की पटरानी कहाँ निकल पाएगी...और फिर परदा की व्यवस्था! घुटकर मर न जाए कहीं तू! उसने तो साफ़ ही कह दिया था कि उसकी और भी रानियाँ-रखैलें हैं। सबकी आँखें आग बरसाएँगी तुझ पर!

फिर मेरा अपना मन ही जवाब देता—तो तू ही बता कि क्या करती मैं? अवश होकर तन-मन जिस प्रियतम पर वार दिया, उससे दूर खलनायक जैसे पिता का दिया विष पी कर मर जाती! या भाग जाती भँवर के साथ जीवन भर गिरते-पड़ते रहने के लिए, याकि निहोरे करती उस दुष्ट, दुराचारी रेवादिया से कि मुझे बचा लो, मैं तुम्हारी वासना की कठपुतली बन कर नाचूँगी आजीवन...नहीं, कदापि नहीं। जो हुआ है अच्छे के लिए ही हुआ होगा, यही मानकर अपने इस तीसरे जनम का एक-एक स्वर्णिम पल जी ले अपने मनचाहे कामदेव सरीखे प्रियतम के संग। बाद की बाद में देखी जाएगी।

नायला और मैं ख़ेमे के पिछले हिस्से में थे। अगले कक्ष में सुल्तान अपनी मसनद पर ख़ास सिपहसालारों के साथ महफ़िल सजाए बैठे थे। सबके हाथों में चाँदी के प्याले थे। एक गायक सामने बैठा मालकौंस सुना रहा, तंबूरे पर संगत स्वयम् सुल्तान दे रहे थे...बीच-बीच में 'वाह...वाह...' की ध्वनियाँ आती थीं। हम एक जाली के चौकोर के पीछे उन्हें देख रही थीं। उस पार रौशनी तेज़ थी, हमारे कक्ष में मद्धम, जाली के उधर से हम नज़र नहीं आती थीं। पर आज मेरा ध्यान संगीत पर नहीं, अपने आनेवाले जीवन पर लगा था। बात शुरू करने के लिए मैंने नायला से पूछा,

"नायला, तुम यहाँ की तो नहीं लगतीं?"

"अब तो यहीं की हूँ; वैसे आप ठीक फ़रमाती हैं रानी, अरब सागर के उस पार एक बहुत बड़ा देस है जिसे अरब के जहाज़ी अल्केबुलान कहते हैं, और हम, वहाँ के रहनेवाले—अफ़ुराका...मैं वहाँ की हूँ। पुर्तगाल के बहुत-से जहाज़ी बेड़े वहाँ के समन्दर किनारे के जंगलों में ग़ुलामों का शिकार करते हैं—अचानक पीछे से सर पर चोट करके, या पेड़ों के ऊपर से जाल फेंककर लोगों को पकड़ लाते हैं जानवरों की तरह, और उनको अलग-अलग मुल्कों में बेचते हैं...मुझे और मेरी माँ को ईथोप के जंगलों से लाए थे...सूरत के ग़ुलाम बाज़ार में अलग-अलग बेच दिया। मुझे क़ादिर शाह के ख़रीदारों ने ख़रीद लिया। जब उठाई गई तब सत्रह-अट्ठारह बरस की थी...क़रीब पाँच बरस क़ादिर शाह के हरम में रही। फिर तेरह साल शुजात ख़ान के साथ। सुलतान बनने के बाद बाज़ बहादुर ने मुझे ग़ुलामी से आज़ाद करके हरम के पहरेदारों का मुंतज़िम बना दिया। अब मैं छत्तीस बरस की हूँ और अट्ठारह सालों से मांडव में रहती आई हूँ।"

"छत्तीस बरस...मुझे तो लगा तुम मुझसे कुछ ही बड़ी होगी, किन्तु दुगुनी से भी अधिक आयु की हो। लगती तो नहीं!"

"अल्लाह का करम है, रानी।"

"नायला, क्या मैं तुम पर एक बड़ी बहन के समान विश्वास कर सकती हूँ...मेरी मदद करोगी?" मेरा स्वर न जाने क्यों अचानक कातर हो उठा था।

"यक़ीनन रानी, आप मुझ पर पूरी तरह भरोसा कर सकती हैं। तभी तो बाज़ ने मुझे आपकी ख़ास ख़ादिमा बनाया है।"...सिर्फ़ बाज़, बहादुर भी नहीं, मैंने सोचा, पिता की हरम में रहीं सो बात अपनी जगह, पर केवल बाज़!

"तो एक बात बताओ, सुलतान की हरम में कितनी बेगमें और रखैलें हैं?"

"बेगम तो सिर्फ़ एक ही हैं—खुल्ला जानी। बाज़ और उनका निकाह क़रीब दस साल पहले हुआ था...छह-आठ लड़कियाँ और हैं पर उनका असली काम नाचने-गाने का ही है...आप तो जानती हैं सुलतान को नृत्य-संगीत से कितना लगाव है।"

"क्या मुझे उन सबके साथ रहना होगा...मतलब एक ही घर में?"

"नहीं, नहीं मलिका...मेरा मतलब है रानी, महल तो वही है, जहाज़-महल परिसर का शाही-महल, लेकिन आपके लिए महलसरे में सबसे अच्छे रनिवास का इन्तज़ाम करने का हुक्म ख़ुद सुलतान ने दिया था...बिलकुल अलग है। आपके रिहाइशी हिस्से का किसी और से कोई लेना-देना नहीं...और हाँ, आपकी रसोई बिलकुल अलग होगी, और सुलतान का हुक्म है कि आपका खाना पहले मैं चखूँगी..."

"चखोगी...क्या मतलब, मैं तुम्हारा जूठा..." मैंने घोर विस्मय से पूछना आरम्भ किया ही था कि वह मुझे रोकते हुए बोली,

"खाना पकाने के बर्तनों में से निकालकर...आपके सामने चखूँगी, फिर आप सुच्चे में से लेंगी।"

"लेकिन क्यों चखोगी तुम?" मैं अब तक चकित थी।

"यह देखने के लिए कि किसी ने आपके खाने में ज़हर न मिला दिया हो।" मैं चिहुँक उठी।

"ज़हर...किन्तु मेरे भोजन में भला क्यों मिलाएगा कोई ज़हर?"

"जलन से।" उसने इतनी सहजता से कहा जैसे ईर्ष्या के मारे किसी को धोखे से विष दे देना अत्यन्त सामान्य-सी बात हो...हे भगवान! कैसे स्थान पर रहने को जा रही हूँ मैं। मेरा माथा एकदम घूम-सा गया...विष तो केतकी ने भी न दिया...जाने उस बेचारी पर क्या बीतती होगी।

"रानी, एक बात और बतानी थी आपको," उसने कुछ हिचकिचाते हुए कहना आरम्भ किया, "ये यहाँ का क़ायदा है...ग़ैर मर्दों के सामने आपको हिजाब पहनना होगा।"

"हिजाब...हिजाब का मतलब?" नायला रेशम की बारीक़ जाली का एक तिकोना टुकड़ा दिखाते हुए बोली,

'नाक और कानों के पीछे तक यह पहनना होगा, और बालों को ढकने के लिए हीरे की सरपेंच-वाली पगड़ी।"

"क्या रनिवास में भी?"

"नहीं, नहीं...वहाँ नहीं।"

"नायला, क्या तुम सब मुझे हमेशा शाही-महल में बन्दी की तरह रखोगे?"

"नहीं रानी, क़तई नहीं। सुल्तान कहते थे वे हमेशा आपके साथ रहेंगे...आपके रनिवास में, और शिकार पर, घुड़सवारी के लिए हर जगह आप को साथ लेकर जाएँगे..."

मन में कोई गाँठ-सी बँधते-बँधते रह गई।

ཀ൦ൽ

कहना कठिन है कि क्या हुआ होगा! बाज़ की उपेक्षा और अपनी जगह पर एक हिन्दू प्रेमिका को पटरानी बनाने की ईर्ष्या से जल-भुन कर खुल्ला जानी ने रबात ख़ान से सौदा कर लिया था? या स्वयम् रबात की मांडव के क़िलेदार से मालवा के स्वामी बन जाने की महत्त्वाकांक्षा ने उसे विश्वासघात पर आमादा कर दिया था?

रात के दो पहर बीत जाने के बाद संगीत-सभा बर्ख़ास्त हुई। सब सिपहसालार एक-एक कर उठे, सुल्तान को कोर्निश की और डगमग करते बाहर निकल गए। बाज़ ने अपने तंबूरे पर स्वयम् बड़े जतन से मख़मल का खोल चढ़ाया और अन्त में जाने की अनुमति के लिए खड़े गायक को हाथ जोड़कर प्रणाम किया।

''ये राय चन्द हैं...सुलतान के उस्ताद और दरबार के सबसे आला संगीतकार और गायक। सुलतान इनकी बहुत क़दर करते हैं।'' नायला ने फुसफुसाते हुए बताया।

जैसे ही बाज़ ने पिछले कक्ष में प्रवेश किया, नायला ने झुककर सलाम किया।

''ख़ुशामदीद, अमीर, पधारिये।'' कहकर वह पिछले कक्ष के बगल में एक अन्य द्वार का परदा उठाकर खड़ी हो गई। वह पर्दा इतने मोटे काले मख़मल का था कि ध्यान ही न गया था—वह कक्ष इतनी तेज़ रौशनी में नहाया हुआ था कि प्रवेश करते ही आँखें चौंधिया गईं। पहले दोनों से भी अधिक भव्य और सुसज्जित, बारीक़ काम वाली कालीनें, बीचों-बीच एक विशाल नक्क़ाशीदार पलंग, रेशमी चादर-तक़िये और ख़ेमे के खम्भों से टँगे शमादानों के अतिरिक्त ऊपर झूलता एक विशाल झूमर, जिसके काँच के वर्तुल पात्रों में कुछ नहीं तो पचास क़न्दीलें जलती होंगी। शयन-कक्ष के तीन ओर तथा झूमर के ऊपर बड़े-बड़े दर्पण लगे थे जिनसे परावर्तित प्रकाश में कक्ष दिन के समान जगमगाता था। इतने बड़े दर्पणों में अपनी और बाज़ की छवियाँ देखकर मैं चमत्कृत हो उठी—कुछ देर मुग्ध भाव से अवाक् देखती रही चारों ओर। सहसा बाज़ बोला, ''तख़लिया!'' नायला ने पुनः झुककर कोर्निश की, और पीछे को सरकती हुई द्वार से बाहर हो गई।

एकान्त होते ही बाज़ ने बढ़कर मुझे बाहों में भर लेना चाहा। मैंने हथेली आगे को करके रोक दिया,

''क्यों...मैंने मदिरा पी है इसलिए?'' उसने किंचित आश्चर्य से देखते हुए कहा।

''नहीं, तुम सुलतान हो, मदिरापान तो करते ही होगे...''

''क्यों सुलतानों को मदिरा पीने की कोई मजबूरी होती है,'' उसने मुस्कुराते हुए पूछा।

"हाँ, मेरे गुरु पंडीज्जू कहते थे कि सुलतानों-राजाओं को बिना मदिरा के नींद नहीं आती...सिर पर टँगी तलवारों के दुःस्वप्न आते हैं।"

"तो फिर?"

"इतना विलम्ब क्यों किया तुमने? मैं रूठ गई हूँ!" मैं मुस्कुराई।

"उसने आगे बढ़कर मुझे बाहों में उठाकर गुलाब के फूलों से सजे पलंग पर हौले-से लिटा दिया,

"आह..." एक साथ कई बारीक़ से काँटे मेरी पीठ में चुभ उठे थे।

"क्या हुआ?" वह फुसफुसाया।

"लगता है गुलाबों के साथ कुछ काँटे भी रह गए हैं। यहाँ नहीं..."

"तो आओ, फिर इन इस्फ़हानी कालीनों को परखते हैं..."

उसने मुझे उठाकर फ़र्श पर रखा भी न था कि बहुत सारा काँच इकट्ठे टूटने के झनाके के साथ ढाई मन का वह झूमर पलंग पर गिर पड़ा; काँच के टुकड़े बिस्तर में खुभ गए और जलती हुई क़न्दीलों से बिस्तर पर छोटी-छोटी लपटें उठने लगी थीं; ख़ेमे में धुआँ भरने लगा था और भारी झूमर गिर जाने से ख़ेमा एक तरफ़ से धँसक गया था, आग जो घड़ी न फैली थी।

बाज़ छलाँग कर एकदम से उठ खड़ा हुआ और उसी तरल आवेग में उसकी तलवार म्यान से निकलकर उसके दायें हाथ में आ गई। बायें हाथ से मुझे घेरे हुए वह पिछले कक्ष में निकलकर चिल्लाया,

"नायला! रानी को सम्भालो।" नायला नंगी तलवार लिए मुझे ख़ेमे से बाहर निकाल लाई।

"जाँनिसारो!" बाज़ बुलन्द आवाज़ में हुक्म दे रहा था, "ख़ेमेवालों और बाक़ी सिपाह को फ़ौरन घेर लो, कोई जाने न पाए।"

घड़ी-भर में सब कुछ नियंत्रण में आ गया। जाँनिसारों ने ख़ेमे के सब ख़िदमतगारों को हिरासत में ले लिया और रबात ख़ान की कुमुक के हथियार डलवा लिए। रबात के दोनों ओर दो-दो जाँनिसार चौकस खड़े थे। अभी उसके निजी हथियार नहीं डलवाए गए थे। वह आश्चर्य और चिन्ता में पड़ा चौकन्नी निगाह से चारों ओर देख रहा था।

उस आपा-धापी में भी नायला मेरे मुख पर हिजाब पहनाकर मुझे दूसरे ख़ेमे की क़नात में ले आई थी, और हमदोनों जाली के पीछे से खुले आसमान के नीचे सुलतान के दरबार की कार्रवाई देख रही थीं।

बाज़ एक चट्टान के किनारे पर बैठा था, उसके मुख पर अजीब-सी मुस्कुराहट खेल रही थी, जैसे कुछ भी न हुआ हो।

"मोहम्मद ख़ान, ख़ेमा लगानेवाले को पेश करो, और लक्कड़ बिठाओ।" बाज़ ने जाँनिसारों के सरदार को हुक्म दिया। दो सैनिक वैसा ही किसी मोटे वृक्ष

के तने का टुकड़ा ले आए, जैसे तने पर भँवर के बड़े भाई का सिर काटा गया था मेरे पिछले जनम में। अन्य दो सैनिक एक काँपते हुए अर्धवयस्क आदमी को सामने ले आए।

''तुम्हारा नाम क्या है भाई?'' सुलतान ने बड़े स्नेहपूर्वक पूछा जैसे उससे पूछ-ताछ नहीं, जान-पहचान कर रहा हो।

''कु...कु...क़ुत्बुद्दीन, सरकार।'' उसने हाथ जोड़े कहा।

''मेरा ख़ेमा तुमने लगाया था?''

''जी सरकार।''

''इसका सर लक्कड़ पर रख दो, मोहम्मद।''

''सरकार...माई-बाप, रहम फ़रमाइए सुलतान...मेरी कोई ग़लती नहीं सरकार, रहम कीजिए।'' वह गिड़गिड़ाया।

''तो फिर किसकी ग़लती है? ख़ेमे का फ़ानूस टाँगने में ऐसी कोताही पहले तो कभी न हुई!''

''अल्लाह के लिए, रहम फ़रमाइए सुलतान।'' बाज़ कुछ न बोला; दो जाँनिसारों ने क़ुत्बुद्दीन का सर लक्कड़ पर रख दिया...वह बेतहाशा चिल्लाने-चीख़ने लगा था। आँसू और राल से उसका मुँह भीग गया था।

''भाई क़ुत्बुद्दीन, क्यों किसी और की सज़ा भुगतने पर तुले हो? बताओ, तुम्हारी नहीं तो किसकी ग़लती है।'' सुलतान ने मुस्कुराते हुए फिर पूछा, और ज़मीन की ओर देखता तलवार की नोक से मिट्टी गूँधता रहा। उसकी नीची नज़र हर ओर को घूम रही थी।

''सरकार! मुझे बख़्श दीजिए...मैं सब बताता हूँ। मुझे नायब परवेज़ ख़ान ने सोने की पाँच मोहरें दी थीं, सरकार...''

''यह झूठ बोलता है!'' रबात का नायब पीछे से दाँत पीसता हुआ चिल्लाया। क़ुत्बुद्दीन ने अपनी कमरबन्द ढीली कर दी। पाँच सुनहरे सिक्के ज़मीन पर खनखनाते हुए गिर पड़े।

''जाँनिसारो! परवेज़ को हिरासत में ले लो।'' सुलतान ने कहा और दाएँ हाथ की उँगलियाँ हौले से नीचे को गिरा दीं—क़ुत्बुद्दीन का सर कटकर सिक्कों की ओर को लुढ़क गया। फिर बाज़ ने परवेज़ की ओर इंगित करते हुए कहा,

''अब इस कमबख़्त का सर लक्कड़ पर रक्खो।''

''नईं...सुल्तान नईं...रहम फ़रमाइए हुज़ूर...'' परवेज़ तेज़ हवा में पत्ते-सा थरथराता, धाड़ें मारता चिल्लाने लगा। उसके अधोवस्त्र से मूत्र चूने लगा था,

''मैंने तो सिर्फ़ रबात ख़ान के हुक्म की तामील की...'' इससे पहले कि कोई कुछ बोलता रबात ख़ान ने तलवार निकाली और परवेज़ का सर काट डाला।

''ऐसे कमज़र्फ़ झूठे की यही सज़ा है अमीर।'' रबात हाँफ़ते हुए बोला।

"बिलकुल ठीक कहा रबात ख़ान, कमज़र्फ़ ही था जो राज़ की बात नहीं पचा पाया।" इस बार सुल्तान को जाँनिसारों से कहना नहीं पड़ा कि रबात को हिरासत में ले लो; केवल उसकी उँगलियाँ फिर नीचे को गिर गईं। जाँनिसार मोहम्मद ख़ान ने आगे बढ़कर तलवार के एक ही वार से रबात का सर उतार लिया।

इस बार की तीन-गुणी क्रूर अदालती कारगुज़ारी से मैं सिहर अवश्य उठी, पर मुझे न उबकाई आई न उल्टियाँ हुईं।

अगले दिन जब हम मांडवगढ़ पहुँचे तो जाँनिसारों ने क़ुत्बुद्दीन, परवेज़ और रबात ख़ान के मुंड परकोटे पर टाँग दिए।

ണ്ട

साक्षात्कार : 45

खुले आकाश तले मशालों के प्रकाश में सुलतान के दरबार और ख़ून की उस होली के समाप्त होते-होते तक पौ फटने का समय हो गया था। ऐसा लगा जैसे वह सारा रक्त बहता हुआ जाकर क्षितिज को लाल कर आया था।

जानलेवा हमले के बाद बाज़ वहाँ खुले में अधिक देर ठहरना न चाहता था। पड़ाव उठाकर तुरन्त कूच का आदेश हो गया। मेरे लिए जाना-पहचाना ललछौंहा भूरा घोड़ा और सुलतान के लिए सफ़ेद। जाँनिसारों का दस्ता दो टोलियों में बँट गया। रबात ख़ान के सिपाहियों के हाथ पीछे को बाँध उन्हें अपने बीच पैदल चलाते हुए, एक टोली आगे निकल गई; दूसरी टोली हमदोनों और नायला को चारों ओर से एक बड़े घेरे में लेकर चल पड़ी। रवानगी से पहले जाँनिसारों का अगुआ मोहम्मद ख़ान बाज़ के घोड़े के पास आकर बोला, "कूच की तैयारी है सुलतान, हुक्म फरमाएँ...जहाँगीरपुरा के छोटे रस्ते से चलें या नालछा होते हुए?"

"जहाँगीरपुरा का रास्ता बहुत ऊबड़-खाबड़ है, मोहम्मद, रानी को ज़हमत होगी। नालछा से चलेंगे, वहाँ क़िलेदार को सन्देसा भिजवा दो—रानी के इस्तक़बाल का माकूल इन्तज़ाम करके आगे मांडव तक के सफ़र के लिए फ़ील तैयार रखे...कूच हो।"

प्रस्थान से पहले नायला ने मेरे मुख पर हिजाब पहना दिया था और बालों को समेट कर सिर पर पगड़ी रख दी थी, जिसके बीचों-बीच एक बड़े अंगूर के आकार का चमचमाता हीरा टँका था। बाज़ गहरे लाल कमख़ाब का लम्बा चोगा, चुस्त पायजामा और सुनहरी जूतियाँ पहने था; उसके सिर पर लोहे का चमकता हुआ

सिरस्त्रान था जिस पर क़ीमती लाल पत्थर जड़े थे, और सामने की ओर एक किल्ली में बाज़ पक्षी का पंख लगा था। हमारे घोड़े साथ-साथ चल रहे थे, और नायला का हमारे पीछे।

उस छोटे-से अन्तराल को छोड़कर जब पालकी में मेरी आँख लग गई थी, लगातार दो रातों से मैं सोई नहीं थी। घोड़े दुलकी चाल चल रहे थे। बाज़ की आँखें निरन्तर चारों ओर क्षितिज पर घूमती फिर रही थीं, पर कुछ-कुछ देर बाद वह मेरी ओर को देखता और मुस्कुरा उठता। मेरी आँखें झपकती देखकर बोला,

''सावधान रहो, सो मत जाना वरना गिर जाओगी घोड़े पर से।''

आँखें खुली रख पाना दूभर हुआ जाता था। मैंने सोचा, बात करती रहूँ नहीं तो सचमुच ही गिर जाऊँगी।

''तुम लोग इतनी आसानी से लोगों के सिर काट देते हो, दया नहीं आती?''

''सल्तनत चलाना कोई गुड्डे-गुड़ियों का खेल नहीं, रानी! मैं सर न काटूँ, तो मेरा अपना सर कट जाए।''

''पर सुना है गद्दी के लिए तुमने अपने दोनों भाइयों तक की हत्या कर दी?''

''हाँ, एक को मार डाला, दूसरा भाग खड़ा हुआ। पर अजियाला मेरा सगा भाई नहीं था, और मेरे मुख़बिर ने इत्तिला दी थी कि वह भी मेरे ख़िलाफ़ कुछ वैसी ही साज़िश में लगा था; फ़र्क़ बस ये कि चाल पहले मैंने चली और कामयाब हो गया। वैसे, हम तीनों सगे भाई भी होते तो क्या! तीनों ही को मालवा की एकछत्र सल्तनत चाहिए थी, और एक म्यान में तीन तो क्या, दो तलवारें भी नहीं समातीं, रानी!''

बाज़ की साफ़गोई ने मुझे निरुत्तर कर दिया। वह बात मैंने वहीं छोड़ दी।

''रबात ख़ान ने राव यदुवीर के नाम तुम्हारा फ़रमान पढ़कर सुनाया था...''

''हूँ...''

''उसमें तुमने मुझे अपनी पटरानी लिखा था, किन्तु जब हमारा विवाह ही न हुआ...''

बाज़ ने मेरी बात पूरी न होने दी,

''क्यों...भूल गईं जब तुमने उपहार की बात कही तब मैंने क्या कहा था?...कि

अर्द्धपदम ताल के कमल के फूलों, ताल के पानी में चौथ के चाँद की परछाईं और तुम्हारे इस प्यारे ललछौंहे घोड़े को गवाह करके मैं तुमसे गन्धरब ब्याह करता हूँ। चलो, उन गवाहों में आज नायला को और शामिल कर लेते हैं...नायला''। नायला अपना घोड़ा आगे को बढ़ा लाई, ''हुक्म, सुलतान।''

''मैं तुम्हें और इन घोड़ों को गवाह रखकर रानी रूपमती से गन्धरब विवाह यानी खुफ़िया शादी करता हूँ, अब ये हमारी पटरानी हैं...याद रहेगा न?''

''जो हुक्म सुलतान। अमीर ने बड़ा करम किया मुझ पर।''

''किन्तु ब्याह जगजाहिर नहीं तो मुझे पटरानी कौन मानेगा!'' मैंने कहा।

''हाँ, मगर इसमें मेरा क्या क़ुसूर? तुम्हीं ने शिकवा किया था 'मुझे मुसलमान बना लोगे?' अब मुसलमान बनाए बिना निकाह तो होने से रहा, और अगर मैंने आग के फेरे लिए तो मुल्ले किसी और के नाम का ख़ुत्बा पढ़े बिना न रहेंगे...''

मैंने झेंपते हुए कहा, ' मैंने तो वह इसलिए कहा था कि बचपन ही से राधाकृष्ण और देवी की पूजा करती आई हूँ...'' मेरी बात पूरी भी न हुई थी कि बाज़ मुस्कुराते हुए बोला,

''एक देवी की पूजा तो मैं भी करता हूँ।''

''पर पंडीज्जू तो कहते थे कि इस्लाम धर्म में मूर्ति-पूजा की मनाही...'' मैं आश्चर्य से उसे देखते हुए बोल उठी, पर बात पूरी होने से पहले ही बाज़ हँस पड़ा, और मैं उसकी लक्षणा-उक्ति का अर्थ समझ कर लजा-सी गई। फिर उसने मुस्कुराते हुए कहा,

''मैं तुमसे दो सवाल पूछूँगा...जवाब देते रास्ता कट जाएगा, हम नालछा पहुँच जाएँगे...बताओ, राधा और कृष्ण का ब्याह हुआ था?''

''नहीं, ऐसा प्रसंग तो किसी ग्रन्थ में मैंने नहीं देखा...''

''अच्छा, अब यह बताओ तुम्हारे पंडीज्जू क्या कहते थे—अल्लाउद्दीन खिलजी को पद्मिनी रानी मिलीं?''

''नहीं, उन्होंने तो जौहर...'' आगे बोलती उसके पहले बाज़ बोल उठा,

''मुझे तो मेरी पद्मिनी बिना जी-जान लगाए ही मिल चुकी...लो, वो देखो नालछा का क़िला आ गया।''

सामने नालछा का दुर्ग सचमुच दिखाई देने लगा था। दुर्ग-द्वार पर हमारे स्वागत में भीड़ उमड़ी पड़ी थी। दुहुल-ताशे, तुरही-नगाड़ों, झाल-नै की मिली-जुली आवाज़ से आकाश गूँजता था।

ꕥ

साक्षात्कार : 46

मैं सोच रही थी, मात्र दो रातों में ही मेरे जीवन में ज़मीन-आसमान का अन्तर आ गया था—कहाँ तो ढहते हुए गढ़ धर्मपुरी की महज़ मामूली कोठरी, दो-तीन जोड़े साधारण वस्त्र और रूखे-सूखे भोजन वाला वह एकाकी अस्तित्व, और कहाँ यह कोर्निश करते सिपहसालारों-सैनिकों का मजमा और नालछा क़िले के महलसरे का राजसी ऐश्वर्य!

महल के जिस कक्ष में हमारे ठहरने का इन्तज़ाम था वह छत से विभिन्न ऊँचाई तक लटके नाना रंगों के वर्तुल शमादानों, फ़ानूसों और विशाल दर्पणों से सुसज्जित था; फ़र्श पर क़ीमती कालीनें, बीच में जहाज़-जैसा काले काठ का नक्क़ाशीदार पलंग, बैठने के तख़त, सामने छोटे तख़तों पर फल-मेवों की तश्तरियाँ। सुबह की ठंडी बयार में झीने रेशमी परदे लहराते थे। छह-आठ बाँदियाँ नज़र नीची किए प्रतीक्षा करती थीं कि कब नायला या मैं कोई आदेश दें तो तामील को दौड़ पड़ें...लगता, जैसे किसी ने जादू की छड़ी घुमा कर रातोंरात मेरी दुनिया का नक़्शा बदल दिया हो। सोचती रही, मुझे इस सब के बीच प्रकृतिस्थ होने में बहुत समय लगेगा।

"रानी, आप कुछ खाएँगी?" नायला ने पूछा।

"नहीं, मुझे भूख नहीं। मैं स्नान कर सकती हूँ?...उसके बाद मेरे लिए दो पहर सोना आवश्यक है।"

नायला ने दो बाँदियों को इंगित किया। मुझे लगा कि वे पास के किसी कुंड या तालाब में ले जाएँगी, पर कहाँ! मैं तो सोने के पिंजरे में बन्दी बन चुकी थी...गलियारे के पार एक स्नानघर था, संगमरमर की हौदी के पानी से भाप उठता था। दोनों मिलकर मेरे वस्त्र उतारने को हुईं। मैंने हड़बड़ाकर कहा, तुम जाओ, मैं नहा लूँगी।

"शरमाइए नहीं रानी, यहाँ का यही दस्तूर है, मलिकाएँ ऐसे ही नहाती हैं", नायला ने झीने परदे के पार से कहा। मेरे अन्दर कोई कह रहा था...रूप...रूप, यह तेरा नया जनम है, भूल जा पुराने तौर-तरीक़े...तू अब उस टुटपूँजिया गढ़ की कुँवरानी नहीं, बाज़ बहादुर की रानी है...जितनी जल्दी इस नये अवतार में ढल जाए, उतना अच्छा।

"ठीक है। उतारो मेरे वस्त्र, और मेरी पीठ अच्छी तरह से धोना।" एक बाँदी ने मेरी पगड़ी उतारकर पास पड़ी तिपाई पर रख दी। पगड़ी उतारते ही मेरी घुँघराली केश-राशि किसी झरने की तरह मेरे कमर तक आ गिरी...'माशाअल्लाह!' उनमें से एक बुदबुदाई। दूसरी मेरे वस्त्र उतारकर मेरी पीठ इतनी सावधानी से मलने लगी जैसे मेरी त्वचा के मैली हो जाने से डरती हो। नायला हँसी तो लगा जैसे कंगन खनकते हों।

"रानी, बहुत से लोगों के तन-बदन से शोले उभरने लगेंगे आपको देखकर!"

आह...स्नान के बाद बाँदियों ने जो वस्त्र पहनाए वे इतने हल्के थे जैसे मैंने कुछ पहन ही न रखा हो। बिस्तर पर पड़ते ही मैं गहरी नींद में डूब गई। दुपहर की सोई देर रात को जाकर उठी। पौ फटने से पहले बसन्त की मन्द बयार सर्द पड़ गई थी। कुनमुनाते हुए आँखें खोलीं तो देखा कि बाज़ अपने दिन के कपड़ों में ही मेरी बगल में बेसुध पड़ा सो रहा है। पैरों की जूतियाँ ज्यों की त्यों। तलवार म्यान सहित पलंग किनारे के छोटे तख़त पर। मैंने सोचा उठकर जूतियाँ उतार दूँ...लिहाफ़ ओढ़ा दूँ...पर उठती, उससे पहले ही एक लम्बी स्याह छाया परदे के पीछे से निकल आई...एक ही पाँव की जूती उतारी थी कि बाज़ एक छलाँग में खड़ा...तलवार म्यान से बाहर दायें हाथ में।

"शुः...ह्...आराम फरमाएँ, सुलतान...मैं हूँ, नायला।" बाज़ जिस तेज़ी से उठे वैसे ही वापस बिस्तर पर पड़ रहे। नायला हमदोनों पर लिहाफ़ ओढ़ा कर परदे की ओट हो गई। मैं आँखें आधी मींचे देखती रही...बाज़ फिर गहरी नींद में बेसुध हो गया था। मुझे सुबह होने तक वापस नींद न आई।

ജ്ഞ

साक्षात्कार : 47

मानव-मन में विश्वास का अमृत और सन्देह का विष बराबर मात्रा में एक दूसरे को थामे, डोलते-डगडगाते रहते हैं, जहाँ दोनों में से कोई एक थोड़ा कम पड़ा, दूसरा पैर फैलाने लगता है। पिछली रात नायला से बड़ी बहन जैसी सहायता का अनुनय किया था। कुछ ही पहरों पहले कितने स्नेहपूर्वक सोच रही थी कि इस सर्वथा अपरिचित और किंचित त्रस्त कर देनेवाले नये परिवेश में कितनी अकेली होती नायला के बिना, और कुछ ही समय बाद की घटना ने उसे कितनी स्याह, सन्देहास्पद छवि दे दी। क्या वह बाज़...नहीं, नहीं...मेरी सोच यह किस दिशा में बढ़ी जाती है! वह जो पहले थी, वह सब तो उसने बता दिया था। क्या पिता की पासबान रही स्त्री...थी तो वह अब भी अत्यन्त आकर्षक, सुन्दर देह-यष्टि की स्वामिनी!...नहीं, ऐसा कदापि नहीं हो सकता। सम्भव है बाज़ के पिता, पुराने सुल्तान शुजात ख़ान के संसर्ग में लम्बी अवधि तक रहने के कारण बाज़ के प्रति प्रेम-भाव हो उसके हृदय में...प्रेम ? हाँ, यदि प्रेम के बीजगणित में से शरीर का अंक हटा दिया जाए तो उसकी अनुभूति और गहरी हो जाती है, इसमें तो कोई सन्देह नहीं।

न इसमें कोई सन्देह, कि सुबह बहुत तड़के जब मैं स्नानघर में गई, तो मेरे मन में उसे लेकर भयानक ऊहापोह मचा था। नायला...नायला...नायला, क्या तुम एक स्याह परछाँई की भाँति पर्दों के पीछे से बाज़ और मेरे निजी एकान्त की पहरेदारी करती ही रहोगी! मेरे और उसके मध्य कुछ भी गोपन न रहने दोगी ? मेरा मन कुछ खिन्न हो गया, जैसे कुछ समय के लिए तारा से हो गया था...तारा! तुम कहीं हो भी कि नहीं अब...और नायला तुम!...लगता है, हर परदे के पीछे तुम ही तुम हो।

मैं शयन-कक्ष में लौटकर आई तो बाज़ बिस्तर पर बैठे, जैसे मेरी प्रतीक्षा करता हो। मुझे स्वप्न में भी विश्वास न होता कि उसे रात की एक-एक बात स्पष्ट याद थी, और न यह कि इतनी कम अवधि के परिचय में ही वह मेरे तन-मन में ऐसे समा चुका कि एक नज़र में मेरा चेहरा पढ़ लेगा।

"रानी! एक बार शक के चंगुल में फँस गईं तो फिर कभी छूट न पाओगी। नायला जान दे देगी, पर दग़ा न देगी।"

मैंने झेंपकर आँखें झुका लीं।

"नहीं, नहीं...मैं तो उसी को ढूँढ़ रही थी।"

"वह रवानगी की तैयारियों का जायज़ा लेने गई है।"

जब हमने नालछा से मांडव के लिए प्रस्थान किया, सुबह की धूप में सत्रह हाथियों की पाँत का वह दृश्य मांडव के सुलतानों के अपरिमित धन-दौलत का प्रमाण था। एक हाथी के अतिरिक्त सब पर पिटी हुई चाँदी के हौदे लगे थे और वे सोने के तार से कढ़े रेशम की झालरों से सजे थे। सुलतान के हाथी पर तो सोने का हौदा था और चारों ओर से सुनहरे अतलस के परदे लगे थे। आख़िरी दो हाथी केवल मेरी बाँदियों से भरे थे—हर युवती इतनी सुन्दर कि स्वयम् भी किसी रानी से कम न दिखाई देती। हमारे हौदे के शीर्ष पर वही चाँद-तारे वाला हरा ध्वज लहराता था।

बाद के दिनों में कभी-कभी मैं सोचती कि अकूत धन-दौलत और अप्सराओं जैसी रानी, रखैलों, नृत्यांगनाओं, दासियों आदि के सौन्दर्य की ख्याति ही सम्भवत: मालवा का काल बन गई।

नालछा से प्रस्थान के बाद कुछ दूर रास्ता समतल रहा। फिर सामने मांडव की उपत्यका जब पास दिखाई देने लगी, बाज़ ने कहा, "रानी, अब हम सूली-बर्डी पार करने को हैं। कुछ देर आँखें बाईं ओर को न करना...उधर सूली पर चढ़ाए गए लोगों की लाशें टँगी होंगी।"

फिर पहाड़ी चढ़ाई शुरू हो गई। एक-दूसरे से निरन्तर जुड़े पर्वत-शृंगों पर दोनों ओर गहरी खाइयों के बीच बल-खाता वह मार्ग इतना सँकरा था, हर पग पर ऐसा लगता कि झूमते हुए हाथी कहीं खड्ड में न गिर जाएँ। काँकड़ा खो की खाई तो इतनी गहरी थी कि माथा घूम-सा गया। बाज़ ने मुझे आश्वस्त रखने के लिए एक बाँह से घेर रखा था। वह बार-बार मेरी ओर मुड़कर मुग्ध-भाव से देख लेता। जब मेरी तरफ़ मुड़ता तो उसकी आसमानी रंग की पगड़ी पर लगा हीरा कौंध उठता और कानों में डोलते तराशे हुए सोने के कुंडलों की चमक से आँखें चौंधिया जातीं। किन्तु मेरे लिए सोने-चाँदी, राजसी ताम-झाम और ऐश्वर्य से कहीं अधिक मूल्यवान थी प्रेम के पहले उफान की वह मदमाती दृष्टि। दो ही दिनों में बाज़ मेरे मन-प्राणों में बसने लगा था।

नायला कहीं दिखाई नहीं दे रही थी। वह कहाँ, किस काम में लगी थी यह तो मांडव पहुँचकर पता चल गया, पर तनिक आभास भी न था कि मन में पलता एक स्वप्न अगले ही क्षण ध्वस्त होकर सदा के लिए बिखर जाएगा।

"सुलतान, मैं आपसे..." बाज़ ने मेरी बात काटते हुए कहा,

"अकेले में तो बाज़ कहो मुझे...और तुम!" मैंने महावत की ओर इंगित किया।

"ओह!...तुम्हें नहीं मालूम। सिर्फ़ जन्मजात गूंगे-बहरों को ही सुलतान का महावत बनने का शरफ़ हासिल होता है!"

"मैं मांडव पहुँचते ही अपनी माँ से मिलना चाहती हूँ।"

"अफ़सोस...अब यह मुमकिन नहीं...चाहता तो मैं भी था पर बानो मानीं ही नहीं..."

"क्या...उनसे मेरे मिलने में क्या अड़चन है?" मैंने आश्चर्य से उसे देखा।

"वे मांडव में नहीं।"

"नहीं हैं!...पर वे तो तुम्हारी माँ...मेरा मतलब है कि बड़ी बेगम की ख़िदमत में हैं..."

"थीं, लेकिन जिस रात राव ने उन्हें ज़लील करके बैरंग मांडव लौटा दिया उसके दूसरे दिन ही अम्मी से इजाज़त लेकर वृन्दावन चली गईं।"

"तो मैं वृन्दावन जाऊँगी।" मैंने बाल-हठ के स्वर में कहा। सहसा मेरी आँखें भर आई थीं।

"रानी, मथुरा मुग़लों की बड़ी छावनी है, हम वहाँ गए तो शायद ज़िन्दा न लौटें। मैं अपनी जान को खतरे में नहीं डाल सकता।"

"क्यों, तुम्हें मेरे लिए अपने प्राण ख़तरे में डालते भय होता है!" मैं बिफरकर बोली।

"मैं अपनी नहीं, तुम्हारी बात कर रहा था रानी—तुम्हें अब किसी क़ीमत पर खोना नहीं चाहता!"

मेरी आँखों से आँसू गालों पर ढलक आए थे। अँगरखे की जेब से रूमाल निकालकर बाज़ ने मेरा मुख आहिस्ते-से पोंछ दिया।

ꙮ

साक्षात्कार : 48

उत्तर को मुँह किए तीन भव्य मेहराबों वाले दुर्ग-द्वार दिल्ली दरवाज़ा को पार करके जब हमारे हाथियों की क़तार मांडवगढ़ में दाख़िल हुई तो वहाँ भी लगभग वैसा ही दृश्य था जैस नालछा में—केवल एकत्रित जन की भीड़ वहाँ से दस-गुनी थी। काली वर्दी-धारी जाँनिसारों की कड़ी निगरानी में न जाने कितने सिपहसालार अपनी औपचारिक सैन्य-पोशाक में मुट्ठियाँ सीने से लगाए सुल्तान के स्वागत में मूर्तिवत खड़े थे। सब हमारे पहुँचते ही कोर्निश को झुक गए। दुहुल-ताशों, तुरही-नगाड़ों

और झाल-सींग के समवेत निनाद को भेदता हुआ-सा जयघोष होता था...सुल्तान बाज़ बहादुर ज़िन्दाबाद...

रास्ते में दोनों ओर रंग-बिरंगे परिधान में सजे, प्रफुल्लित नगरवासियों का सैलाब उमड़ता था। पथ पर थोड़ी-थोड़ी दूर पर रंगोलियाँ सजी थीं, द्वारों पर बन्दनवार लगे थे, हवेलियों के नौबतख़ानों से सरनाई की ध्वनि आती थी। चारों ओर उत्सव का वातावरण था।

कुछ दूर और चलकर तबेला-महल से लगे जहाज़-महल परिसर के मुख्य द्वार पर जैसे ही महावत ने हाथी को बिठाया, बाज़ छलाँग लगाकर नीचे उतर गया और एक हाथ उठाए चारों ओर घूम गया, जैसे सबको आशीर्वाद देता हो। एक बाँदी ने चाँदी की छोटी चौकी लाकर हौदे के पास लगा दी। नायला के कहे अनुसार मैंने अपने मुख पर हिजाब पहन लिया था। जैसे ही मैंने उतरने को चौकी पर पाँव रखा, बाज़ स्वयम् बुलन्द आवाज़ में चिल्लाया...''रानी रूपमती का इस्तक़बाल हो!'' एक बार फिर समवेत जयघोष हुआ-रानी रूपमती ज़िन्दाबाद...प्रवेश-द्वार की मेहराब गूँज उठी...रानी रूपमती ज़िन्दाबाद...

अपरिचित महलसरे के कितने विशाल प्रांगणों, भव्य कक्षों और गलियारों को पार करते हुए हम उस पहले दिन मेरे रनिवास तक आए, यह तो अब ठीक से याद भी नहीं; हाँ, यह याद है कि दोनों ओर क़तार बाँधे किन्नर और बाँदियाँ हमदोनों पर फूलों की पँखुड़ियाँ बिखेरते थे, गुलाबजल की छींटें देते थे, और कुछ दूर चलकर महल के अन्दर एक बावड़ी थी जिससे बिलकुल चम्पारण्य जैसी सुगन्ध आती थी; बाज़ ने झुककर मेरे कान में कहा, ''इसका नाम चम्पा-बावड़ी है।''

तभी कहीं दूर से स्त्रियों के मंगल-गान की ध्वनि सुनाई दी।

मेरे रनिवास का द्वार एक नुकीले शीर्ष वाले मिहराब के उस पार था; कपाटों पर सोने की फुलकारी थी जिसके फूल-पत्तों में नीलम, पन्ने और पुखराज जड़े थे। हमारे पहुँचते ही बन्द कपाट सहसा खुल गए जैसे कोई तिलिस्म टूटा हो। मंगल-गान की ध्वनि मुखर हो उठी।

मैं ठगी-सी देखती रह गई—लाल चूनरों के गोटे-किनारी वाले पल्लू माथे पर किए, माँग में सिन्दूर की मोटी-मोटी रेखाएँ सजाए, झुमकों जैसे गोल मँगटीके पहने पन्द्रह-बीस हिन्दू स्त्रियों की टोली गणेश-वंदना गा रही थी। सामने की दो स्त्रियों के हाथ में थालें थीं—एक में आरती-दीप, हल्दी-रंगा अक्षत, दूर्वादल और पुष्प थे, और खड़े किनारे वाली दूसरी थाल में आलते का घोल, गाढ़े रक्त जैसा लाल...पिछले दो-तीन दिनों में जो रक्तपात हुआ था सहसा स्मृति में कौंध उठा, भँवर याद आया...मन को भटकने न दे, रूप! शुभ-घड़ी में यह कैसी सोच ले बैठी, मैंने स्वयम् को फटकारा। लक्ष्य किया चाँदी-मढ़ी चौखट के पार चावल से भरी सुनहरी कलसी रखी थी।

पहली स्त्री ने हमदोनों की आरती उतारी, चन्दन-रोली के टीके लगाए और माथे पर दूब-चावल, पुष्प-दल छींटे; दूसरी ने बड़े आह्लाद से विभोर होकर कहा,

'राणी!...अहोभाग म्हारे जो सुलतान राणी लै आए...अबै, हथेली ण आलते मायणे डुबाय अठे देवार माथे छाप दौ...हथेलियाँ आलते में डुबो कर मैंने द्वार के निकट दीवार से लगा दीं...अबै चौखट लाँघ कैं उलट दौ ई कलसी णे...उलट दी...फिर उकड़ूँ बैठते हुए उसने आलते की थाल ज़मीन पर रख दी और कहा...अबै खड़ी व्है जाव ऐं के मायणे। मैं दोनों पैर थाल में रखकर एक पल खड़ी रही...हाल्ले, मायणे चली जाव...ख्वाओ खीर आपणे घराड़े नै![1]...वह धीरे-से हँसते हुए बोली और स्वयम् लजा गई। मुखिया-स्त्रियों को बाज़ ने अपने गले से दो मोती की मालाएँ और बाक़ी सबके लिए सोने की मोहरें दे दीं। बाँछें खिल उठीं सबकी, हमें झुककर प्रणाम किया और मुड़कर मंगल-गान गाती हुई चल पड़ीं।

मैं आलते से भीगे पैरों के चिह्न आँगन की सफ़ेद मर्मरी फ़र्श पर छोड़ती कोने वाली कोठरी की ओर बढ़ी। द्वार पर से ही दिखाई दे गई चार मर्दाने हाथ लम्बी स्याह आकृति : नायला दोनों हाथ कमर पर रखे बाँदियों को चूल्हे पर हँडिये चलाती देख रही थी...तो हिन्दू रीत-रिवाज के अनुसार दुल्हन के गृह-प्रवेश की यह व्यवस्था इसने की थी! तभी कहीं दिखाई न दी...तो बाज़ ने मुझे बता क्यों न दिया! सन्देह के विष का पलड़ा फिर भारी पड़ने लगा...सास लगती है मेरी! मैंने अपनी तीखी सोच को दबाने की कोशिश की...तू ने पूछा नहीं, उसने बताया नहीं...तू तो अपनी माँ के बारे में पूछने लगी।

"नायला..." मैंने धीरे से कहा। वह मुड़ी। मैं उसे कुछ कड़ा, चुभता हुआ-सा कहना चाहती थी, पर मुँह से निकला कुछ और, "नायला, तुम्हें कैसे धन्यवाद दूँ इस सबके लिए कुछ समझ नहीं आता...यह स्वागत-व्यवस्था...मुझे कुछ बताया क्यों नहीं?"

"सुलतान का हुक्म था रानी।"

"पर इसमें छिपाने की क्या बात थी?"

"वो आपको हर क़दम पर अचम्भे में डालकर ख़ुश देखना चाहते हैं...वो आपसे बेहद मोहब्बत..." वह मुस्कुराई, फिर वाक्य अधूरा छोड़कर बोली, "वह तो पता ही होगा आपको...खीर ले चलें सुल्तान के लिए?" मैं फिर खीज उठी थी—अपने बाज़ को किसी से बाँटना नहीं चाहती थी,

"आज तो मुझे ले जाना चाहिए न...तुम सिर्फ़ चख लो।" मैंने रूखे-से स्वर में कहा।

"जो हुक्म, मलि...रानी।" वह कड़छुल से दो कटोरों में खीर परोसने लगी। दोनों बाँदिया सिर झुकाए हाथ आगे को बाँधे खड़ीं।

---

1. अब अपने घरवाले को खीर खिलाओ

"मैंने कहा था न...मुझे रानी ही कहना। बार-बार यह मलिका कहाँ से आने लगती हैं तुम्हारी जीभ पर!" मैंने झल्लाकर पूछा, "क्या तुम पहले किसी मलिका की ख़िदमत करती रहीं?" उसकी नज़र लकड़ी की नक्क़ाशीदार पटरी पर रखे कटोरों पर टिकी थी, दोनों हत्थे पकड़े उसके हाथ स्थिर थे।

"जी रानी," उसने धीरे से कहा, "बड़ी बेगम की।"

"खीर चखो।"

"इनमें से?"

"हाँ, इन्हीं में से..." व्यंग्य का पुट चाहते हुए भी अपने स्वर से दूर न रख पाई। उसने बारी-बारी दोनों कटोरों में से एक-एक कौर अपना सिर उठाकर ऊपर से अपने मुख में डालकर घोंट लिया, और पटरी मेरी ओर बढ़ा दी।

श्रुतिलेखक जी, आप अवश्य सोचते होंगे मैं कितनी मूढ़, कृतघ्न और शक्की-मिज़ाज स्त्री थी कि नायला जैसी वफ़ादार सहायिका को अपमानित करने पर तुली थी, पर यह न भूलिएगा कि उस समय मैं मात्र पन्द्रह बरस की बालिका-स्त्री थी, जिसने अपने छोटे-से जीवन में इतनी ऊँच-नीच देख ली थी, इतने धोखे खा लिए थे कि उसे एक अपने प्रियतम को छोड़ किसी पर भी विश्वास करने को जी न होता था, उसके प्रेम का एक रत्ती-भर भी किसी से न बाँटने के हठ ने उसकी अन्तर्दृष्टि हर ली थी।

ꙮ

साक्षात्कार : 49

"खीर उम्दा थी, लेकिन अब दो पहर की ख़ातिर मुझे जाना होगा—कई दिनों बाद लौटा हूँ...कुछ देर को दरबार में बैठना ज़रूरी है। रानी की इजाज़त है?" सुलतान मुग्ध-भाव से मुझे देखते उठ खड़े हुए।

शाही-महल की दूसरी मंजिल पर स्थित मेरा रनिवास सचमुच बहुत बड़ा और सुन्दर था। बाज़ के जाने के बाद चारों ओर घूम-घूमकर उसे देखती रही। प्रवेश द्वार वाले आँगन के उस पार एक सीध में तीन भव्य कक्ष थे—पहला, दीवानख़ाना; उसके दाईं ओर तीन नुकीली मेहराबों के पार एक और विशाल बैठक जिसके बीचों-बीच संगमरमर की कमल-आकार में बनी हौदी में फ़व्वारा लगा था; उसके बाद लाल मख़मल के पर्दे से ढकी केवल एक मेहराब से होकर शयन कक्ष, जिसमें कमल के

ही आकार में बना काले काठ का विशाल नक्क़ाशीदार पलंग था। पलंग के ऊपर मोरपंखों का विशाल चँवर छत में लगे कुंडे से लटका था; उसकी डोर दीवार में एक छेद में लगी काठ की चकरी पर से होती हुई आँगन में टँगी थी। तीनों कक्षों के दूसरी ओर के द्वार पूरब को एक पन्द्रह-बीस हाथ चौड़े छज्जे पर खुलते थे। बिना छत का यह छज्जा बाहर की ओर गुलाबी पत्थर की बारीक़ काम वाली जाली से घिरा था। दोनों सिरों पर मेवाड़ी शैली की छतरियाँ थीं, और जाली में थोड़ी-थोड़ी दूरी पर नुकीली मेहराबों वाली खिड़कियाँ कटी थीं। नीचे पच्छिम में फूलों की क्यारियों से घिरा एक विशाल आयताकार मैदान, और दक्खिन को मुंज तलाओ था जिसके जल पर महलसरे की परछाँई दिन-भर जैसे करवटें लेती रहती। मैदान के उस पार नीले गुम्बद और चारों कोनों पर छोटी-छोटी छतरियों वाला एक हवेली-नुमा स्वतंत्र भवन तथा उसके पीछे क्षितिज पर मांडवगढ़ के परकोटे के बुर्ज दिखाई देते थे।

रनिवास के कक्षों के फ़र्श ऐसी गुदगुदी, बारीक़ कलाकारी वाली कालीनों से ढके थे, जिन्हें देखते ही लगता कि अत्यधिक मूल्यवान होंगी। बाक़ी सब जगह शुभ्र, श्वेत संगमरमर। बैठकों में जगह-जगह बैठने के आरामदेह तख़्त; तिपाइयों पर हरे पत्थर के फूलदानों में ताज़ा फूल सजे थे, और दीवारों पर नीले काँच के शमादान और छतों से झूलते अनगिनत क़न्दीलों वाले झूमर। मेहराबों और झरोखों पर रेशमी परदे लहराते थे—सचमुच मेरा नया घर बड़े सुरुचिपूर्ण ढंग से सुसज्जित था।

पर मेरे रनिवास की कुछ अन्य सुविधाओं का वर्णन अभी बाक़ी है...शयन-कक्ष के दाईं ओर लकड़ी पर सोने की फुलकारी वाले दो द्वार—एक पर ताला लगा था; दूसरा खोला तो लम्बा गलियारा...पार किया तो दूसरे सिरे पर स्नानघर, जिसका आकार किसी भव्य कक्ष से कम न था। एक ओर फ़र्श में काटकर बनाई गई संगमरमर की हौदी—लगभग दस हाथ लम्बी, पाँच हाथ चौड़ी और दो-ढाई हाथ गहरी रही होगी, हौदी क्या जलकुंड ही कहें! पानी बिलकुल साफ़, आसमान-सा नीला; ध्यान से देखा तो पता चला उसकी अन्दरूनी फ़र्श और दीवारें चीनी-मिट्टी के बर्तन जैसी सतह वाले नीले रंग के चौकोर टुकड़ों से बनी थी। हौदी के एक कोने पर लोहे की अलाव-नुमा अंगीठी थी जिसके पास काले रंग के गोल पत्थरों का ढेर लगा था, और हौदी के उस कोने में लोहे के तारों से बुना हुआ गोलाकार जाल पानी के अन्दर लटका था—बाद में जब स्नान के लिए गई तब इनका उपयोग समझ में आया। स्नानघर के दूसरे सिरे पर काले काठ की जाली से पृथक किया हुआ एक अलग खंड—झाँककर देखा...शौचालय। समूचे स्नानघर में दीवारों में काफ़ी ऊँचाई पर हवा के लिए पत्थर की तिरछी झिर्रियों वाले वातायन, कि हवा पर्याप्त आए-जाए मगर इतनी नहीं कि ठंड के मौसम में कोई कष्ट हो।

स्नानघर का निरीक्षण करके लौटी तो गलियारे के शयन-कक्ष वाले मुहाने पर नायला खड़ी!

‘‘ये काले काठ का पलंग...स्नानघर में शौचालय की जाली...ऐसी काली लकड़ी यहाँ के जंगलों में तो कहीं देखी नहीं। कहाँ की है?’’ मैंने पूछा।

‘‘वहीं की जहाँ की मैं हूँ, रानी—अल्केबुलान के व्यापारी लाते हैं।’’ मेरा मुख आरक्त हो उठा।

‘‘और ये काँच के झूमर, शमादान, चीनी-मिट्‌टी के टुकड़े?’’

‘‘कहते हैं अल्केबुलान से उत्तर को सागर पार ईसाइयों का कोई नगर है, वेनीत्सिया...वहाँ के शीशागर शीशागर नहीं, जादूगर होते हैं...आपको कुछ चाहिए रानी? मैं थोड़ी देर को इजाज़त...’’ मैंने उसकी बात काटते हुए ताला-बन्द द्वार को इंगित कर पूछा,

‘‘इसमें क्या है?’’

मुझे नहीं मालूम...कभी गई नहीं।’’

सोचा, मालूम नहीं या बताना नहीं चाहतीं! पर कुछ बोली नहीं।

‘‘मैं थोड़ी देर को इजाज़त ले लूँ...बाँदियाँ यहाँ रहेंगी?’’

‘‘कहाँ...तुम रनिवास में नहीं रहोगी?’’ मैंने कुछ चकित हो पूछा।

‘‘मेरा कमरा यहीं द्वार से कुछ हट कर है...थोड़ी-सी देर में आ जाऊँगी।’’

‘‘हाँ, हाँ...मुझे कोई आवश्यकता होगी तो इन्हें कह दूँगी।’’ सोचा, बेशक जाओ, और वापस न आओ तो मेरी बला से!

परन्तु ऐसा सोचते ही क्षोभ से भर उठी—मुझमें अचानक इतना घमंड कहाँ से आ गया!

फिर उस विचार को रद्‌द करके मगन-सी हो गई—आह, मेरा घर, मेरा पहला बिलकुल अपना घर!

ജ്യ

साक्षात्कार : 50

उस दिन लगा जैसे मेरा जीवन रात के अँधेरे में छोड़ी गई मांडव की मशहूर आतिशबाज़ी है जिसका उत्कर्ष तो दिखाई न दिया, किन्तु आकाश पर पहुँचकर सहसा वह एक स्वर्णिम फुहार बन गया था।

नायला के जाते ही चार बाँदियों ने मुझे आ घेरा। क्य नायला ने जान-बूझकर अधिकतर हिन्दू लड़कियाँ मेरी सेवा में लगाई थीं?—कमला, रेणू, राधा और ज़ुबेदा।

‘‘राणी, स्नान कर लें तो जीमण लगावैं।’’

दो ने मिलकर आनन-फानन में मेरे वस्त्र उतार डाले। मुझे इस बार तनिक भी लाज न आई उनके सामने निर्वस्त्र होते, दो ही दिन में ऐसा लगने लगा था जैसे मैं सदा से ऐसे ही नहाती आई थी।...फिर दोनों ने मेरे पूरे शरीर और मुख पर चन्दन के घोल में बेसन और हल्दी का उबटन लगाया, तब तक राधा अलाव पर काले पत्थर गरम कर-कर के पानी में लटकी लोहे की जाली में डालती जा रही थी, थोड़ी ही देर में पानी गुनगुना हो गया; जुबेदा कहीं से रबाब उठा लाई थी, उस पर बसन्त की रागिनी बजाने लगी।

नहाकर हौदी से निकली तो मेरी त्वचा और मेरे केश सुनहले कंघे से सँवारती चारों मुझे ऐसे देखती थीं जैसे किसी रानी को नहीं, आकाश से उतरी परी को देखती हों।

"ऐसे क्या देखती हो तुम सब?" मैंने उन्हें झिड़कने का अभिनय किया, फिर सामने दीवार पर लगे दर्पण में अपनी आपादमस्तक छवि देखकर मुसक उठी।

श्रुतिलेखक जी, कहीं आपको ऐसा तो नहीं लग रहा कि अपने मुँह मियाँ मिट्ठू हुई जाती हूँ?

नहीं, नहीं...देवि! मैं तो देख रहा हूँ न आपको अपनी आखों से; कुछ कहने की ज़रूरत कहाँ है!

तब तक दो बाँदियाँ आँगन के पूर्वी भाग से लगी एक कोठरी में वस्त्राभूषण भंडार से गहरे लाल रेशम में सुनहरी ज़री के काम वाला घाघरा-चोली-ओढ़नी का एक जोड़ा, नवरत्न के जड़ाऊ गलहार और कंगन ले आई थीं। फ़व्वारे-वाली निजी बैठक में भोजन लगा; थाली भी सोने की! नायला की अनुपस्थिति में जुबेदा ने सहर्ष भोजन चखने का काम किया।

खाने के बाद, सोचा, थोड़ी देर सो लेती हूँ। किन्तु सोना न हो सका!

"खुल्ला जानी आय गईं!" जुबेदा के चेहरे पर हवाइयाँ उड़ रही थीं, जैसे भूचाल आ गया हो। मेरे पाँव दबाती राधा सहसा चिहुँककर खड़ी हो गई।

"क्या...कहाँ हैं?" मैं उठ बैठी।

"बाहर के दीवानख़ाने में...अकेली चलती हुई आँगन में आय गईं...बस एक बाँदी रही पीछे...मो...मो उनणे...बिठाय दिऔ वाँ। आपको पूछती रहीं।" जुबेदा अटक-अटक कर बोली जैसे कहीं कुछ ग़लत न कर दिया हो।

"ठीक है, कह दो हम अभी आती हैं।" स्नानघर तक गई, वस्त्र सोंत कर सीधे किए, और धीरे-धीरे चलती हुई फ़व्वारे वाली बैठक को पार कर बड़े दीवानख़ाने में आ गई।

एक कुहनी मसनद पर टिकाए वह तख़त पर बैठी थी; एक पाँव मोड़कर तख़त के ऊपर, दूसरा नीचे। हरे कमख़ाब का जोड़ा, सर खुला, ओढ़नी नीचे को ढलकी— छोटी-छोटी गोल आँखें, छुरी की धार-सी नाक, होंठ इतने पतले कि बस एक बारीक़ रेखा। दायें गाल में पान का बीड़ा दबा था।

वह उठी नहीं, जैसे अपने घर में बैठी हो और मैं उससे मिलने आई होऊँ। मैंने मन-ही-मन अनुमान किया, पच्चीस-छब्बीस की होगी। दोनों हाथ जोड़कर प्रणाम किया और सामने के तख़त पर बैठ गई।

उसने अपना सिर एक ओर को मोड़कर झुकाया तो पीछे खड़ी बाँदी ने झट ओढ़नी के पीछे से धातु का एक डमरू-नुमा बर्तन आगे को बढ़ा दिया। खुल्ला ने झुककर पीक की तिरती हुई लकीर उसमें टपका दी। फिर पान चबाते हुए बोली,

''तो आ गईं आख़िर...बहुत दिनों से सुनती थी...'' मैं कुछ न बोली। केवल प्रणाम मुद्रा दोहराती हुई धीरे से कहा,

''रानी रूपमती की ओर से पुनः प्रणाम, देवि!''

''अरे...यह रानी-देवी का नाटक छोड़ो...ख़ामख़ाँ ही दरवाज़े पर शोर करवा रहा था बाज़!...रानी रूपमती ज़िन्दाबाद...मुझे सब पता है। नाम बदल डालो, निकाह करो बाज़ से मेरी तरह, तब बात है...उठा तो लाया ही है तुम्हें।''

''उठा नहीं लाए, मुझ से विवाह किया है...और वचन दिया है कि मुझे मुसलमान नहीं बनाएँगे।''

''अरे रहने दो! नये-नये में ये अह्द-ओ-वादे तो होते ही हैं...हो भी ख़ूबसूरत, कुछ दिन कर लो मौज।''

''वे मुझसे प्रेम करते हैं!'' मेरे स्वर की धार स्पतः कुछ तीक्ष्ण हो उठी थी।

''प्रेम...वह क्या होता है?'' खुल्ला जानी ठी-ठी करके हँस पड़ी।

''जब आपको प्रेम का अनुभव ही नहीं हुआ, तो बातचीत में मैं आपको क्या बता सकती हूँ! पर आप उनकी बड़ी पत्नी हैं...आप जब भी मेरे रनिवास में पधारना चाहें, आपका स्वागत है।'' मैंने वार्तालाप समाप्त करने के स्वर में कहा।

''तक़रीर अच्छी कर लेती हो!'' उसने विहँसते हुए आँखों को कुछ और गोल करके कहा। मैं कुछ न बोल, उठने को उद्यत हुई तो उसने एक हाथ की उँगलियाँ नीचे को लहराते हुए कहा,

''बैठो...बैठो, मैं तुम्हारा मुँह मीठा कराने को लड्डू लाई हूँ...वह तो खा लो।'' उसने हमारे बीच की चौकी पर रखे चाँदी के डिब्बे को इंगित करते हुए कहा।

मुझे सहसा नायला की याद आ गई। मैंने सफ़ेद झूठ बोल दिया,

"मेरी पूजा अभी बाक़ी है, उसके बाद खा लूँगी।" मैं उठ खड़ी हुई, और वह भी। सहसा मुझे लम्बे क़द का फ़ायदा मिल गया—वह मुझसे बित्ते-भर छोटी थी। ऊपर को देखती हुई बोली,

"अपना रनिवास नहीं दिखाओगी...इसका तो, क्या कहते हो तुम हिन्दू लोग, हाँ, याद आया, उद्धार हो गया तुम्हारे आने से...जानती हो पहले कौन रहती थीं यहाँ? ...फुफ्फू-जान की अम्मी, बड़ी बी। बड़े पुराने ख़यालों की औरत थीं, सिर्फ़ एक ही बाँदी के सहारे रहती थीं, अपने कपड़े भी ख़ुद सिलती थीं...खँडहरनुमा था महल यह हिस्सा...फुफ्फी-जान से मिल आईं तुम?"

"फुफ्फी-जान कौन...मैं समझी नहीं।" मैंने अचकचा कर पूछा।

"क्यूँ...तुम्हें नहीं मालूम...हो भी कैसे, अभी तो गाँव से आई हो!...ख़ैर, बड़ी बेगम यानी बाज़ की अम्मी मेरी फुफ्फी हैं। जन्नत-नशीन सुलतान शुजात ख़ान, अल्लाह उनकी रूह को पनाह दे...मेरे फुफ्फू थे।" खुल्ला की ठोढ़ी ऊपर को उठ गई थी।

मेरे रनिवास का चक्कर लगाने के बाद खुल्ला का मुख स्याह पड़ गया और आँखें चमकने लगीं। मैं मन-ही-मन मुसका उठी...देखती जा, रूपमती, अभी कुछ ही देर में इसके कानों में से धुआँ उठने लगेगा।

"यह साज-बाज किसने कराई...तुम्हारी उस हब्शिन ने?" द्वार से निकलते हुए खुल्ला ने कड़वे स्वर में पूछा...फिर उत्तर की प्रतीक्षा किए बिना ही धीरे-से फुसफुसाई, "ख़बरदार रहना उस हब्शिन से...फुफ्फू-जान के मुँह तो लगी ही थी, अब बाज़ की रग भी पकड़ ली है उसने...और हाँ, लड्डू ज़रूर खा लेना। मैंने ख़ुद अपने हाथों से बनाए हैं तुम्हारे लिए।" समझ तो मैं सब गई थी कि वह जाते-जाते क्या कहना चाहती थी, किन्तु मुझे उसकी ईर्ष्या में रस मिलने लगा था,

"हूँ तो मैं गाँवड़ी...पन्द्रह बरस गाँव में पली-बढ़ी, किन्तु आठ बरस की पढ़ाई-लिखाई में हब्शिन शब्द किसी ग्रन्थ में कभी देखने में न आया...आप किसकी बात कर रही हैं?" मैं भोलेपन का अभिनय करती हुई बोली।

"अरे भई! वही कमबख़्त अल्केबुलानी लंगूर नायला...पर तुम पढ़ना-लिखना भी जानती हो?" अनजाने में तीर कहीं और ही जा लगा था!

"हाँ, हिन्दी,संस्कृत, गणित, इतिहास—सब पढ़ा है। देवनागरी लिख-पढ़ लेती हूँ। बाज़ कह रहे थे कि फ़ारसी भी सीख लो...सोचती हूँ सीख ही लूँ, समय का सदुपयोग हो जाएगा।"

खुल्ला जानी अचम्भे में पड़ी कुछ देर मेरा मुख देखती रही, एकाएक मुड़कर सिर झुकाया, एक बार फिर पीक उगालदान में फेंकी और चल पड़ी। एक क्षण को सचमुच ऐसा लगा कि उसके कानों से धुआँ उठ रहा है। कुछ जलने की अजीब-सी गन्ध आ रही थी।

ജ്ര

कुछ जलने की वह चिरायन-सी गन्ध वास्तविक थी। मैंने इधर-उधर घूमकर देखा। मेरे रनिवास के द्वार से बाहर चौड़े गलियारे से लगा हुआ एक खुला सहन था जिसके उस पार महल के इस भाग के सबसे ऊपरी मंज़िल की एक खिड़की से धुआँ निकल रहा था।

''वहाँ क्या है ?...कहीं आग तो नहीं लग गई ?'' मैंने मुड़कर पीछे खड़ी ज़ुबेदा से पूछा।

''नहीं रानी, आग नहीं लगी...वह तो नायला बी की रसोई है।'

''यह कैसी गन्ध आ रही है वहाँ से, क्या पकाती है वह ?''

''नायला बी को ख़रगोश का मांस बहुत भाता है...अक्सर आस-पास के जंगलों से मार लाती हैं...और सीधे लकड़ी के कोयले पर पकाती हैं।'' ज़ुबेदा कुछ झिझकते हुए बोली।

''अच्छा !...रनिवास के कपाट बन्द कर लो।'' अन्दर कोई गन्ध नहीं थी, किन्तु मेरी भृकुटी तनी ही रही। सोचती थी, कोई जादू-टोना तो नहीं करती हब्शिन !...खुल्ला जानी भी ख़ाली हाथ नहीं गई थी।

अजीब मन:स्थिति थी मेरी—किसी संकट का आभास-मात्र होते ही जिसकी आवश्यकता का अनुभव होता, उसी के प्रति अपनी नकारात्मकता से स्वयम् को अलग न रख पा रही थी। अभी घड़ी न बीती थी कि मैं हब्शिन पर जादू-टोना का सन्देह कर रही थी, और शयन कक्ष तक आते-आते तक सोचने लगी कि नायला आती तो उससे पूछती, क्या मुझे जल्द-से-जल्द बड़ी बेगम से मिल आना चाहिए। वह नहीं, तो बाज़ ही आ जाता, उसी से पूछ लेती। हाँ...नायला से क्यों, बाज़ से ही पूछूँगी।

लगता था जैसे बाज़ को गए कई युग बीत गए हों।

आँखें खुलीं तो देखा बाज़ मेरे पैताने बिस्तर पर बैठा, और नायला उनके पीछे कुछ दूर पर खड़ी।

''आप...आपलोग कब आए ?'' उठती हुई पूछा।

''बस आए ही हैं।'' बाज़ का मुँह उतरा हुआ था। उसने मुड़कर नायला से कहा, ''नायला, मेरे नहाने का इन्तज़ाम करो...संध्या-काल रानी के इस्तक़बाल में उस्ताद के गायन की ख़ास महफ़िल है।''

''सुलतान अपने महल न जाएँगे स्नान के लिए ? कपड़े...''

''नहीं, मैं यहीं रहूँगा...सुलेमान को ख़बर दे कर मेरे कपड़े यहीं मँगवा लो।''

"जो हुक्म, सुलतान।" वह चली गई। मैंने एक गहरा श्वास लिया और वह सब कुछ बता दिया जो खुल्ला जानी से कहा—सुना था। आग पर पकते ख़रगोश की गन्ध तक पहुँची, पर जादू-टोना का सन्देह छिपा लिया। नायला को लेकर मन में जो उधेड़-बुन चल रही थी, उस घड़ी वह बाज़ से भी न बाँट पाई।

वह अनमने भाव से सुनता रहा, फिर जब मैं चुप हो गई तो बोला,

"रूपमती, खुल्ला बिलकुल सरफिरी है...वह नायला से जलती है। तुमसे जलन तो उसे होगी ही...उसे जो भी कहा तुमने, बिलकुल बजा कहा। उसकी बातों पर ध्यान न देना...और हाँ, उसके लड्डू तो हरगिज़ न खाना, ज़हर तो ख़ैर न मिला हो उनमें, लेकिन लगेंगे बिलकुल ज़हर जैसे ही। उसे कुछ भी बनाना नहीं आता।"

फिर ज़ोर की अँगड़ाई लेकर बोला, "आज तो थका मारा मुल्लों ने!"

"क्या हुआ?"

"आज दरबार में जामी मस्जिद का बड़ा इमाम कोतवाल से एक बिरहमन को हथकड़ियाँ लगवा कर ले आया, कहने लगा, इसे सज़ा-ए-मौत का हुक्म दीजिए। मस्जिद के पास एक छोटा-सा देवी का मन्दिर है, उसी का पुजारी है। रोज़ाना कुफ़्र और बुतपरस्ती के ताने सुनता था—आख़िर उससे रहा न गया, चला गया बड़े इमाम के पास शिकायत लेकर। उसे क्या ख़बर कि इमाम ख़ुद ही उसे तंग करवा रहा है। दोनों में बहस छिड़ गई और बात बढ़ गई। पंडित तैश में आकर बोल पड़ा,

'आप ठीक कहते है इमाम साहिब, हम सब ख़ुदा के बन्दे हैं, नहीं होते तो हमारे रक्त का रंग आपकी तरह ही लाल होने के बदले नीला न होता!'

'अब आया न रास्ते पर, पंडित...तो फिर बुतपरस्ती क्यूँ करता है? कलमा पढ़ ले...ख़ुदा बड़ा रहमदिल है, तेरे सब कुफ़्र-ओ-गुनाह माफ़ कर देगा। बोल, है तैयार?'

पंडित ने मना कर दिया।

'इमाम साहिब, यह तो आप अपने ख़ुदा से पूछिए कि रक्त तो हमें भी लाल ही दिया, पर हमारा हृदय देवी की श्रद्धा से क्यों भर दिया।' यह सुनते ही इमाम ने आग-बबूला होकर कोतवाल को बुलवा लिया, और पंडित को हथकड़ियाँ पहनवा, सरे-बाज़ार घसीटवाता हुआ बार-ए-आम आ पहुँचा; कहने लगा, 'इस काफ़िर ने अल्लाह की हक़ीक़त को ललकारा है, सज़ा-ए-मौत दीजिए।'

'आपको कुछ कहना है पंडित?' मैंने पूछा।

'इसे क्या कहना होगा?' इमाम तैश में बोला।

'मुहतरम, यह न भूलिए आप सुलतान बायज़ीद खान के दरबार में हैं इस वक़्त।' इमाम नूर ख़ान की आखें झुक गईं। पंडित बोला,

'अमीर सुलतान की जय हो। हम तो धरम-करम, रीत-रिवाज के बारे में इमाम साहिब से शास्त्रार्थ करते रहे, सरकार; कभी किसी धरम का निरादर नहीं किया। मेरा सिर सुलतान के चरणों पर है, हुकुम हो तो स्वयम् काटकर अर्पित कर देवें।'

दोनों के दरमियान बहस जामी के सामने चौड़े में हुई थी, बहुत-से गवाह थे, सबने ताईद कर दी। मैंने पहले ही कह दिया था कि मेरे दरबार में कोई झूठ बोलता पाया गया तो उसका सर सबसे पहले क़लम होगा। उधर इमाम बार-बार सज़ा-ए-मौत की माँग दोहराकर मेरा सर खाए जा रहा था...''

''फिर तुमने क्या फैसला किया?'' मुझे इस पंडित की बात सुनकर पंडीज्जू बेतरह याद आने लगे थे, वे भी ऐसी ही बातें किया करते थे। मन धिक्कारने लगा स्वयम् को...रानी बनते ही भूल बैठी अपने गुरु को, रूपमती! जाने कैसे होंगे वे इस सब के बाद...एक क्षण को मुझे विश्वास ही न हुआ कि मात्र तीन दिन पहले उन्होंने मुझे एक अतिरिक्त दिवस बचा कर जीवन-दान दिया था। बाज़ कह रहा था,

'इमाम नूर ख़ान, हमें तो दिखाई देता है कि इस पंडित ने ख़ुदा-ए-पाक की हक़ीक़त को ललकारा नहीं, बल्कि क़ुबूल किया है। हाँ, इसने मिल्लती रीत-रिवाज पर आपसे बहस ज़रूर की, मगर क्या इतने-से के वास्ते एक ख़ुदा के बनाए इंसान की जान ले ली जाए!'

'यक़ीनन, सुलतान। ये ख़ुदा का बन्दा है कहाँ?'

'मगर ये तो कहता है कि इसका लहू भी हम ख़ुदा के बन्दों की तरह लाल ही है!' मैंने चुटकी ली। बड़ा इमाम ग़ुस्से में लाल आखों से इधर-उधर देखता था।

''तो फिर तुमने आख़िर में किया क्या?'' मैंने फिर बाज़ से पूछा।

''बड़े इमाम की सरे-आम तौहीन करने के जुर्म में पंडित को देस-निकाले की सज़ा सुना दी।''

''क्या!'' मुझे अपने कानों पर विश्वास न हुआ, ''पर तुम्हीं ने तो क़हा था वह पंडित केवल शास्त्रार्थ कर रहा था।''

''इमाम पंडित को छोड़ता नहीं—दो-चार दिनों के अन्दर उसकी लाश किसी गली-नाली में पड़ी मिलती। चन्देलों की सरहद पार करवा दूँगा तो कम-अज़-कम बेचारे पंडित की जान तो बच जाएगी...आह! धरम-करम भी संगीत की तरह सिर्फ़ रूह को सुकून देने का काम क्यूँ नहीं कर सकते!'' बाज़ उद्विग्न होकर अपने माथे पर उँगलियाँ मलने लगा था। मुझे उस पल बहुत लाड़ आया उस पर...बढ़कर उसे बाँहों में घेर लिया,

''मैं सिर दबा दूँ तुम्हारा?''

''नहीं, रानी...मैं अभी ठीक हो जाऊँगा। मैं तुम्हारे स्नानघर में नहा लूँ?''

''मैं स्वयम् प्रबन्ध कर देती हूँ अभी।'' मैंने उठते हुए कहा।

''नहीं, नहीं...तुम क्यों ज़हमत करोगी, नायला है न...देख लेगी। तुम भी तैयार हो जाओ शाम की संगीत-सभा के लिए।''

मेरे हृदय की उमंग आधे रस्ते में थम गई...पर तभी ज़ुबेदा और राधा आ गईं। बड़ी मनुहार से मुझे वस्त्र-भंडार वाले कक्ष की ओर ले चलीं—'अभी आपने पूरा

रनिवास कहाँ देखा, रानी !' सचमुच, वस्त्रागार को पार करते ही उसमें हमारे शयन-कक्ष जैसा ही एक और स्नान-घर था।

थोड़ी देर बाद जब शाम की संगीत-सभा के लिए तैयार होकर पुनः शयन-कक्ष में बाज़ से मिली, तो उसने फ़ौरन तख़लिया कर दिया। नायला और बाँदियों ने झुककर सलाम किया और बाहर चली गईं। उनके जाते ही बाज़ ने मुझे अपनी बाहों में हौले से घेर लिया,

"रूपमती, तुम्हें अपना उपहार याद है?" मेरा मुख आरक्त हो उठा। मैंने अपना माथा उसके वक्ष पर टिका कर धीरे से कहा,

"हूँ..."

"मैं भी आज इस रनिवास के साथ तुम्हें इससे भी बेशक़ीमत एक और तोहफ़ा देना चाहता हूँ, आओ..." वह मेरा हाथ पकड़कर उस ताला-बन्द द्वार की ओर ले चला। ताले को उसने छुआ ही था कि वह खुल गया-स्नानघर को जानेवाले गलियारे जैसा ही गलियारा उसके अन्दर भी...दूसरे सिरे पर एक मध्यम आकार कक्ष, जिसका दूसरा द्वार छज्जे पर खुलता था। छज्जे की तरफ़ के कपाटों पर लगे नीले काँच से रौशनी नीलाभ होकर उसके दीवारों पर पड़ती थी। प्रवेश करते ही मैं ठगी-सी खड़ी रह गई—दाईं ओर की दीवार से लगी संगमरमर की चौकी पर मेरी माँ की मूर्तियाँ...राधा, शुभ्र धवल, और कृष्ण घनश्याम, हाथों में मुरली थामे। एक तड़ित-क्षण में मैं अपने पूर्व से भी पूर्व-जन्म के उस मौलश्री के वृक्ष वाली हवेली में पहुँच गई। अपनी आँखों पर भी विश्वास न हुआ।

"जिस दिन तुम्हारी माँ के गान से ख़ुश होकर अब्बू ने उन्हें गले की माला और मुलाज़िमत दी, उसके दूसरे ही दिन बानो हार वापस करने आ गईं; अब्बू हैरान, बानो ने कहा हार का क्या करूँगी, कुछ देना ही है तो मेरे कान्हा और राधा जी की मूर्तियाँ मँगवा दीजिए। अब्बू उनसे इतने मुतास्सिर थे, फ़ौरन हुक्म दे दिया...अफ़सोस, तुम्हारी माँ से तो नहीं मिलवा सका पर ये मूर्तियाँ अब तुम्हारी हैं, जाते हुए बोलीं मैं तो वृन्दावन जा ही रही हूँ इनके पास!" मैं कृतज्ञता से अभिभूत खड़ी सोचती थी बाज़ को धन्यवाद कैसे दूँ, आखें भर आईं...लपककर उसे बाहों से घेरकर अपना मुख ऊपर को कर दिया।

"तुमने उन्हें राव के पास न भेजा होता तो सम्भवतः वे अब भी यहीं होतीं!"

बाज़ ने कुछ न कहा; मेरे अधरों को जी भर चूमा, फिर बोला,

"मैं क्या करता रूप...तुमसे मिलने और फिर न मिल पाने के बाद मेरी हालत दीवानों-सी हो गई, खाना-पीना बन्द, यहाँ तक कि शिकार भी। अम्मी बेगम से देखा न गया...अब्बू तब ज़िन्दा थे, गईं उनके पास। वे बोले, शहज़ादे को समझाइये हिन्दुओं की बहू-बेटी की मान-मर्यादा का एहतिराम और सल्तनत का काम-काज करना सीखें...पर अम्मी से मेरी हालत न देखी गई, रुक्मिणी बानो को चुपके से भेज दिया राव के पास।"

"रुक्मिणी..." मैंने चकित होकर पूछा।

"हाँ, अब्बू के लिए वे हमेशा रुक्मिणी ही रही...अब्बू सासाराम के थे, सालों बनारस-जौनपुर के इलाक़े में शेर शाह के साथ रहे, हिन्दुओं का बहुत आदर करते थे। उन्हें भजन सुनने का बहुत शौक़ था...मुझे भी है। आज शाम की संगीत सभा में मेरे उस्ताद राय चन्द भी एक भजन ही सुनाएँगे, लेकिन वह संस्कृत में है..."

"संस्कृत भजन...कौन-सा?' मैंने हुलस कर पूछा।

"मधुराष्टकम् ।"

मैं और अधिक चमत्कृत होकर बोली,

"श्री वल्लभाचार्य का मधुराष्टकम्? वह तो पढ़ रखा है मैंने...पंडीज्जू की सन्दूक में वल्लभाचार्य की कई पोथियाँ थीं...बाज़ आज का दिन तो न भूल पाऊँगी कभी, पहले ये प्रतिमाएँ...फिर मधुराष्टकम्..."

"अभी तो और भी बहुत कुछ बाक़ी है, रूप..." उसने फिर मुझे चूम लिया।

"मुझे भी कुछ और चाहिए, किन्तु अब आज न कहूँगी।"

ꙮ

साक्षात्कार : 52

"आज की संगीत-सभा हिंडोला-महल में है, चुनिन्दा सिपहसालार और दरबारी भी होंगे। ख़ानदान की औरतें वहाँ खुले में नहीं बैठतीं...पहली मंज़िल पर ज़नाना जाली के पीछे उनका अलग से इन्तज़ाम होता है। नायला तुम्हें ले आएगी...मैं चलता हूँ।" कहकर बाज़ चला गया। परम्परागत मालवी पगड़ी की सरपेंच में कौंधता हीरा, पीछे को लगा बाज़-पंख, हरे कमख़ाब की अचकन में उसका पुष्ट, छरहरा तन देखते ही बनता था। मैंने मन-ही-मन उसकी नज़र उतारी।

वह संगीत-संध्या सचमुच अद्‌भुत् रही। पच्चीस नक्क़ाशीदार स्तम्भों पर टिके विशाल तश्तरी-नुमा गुम्बदों के नीचे दीवान-ए-ख़ास में तिकोने आईनों के बीच सैंकड़ों क़न्दीलों वाले झूमर ज्योति-पुंजों की भाँति जगमगाते थे; हर खम्भे और मेहराब के ऊपर नीले काँच के वर्तुल शमादान झिलमिलाते थे; कालीनों पर सफ़ेद रेशमी चादरें और मसनद। दरबारी और सिपहसालार बेहतरीन पोशाकों में दोनों किनारे पंक्तिबद्ध बैठे थे—एक सिरे पर ऊँची मेहराब में संगमरमर की सुनहले हत्थों-वाली एक बड़ी आयताकार चौकी पर सुलतान, और दूसरे सिरे पर संगीत-सभा के लिए विशेष कर लगाई गई चौकी पर उस्ताद राय चन्द थे; उस्ताद के दोनों

ओर उनके साज़िन्दे—दुहुल,तंबूरा, करताल, बीण, झाल, नै और घुँघरू बजानेवाले अपने-अपने वाद्य लिए बैठे थे। दीवान-ए-ख़ास के मध्य में एक वृहत आयताकार स्थान कालीनों से ख़ाली छोड़ दिया गया था, जिसमें श्वेत संगमरमर के बीचोंबीच रंगीन पत्थरों से शतदल कमल के आकार का फूल बना था।

"बिस्मिल्ला कीजिए, उस्ताद राय चन्द", सुलतान ने कहा।

"जो आज्ञा सुलतान...आपकी अनुमति हो तो पहले अपने दो होनहार शिष्यों को आपकी ख़िदमत में प्रस्तुत करूँ?"

"बेशक!"

पहर-भर एक के बाद एक राय चन्द के दो उभरते हुए शिष्यों ने राग बसन्त और मालकौंस की बन्दिशें गाईं—बीच-बीच में वाह...वाह की शाबाशी से दीवान-ए-ख़ास गूँज उठता। जयदेव महराज की बानगी थी—

जबि लौं सूरज-चन्द्र उगैं
बाज़ रहैं सुलतान, प्रभु जी
बाज़ रहैं सुलतान
इहैं हमारी शान प्रभू
इहैं हमारे प्रान...बाज़ रहैं सुलतान

और मियाँ गुफ़्तार की बन्दिश के बोल थे—

रूपमती जैमाल पिन्हाय
वर लीन्ही सुलतान हमारौ
वर लीन्ही सुलतान

मैंने देखा, मेरे नाम का उल्लेख होते ही कई सभासदों की भवें सहसा तन गईं, जिसे छिपाने के लिए उन्होंने अपने मुख जल्दी से नीचे को कर लिये। ज़नाना जाली के अन्दर भी हिजाब पहने बैठी एक स्त्री अनवरत मेरी ओर देखे जा रही थी। किन्तु जयदेव और गुफ़्तार ने अपने गायन से ऐसा समाँ बाँध रखा था कि मैंने इन बातों पर अधिक ध्यान न दिया...मैं तो अपने छबीले प्रियतम को निहारती, मन-ही-मन उनकी धुनें गुनगुनाती रही।

जैसे ही दोनों ने अपनी प्रस्तुतियाँ समाप्त कीं, बाज़ ने बारी-बारी उन्हें अपने समीप बुलाया और अपने गले में पड़े कई हारों में से दोनों को एक-एक पहनाकर उन्हें साधुवाद दिया; फिर एक हाथ उठाकर अपनी जगह खड़ा हो गया, एक ही पल में सब चुप हो गए, सभासद आपादमस्तक कान बने सुलतान की ओर देखने लगे, "उस्ताद राय चन्द ने साफ़ तो न कहा, पर शायद वो मुझे अपने होनहार शिष्यों में नहीं गिनते!" बाज़ ने गम्भीर स्वर में कहा, फिर एक पल बाद ही मुस्कुरा पड़ा।

सभा में से दबी-छिपी हँसी उठी, कुछ लोग बोल उठे 'अमीर की ख़ैर हो!' एक क्षण को राय चन्द के मुख पर त्रास की झलक तड़ित-समान कौंध उठी, पर बाज़ के मन्द स्मित से विलुप्त भी हो गई। बाज़ खड़ा ही रहा, फिर हाथ उठा सभा को चुप का इंगित करता हुआ बोला, "फिर भी वे हमारे गुरु हैं, उनकी हम पर बड़ी कृपा है...जहाँ हमारी सल्तनत क़ायम है वह राजा भोज और कालिदास की भूमि रही है, यहाँ सदियों से गुरु और गुनी-जन की क़दर होती आई है। गुरुजी रानी रूपमती के इस्तक़बाल में आज एक निहायत ख़ास और दिल को छू लेनेवाली पेशकश करनेवाले हैं, पर उससे पहले हम भी अपने गुरु-चरणों पर कुछ शरधा-सुमन चढ़ाना चाहते हैं...उस्ताद, अनुमति है?" एक बार पुनः कुछ भृकुटियाँ तन गईं...जैसे कहती हों, ठीक है, संगीत सीखता है इससे, पर एक काफ़िर को इतना भी क्या सर चढ़ाना!...जो भी हो, सभा में सन्नाटा छा गया था—यह तो सब को मालूम था कि राय चन्द सुल्तान के गुरु हैं पर इतने विनयपूर्वक भरी सभा में बाज़ ने पहले कभी उनका सम्मान न किया था; मुझे कहाँ से पता होता, नायला ने ही बाद में बताया।

राय चन्द स्वयम् भी कुछ देर आह्लाद मिश्रित आश्चर्य से उसको देखते रहे, फिर जैसे तन्द्रा टूटी हो...अपनी जगह पर ही खड़े होकर प्रणाम करते हुए बोले, "आपका बड़ा अनुग्रह, सुलतान, कृपा करें..." कुछ और इरशाद...इरशाद की ध्वनियाँ उभरीं, बाक़ी सब मुँह बाए सुलतान की ओर देखते रहे।

बाज़ खड़े-खड़े ही एक हाथ अपने कान पर रख, दूसरा हवा में उठाए गाने लगा...एक अप्रतिम, अलौकिक तान गुम्बद की ऊँचाई तक गूँज गई...

श्रीमुख से गुरु आपणे
कीजै हरि गुनगान
चरन-कमल धरि आपकैं
विनति करत सुलतान...विनति करत सुलतान

सभासदों में से कई के मुख स्पष्ट रूप से तन गए थे, पर दीवान-ए-ख़ास वाह...वाह और तालियों की गड़गड़ाहट से गूँज उठा। मैं चमत्कृत हो उठी...बाज़ को पहले गाते न सुना था...ओह! क्या नैसर्गिक दान था उसके कंठ में, और जयदेव तथा गुफ़्तार के बोल से अनुप्रास कैसे बिठाया उसने!...वह अब तक प्रसन्न-मुद्रा मुस्काता हुआ खड़ा था। जैसे ही सभा शान्त हुई फिर बोला,

"उस्ताद राय चन्द आज रानी रूपमती के एज़ाज़ में मधुराष्टकम् की एक नई बानगी राग कल्याण में प्रस्तुत करेंगे। यह बेमिसाल संस्कृत रचना पिछली सदी के सन्त-कवि वल्लभाचार्य की है, जिसमें बाँके-बिहारी श्री कृष्ण के मधुर रूप का बयान है। बिस्मिल्लाह कीजिए, उस्ताद।" वह बैठ गया।

"सुलतान का हृदय इतना उदार और विशाल है", राय चन्द बोले, " कि मेरा तो कंठ अवरुद्ध हो गया, गाऊँगा कैसे...फिर भी हुक्म की तामील करने का प्रयास करता हूँ...सुलतान बाज़ बहादुर और रानी रूपमती का इस्तक़बाल तो करना ही है—प्रभु से यही प्रार्थना करता हूँ कि रानी सुलतान को आजीवन इसी मधुर रूप में देखें..."

वे बैठ गए और गाने लगे :

अधरं मधुरं बदनं मधुरं नयनं मधुरं हसितं मधुरम्
हृदयं मधुरं गमनं मधुरं मधुराधिपतेरखिलं मधुरम्

वचनं मधुरं चरितं मधुरं वसनं मधुरं वलितं मधुरम्
चलितं मधुरं भ्रमितं मधुरं मधुराधिपतेरखिलं मधुरम्

वेणुर मधुरो रेणुर्मधुरः पाणिर्मधुरः पादौ मधुरौ
नृत्यं मधुरं सख्यं मधुरं मधुराधिपतेरखिलं मधुरम्

गीतं मधुरं पीतं मधुरं भुक्तं मधुरं सुप्तं मधुरम्
रूपं मधुरं तिलकं मधुरं मधुराधिपतेरखिलं मधुरम्

करणं मधुरं तरणं मधुरं हरणं मधुरं रमणं मधुरम्
वमितं मधुरं शमितं मधुरं मधुराधिपतेरखिलं मधुरम्

गुंजा मधुरा माला मधुरा यमुना मधुरा वीची मधुरा
सलिलं मधुरं कमलं मधुरं मधुराधिपतेरखिलं मधुरम्

गोपी मधुरा लीला मधुरा युक्तं मधुरं मुक्तं मधुरम्
दृष्टं मधुरं शिष्टं मधुरं मधुराधिपतेरखिलं मधुरम्

गोपा मधुरा गावो मधुरा यष्टिर्मधुरा सृष्टिर्मधुरा
दलितं मधुरं फलितं मधुरं मधुराधिपतेरखिलं मधुरम् *

उस्ताद राय चन्द ने जैसे ही गाना आरम्भ किया, पीत-वस्त्र और चमकते आभूषण, केश में शुभ्र श्वेत फूलों की वेणियाँ और आँखों में लगभग आकर्ण काजल की मोटी रेखाओं वाली छह सुन्दरी नर्तकियाँ कालीनों से रिक्त स्थल पर उतर आईं और उस्ताद के गायन के साथ मधुराष्टकम् का नृत्य-अभिनय करने लगीं। राय चन्द के प्रवाहमय गायन के साथ उनका तालमेल इतना सधा-मँजा था कि संस्कृत न जाननेवाले भी गीत के बोल का अर्थ स्पष्ट समझ पा रहे थे।

---

* हिन्दी भावार्थ—परिशिष्ट-3

मेरा मन आह्लाद से झूमता था—मेरा प्रियतम, मेरा सुलतान इतना सरल-हृदय और अच्छा इंसान है!...मुझे अपने सौभाग्य पर विश्वास न होता था। वह संगीत-सभा मैं जीवन भर न भूली।

और न भूली कभी उसके बाद सोने पर सुहागा-सी वह रात!

हम वापस रनिवास में पहुँचे तब तक बाँदियों ने हमारा पलंग गेंदे-गुलाब के फूलों की लड़ियों से सजा दिया था। आते ही बाज़ ने तख़लिया कर दिया था...पहली बार हमदोनों के बीच कोई साया न था परदे के पीछे...हाँ, कहीं दूर से जुबेदा के रबाब की ध्वनि धीमे-धीमे आती रही। सारी रात न हम सोये, न शायद हमारी बाँदियाँ...जागते-जगाते गुनगुनाते रहे...

अधरं मधुरं बदनं मधुरं नयनं मधुरं हसितं मधुरम्
हृदयं मधुरं गमनं मधुरं मधुराधिपतेरखिलं मधुरम्...

जितना पाया उससे भी कहीं और अधिक की कामना में हमदोनों आकंठ मधुरम् में डूबते-उतराते रहे।

ඉ෬

साक्षात्कार : 53

स्वर्णिम दिनों के पंख लगे होते हैं। वरक़-दर-वरक़ उड़ते जाते थे हमारे चाँदी के-से दिन और सोने जैसी रातें।

श्रुतिलेखक जी, यदि विवरण में शृंगार-रस की मात्रा बढ़ाना चाहें तो इसे ऐसे लिख लें : हमारे दिवस भी सोने के थे और रातें भी सोने की!

बाज़ बहुधा दरबार के काम सरसरी तौर पर देख, बाक़ी सब कुछ अपने बुजुर्ग, वफ़ादार वज़ीर ख़ान मीरज़ाह के ज़िम्मे छोड़कर रनिवास लौट आता, और आते ही तख़लिया! मेरे कलेजे को ठंड पड़ जाती...कम-से-कम वह लम्बा, स्याह साया तो न होगा हमारे मध्य...फिर सारी दुपहर, सारी रात वह मेरे साथ, केवल मेरे साथ रहता। साथ सोते-जागते, बार-बार प्रेम-रस में डूब जाती मैं। कभी वह गीत सुनाता, कभी मैं गाती, कभी दोनों मिलकर। हम चुप पड़ते तो जुबेदा के रबाब की मद्धम धुनें सुनाई देती रहतीं।

नायला और मेरे बीच एक मौन सन्धि हो गई थी; मैं ज़रूरत होने पर ही उसे सम्बोधित करती, वह तो ख़ैर बोलती ही बहुत कम थी। बाज़ ने मुझसे सम्बन्धित दो ख़ास ज़िम्मेदारियाँ उसे सौंप दी थीं : एक, घुड़सवारी सिखाने की, और दूसरी, अरबी-फ़ारसी मिश्रित वह भाषा पढ़ाने की जो मांडव और दरबार में बोली जाती थी। दोनों काम नायला ने बड़ी ख़ूबी से अंजाम दिये-तीन-चार महीनों के अन्दर मैं बाज़ के कन्धे से कन्धा मिलाए ललछौंहे भूरे को सरपट दौड़ाने लगी थी, और मांडव के लोगों से उसी ज़बान में बातें करने लगी थी जिसके वे आदी थे।

एक तीसरी ज़िम्मेदारी वह उसे और देना चाहता था : तलवारबाज़ी सिखाने की, पर मैंने साफ़ मना कर दिया, "दुश्मन के सर काटने को तुम्हारे पास बहुत फ़ौज है...मैं रानी दुर्गावती[1] नहीं, रानी रूपमती हूँ और वही बनी रहूँ, तो अच्छा। हाँ, संगीत सिखाना हो तो अपना शागिर्द कर लो मुझे।" बाज़ मुस्कुराता हुआ बोला,

"इम्तहान लूँगा, फिर तय होगा तुम मेरी शागिर्दी के क़ाबिल भी हो कि नहीं।"

"अच्छा! तो ले लेना...देख लूँगी तुम्हें," मैंने ढिठाई से कहा।

संगीत-सभा के दूसरे दिन मैंने बाज़ से बड़ी बेगम को मिल आने की बात पूछी तो उसने कहा, "नहीं, अभी नहीं...मैं तुम्हारा सलाम उन्हें दे आया हूँ। जब बुलावा आए, तब आदाब पेश कर आना।"

दो हफ़्ते बाद आया बुलावा। नायला मुझे पालकी में बिठवाकर ले गई उस नीली गुम्बद वाली हवेली में जो हमारे छज्जे पर से दिखाई देती थी। मेरी सास, बड़ी बेगम भी सासाराम की थीं, वहीं उनका निकाह शुजात ख़ान से हुआ था, जब वे शेर शाह के सिपहसालार थे। लम्बे अरसे तक बनारस-जौनपुर के निकटवर्ती इलाक़े में रही थीं। मालवा में सूबेदार और बाद में सुलतान शुजात ख़ान के साथ रहने के बाद भी उनकी बनारसी जड़ें उनकी बोली और कल्ले में हमेशा पान दाबे रखने की आदत से साफ़ ज़ाहिर थीं। उन्हें देखते ही पहली बात मन में यह आई : खुल्ला को पान चबाने की आदत फुफ्फी से ही पड़ी होगी...भारी शरीर, पचास-पचपन की आयु, गोरा रंग, बड़ी-बड़ी आँखें...जवानी में निहायत ख़ूबसूरत रही होंगी बाज़ की अम्मी। मुझे न जाने क्या फुराया, मैंने बढ़कर उनके पाँव छू लिये; तर्जनी पर मेरी ठोढ़ी से मेरा मुख उठाकर दो पल देखती रहीं, फिर बलैयाँ लेती हुई बोलीं,

"मासाअल्ला!...हमरे इहाँ पैर छुए के रेवाज नइखेऽ, मगर तू अपन कैदा खूबे निभौलू, रानी...जी खुस हो गइल तोहरा के देख के, सलामत रहऽ...बैठऽ।" मैं सामने के तख़त पर बैठ गई। वे प्रसन्न-मुख मेरी ओर को एक लाल रेशमी बटुआ

1. रानी दुर्गावती—देखें परिशिष्ट-2

बढ़ाती हुई बोलीं, "मुँहदेखना तोहार!" फिर पीछे खड़ी नायला को लक्ष्य कर कहा, "नायला बी, तू जा सके लू...हम भेजवा देहब रानी के जरी देर में।" नायला झुककर सलाम करती हुई बाहर चली गई।

वह गई ही थी कि बैठक के पिछले द्वार से खुल्ला जानी इठलाती हुई-सी निकलकर बड़ी बेगम के बराबर तख़त पर आ बैठी। मेरा मन कुछ खट्टा हो गया...यहाँ भी आ गई रंग में भंग करने!

"तो आज नई दुल्हन का मुलाहिज़ा हो रहा है फुफ्फीजान!...मैं तो पहले ही दिन देख आई थी इसे, सुन्दर है न...मैं बोली थी इसे, छोड़ विवाह-विवाह करना, निकाह कर ले, फिर सड़ आराम से हरम के अन्दर!...आप भी समझाएँ न इसे..."

बड़ी बेगम कुछ तंग-सी होकर बोलीं, "कभु चुप्पो रहे के चाही खुला...इ का हरदम बड़बड़ाऽत रहऽ लू!"

तभी खुल्ला उनकी ओर झुककर कान में कुछ फुसफुसाई। बड़ी बेगम ने चौंक कर उसकी ओर देखा फिर धीरे से पूछा, "ऊ कब आ'इल?"

इतने में तो वह स्वयम् ही उसी पिछले दरवाज़े से धड़धड़ाता हुआ निकल आया; मैं चौंक उठी...हू-ब-हू वही क़द-काठी, वैसा ही चेहरा-मोहरा, वैसी ही आँखें जैसे जुड़वाँ हो, फ़रक़ था तो बस मूँछों का। बैठक में आते ही सबसे पहले उसकी नज़र मुझ पर पड़ी; वह एकदम से थमक गया और पल भर को एकटक मुझे देखता खड़ा रहा; इससे पहले कि मैं अपनी ओढ़नी मुँह को करती, उसने मुझे भली-भाँति देख लिया था। खुल्ला कुछ अनाश्वास्त-सी हो उठी थी।

बड़ी बेगम ने मुड़कर वर्जना के स्वर में नवागंतुक को कहा, "भित'रे रहऽ अबहिन् तनी, आवऽ तानी हम।" वह तत्काल मुड़कर वापस अन्दर चला गया। फिर मेरी ओर मुड़ीं,

"रुकमिन के हम खूब जानत रहनी, बड़ी भली औरत रही...भजन त बहुतेऽ बढ़िया गावत रहली ऊ, खूब भजन-कीर्तन सुनले बानी हम, आधा जिन'गियो त कटल बनारसे-जौनपुर में नू...चलऽ तब। फेर अइ'हऽ कबहूँ। आ हेऽ...बाज़ के कहि'हऽ, खुल्लो के देख जाऽई कभु-कभार।"

साफ़ दिख रहा था कि बड़ी बेगम मुझसे अपनी मुलाक़ात जल्द से जल्द निपटाकर बाज़ जैसे दिखनेवाले उस नौजवान से मिलने की उतावली में थीं।

बाद के दिनों में कई बार लगता कि मुस्तफ़ा से हुई इसी अकस्मात् भेंट के कारण ही मेरे सौन्दर्य की ख्याति सैकड़ों कोस दूर बैठे लोगों तक इस तरह पहुँच गई कि वे कामुक वांछा के प्रमाद में पड़ गए। अन्ततः, स्वयम् अधम ख़ान ने मेरे इस अनुमान की पुष्टि की।

साक्षात्कार : 54

''मुझे मालूम है...अफ़सोस! जब तक ख़बर मिली वह जा चुका था वरना...चलो, फिर भी ये अच्छा हुआ कि तुम्हारी बात से ऐय्यारों से मिली इत्तिला की ता'ईद हो गई। अब तो मैं इस बात का पता लगाकर ही रहूँगा कि मेरे अपने कुन्बे में ही मेरे ख़िलाफ़ क्या-क्या साज़िशें रची जा रहीं हैं...'' बाज़ ने बड़ी बेगम के यहाँ की घटना का विवरण सुनकर कहा।

''किन्तु यह भी तो हो सकता है कि वह सिर्फ़ अपनी माँ से मिलने आया हो।''

''ख़ुदा करे ऐसा ही हो, रानी! लेकिन अगर वह मेरी जड़ें खोदने पर आमादा हुआ, तो मैं भी उसे छोड़ूँगा नहीं...अब तक तो यह सोचकर चुप बैठा था...चलो, माँ-जाया भाई है; रायसेन के क़िले में छिपा काम चला रहा है अपना, पर यूँ मांडवगढ़ में छुप-छुपकर आना-जाना, बिना मेरी इजाज़त! यह नहीं चलनेवाला...''

''किन्तु बाज़, जब तक राजद्रोह का पक्का प्रमाण न मिले, अपने सगे भाई पर क्रूरता न करना...मुझे दुख होगा...और भी अधिक लोग तुम्हारे विरुद्ध हो जाएँगे...'' मैंने दबी ज़बान राय दी।

''और अधिक लोग...क्या मतलब? कुछ लोग मेरे ख़िलाफ़ हैं?'' बाज़ ने बेफ़िक्री से अपनी पगड़ी उतारकर पलंग किनारे के तख़त पर रख दी और मसनद के सहारे अधलेटा मेरी ओर देखता रहा।

''मुझे ऐसा अनुभव हुआ कि तुम्हारे बहुत-से नहीं तो कुछ सामन्त-सिपहसालार एक हिन्दू स्त्री से विवाह करने और उसका इतना भव्य स्वागत करने से चिढ़े हुए अवश्य हैं। अगर तुम मुझे अग़वा करा लेते और रखैल बना लेते, तो सम्भवतः उनके माथे पर एक शिकन तक न आती, किन्तु दुर्ग द्वार पर जै-जैकार, फिर संगीत-सभा में स्वागत...इतना आलीशान रनिवास...राय चन्दज्जू की इतनी स्तुति-प्रशंसा...यह सब कई लोगों को पच नहीं रहा है। और फिर भरे दरबार में बड़े इमाम से तना-तनी...हमें थोड़ा सँभलकर चलना होगा, बाज़! उस रात मियाँ गुफ़्तार मेरा नाम लेकर जब वह बन्दिश गा रहे थे तो तुम्हारे कई सिपहसालारों के मुख पर मैंने द्रोह की स्पष्ट परछाँई देखी, बाज़...मेरा जी घबराता है।''

''तुम ठीक कहती हो रानी, पर मैं जो हूँ सो हूँ! राय चन्द की मैंने प्रशंसा की, आगे भी करता रहूँगा...साँवला की भी करूँगा। कलाकारों की क़द्र उनकी कला के मयार[1] से होनी चाहिए, उनके हिन्दू या मुसलमान होने से नहीं! तुम बिलकुल न घबराओ...कुछ नहीं होगा, और जब कुछ होना होगा, तो हो जाएगा, बताएगा नहीं!''

---

1. मयार—स्तर

''अब ये साँवला कौन हुआ ?'' मैंने चकित हो पूछा।

''साँवला ? मुसव्विर...चित्रकार है एक, अगर वाक़ई उतना अच्छा निकला, जितना लोग कहते हैं तो वजीफ़ा देकर रख लूँगा दरबार में।...कल तस्वीर बनाएगा हमदोनों की, घोड़ों पर सवार जंगलों के बीच, तैयार रहना सुबह। लेकिन वह तो कल की बात है, उससे पहले तुम्हारा इम्तहान है आज, भूल तो नहीं गईं ?''

''मुझे स्मरण है भली-भाँति...कहो क्या करना होगा ?'' मैंने मुस्कुराते हुए पूछा।

''क्या तुमने उस्ताद का गायन ध्यान से सुना था...राग कल्याण में दोहरा सकती हो मधुराष्टकम् ?''

तो बाज़ सचमुच मेरी परीक्षा लेना चाहता है...ठीक है!...मैं भी तैयार थी : मधुराष्टकम् मैंने इतना डूब कर सुना था, और राय चन्द की अदायगी मन को ऐसी भा गई थी कि बार-बार गुनगुना कर कंठस्थ हो चुकी थी। बस, कुछ स्थानों पर उन्होंने जैसी मुरकियाँ ली थीं उनके बारे में पूरी तरह आश्वस्त न थी...

''हाँ, प्रयास तो अवश्य कर सकती हूँ।'' बाज़ के कहते ही ज़ुबेदा साज़िन्दों को फ़व्वारे-वाली बैठक में ले आई। मैं तख़्त पर बैठ आँखें मूँदे गाने लगी...जहाँ-जहाँ स्मृति ने साथ न दिया, मैंने मुरकियाँ अपनी ओर से जोड़ दीं।

गायन समाप्त कर जब मैंने आँखें खोलीं तो बाज़ मुझे अवाक् अपलक देखता था। कुछ पल बाद उसके हाथ उठे और वह खिलकर मुस्कुराता हुआ रुक-रुककर तालियाँ बजाने लगा, ''बहुत ख़ूब! तुमने तो कल्याण की सुर-ताल की मरजादा बरक़रार रखते हुए नई मुरकियाँ जोड़कर एक नई रागिनी ईजाद कर ली...इसे उस्ताद को सुनाना होगा, और अगर उन्होंने भी मंज़ूरी दे दी तो हम इसे राग भूप कल्याण का नाम देंगे।''

बाज़ कुछ देर मुग्ध-भाव से मुझे देखता रहा, फिर हमारे बीच पहले हो रही बातचीत के बारे में जैसे कुछ फुराया हो, विहँसता हुआ बोला, 'रानी! एक तरीक़ा तो है और हमदोनों से जलनेवाले लोगों का मुँह बन्द करने का, पर उसके लिए रात-दिन एक करना होगा हमें...सोच लो!''

''तो क्या हुआ, करेंगे परिश्रम!'' मैंने तन कर कहा।

''जल्द से जल्द एक शहज़ादा पैदा करना होगा!'' वह हँस पड़ा। मैं आकर्ण लाल हो उठी। सिर झुकाकर नायला की नक़ल करते हुए धीरे से बोली, ''जो हुक्म, सुलतान।''

वह सारी रात फिर जागते बीती हमारी। फिर भी भोर होते ही तैयार होकर अपने घोड़ों पर सवार घास के मैदान में हरे कुंजों के सामने हम चित्रकार साँवला के रेखांकन करने तक स्थिर खड़े रहे।

ꣻ

देखते ही देखते मुझे मांडव आए छह महीने हो गए। सावन-भादों आए, झूम-झूमकर बरसे उस साल। हमारे दिन-रात की गतिविधियों का एक ढर्रा-सा बन गया था—रात की रात जगना, सुबह देर से उठना; फिर थोड़ी देर के लिए बाज़ कहीं जाता : कभी घोड़े की सवारी और शिकार, कभी दरबार, कभी ऐय्यार...पर दिन का भोजन वह मेरे साथ रनिवास में ही करता। उसके बाद कुछ देर विश्राम; फिर हमारे संगीत का रियाज़ शुरू हो जाता। अक्सर फ़व्वारे-वाली बैठक में, और जब राय चन्दज्जू आते, तो हल्दी-कक्ष में, जिसकी दीवारें मेवाड़ से आयातित पीले पत्थरों से बनी थीं।

उस्ताद ने राग कल्याण में मधुराष्टकम् की मेरी अदायगी बड़े ध्यान से सुनी, फिर सहर्ष अपनी स्वीकृति देते हुए बोले, "सुल्तान, रानी रूपवती तो हैं ही, गुणवती उससे भी अधिक हैं...भूप कल्याण रागिनी संगीत-जगत में इन्हें अमर कर देगी।"

महीनों हो गए थे; ऐसा कभी न हुआ कि बाज़ ने रात मेरे साथ न बिताई हो। फिर भी मुझे कभी खुल्ला का ताना याद आता—'ऐश कर लो कुछ दिन', तो कभी बड़ी बेगम का कहा—'बाज़ के कहि'हऽ खुल्लो के देख जा'इ कभू-कभार'। चुहल सूझी एक रात तो बाज़ से कहा, "कैसे सुलतान हो तुम! न खुल्ला के पास जाते हो कभी, न अपनी रखैलों के पास...याद है, बड़ी बेगम ने मुझे हिदायत की थी कि तुम्हें खुल्ला के पास भेज दिया करूँ कभी-कभार।" उसने कुछ कहा नहीं पर उसका मुँह थोड़ा तन-सा गया। मुझे लगा उसे मेरी बात अच्छी न लगी थी।

"खुल्ला के पास तो मैं सालों से नहीं गया...पर रखैलें कौन?"

"भूल गए, होशंग शाह की छतरी पर तुम्हीं ने तो कहा था कि और भी रानियाँ-रखैलें हैं तुम्हारी। नायला भी कह रही थी एक दिन कि चार-छह लड़कियाँ हैं..."

"ओह वो! उनका काम तो नाच-गा कर संगीत अभ्यास में मदद करना...कभी-कभी मेरा जी बहलाना है...देखा नहीं उस दिन संगीत-संध्या में मधुराष्टकम् पर कितना ज़ोर का नाची थीं!"

"अच्छा वे थीं...तो क्या तुम कभी..."

बाज़ ने अपने अधरों से मेरा प्रश्न आधे रस्ते में ही रोक दिया। जब चुम्बन समाप्त हुआ तो वह कहीं दूर देखता हुआ-सा बड़े निहोरे से बोला,

"रानी...मुझे इतने क़रीब से न परखो...इल्तजा है मेरी। तुम्हारा बाज़ हूँ, लेकिन मालवा का सुल्तान भी हूँ...वक़्त के हाथों की कठपुतली हूँ। बहुत कुछ करता हूँ, करना होता है...सुबह लोगों के सर कटवाता हूँ, शाम को उमरा के साथ बैठकर शराब पीता हूँ, नाच देखता हूँ! मुझे बहुत पास से देखोगी तो शायद डर जाओ...सोचकर काँप उठता हूँ, कहीं नफ़रत न करने लगो, पास रहते हुए भी दूर न हो जाओ कहीं मुझसे...ऐसा हो गया तो..."

इस बार हाथ बढ़ाकर मैंने उसका मुँह बन्द कर दिया।

''ऐसा कभी न होने दूँगी, मर जाऊँगी पर सदा तुम्हारी रहूँगी। अच्छा छोड़ो, बहुत हो चुकीं गम्भीर बातें।...चलो, यह बताओ कि अर्द्धपद्म ताल पर मुझे जो वचन दिये थे, याद हैं कि सब भूल गए?...खुल्ला कह गई थी 'अरे! नये-नये में ये अह्द-ओ-वादे तो होते ही रहते हैं'।''

''बिलकुल नहीं भूला, बनवाऊँगा तुम्हारा महल, और वह कुंड भी, पर तुम्हीं ने तो कहा था उनके लिए सही जगह खोज कर तुम ख़ुद बताओगी?''

''हाँ...कल से तुम जब भी घुड़सवारी या शिकार के लिए जहाँ भी जाओ, मुझे साथ ले चलोगे? साथ मिलकर ढूँढ़ेंगे महल के लिए उपयुक्त स्थान।'' अचानक मुझे स्वयम् भी भूला हुआ बहुत कुछ याद आने लगा था—अर्द्धपद्म ताल की हवा में डोलते कमल के फूल, गढ़ धर्मपुरी की अपनी कोठरी में दहशत-भरी वह अन्तिम रात, रेवा मैय्या की दिव्य-जोत, उनकी वाणी।

...ढूँढ़ना, ढूँढ़ना मुझे, मैं मिलूँगी इमली के छतनार वृक्ष के नीचे एक अजस्त्र धार...

''जो हुक्म रानी, लेकिन कल से नहीं, परसों से चलेंगे। कल फिर ऐय्यारों के साथ अख़बारात के लिए बैठना ज़रूरी है।''

ꣻ

साक्षात्कार : 56

सुबह जब नायला आई तो मैंने पूछा, ''नायला बी, आजकल सुलतान हर दूसरे दिन ऐय्यारों को लेकर क्यों बैठ जाते हैं? कुछ ख़ास बात है?''

जबसे बड़ी बेगम को उसे नायला बी कहकर सम्बोधित करते सुना था, मैं भी वह आदरसूचक लगाने लगी थी—बाज़ ने लक्ष्य किया तो उसके मुख पर आए सन्तोष का भाव देख मैं चिढ़ी अवश्य, किन्तु उसकी ख़ुशी से मुझे कोई बैर थोड़े ही था।

''हाँ, रानी...जिस दिन आपको बड़ी बेगम से मिलवाने ले गई थी, उस दिन सुलतान के छोटे भाई मलिक मुस्तफ़ा वहाँ आए थे...सुलतान की इजाज़त के बग़ैर। सुलतान वही पता करने में लगे हैं, कोई साज़िश तो नहीं हो रही।''

इसे हर बात पहले ही से मालूम होती है! वह तो अच्छा हुआ कि मैंने बाज़ को सारी बात पहले ही बता दी थी।

"अच्छा...एक और बात थी। कल रात ही से उधेड़-बुन में हूँ—इतने दिन हो गए, मैं तो भूल ही गई ख़बर लेना कि गढ़ धर्मपुरी के बचे हुए लोगों का क्या बना! पंडीज्जू, केतकी...कहीं भूखों मरने की नौबत न आ गई हो उन पर, सोच रही थी सुलतान से गुज़ारिश करूँ कि उनकी कुछ मदद..."

"रानी, आप ख़फ़ा न हों तो एक बात अर्ज़ करूँ..."

"मैं भला क्यों ख़फ़ा होने लगी, नायला बी, एक क्या दो बात कहो!" यह बात और कि मेरा स्वर अभी से ही खीजा हुआ-सा लगा।

"सुलतान और आप जिस दिन नालछा से यहाँ के लिए रवाना हुए थे...मुझे सुलतान ने भेजा था वहाँ अल्लसुब्ह, तब से उनके हुक्म से वहाँ की ख़बर बराबर रखती आई हूँ।" नायला नज़र नीची किए बोली, जैसे वह अक्सर करती थी। क्रोध की एक लहर मुझे जैसे सिर से पैर तक लेस गई, पर स्वर को किसी तरह संयत रखकर बोली,

"तो मुझे क्यों न बताया? याकि यह सल्तनत का कोई ख़ुफ़िया मसला था!"

"सुलतान ने कहा, आपको जान कर कहीं तकलीफ़ न हो, इसलिए न बताया।"

"तो अब बता दो, तकलीफ़ होगी तो बर्दाश्त कर लूँगी।"

"गढ़ धर्मपुरी में अब सिर्फ़ सात लोग बचे हैं...और बस्ती में चन्द औरतें और बच्चे हैं; उनके आदमी या तो उस रात मारे गए या बन्दी बना कर अलग-अलग सरहदों पर भेज दिए गए। राव यदुवीर अपने कुछ ख़ास साथियों को लेकर चन्देलों की सीमा पार कर गए।"

"यह सब किसने बताया?"

"उन्हीं सातों ने-पंडीज्जू, केतकी, जो उनकी देखभाल करती है, और वे पाँच पुरबिये जिन्होंने कहा, भले सिर काट लीजिए पर गुरुजी को छोड़कर कहीं न जाएँगे। कहते थे, वे भी बचपन में पंडीज्जू के साथ पटना से भागकर आए थे...बाद में उनसे दीक्षा लेकर गुरु मान लिया था...वे पाँचों राव के साथ नहीं जाना चाहते थे, और सल्तनत की फ़ौज के डर से पहले ही जंगलों में जा छिपे थे। जब रबात ख़ान आपको साथ लेकर वापस आ गया, तब वे पंडीज्जू की हिफ़ाज़त के लिए गढ़ में लौट आए थे।"

"तो अब उनका काम...कैसे चलता होगा?...भूखों मर..."

"नहीं, नहीं रानी, वह आपका पुराना गढ़ है, सुलतान के हुक्म से मैंने ख़ुफ़िया तौर पर उन सबकी रसद-पानी का इन्तज़ाम कर दिया है...वे ख़ुश हैं, यह तो नहीं कह सकती, पर भूखों नहीं मरेंगे।"

"और पंडीज्जू की पूजा-पाठ की व्यवस्था?" मैं जानना चाहती थी कि क्या नायला को देवी मन्दिर का भी पता चल गया था।

"उन्हें पूजा करते तो न देख पाई, इतना वक़्त न था, पर दिये-बाती के लिए सामग्री भी जाती है।" फिर नायला ने मेरी ओर देखा, जैसे सोचती हो आगे जो कहना है वह कहे कि इतने ही पर ठहर जाए।

"नायला बी! बहुत शुक्रिया...तुम कुछ और भी बताना चाहती थीं शायद?"

"रानी, ख़ुदा ख़ैर करे, मगर उन पाँचों को मैंने हथियार वापस दिलवा दिए थे...उन्होंने चलते हुए आपके लिए एक सन्देस भी..." नायला कहते-कहते ठिठक कर रुक गई।

"कहो...कहो, नायला बी, इतना कुछ बता दिया और सन्देस ही गोल कर जाओगी तो कहीं पेट न फट जाए!"...न जाने क्या हो गया था, कोई ज़रूरी काम होता तो—नायला बी! मगर वह मेरा मनचाहा काम पहले ही कर चुकी होती, तो खुन्नस भी उसी से। सोचती, बड़ी क़ाबिल हैं!...सब कुछ पहले ही कर चुकीं।

"रानी, जब मैं चलने को हुई तो उन्होंने कहा, रूपमती हमारी गुरुबहन हैं, उनसे कहिएगा उन पर कभी कोई आँच आए तो यह न भूलें कि हम जीवित हैं।" मेरी आँखों में आँसू भर आए—मैं उन पाँचों को ठीक से पहचानती भी न थी!...काश, ये कमबख़्त आँसू नायला के सामने न आए होते। और तो और, मुझे कमबख़्त का लफ़्ज़ भी सिखा दिया इसने!

"पंडीज्जू ने कुछ नहीं कहा?"

"हाँ, बस इतना ही कि रूपमती से कहना, सुखी रहें किन्तु दुख को न भूलें।"

"मुझे तो सिर्फ़ 'सुखी रहना!' ही कहा था," मेरे मुँह से अनायास ही निकल पड़ा, "ख़ैर, ज़ाहिर है तुम ये सारी बातें बाज़ को बता चुकी हो!" यह मेरा निष्कर्ष था, प्रश्न नहीं। नायला चुप रही। यह भी उसी का दोष था।

छह वर्षों तक नायला के संसर्ग में रहकर भी यह न जान पाई कि उसके सब कुछ सही करने पर भी मैं उसे दोष ही क्यों देती रही। और जब उसने आख़िरी बार कहा 'पहले मैं चखूँगी!' तब मैं जान गई, लेकिन तब तक बहुत देर हो चुकी थी, सब कुछ बिखर चुका था।

~

साक्षात्कार : 57

श्रुतिलेखक जी, आपको नहीं मालूम हमारा मांडवगढ़ कितना विशाल, कैसा अजेय दुर्ग था। मैं जानती हूँ आप कभी मांडव नहीं गए; यह भी जानती हूँ कि जब आपने मेरी

जीवनी लिखने की ठानी, तब आपने प्रयास भी किया वहाँ जाने का लेकिन आधे रस्ते से लौटना पड़ा; सो, और उसका अपरिहार्य कारण सब जानती हूँ, किन्तु यदि आप वहाँ पहुँच गए होते, तो भी मुझे बताना ही पड़ता कैसा अद्‌भुत था मांडव हमारे समय में।

उत्तर की ओर रेवा मैय्या की भँवर लपेटती जलधारा से ऊपर चार कोस लम्बी, सीधी खड़ी पर्वत-शृंखला के इस पार उपत्यका पर अट्ठारह कोस के आवर्त्त में लगभग सत्रह हज़ार बीघों में फैली थी हमारी राजधानी; बारह बाज़ार की सड़कें, बीसियों सार्वजनिक सराय और स्नानघर; पाँच सौ बीघों में सुलतान और उमरा के महलात और हवेलियाँ; सैकड़ों बाग़ और फलोद्यान; दो सौ बीघों का शाही लाल-बाग़; लगभग हज़ार बीघों में जलाशय और छोटे-बड़े ताल-तलैयाँ; सैंकड़ों मस्जिदें और मक़बरे; दो हज़ार बीघों की आबादी; तक़रीबन एक हज़ार बीघे काश्त की ज़मीन; और हज़ारों बीघों में फैले जंगल-पहाड़ और घास के मैदान। एक दुर्ग नहीं, पूरा क़िलाबन्द नगर था मांडवगढ़, जिस पर किसी हमलावर फ़ौज को क़ब्ज़ा करते महीनों लग जाते, फिर भी शायद हाथ न आता।*

इसीलिए कहा था न कि बहादुर ही था मेरा बाज़ जो उस में बन्द न रहकर अपने से तीन-गुनी फ़ौज का खुले मैदान में सामना करने को निकल पड़ा। पर वह तो बहुत बाद की बात है।

अभी तो उसके वादे के मुताबिक़ हर दिन सुबह हमदोनों घोड़े पर सवार पहाड़ियों और घास के मैदानों को छानने निकल पड़ते। बहुत न ढूँढ़ना पड़ा। तीसरे दिन दूर ही से वह खोरासानी इमली का छतनार वृक्ष दिखाई दे गया। पास पहुँचे तो वाक़ई वहाँ चट्टान के नीचे से पानी का सोता कल-कल करता निकलकर एक छोटे झरने-सा मैदान की ओर बहता था। ढलान से ऊपर किसी पुराने महल के अवशेष थे।

''बाज़! यही है वह जगह।''

''जो हुक्म, रानी। कल से यहाँ महल का काम शुरू करवा देते हैं; सुलतान नासिर शाह के ज़माने के उन खँडरात की नीवें भी काम में आ जाएँगी। इंशा-अल्ला आठ-दस महीनों में तुम्हारी रिहाइश यहाँ होगी, और इस सोते के पानी से कुंड भरेगा...वही जिसमें नहा-धो कर रोज़ पाक-साफ़ होओगी तुम।'' उसने हँसते हुए कहा। वह बहुत ख़ुश था।

''नक़्शे, कारीगर, मज़दूर...इतनी जल्दी सब इन्तज़ाम हो जाएगा?''

''नक़्शे तो मैंने यहाँ बना रक्खे हैं,'' उसने उँगली से अपने सिर की ओर इशारा करते हुए कहा।

''और बाक़ी इन्तज़ाम?''

''रानी, मैंने कहा था न, मैं सिर्फ़ तुम्हारा बाज़ ही नहीं, सुलतान भी हूँ।''

---

* मांडवगढ़ का विवरण—सर जॉन मैल्कम का संस्मरण (परिशिष्ट 4)

''तुम सुलतान सही, मैं तो रानी रूपमती हूँ...मैं चुपके-से जय गणेश करके एक श्रीफल अवश्य फोड़ूँगी महल की नींव के पत्थर पर।''

''चुपके-से क्यूँ? तुम रानी हो, कोई चोर नहीं...खुलेआम फोड़ना नारियल!''

सचमुच वह सुलतान भी था और वचन निभाने-वाला मेरा प्रियतम भी।

रात-दिन काम चला और ग्यारह महीनों में मूर्त हो गया मेरे महल का वह स्वप्न—रानी रूपमती का महल! जिस दिन काम पूरा हुआ, सुलतान ने बड़ा जश्न किया। तुरहियों, नगाड़ों, दुहुलों, झांझ, सींग और भी न जाने कितने वाद्यों के समवेत निनाद से पूरे मांडवगढ़ का आकाश गूँज उठा। हज़ारों लोगों और कारीगर-मजदूरों में मिठाइयाँ बँटी; पूरा मांडव क्या, आस-पास के गाँव-क़स्बों तक से हज़ारों की तादाद में रिआया उमड़ी चली आई...बाज़ बहादुर ज़िन्दाबाद...रानी रूपमती ज़िन्दाबाद की जै-जैकार करती; सारी सल्तनत के क़ैदखानों से मामूली जरायमपेशा क़ैदी रिहा किए गए; रात को मालवा की मशहूर आतिशबाज़ियाँ छोड़ी गईं तो कोसों दूर तक लोगों ने अपने घरों से भी देखीं। उमरा और सिपहसालारों के लिए अलग से आयोजित ख़ास जश्न देर रात तक चला, और आम रिवाज तोड़ कर दीवान-ए-ख़ास में मदिरा के दौर खुलेआम चले, और रात के पिछले पहर तक चलते रहे।

महफ़िल में उस रात शास्त्रीय संगीत कम और तवायफ़ों का नाच अधिक हुआ। जाली के पीछे से जलसे का रंग-ढंग मुझे कुछ अच्छा नहीं लग रहा था। नये महल के पूजा-घर में मेरी माँ के राधाकृष्ण की मूर्तियों की पहली पूजा करने के बाद रवाना होते हुए पंडीज्जू ने जो कहा था वह बार-बार मेरे मन में खटक रहा था...अरे! मैं तो बताना ही भूल गई, महल के गृह-प्रवेश में राधाकृष्ण की पहली पूजा पंडीज्जू से कराने की बात जब मैंने कही तो बाज़ ने शिलान्यास पर नारियल फोड़ने के प्रस्ताव जैसी तत्परता नहीं दिखाई थी। मैं उसे क्या दोष देती : पिछले पाँच-छह महीनों से मांडव का माहौल जैसा रहा था उसे देखते हुए वैसी प्रत्याशा मूर्खता ही होती। तथापि उसने बिलकुल निराश भी नहीं किया,

'नायला बी से कहना पंडीज्जू को औरतों-वाली पालकी में सीधे पीछे के सहन में लिवा लाए...वैसे भी, बुज़ुर्ग हैं, पैदल या घोड़े पर तो आ नहीं सकते। जितने कम लोग देखें उतना अच्छा...' जब मैंने कहा धर्मपुरी के छह और लोगों को बुलाना चाहती थी तो उसने हाथ उठा दिए, 'बुला लो, पर उन्हें कारीगरों और आम लोगों वाली जमात में ही रहना होगा।'

श्रुतिलेखक जी, सच पूछिए तो महल की नींव पड़ते ही अफ़वाहों का बाज़ार गर्म होना शुरू हो गया था।

आपके ज़माने की तो आप जानें, पर हमारे युग में आम-जन सुलतान से बहुत ख़ौफ़ खाते थे; वह क्या कर रहा है, कितना ख़र्च हो रहा है...यह सब पूछने की

हिम्मत किसी में कहाँ! किन्तु जब मुल्ले-उलेमा और ख़ानदान के लोग दबी ज़बान भी कुछ बोल पड़ते, तो अफ़वाहों को पंख लगते देर न होती। और यहाँ तो हिन्दू रानी की आव-भगत और पंडित वाले क़िस्से को लेकर बड़ा इमाम पहले ही ख़ार खाए बैठा था, उस पर खुल्ला जानी की बक-बक!

हर दूसरे दिन एक नई अफ़वाह मांडवगढ़ में जंगल की आग-सी फैलने लगी। महल की तामीर की रफ़्तार और उसके पैमाने को देखते हुए पहला सुर्रा इमाम ने ही छोड़ा था, जुम्मे की नमाज़ के बाद गोल-मोल निन्दा-प्रस्ताव से। बाज़ को उसके ऐय्यारों ने इत्तिला कर दी थी पर उसने ध्यान न दिया। नायला ने तो मेरे सामने ही बात चलाकर कहा भी, इमाम से फ़ौरन जवाब-तलब किया जाना चाहिए, पर बाज़ यह कहकर टाल गया कि बेजा तवज्जो से छोटी-छोटी बातों का भी बतंगड़ बन जाता है।

'करने दो बकवास खूसट को। महल तो बनेगा ही; सुलतान मैं हूँ, वह नहीं!'

कोई कार्रवाई न हुई तो इमाम शेर हो गया। खुसर-पुसर को लगातार हवा देता रहा।

चार महीनों बाद एक नई अफ़वाह महामारी की तरह फैली और बहुत दिनों तक उड़ती फिरी : हिन्दू रानी ने सुलतान के बाजुओं का सब दम-ख़म चूस लिया...उसकी तलवार को ज़ंग लग गया है, छह माह से फ़ौज की क़वायद का मुआयना नहीं किया...जितने मुँह उतनी बातें!...सल्तनत का ख़ज़ाना ख़ाली कर दिया इस कमबख़्त महल के लिए दूर देशों से सफ़ेद, काले, गुलाबी पत्थर मँगवा-मँगवाकर...मकराना, मारवाड़, खानदेश, धोलपुर...अरे! तुम्हें तो लगता है कुछ ख़बर ही नईं मियाँ! इस महल का पत्थर मकराना से थोड़ी आया है। कहते हैं सात समन्दर पार ईसाइयों के देस में कोई जगह है, करारा...वहाँ के गोरे व्यौपारियों से लिया सफ़ेद संगमरमर सुल्तान ने डेढ़ सौ मन सोना देकर, कंगाल कर देगा देस को इस काफ़िर के इशक़ में!...सब झूठ! संगमरमर तो नाममात्र को ही लगा होगा उस महल में। पर जान-बूझकर फैलाई गई अफ़वाह सच हो या झूठ, एक बार फैल गई तो बस फैल गई!

फिर एक और अफ़वाह उड़ी जिसने बाज़ को झिंझोड़कर रख दिया...अरे मियाँ! अब देखो आगे क्या होता है...कुछ ही दिनों में पत्ता ही साफ़ हो जाएगा इस काफ़िर-परस्त सुलतान का! बस, बड़ी बेगम के हाँ कहने भर की देर है...बड़े इमाम तो तैयार बैठे हैं शहज़ादे मलिक मुस्तफ़ा के नाम का ख़ुत्बा पढ़ने को। और तो और, सब इस क़दर तंग हैं इससे कि मलिका खुल्ला जानी भी रास्ता साफ़ होते ही मुस्तफ़ा से निकाह करने पर राज़ी हैं!...

जिस शाम ऐय्यारों ने इस आख़िरी अफ़वाह के ज़ोरों पर होने की ख़बर दी, बाज़ का मुख मुझसे देखा न जाता। कई पहरों तक अपने क़रीबी सिपहसालारों से राय-मशविरे के बाद जब वह लौटा तो उसके पैर डगमगा-से रहे थे मगर सर पर ख़ून सवार था। इतना क्रुद्ध उसे मैंने पहले कभी न देखा था। आते ही ज़ोरों से चिल्लाया,

''नायला, मेरी तलवार निकालो, और ज़िरह-बख़्तर, मैं इसी वक़्त रायसेन के लिए कूच करूँगा...'' वह अपना सिर घुटने पर रखे हाथों में पकड़कर बैठ गया था। मैंने असहाय भाव से नायला की ओर देखा—तुम ही समझाओ इसे, इतनी रात को बिना किसी तैयारी के कूच! नायला ने बड़ी मिन्नतों से मनाया तो भी कहता ही रहा, ''मुस्तफ़ा को सबक़ सिखाना निहायत ज़रूरी है...कल तो हर हाल में जाऊँगा।''

''अच्छा जाइए'', नायला बोली, ''पर ऐसे नहीं कि उसी का पलड़ा भारी हो जाए, यह दाँव आपको बहुत होशियारी से खेलना होगा—दुश्मन ख़ानदान के अन्दर का है...ज़रा-सी चूक हुई नहीं कि अपने भी पराए हो जाएँगे।''

''लेकिन कल शाम से पहले हर हाल में रायसेन के लिए रवाना हो जाऊँगा...और दो बातें साफ़ सुन लो—मेरी ग़ैर-मौजूदगी में रानी के महल का काम बन्द नहीं होगा, तुम्हें देखना है यह! और अगर मुझे कुछ हो जाए, तो खुल्ला का सर अपने हाथों से काटकर परकोटे से टाँग चुको, तब मरना, समझीं?'' मैं संत्रास से काँपती बाज़ का चेहरा देखती थी : दोनों ही बातें उसने पूरी गम्भीरता से कही थीं। अचानक वह मेरी ओर मुड़कर बोला, ''इसमें तुम्हारी कोई ग़लती नहीं, रानी। सुलतान मैं हूँ, सारे अच्छे-बुरे फ़ैसले मैं करता हूँ, और उनकी ज़िम्मेदारी भी मेरी है। जो चाहूँगा, वह करूँगा।'' उस दिन एक बार फिर मुझे एहसास हुआ कि वह किस सीमा तक मेरे मन में समाया हुआ था : मेरा अपराधबोध बिना मेरे कुछ बोले चेहरे ही से पढ़ लिया था।

दूसरे दिन बाज़ अपने छोटे भाई को सबक़ सिखाने रायसेन के लिए जो रवाना हुआ तो वापस आते-आते उसे चार महीने लगे। बाज़ के चले जाने से मैं उदासी के एक ऐसे अन्धे कुएँ में गिर गई जिसकी सियाही नायला की त्वचा से भी स्याह थी...कभी-कभी स्वयम् अपनी क्षुद्रता पर हँसी भी आ जाती : ख़ामख़ाँ जब-तब एक ऐसी स्त्री से कुढ़ती रहती हूँ जो मेरी सौत भी नहीं!

पर नायला मुझे अच्छी तरह समझती थी। रनिवास की अन्य स्त्रियों की तरह उसने मेरा जी बहलाने का कोई कृत्रिम प्रयास न किया; अगर करती तो उसका असर सम्भवत: उल्टा ही होता। वह जानती थी कि बाज़ मेरे एकाकी जीवन की एकमात्र धुरी था जिसका स्थान कोई नहीं ले सकता था। किन्तु समय-समय पर आकर वह मुझे बाज़ की ख़ैरियत ज़रूर बता जाती। मैं दिन भर कागज़-क़लम-रोशनाई लेकर बैठी अपनी मनोदशा जैसी ही स्याह कबित्तें, सवैय्ये और दोहे रचती, और अनिश्चितताओं से भरी विरह-वेदना से संत्रस्त रहती।

चार महीने बाद जब बाज़ लौटा तो कुछ दिनों के लिए हमदोनों फिर से अपनी पुलक-भरी प्रेम-लीलाओं में खो गए।

रायसेन के क़िले पर कब्ज़ा करने में बहुत कठिनाई हुई उसे। यदि वह उस रात बौखलाहट में बिना पूरी तैयारी के निकल गया होता, तो परिणाम विपरीत भी हो सकता था। मुस्तफ़ा ने कड़ी टक्कर दी थी, लेकिन फ़ौज कम होने के कारण आख़िर

उसे रायसेन का क़िला छोड़कर भागना पड़ा। इस बार सल्तनत की फ़ौज उसे मालवा की उत्तरी सीमा से बाहर खदेड़ आई थी। बाज़ बहुत ख़ुश था कि उसे अपने सगे भाई को मारने, न मारने के ऊहापोह से न गुज़रना पड़ा।

रायसेन के बाद बाज़ सीधा कदरूला की ओर बढ़ गया। तलवार में ज़ंग लगने की अफ़वाह सीधे बाज़ के दिल पर जा लगी थी, और जब कदरूला के विद्रोही अफ़गान सरदार क़ादर ख़ान ने सालाना ख़िराज के बदले सादा काग़ज़ पर अँगूठे का निशान लगाकर भेज दिया था, तो बाज़ ने क़सम ली थी कि वह क़ादर का सर अपने हाथों काटेगा। इस कदरूला अभियान में उसे दो महीने और लग गए। रायसेन और कदरूला की सफलताओं पर सुलतान की जै-जैकार भी हुई, जश्न भी हुए लेकिन अफ़वाहों में कुछ ख़ास कमी न आई; महल-निर्माण के दौरान मांडव का माहौल जो बिगड़ा सो बिगड़ा ही रहा। अफ़वाहों का सिलसिला एक बार शुरू हो जाता है तो अपने-आप ही चलता जाता है।

नई अफ़वाहें शुरू हुईं : सुलतान का जी हिन्दू रानी से भर चला है...वह नाच-रंग और बेतहाशा शराबनोशी में मस्त रहता है। इस अफ़वाह के धुएँ में थोड़ी-सी आग ज़रूर थी! मैंने लक्ष्य किया वह अक्सर देर से लौटता, और उसके पाँव कुछ आड़े-तिरछे से पड़ते। एक बार घुमा-फिराकर पूछा, तो मुस्कुराते हुए बोला, 'नहीं रानी, अपने सिपहसालारों-ऐय्यारों से जिस दिन डरने लगा, समझ लेना सुलतान नहीं रहा...इस हालत में भी चार-छह के सर तो अकेले काट सकता हूँ...तुम्हें शायद नहीं मालूम, हमारे उस्तादों को शहज़ादों के अलावा और किसी को तलवारबाज़ी सिखाने की इजाज़त नहीं होती थी, और अपने वक़्त के सबसे बेहतरीन तलवारबाज़ हुआ करते थे वो।'

फिर आज का दिन जैसे-जैसे क़रीब आया, मैंने बहुत कोशिश की उसे रोकने की : 'बाज़! नये महल का गृह-प्रवेश कोई इतनी बड़ी बात नहीं, इतने हंगामे की ज़रूरत नहीं।' शायद पहली बार था कि नायला और मैं दोनों बहस के एक ही तरफ़ थे। पर और क्या कहा जाए—बस, यही होना था।

जाली के उस पार जलसा हाथ से बेतरह बाहर हुआ जाता दिखाई देता था। सारे दिन के धमगजर के बाद धम्म-धम्म करता मेरा माथा घूम-फिर कर पंडीज्जू की बात पर आ जाता।

''नायला बी, मेरी पालकी लगवाओ, मैं जाना चाहती हूँ।''

''जी रानी, पर उस्ताद राय चन्द का गान शुरू होने को है...''

''देखती नहीं, वह सिपहसालार फूलों के गमले में कैसे उल्टियाँ कर रहा है...इनमें से आधे तो यहीं लुढ़क जाएँगे शायद। बहुत हो गया, अब एक पल भी नहीं रुकना यहाँ...फ़ौरन पालकी बुलवाओ। यहाँ का जो आलम है वैसे में तो उस्ताद को गाना ही नहीं चाहिए।''

यह नहीं कि मैं अपने नये महल से ख़ुश न थी—जैसा सोचा भी न था उससे भी कहीं अधिक शानदार बन पड़ा था वह...भव्य भवन, ऊपर दोनों ओर राजपूत शैली की दो छतरियाँ, पास के उस झरने को बाँध कर बनाया गया रेवा-कुंड, और थोड़ी दूर एक पहाड़ी पर एक पुराने अस्तबल का जीर्णोद्धार करके उस पर दो और छतरियाँ। निर्माण-कार्य समाप्त होने से एक दिन पहले बाज़ स्वयम् मुझे दिखाने ले गया पहाड़ी पर की छतरियाँ; बोला, आओ रानी, तुम्हें एक बहुत ख़ूबसूरत नज़ारा दिखाता हूँ...ऊपर पहुँचकर सचमुच मन प्रफुल्लित हो उठा। वहाँ से दूर क्षितिज पर गढ़ धर्मपुरी का परकोटा और भवन दिखाई देते थे। और उनसे परे क्षितिज पर रेवा मैय्या की झिलमिलाती रजत रेखा!

मेरा महल...मेरी छतरियाँ...आह! सब मायाजाल।

पंडीज्जू आए थे आज, पालकी में चुपचाप, जैसे बाज़ ने कहा था। केतकी और अपने पाँच गुरु-भाइयों को उस भीड़ में कहीं पहचान न पाई। नायला ने बाद में बताया कि वे भी आए थे।

जैसा कि तय हुआ था, पंडीज्जू को नायला पिछले सहन से पूजा-घर में ले आई थी। कुछ देर वे राधाकृष्ण की श्वेत-श्याम प्रतिमाओं को निहारते रहे, मैं उनके चरणों पर झुकी आशीर्वाद की प्रतीक्षा करती रही। लगा जैसे बहुत समय बीता हो, किन्तु बीते कुछ ही क्षण थे।

''सौभाग्यवती रहो, रूप, प्रसन्न रहो।'' फिर उन्होंने राधा-गोविन्द को दण्डवत प्रणाम किया और फूल अर्पित कर दीप जलाया। तब मेरी ओर मुड़कर पूछा, ''रूपमती, तुम जहाँ रहती रहीं, वह जगह ठीक नहीं थी? भव्य तो बहुत है यह नया महल पर ग्रहों की दशा कुछ ठीक नहीं...सावधान रहना।''

''किन्तु गुरु जी, रेवा मैय्या ने स्वप्न में जैसा कहा था, हू-ब-हू वही स्थान है यह।''

''हाँ, देवी का आशीर्वाद स्वप्न जैसा सुन्दर ही होता है। अच्छा, अब चलूँ।''

मेरा मन सहसा आशंकित हो उठा था। ये क्या कह गए पंडीज्जू—किन ग्रहों की दशा ठीक नहीं, किससे सावधान रहना है, कुछ भी तो समझ में नहीं आ रहा था।

ꣻ

साक्षात्कार : 58

शुभ या अशुभ, जैसा भी रहा हो, नया महल मेरे गले की घंटी हो गया था। उसे आबाद न करती तो अफ़वाहों का नया बवंडर चल पड़ता...महल बन कर तैयार होते

ही भूतों का डेरा बन गया, हिन्दू रानी का खेल...ख़तम्म! और वहाँ जाते हुए, रह-रहकर पंडीज्जू की चेतावनी याद आ रही थी।

अफ़वाहें थीं कि थमने पर नहीं आतीं-अब सबसे ताज़ा यह कि मलिक मुस्तफ़ा ख़ान अपनी फ़रियाद लेकर मुग़ल दरबार के चक्कर लगा रहा है; वह तो कहिए कि गद्दी पर नाबालिग़ बादशाह अकबर बैठा है वहाँ, और उसके सरपरस्त बैराम ख़ान का सारा ध्यान फ़िलहाल पंजाब और सरहिन्द में बाग़ियों को कुचलने और माहम अंगा की साज़िशों का तोड़ ढूँढ़ने में लगा है, वरना अब तक तो मुस्तफ़ा की फ़रियाद सुनी भी जा चुकी होती!

औपचारिक गृह-प्रवेश के तीसरे दिन नायला की देख-रेख में सुलेमान की सहायता से मेरे निजी कपड़े-गहने, काग़ज़-पोथियाँ और वाद्य-यंत्र नये महल में पहुँचा दिये गए; बाक़ी और कोई सामान ले जाने की आवश्यकता न थी। तख़त, दीवान, पलंग, परदे, बेशक़ीमत कालीनें, झूमर, शमादान—सब कुछ वहाँ पहले ही सजाए जा चुके थे। क़ीमती पत्थरों की फुलकारी से सजी नक्क़ाशीदार मेहराबों और खम्भों-वाले गलियारों और सहनों के किनारे तथा स्नानकुंड के चारों ओर समरक़न्द से मँगवाए नीली चीनी-मिट्टी और अष्टधातु के दैत्याकार गमलों में सजावटी पौधे लगे थे। दीवारों पर जहाँ-तहाँ सुनहरी मीनाकारी की चौखटों में जड़े विशाल तैल-चित्र और आदमक़द आईने टँगे थे; अधिकतर चित्र साँवला के बनाए हुए बाज़ और मेरे युगल-चित्र, और कुछ मांडव के अद्भुत प्राकृतिक दृश्यों के।

शाही-महल के रनिवास में कोई कमी न थी। सुख-सुविधा के सब संसाधन वहाँ भी उपलब्ध थे। किन्तु नये महल के आकार और मुक्तहस्त अलंकरण की तुलना में पुराने पड़ चुके महल का वह खंड पुनरुद्धार के बाद भी कहीं न ठहरता। वह मेरे आराम से रहने को महल का एक कोना था, और यह एक पूरा का पूरा महल, जिसमें इतने शयन-कक्ष, दीवानख़ाने, नाच-घर और संगीत कक्ष थे कि गिन कर याद रखना कठिन होता। चढ़ते-ढलते दिन-रात के हर पहर और बदलते हुए मौसमों के लिए उपयुक्त स्थान, और निर्माण-तकनीकी का कमाल यह कि रेवा-कुंड का जल रहट से इतनी ऊँचाई पर ले जाकर छोड़ा जाता कि महल के स्नान-घरों में स्वयम् बहता हुआ आता।

सुरुचिपूर्ण ढंग से सुसज्जित वह सुन्दर महल बनवा कर अपनी प्रतिज्ञा पूरी की थी मेरे प्रियतम ने, किन्तु वह स्वयम् इस सबसे कहीं अधिक प्रिय था। जी करता वह सदा बैठा मुझे निहारता रहे, और मैं उसे।

नये महल के बारे में आशंकाएँ धीरे-धीरे मन्द पड़ गईं...गुरुजी ने यह भी तो कहा था कि पृथ्वी पर आए हर एक प्राणी की एक पूर्व-निर्धारित नियति होती है जिसे पूरा करना ही होता है...तो फिर यह क्या कि सारी उमर अन्देशों में ही निकल जाए! हर पल को एक दिन, हर पहर को एक बरस, हर बरस को एक जीवन मानकर जी ले, रूप...कई और जनम मिल जाएँगे तुझे!

सबसे बड़ी बात यह थी कि उम्र हमारे साथ थी—जब जी करता, जो जी करता, खा लेते...जब जी करता सो लेते, रो लेते, गा लेते! सारी रात पलक न झपकती, फिर भी ओस में नहाई कलियों की तरह हर सुबह हम एक नये, सुनहरे दिन के लिए तैयार उठते।

गढ़ धर्मपुरी के दिनों की तरह नये महल में आने के बाद मेरी दिनचर्या पुनः सूर्योदय से पहले आरम्भ होने लगी थी। पौ फटने से पहले ही पहाड़ी की छतरियों पर ले जाने के लिए पालकी तैयार मिलती। हर सुबह रेवा-कुंड में नहा-धोकर छतरी पर से रेवा मैय्या के दर्शन कर आती, तभी दिन के बाक़ी काम आरम्भ होते।

नये महल में आने के पहले ही से जहाँ एक ओर जादू-टोना और मोहिनी-मंत्र के बल पर सुलतान को मक्खी बनाकर दीवार से चिपका रखनेवाली कुटिल हिन्दू रानी की छवि थी मेरी, वहीं दूसरी तरफ़ मेरे रूप-गुण और सहृदयता, और उससे भी अधिक हमदोनों के उत्कट पारस्परिक प्रेम की ख्याति जन-मानस में एक गाथा का रूप लेती जा रही थी। अब तक बहुत से लोग कहीं न कहीं मुझे बिना हिजाब के देख चुके थे, और फिर बाँदियों सिपाहियों, जाँनिसारों से कहाँ छिपी रह सकती कोई रानी। मियाँ गुफ़्तार ने हमारे स्वागत में जो गीत गाया था—

रूपमती वरमाल पिन्हाय वर लीन्ही सुलतान हमारौ
वर लीन्ही सुलतान

उसे मांडव ही नहीं, दूर-दूर तक के गाँव-क़स्बों में ब्याह-शादी, उत्सवों में लोग बतौर सोहर गाने लगे थे। मालकौंस की बन्दिश में मियाँ गुफ़्तार तो मुखड़ा ही दोहराते रहे थे, पर लोगों ने उसमें अपने टुकड़े और जोड़ लिए :

रूप ही था पद्मिन् का ऐसौ
रीझ गयौ सुलतान हमारौ, रीझ गयौ सुलतान
कमल सरीखे नैनन जाकें
मुखड़ो जैसे चान
रीझ गयौ सुलतान हमारौ, रीझ गयौ सुलतान
कंठ में जाकी सुर की सरिता
कोयल जइसी तान, रीझ गयौ सुलतान

सौतन कैवें जादू-टोना
झूठी बतियन से क्या होना
रूप ही थौ रानी का ऐसो
रीझ गयौ सुलतान हमारौ, रीझ गयौ सुलतान

जहाज़-महल परिसर में हम नगर के लोगों की नज़र से दूर रहते थे। सुलतान के जाँनिसारों के सुरक्षा-घेरे लोगों को रखते तो यहाँ भी दूर ही, किन्तु दूर ही से सही,

वे मेरी पालकी के साथ बाज़ को पहाड़ी की छतरियों पर जाते देखते। हमदोनों अक्सर संध्या की वेला वहाँ साथ जाते। दूर क्षितिज पर साँझ के धुँधलके में घोड़े पर सवार वह जब मेरी पालकी के परदे का कोना उठाकर बार-बार देखता, तो लोग कहते, रानी है ही अप्सरा जैसी सुन्दर, सुलतान को कल ही नहीं पड़ता, बारम्बार देखता है...देखूँ, कहीं अन्तर्धान तो नहीं हो गई, फिर देखूँ...एक बार फिर देख लूँ!...वे क्यों कर जानते कि उनका सुलतान क्या रीझता कभी मुझ पर जो मैं रीझी थी उनके सुलतान पर! उस गीत का मुखड़ा था तो निश्चय ही सटीक, मैंने स्वेच्छा से वरा था बाज़ को; मैंने उस गीत में अपनी ओर से एक बन्द और जोड़ दिया :

एक नजरिया ऐसी डारी
राणी अपनी सुध-बुध हारी
हार दियौ मन हार दियौ तन
वार दियौ सम्मान
कामदेव सुलतान हमारौ, कामदेव सुलतान

मैंने बाज़ को जब अपना बन्द दिखाया तो वह ऐसे खिल उठा जैसे कोई बालक, जिसे अनायास मनचाहा खिलौना मिल गया हो...बालक से सहसा याद आया कि हमदोनों अब तक लोगों का मुँह न बन्द कर पाए थे, पर हम बहुत ख़ुश थे एक दूसरे के साथ।

बाज़ ने फ़ौरन मधुराष्टकम् वाली अपनी छह नृत्यांगना सखियों को तलब किया; पहरों तक उस गीत की नृत्य-नाटिका का रियाज़ होता रहा। नृत्य-कक्ष के एक सिरे पर बाज़ और मैं बैठे थे, और दूसरे पर एक झीने परदे के पीछे गायक और साज़िन्दे; बीच में सखियाँ नृत्य करती थीं, उनके नृत्य का निभाव भरपूर अलमस्त किन्तु भंगिमाएँ अत्यन्त कलात्मक और सौम्य! उस दिन उस्ताद राय चन्द को अपने शिष्य मियाँ गुफ़्तार का गीत उसके साथ स्वयम् भी गाना पड़ा...और मेरे जोड़े हुए बन्द तक पहुँचते-पहुँचते तो बाज़ भी उनके सुर से सुर मिलाता गाने लगा : कामदेव सुलतान हमारौ, कामदेव सुलतान...सच्चा संगीतज्ञ था मेरा बाज़! उस दिन उसे इतना रस-विभोर देखकर मैं भी ऐसे पुलक उठी कि एक महीने बाद जयदेव महराज वाले मुखड़े :

जबि लौं सूरज-चन्द्र उगैं, बाज़ रहैं सुलतान
प्रभूजी बाज़ रहैं सुलतान

में भी एक नया बन्द जोड़ लाई—

वा हैं कमल हम उनकी भमरी
प्रभुजी सुनि लौ अरज ये हमरी
खिले रहैं सुलतान प्रभूजी, खिले रहैं सुलतान

उनकी पँखुरियाँ खुली रहैं जौं
हमहूँ जीवैं
उनकी कृपा जौं खो दइ हमणे
गए समझिए प्रान प्रभूजी
*गए समझिए प्रान**
जबि लौं सूरज-चन्द्र उगैं, बाज़ रहैं सुलतान
प्रभूजी बाज़ रहैं सुलतान

नये महल में हमारे बीच पहले से अधिक खुलापन आ गया था। मैं जान गई थी कि सुलतान से भी पहले बाज़ एक संगीतकार और विचारक था। और मदिरा की ऊर्जा संगीत और नृत्य में उसकी रचनात्मकता को और अधिक प्रखर कर देती थी। किन्तु मेरे सामने पीने में उसे कुछ झिझक का अनुभव होता आया था। कहा तो कभी कुछ नहीं, पर जब कभी वह मदिरापान के बाद आता, तो शायद मैं उसे कुछ ऐसे देखती होऊँगी कि शाही-महल के प्रवास के दौरान मेरे सामने शायद ही कभी पी हो। अब मेरी आँखें पहले की अपेक्षा सम्भवतः अधिक सहिष्णु हो गई थीं।

साँझ हो चुकी थी, वह मदिरा के कई जाम पी चुका था। मैंने जब यह बन्द सुनाया तो वह फिर चमत्कृत हो उठा,

"वाह, रानी...वाह, क्या ख़ूब लिखा है...बस, एक बात की चूक हो गई इसमें..."

"क्या...बताओ, मैं सुधार लूँगी।"

"तुम मेरी भौंरी नहीं, दरअसल मैं तुम्हारा भौंरा हूँ!" मैं हँस पड़ी—मुझे सहसा भँवर याद आ गया था।

"राधाकृष्ण करें कि हम-तुम दोनों हमेशा ऐसे ही एक दूसरे के भौंरा-भौंरी बनने की होड़ में लगे रहें!" मैंने तरल आँखों से उसे मुग्ध-भाव देखते हुए कहा।

एक बार फिर साज़िन्दे तलब किए गए। वे आते, उससे पहले बाज़ ने नायला से कहा,

"तब तक मुझे एक और जाम दो, नायला बी।" मेरी देखा-देखी वह भी नायला को नायला बी कहने लगा था। फिर मेरी ओर मुड़कर बोला,

"आज उस्ताद को ज़हमत नहीं देंगे, हमदोनों ही मिलकर रियाज़ करेंगे...वाह, वाह क्या बेहतरीन सतरें लिखी हैं तुमने...मैं इन्हें एक नई धुन में बाँधने का जतन करूँगा, फिर उस्ताद को दिखाएँगे।"

अगले सप्ताह जब कई दिनों के रियाज़ का परिणाम हमने राय चन्दज्जू के सामने रखा तो वे बाज़ की धुन दो-चार बार गुनगुनाने के बाद बोले,

---

* 'द लेडी ऑफ़ द लोटस'—एल.एम्. क्रम्प, पृष्ठ 75—क्र.सं. IV

"रानी रूपमती का बन्द तो ख़ैर उम्दा है ही, पर आपने भी किस नये अन्दाज़ से बाँधा है इसे...वाह! आपकी इजाज़त हो तो इसे बाज़-बानी ध्रुवपद के नाम से नवाज़ा जाए।"

"इजाज़त तो आपकी चाहिए, उस्ताद!" बाज़ ने सिर नवाकर कहा।

ജന്ദ

साक्षात्कार : 59

श्रुतिलेखक जी, आप अवश्य सोचते होंगे कि पाँच सौ बरस बाद भी इस स्त्री के सिर से प्रेम का भूत नहीं उतरा। मात्र इसलिए कि बाज़ बहादुर इसका प्रेमी था, उसे संगीतज्ञ, विचारक और न जाने क्या-क्या भारी पदवियाँ दिये चली जा रही है। किन्तु सच मानिए, मेरा बाज़ था तो विचारवान, और अपने समय का एक अद्वितीय संगीतज्ञ भी, पर उससे भी अधिक वह एक उदारमना धर्मनिरपेक्षवादी था।

समय बड़ा बलवान होता है, श्रुतिलेखक जी; अपने युग की सच्चाइयों से समझौता किए बिना शासन चलाना कठिन क्या, असम्भव ही समझिए। अपने युग से बहुत पीछे रह गए तो सूर्यास्त के बाद शत्रु पर प्रहार न करनेवालों की भाँति हास्यास्पद, और समय से बहुत आगे तो सुकरात की भाँति मृत्युदंड का भागी! और जो व्यक्ति अपने युग का होता है, उसे वह सब करना ही होता है जो उसके समकालीन कर रहे होते हैं। मेरा प्रियतम भी अपनी सल्तनत के लिए काटता था लोगों के सिर! किन्तु हृदय से वह वास्तव में विचारवान और वीर था, नहीं तो कठिन घड़ी में तज कर चले जानेवाले की इतनी बड़ाइयाँ थोड़ी न करती मैं...।

नहीं, नहीं रानी, इतने रचाव-बचाव की कोई ज़रूरत नहीं। यह तो आपकी आत्मकथा है, मैं तो केवल लिपिबद्ध कर रहा हूँ इसे। जिसे जो मन हो कहिए। मैं लिख दूँगा, लोग मानें या न मानें, उनकी मरज़ी।

पंडीज्जू ने काल-गणना की जो परम्पराएँ बताई थीं उनके हिसाब से यह सन् 1558 ई. की बात है। मुझे मांडवगढ़ आए तक़रीबन तीन बरस हो गए थे, मैं अट्ठारह की हो गई थी। बाज़ मुझसे आठ-नौ साल बड़ा था, छब्बीस-सत्ताईस का रहा होगा। सामने शाम का सूरज ढलता था—हम पहाड़ी पर मेरे नाम कर दी गईं छतरियों में से एक पर बैठे बातें करते थे।

''एक सवाब सौ गुनाहों पर भारी पड़ता है रानी,'' बाज़ कह रहा था, ''जब कोई नेक काम करता है, मुझे दिली ख़ुशी होती है...नायला बी ने बताया तो था मुझे कि तुम हर माह-दो माह पर कोई परिन्दा उड़ाकर पुन्न करती हो, पर ये न मालूम था कि मुसलमान चिड़ियाँ भी आज़ाद करती हो!''

मैंने तो बाज़ को आज पहली ही बार बताया था, पता नहीं यह नायला कहाँ से आ जाती है हमेशा हमारे बीच...कुढ़ती भी उससे, और फिर उसका बचाव भी स्वयम् ही कर लेती...उसकी क्या ग़लती, शायद उसे सुलतान का हुक्म हो मेरे अच्छे-बुरे सब कर्मों पर नज़र रखने की, जैसे भँवर को केतकी ने दिया था...पर बाज़ की बात पर बोली, ''क्या पता, पुण्य नहीं यश के लिए करती होऊँ यह सब, ख़ुद भी नहीं जानती।'' लक्ष्य किया, मेरा सुर थोड़ा चढ़ गया था।

''उससे क्या फ़र्क़ पड़ता है, रानी...नेकी तो फिर भी नेकी ही रहती है। अपनी तारीफ़ किसे अच्छी नहीं लगती, बहरहाल, उसके लिए किए गए नेक काम भी पुन्न ही कहलाएँगे।'' उसके स्वर में व्यंग्य का कोई पुट न था। मैंने भी स्वयम् को संयत करते हुए पूछा,

''तो क्या-क्या बताया नायला ने?''

''वही कुछ जो तुम पिछले चार-पाँच माह से कर रही हो मुझे बताए बग़ैर...कहती थी बड़ी नेकदिल हैं रानी...वैसे अच्छा ही किया मुझे नहीं बताया, मेरा बस चले तो मैं यह सारा धन्धा ही बन्द करवा दूँ। लेकिन वह तो मुमकिन नहीं, सारे उमरा और सिपहसालार मेरा सर काटने पर एक-राय हो जाएँगे...तो अच्छा है न, थोड़ा-थोड़ा करके ही सही, कुछ भला तो कर रही हो तुम!''

मांडव के बाज़ार में एक पूरा खंड था—बाँदी-बाजार, जहाँ सरहदों के दूसरे पार या मालवा के दूर-दराज़ के इलाक़ों से अग़वा की गईं, या भुखमरी के मारे बेच दी गईं लड़कियाँ ख़रीदी-बेची जाती थीं। केवल गुजरात के बाहुबली ही नहीं, मालवा की सरहदों के डकैत-ज़मींदार भी करते थे यह सब...वही जो तारा के साथ हुआ। जो सुन्दरी होतीं वे अमीर-उमरा के हरम में बाँदी-रखैल बन जातीं; जो साधारण होतीं, उन्हें निचले मध्य-वर्ग में, घर के काम-क़ाज के अलावा मालिकों का जब जी चाहे, जहाँ जी चाहे उनकी मनमानी के लिए उपलब्ध रहना होता। उनमें से अधिकतर अपने भाग्य से समझौता कर लेतीं; कई तो बहुत ख़ुश भी रहतीं किसी सम्पन्न हवेली या हरम की सुरक्षित चारदीवारी में बन्द। हमारे युग में सर्वहारा जीवन बहुत विपन्न, असुरक्षित और दरिद्रता से ग्रसित था।

नया महल बहुत बड़ा था, नये मुलाज़िमों की ज़रूरत रहती थी। हर महीने-दो महीने में मांडव का सबसे बड़ा बाँदी-व्यवसाई, गुलरेज़, दो-एक लड़कियाँ नायला के ज़िम्मे छोड़ जाता।...उनमें से किसी को देखकर मुझे अपना अपहरण याद आता तो किसी से रुक़ैय्या का तहख़ाना। मैं अकेले में उनसे पूछने लग पड़ती उनका हाल-

चाल...एक मिली जो हर हाल में वापस जाना चाहती थी; संयोग! उसका नाम भी रुक्मिणी था। कोई था जो उसे अपना लेता...नायला बी, कोई भरोसेमन्द जाँनिसार हो तो इसे छुड़वा दो इसके गाँव...जो हुक्म, रानी; फिर एक और मिली, संयोगवश वह भी हिन्दू। उड़ा दी चिड़िया आकाश में। आगे भगवान मालिक। फिर एक और...यह आख़िरी लड़की, अनार, मुसलमान थी। उसका रोना मुझसे न देखा गया, अपने शौहर के पास वापस जाने के लिए...ले लेगा वापस ?...गई ही नहीं तो जानूँगी कैसे ? और न गई तो मर जाऊँगी...नायला बी, छुड़वा दो इसे ख़ुदा के लिए...नेकदिल रानी...नेकदिल रानी! सवाब...पुण्य...यश-कीर्ति जाने क्या ढूँढ़ती थी मैं ? हुक्म चलता था, जी करता तो चला देती—चल जाता, दिल में कुछ ठंड-सी पड़ जाती। मुझे क्या पता था कि मेरी ख़ूबसूरती और नेकदिली की ख्याति क्या-क्या रंग लानेवाली है भविष्य में!

अनार के बारे में बाज़ को बताते ही पहला झटका तो यह लगा कि नायला उसे पहले ही सब कुछ बता चुकी...उस पर बाज़ कुछ यूँ बोला कि जैसे मैं यह सब केवल हिन्दू लड़कियों के लिए करती रही...मैं चिढ़कर बोली,

''मैंने मुसलमान लड़की की मदद की तो तुम्हें आश्चर्य क्यों हुआ ?...तुमने मुझे मुसलमान नहीं बनाया, खुलेआम अपनी रानी कहते हो, आते-जाते राधारानी-कान्हाजी को सिर नवाते हो, तो मैं क्यों नहीं कर सकती किसी मुसलमान लड़की का भला ?'' मेरा स्वर कहता था, आज तुमसे झगड़ना चाहती हूँ।

बाज़ ने आग पर पानी डाल दिया।

''मैं हर धरम के मन्दिर-मस्जिद को सर नवाता हूँ लेकिन अपने मन में किसी धरम को नहीं मानता—मज़हबों और उनकी मरजादा के नाम पर आदम और हौवा के बच्चों ने इन्सानियत पर बड़े ज़ुल्म ढाए हैं...हज़ारों साल से ढाते आए हैं। इतना साफ़ तो है सब कुछ, पता नहीं तुम्हें क्यों नहीं दिखाई देता—मेरा और तुम्हारा यह प्रेम, यह अद्‌भुत् गँठजोड़ हज़ारों साल की उस नाइंसाफ़ी के ख़िलाफ़ बग़ावत ही तो है...तुम लड़ना चाहती हो मुझसे, तो लड़ो, पर मैं तो तुम पर फ़ख्र से सुर्ख़रू हूँ कि तुम भी मेरी तरह इस सब से ऊपर हो...चलो, रूप, हमारी संध्या की संगीत-आराधना का वक़्त हो गया है।''

वह उठ खड़ा हुआ—मैं अवाक् उसका मुँह देखती थी। जी में आया कि उसका मुख चूम-चूमकर अपने होठों की लाली से उसे और सुर्ख़रू कर दूँ!

''चलो...बाज़, मैं आज तुम्हें फिर मधुराष्टकम् सुनाऊँगी सारी रात।'' मैं हुलस कर बोली। उसने मेरा हाथ खींच कर मुझे उठा दिया।

उस शाम संगीत-शाला में हमने उसकी नृत्यांगना-सखियों के नृत्य-अभिनय पर पहरों भूप कल्याण रागिनी में मधुराष्टकम् और 'बाज़ रहैं सुलतान' का रियाज़ किया।

वहाँ जाते हुए हम उसी भव्य दीवानख़ाने से गुज़रे जिसमें बाज़ पड़ोसी राज्यों के दूत और अन्य ख़ास मेहमानों से औपचारिक भेंट-वार्ता किया करता था। उस समय हमें क्या ख़बर थी कि एक दिन बाद ही वहाँ होनेवाली एक मुलाक़ात हमारे जीवन में भयंकर उथल-पुथल मचा देगी।

देर रात तक हमदोनों संगीत-साधना में खोये रहे।

श्रुतिलेखक जी, अब तो सम्भवतः आप और अधिक आश्चर्यचकित होंगे! छब्बीस-सत्ताईस साल का प्रेमी और मात्र अट्‌ठारह वर्षों की प्रेमिका-एक दूसरे से ऐसी गूढ़ बातें भी किया करते थे?

हाँ श्रीमन्, वे रानी रूपमती और सुलतान बाज़ बहादुर जो थे! वे ऐसी बातें करते थे, तभी तो लोग आज तक उनकी बातें करते हैं।

वह मुस्कुराईं, और अन्तर्धान हो गईं। वे कैसे जान गईं कि मैं क्या सोच रहा था?

ৡ෴

साक्षात्कार : 60

सुबह हमारे कहवे के मर्तबान और प्यालियों के साथ नायला भी आई।

"कोई ख़ास ख़बर है?" बाज़ ने पूछा

"जाँनिसार मोहम्मद ख़ान ने सन्देसा भिजवाया है कि चन्देला दरबार के सफ़ीर[1] आधार सिंह आए हैं...सुलतान से अकेले में मिलना चाहते हैं, कहा कि रानी का...गुस्ताख़ी माफ़...सुल्तान के नाम रानी दुर्गावती का ख़त पेश करना चाहते हैं।" बाज़ ने एक पल को मेरी ओर देखा, फिर नायला की ओर मुड़ते हुए पूछा,

"कहाँ हैं?"

"मोहम्मद की निगरानी में, लाल सराय में रोक रखा है उन्हें।"

"मुझे पहले ख़बर कैसे न हुई, नायला बी?" पहली बार मैंने बाज़ को नायला से सख़्त लहजे में सवाल करते हुए सुना।

"मैं रात को ही आई थी पर सुलतान आराम फ़रमा रहे थे।"

"चन्देलों का सफ़ीर हमारी सरहद तो कई रोज़ पहले ही पार कर चुका होगा...ख़ैर, यह कैसे हुआ सो बाद में पता करना। मोहम्मद को कहलवा दो हम

1. सफ़ीर—राजदूत

दुर्गावती के सफ़ीर से परसों फ़जर के तीन पहर बाद यहीं दीवानख़ाने में मिलेंगे...तब तक उन लोगों पर कड़ी नज़र रखी जाए, और ऐय्यार शहाबुद्दीन को फ़ौरन तलब करो, दो पहर बाद मैं उसे यहाँ हाज़िर चाहता हूँ।''

अगले दिन शहाबुद्दीन जो ख़बर लेकर आया उसे सुनकर बाज़ सन्न रह गया। उस रात कई सर क़लम हुए, उनमें से एक कदरूला में तैनात मालवी क़िलेदार हयात ख़ान का भी था : उसे अब तक ख़बर न थी कि उसके इलाक़े में चन्देल-गोंड सीमा के जंगलों में मालवा के दस-बारह गाँवों पर चन्देलों ने क़ब्ज़ा कर लिया था। आधार सिंह और उसके साथ सादे कपड़ों में पाँच-सात सवारों की टोली उन्हीं जंगलों के रास्ते चोरी-छिपे मांडव पहुँची थी। तीसरे दिन सुबह जब आधार सिंह लाल सराय से मेरे महल के लिए निकला तो सराय के सामने लकड़ी के खम्भे पर हयात ख़ान का मुंड टँगा था।

जाँनिसारों ने आधार सिंह के साथियों को महल के बाहर ही रोक लिया और उन सबके हथियार रखवा लिए थे। केवल आधार सिंह को अन्दर लाकर दीवानख़ाने में बिठाया गया।

मैं दूसरी मंज़िल पर स्थित जाली के इस पार से देख रही थी। सौम्य शान्त मुख, लम्बी-चौड़ी काठी, केसरिया साफ़ा, श्वेत अँगरखा और धोती, माथे पर चन्दन का टीका; आधार सिंह पूर्णतया आश्वस्त लग रहा था।

निर्धारित समय से एक पहर बाद बुलन्द उद्घोषणा हुई—मालवा-अधिपति उज्जयिनी के छत्रपति सुलतान बायज़ीद ख़ान बहादुर तशरीफ़ ला रहे हैं...नायला परदे के पीछे थम गई थी। आधार सिंह से पन्द्रह हाथ की दूरी पर नीले और सुर्ख़ क़ीमती रत्नों से जड़ा सुलतान का स्वर्ण-सिंहासन किसी सिद्धहस्त स्वर्णकार की कला का अद्भुत नमूना था। सुनहरे कमख़ाब के अँगरखे, नीले पायजामे और आसमानी पगड़ी में बाज़ की मनोहारी छवि प्रगट हुई—पगड़ी पर सामने हीरा जगमगाता था और पीछे बाज़-पक्षी का पंख खुभा था। हाथों में चाँदी का जालीदार राजदंड था और नेज़े की सुनहरी म्यान कमरबन्द में खुँसी थी।

बाज़ आधार सिंह की ओर देखकर मुस्कुराया और सिंहासन पर बैठता हुआ बोला,

''योद्धा आधार सिंह, मांडव में आपका ख़ैर मक़दम। आपको सफ़ीरख़ाने में कोई तकलीफ़ तो नहीं हुई?''

''प्रणाम करता हूँ सुलतान, पर आज मैं बतौर योद्धा नहीं, चन्देला-गोंड दरबार के दूत के रूप में उपस्थित हुआ हूँ।''

''चोरी-छिपे सफ़ीर बन कर आए हो, आधार सिंह...कदरूला के जंगलों में हमारे गावों के रास्ते...सर कटने से डरते हो इसलिए योद्धा नहीं, रानी दुर्गावती के राजदूत बन गए?'' एक क्षणांश में बाज़ का स्वर और मुखभाव बदल गए थे।

आधार सिंह ने आते हुए रास्ते में हयात ख़ान का मुंड तो अवश्य देखा होगा क्योंकि उसे दिखाने के लिए ही वह ऐन लाल सराय के मुख्य-द्वार के सामने टाँगा गया था, किन्तु ऐसा न लगा कि उससे आधार सिंह घबरा गया हो; हल्के-से कन्धे उचकाता हुआ बोला,

''राजनीति तो...जैसे होती है सुलतान से कुछ छिपा नहीं। मुझे तो महारानी का आदेश था कि उनका पत्र आप तक शीघ्रातिशीघ्र पहुँचा दूँ। आपके हाकिमों से अनुमति लेते तो महीनों लग जाते, अत: छिपते-छिपाते छद्मवेश में आना पड़ा...क्षमा चाहता हूँ, पर इस समय तो मात्र इस पत्र का वाहक दूत ही हूँ'', उसने अपने हाथ में चाँदी के चौकोर डिब्बे की ओर इंगित करते हुए कहा।

''नायला बी...''

नायला परदे के पीछे से निकल तक आधार सिंह तक आई, डिब्बा उसके हाथ से लेकर सुलतान के हाथों में दे दिया।

पत्र—दोनों ओर काठ की सुनहरी डंडियों के बीच हल्के पीले रेशम का टुकड़ा। जैसे-जैसे बाज़ की आँखें इबारत को पढ़ती गईं उसका चेहरा सुर्ख़...और अधिक सुर्ख़ होता गया, त्यौरियाँ यूँ चढ़ीं कि आँखें अधिकतम सीमा तक फैल गईं, जैसे उसे अपने देखे पर विश्वास न होता हो। फिर ऐसा लगा जैसे उसने पत्र को दोबारा पढ़ा, फिर कुछ पल मूर्तिवत बैठा रहा।

''डिब्बे में श्रीमन्त सुलतान के लिए महारानी की ओर से एक उपहार भी है...'', आधार सिंह धीरे से बोला।

बाज़ ने डिब्बे को टटोला—मख़मल के तले के नीचे निहायत बारीक़ मीनाकारी वाली सोने की म्यान में नेज़ा, मूँठ पर बाज़ पक्षी का सिर बना था, आँखों में पन्ने जड़े थे। बाज़ नेज़े को कुछ देर उलटता-पुलटता रहा, फिर अचानक अट्टहास कर उठा; ज़ोर-ज़ोर से हँसते हुए पत्र को बगल की मेज़ पर नेज़े से दबा कर रख दिया...और हा...हा...हा करता हुआ पेट पर हाथ रखकर आगे को झुक गया जैसे प्रयत्न करने पर भी हँसी न रोक पा रहा हो। कुछ दूर खड़ी नायला और जाली के पीछे से मैं हैरत से उसे देखते थे—यह क्या पागलपन है! यहाँ तो ख़ैर कोई नहीं, पर इस तरह हँसने की आवाज़ तो दूर तक जाती होगी...फिर, जैसे अकस्मात् वह हँसने लग पड़ा था, वैसे ही एकदम चुप भी हो गया।

''तो मख़मल की तह में नेज़ा और मुलायम रेशम की सतह पर धमकी की इबारत लाए हो मेरे लिए! ख़ुद महारानी हैं, ऊपर से एक रानी और चाहिए...तुम चन्देलों के पास अपने गाँव नहीं जागीर करने को...आँय?'' बाज़ ने क्रुद्ध स्वर में पूछा।

''मैं क्या अर्ज़ कर सकता हूँ...'' आधार सिंह आगे कुछ बोलता उसके पहले ही बाज़ ने लगभग चीख़ते हुए उसकी बात काट दी, ''बेशक...तुम क्या कहोगे! तुम तो हुक्म के ग़ुलाम हो...कर चुके ग़ुलामी? तो अब फ़ौरन दफ़ा हो जाओ यहाँ

से...और कह देना अपनी म...हाऽरानी से कि राव यदुवीर मालवा से फ़रार मुजरिम हैं—वे हमें वापस चाहिएँ, हमारे गाँवों के साथ। नहीं दिए तो हम ख़ुद आ जाएँगे लेने। ठीक वैसे ही, अगर दुर्गावती को रानी रूपमती की बहुत ख़्वाहिश हो, तो उन्हें मुझसे छीन कर ले जाना होगा क्योंकि वे अपनी मरज़ी से रहती हैं मेरे साथ। हमने विवाह किया है उनसे, उन्हें मुसलमान बनने को मजबूर किए बग़ैर! पर इस बात की तस्दीक तुम जैसा हुक्म का ग़ुलाम नहीं कर सकता। उसके लिए तुम्हारी रानी को ख़ुद यहाँ चलकर आना होगा...अब इससे पहले कि मैं भूल जाऊँ कि तुम बतौर सफ़ीर यहाँ आए हो, मालवा की सरहद से निकल जाओ...नायला बी, मोहम्मद ख़ान से कहो इन्हें अपनी निगरानी में सरहद पार करा दे।''

उस रात बाज़ हमारे निजी बैठक में देर रात तक मदिरा पीता रहा; कई शीशे ख़ाली कर दिए और उस बीच बड़बड़ाता रहा 'तुम्हारे पिता हैं तो क्या हुआ, उन्हें हमारे गाँवों की जागीर चाहिए तो हमसे लें, दुर्गावती कौन होती है उन्हें हमारे गाँव जागीर करनेवाली! जंग होती है तो हो जाए...और ऊपर से यह सफ़ेद झूठ, और धमकी...मैंने तुम्हें जबरन अपने हरम में क़ैद कर रखा है...मैंने! मैं तो ख़ुद तुम्हारी क़ैद में हूँ, रानी! लो देखो, पढ़ो यह ख़त...दुर्गावती को भी ख़बर हो गई तुम्हारी नेकदिली की, हिन्दू लड़कियाँ गिन लीं...मुसलामानों को क्यूँ गिनें? मैं कहता न था रानी, ये जो मज़हब, जात-बिरादरी वगैरह...वगैरह हैं न, यही जड़ हैं सब झगड़ों की!...लो, पढ़ो...पढ़ो, दुर्गावती रानी का ख़त...नायला थोड़ी मदिरा और लाओ...जंग होती है, हो जाए, पर छोड़ूँगा नहीं उसे...नायला बी, मदिरा लाओ!'' नायला मेरी ओर देखती हुई बोली, ''जो हुक्म, सुलतान।''

उस समय तक मैं रानी दुर्गावती का पत्र तीन बार पढ़ चुकी थी; जितनी बार पढ़ा उतनी बार झेंप से मेरे कान और गाल सुर्ख़ हो उठे।

सुलतान बाज़ बहादुर

पड़ोसी राज्य मालवा की बागडोर फ़िलहाल आपके हाथों में है, अत: आपका अभिवादन।

आपके राज्य के गढ़ धर्मपुरी के जागीरदार यदुवीर सिंह परभार हमारी शरण में हैं। उन्होंने हमें बताया कि आप हिन्दुओं पर क्रूरतापूर्वक अत्याचार करते हैं, और अपनी जान बचाने के लिए उन्हें अपनी जागीर छोड़कर हमारी शरण लेनी पड़ी। अत: हमने हमारी आपसी सीमा पर मालवा के दस-बारह गाँव अपने क़ब्ज़े में लेकर राव यदुवीर को जीवनयापन के लिए जागीर कर दिए हैं।

राव ने हमें यह भी बताया कि आपने अपनी फ़ौज की एक बड़ी सिपाह भेज कर उनकी बेटी रूपमती को अग़वा करवा लिया, और अब उसे जबरन अपने हरम में रखा हुआ है। हमने सुना है रूपमती बहुत सुशील एवम् रहमदिल बालिका है जिसने कई

अग़वा की गई हिन्दू लड़कियों को स्वतंत्र कराया है। किन्तु प्रश्न यह है कि स्वयम् रूपमती की सहायता कौन करेगा! मैं, चन्देलों और गोंडवाना की रानी, दुर्गावती, आपको आगाह कर रही हूँ कि रूपमती की मदद मैं करूँगी। आप उसे फ़ौरन आज़ाद करके राव यदुवीर के पास भेज दें, अन्यथा आपके लिए अंजाम अच्छा न होगा।

आशा है आपको हमारा तोहफ़ा पसन्द आया होगा।

मोहर-रानी दुर्गावती।

देर रात तक करवटें बदलती मैं सोचती रही, अब क्या होने को है! राजनीति के इस घमासान में मैं किसे बताने जाऊँ कि बाज़ ने मुझे जबरन अग़वा नहीं कराया; मैंने अपने प्राण बचाने के लिए उससे मदद माँगी थी...मैं मरना नहीं चाहती थी...मैं उससे प्रेम करती थी, मैंने उसे स्वेच्छा से वरा, उससे गन्धर्व-विवाह किया है।...पंडीज्जू की चेतावनी याद आती रही। क्या रानी दुर्गावती अपनी फ़ौज भेज देंगी मुझे स्वतंत्र करने के लिए, केवल राव के कहे से!...हे भगवान! किससे रहना है सावधान, तुम्हीं कुछ कहो। बाज़ तो नशे में बेसुध पड़ा था।

ഇര

साक्षात्कार : 61

सुबह हुई तो वह बिलकुल तरो-ताज़ा था। रात की बातें...वह बड़बड़ाना, जिसे मैं मदिरा का आधिक्य समझ बैठी थी, सब उसे हर्फ़-ब-हर्फ़ याद थे।

"तुम इतनी सहमी-सहमी सी क्यूँ हो? मैं न तो वो दस गाँव छोड़ूँगा और न उसे! जंग होगी, रानी उसका सर तो काटकर ही रहूँगा मैं।"

"किसका...राव का?" मैंने पूछा।

"नायला बी...कहवा लाओ...नहीं रानी, फ़िक्र न करो; वो जैसे भी हों, तुम्हारे वालिद हैं...उनका क़त्ल नहीं होगा, भले ही झूठी मरजादा के लिए तुम्हें मार डालने में उन्होंने कोई कसर नहीं छोड़ी थी..."

नायला कहवा चख-परोस पीछे खड़ी थी। बाज़ ने उसे देखा, फिर मेरी ओर मुड़कर बोला, "मुझे शहाबुद्दीन ने सब कुछ बता दिया है...अब भी वही कमबख़्त राव को भड़का रहा है। उसे नहीं छोड़ूँगा...नायला बी, आज रानी और मैं घुड़सवारी को जाएँगे, जाओ इन्तज़ाम करवाओ। नायला चली गई। मैं हैरान-सी बाज़ का मुख देखती थी, "किसे न छोड़ोगे? किसकी बात कर रहे हो?"

‘‘वही रेवादिया...उस कमबख़्त की हिम्मत कैसे हुई तुम पर बुरी नज़र डालने की!’’ पहली बार बाज़ को दाँत पीस-पीस कर बोलते सुन रही थी...और उसके मुँह से रेवादिया का नाम, वह क्या जानता है उसके बारे में? जी काँप-सा उठा,

‘‘रेवादिया...तुम कैसे...’’

‘‘तुम्हें नहीं मालूम रानी, पर भँवर जब तुम्हारा रुक्का लेकर आया तो रबात ख़ान उसे रुक्मिणी के पास नहीं, सीधा मेरे पास ले आया था। बेतरह पशेमान था बेचारा...रो-रोकर बयान करता रहा। उसे सब कुछ पता था रानी...भूल ज़रूर हुई उससे पर वह आदमी बुरा नहीं था। असली फ़साद की जड़ तो एक ही है—रेवादिया।’’

‘‘पर तुम्हें तो मालूम है...’’ मैं सिर झुकाकर धीरे से बोली।

‘‘हाँ, कि वह अपने मक़सद में कामयाब नहीं हुआ पर उससे क्या! उसका सर तो न बचेगा...और रानी दुर्गावती की धमकी को क्या राल के साथ निगल जाऊँ! उसने भी तो राव की बातों में आकर तुम्हें मेरी जबरन उठाई हुई रखैल क़रार दे दिया है। बात सिर्फ़ दस गाँवों की नहीं। होती भी तो क्या...तुम तो बहुत पढ़ी-लिखी हो रानी...सूई की नोक भर ज़मीन के लिए यहाँ भाई से भाई भी लड़ मरे, दुर्गावती मेरी क्या लगती है!’’

मैं अपराधबोध से दब कर रुआँसी हो गई। मेरे लिए इतनी मार-काट...अब, जबकि मैं इतनी ख़ुश हूँ?...मेरी आँखों में आँसू आ गए-अफ़सोस, भय,और ख़ुशी के, सब के सब इकट्ठे!

‘‘तुम न रोना। इस फ़ैसले का तुम पर कोई एहसान नहीं। यह मालवा के सुलतान के इज़्ज़त-ओ-आन की लड़ाई है। चलो, आज साथ घुड़सवारी कर लें, फिर न जाने कब नसीब हो इकट्ठे सैर करना।’’

ꣲ

साक्षात्कार : 62

मैंने बहुत कहा, बाज़ मुझे छोड़कर न जाओ। मुझे बहुत डर लगता है...

‘‘तुम्हें डर किस बात का, मेरी आधी फ़ौज यहाँ रहेगी...नायला बी हैं, मोहम्मद यहीं रहेगा, और फिर उधर को ही तो जा रहा हूँ जहाँ के लोग तुम्हें मुझसे छीन लेना चाहते हैं...’’

‘‘पर मेरे लिए इतना ख़ून-ख़राबा...’’

‘‘रानी, तुम्हारे लिए तो काफ़िर होने का इल्ज़ाम भी बख़ुशी मैंने अपने सर ले लिया।

तुम्हारी ख़ातिर दोनों जहान भी हार जाऊँ तो कोई बात नहीं।''

उसने ठान ली तो बस ठान ही ली।

दूसरे दिन हिंडोला-महल में एक बड़ी युद्ध-सभा हुई। बड़े इमाम और उलेमा ने जमकर आग में घी डाला—बिलकुल सही फ़ैसला है सुलतान का, काफ़िरों ने ललकारा है, उन्हें सबक़ सिखाना तो लाज़िमी है—यह जंग नहीं, कुफ़्र के ख़िलाफ़ जिहाद है!

बाज़ बिगड़ उठा, ''कुफ़्र का इससे कुछ लेना-देना नहीं...जिहाद भी है तो इश्क़ का जिहाद है...मख़मल में लपेट कर नेज़े का तोहफ़ा भेजनेवालों को सबक़ सिखाने जा रहा हूँ मैं, ऐतराज़ है किसी को?'' बड़े इमाम की ओर देखता हुआ बाज़ गुर्राया।

सब के सब—वज़ीर, मुशीर, सिपहसालार-सब हक्के-बक्के देखते थे उसे। बड़े इमाम का मुँह स्याह पड़ गया, सिर झुकाए फ़र्श को घूरता रहा।

मेरे जानते नायला ने बाज़ को कभी कुछ नहीं कहा। शायद वह पहले दिन ही समझ गई थी कि वह नहीं माननेवाला।

तीसरे दिन मालवा की आधी फ़ौज लेकर बाज़ कूच कर गया—दस हज़ार घुड़सवार, पाँच सौ तीरंदाज़, पाँच सौ हाथी, पच्चीस तोपें और बन्दूकची और पन्द्रह हज़ार पैदल सिपाह...केवल दस गाँवों की ख़ातिर इतना बड़ा लशकर लेकर सुलतान ख़ुद रण को निकल पड़े! बहुतों ने कहा—बाज़ बहादुर दीवाना हो गया। कभी-कभी मुझे भी लगता-वह सचमुच पागल हो गया था।

उसके जाने के बाद कई दिनों तक रोती रही, जी उदास हो गया।

नये महल में आने के बाद पिछले डेढ़-दो बरस बड़े अच्छे बीते थे हमारे...सुबह अक्सर घोड़ों पर सवार हरे-भरे मैदानों और बाग़ों की सैर, शाम छतरी पर साथ बैठे ढलते हुए सूरज को देखना, संगीत का रियाज़, कबित्तों के लिए नई धुनों की खोज, नृत्यांगना-सखियों की मनोहारी नृत्य-नाटिकाएँ...अब हर घड़ी सर झुकाए विरह की स्याह कबित्तों से काग़ज़ काले करती रहती। कभी कुछ अच्छा बन पड़ता तो भी उसी की याद आती...वह आएगा तो सुनाऊँगी उसे, कैसे खिल उठेगा वह—वाह, रानी, वाह...इसे रागिनी में बिठाऊँगा मैं...बुलाओ साज़िन्दों को, नायला बी...

बाज़ को गए कई हफ़्ते हो गए थे। उस दिन मैंने लिखा :

केवल चिन्ता-क्लेस बच्यौ
अब जियरा माँ मोर
पुलक तो मन की ले गयौ
तू ही तिहारे साथ
दिवस न लावै हरख कोई अब
*चैन न लावै रात**

---

* 'द लेडी ऑफ़ द लोटस'—एल.एम्. क्रम्प, पृष्ठ 70 क्र.सं. I (9)

"रानी, शुभ-सन्देस आया है...सुलतान ख़ैरियत से हैं। आपके नाम यह रुक्का भेजा है।" नायला ने फ़रमानी-नली मेरी ओर बढ़ा दी।

बाज़ ने लिखा था मालवा के सरहद के गाँवों से दुश्मनों को खदेड़ दिया... अफ़सोस, उस कमबख़्त का सर न उतार पाया, लेकिन बाँह काट दी। राव के संग भाग गया चन्देलों की सरहद पार गोंडवाना के जंगलों में...बचेगा नहीं, बाँह की बची ठूँठ लहू के फ़व्वारे उगल रही थी...वह हाथ नहीं रहा जो तुम पर झपटा था। जल्द आऊँगा, पर इन चन्देलों को पहले सबक़ सिखा लूँ ज़रा कि पड़ोसियों को ऐसे तोहफ़े नहीं भिजवाते।

मैंने जवाबी रुक्का भेजा...बाज़, मेरे प्राण, अब तो हठ पूरा हो गया तुम्हारा; तुमने अपनी ज़मीन वापस ले ली, रेवादिया को इतना घायल कर दिया कि स्वयम् ही कहते हो बचेगा नहीं...लौट आओ अब। मेरा जी नहीं लगता अकेले, सूना महल काटने को आता है...बहुतेरी कबित्तें लिखी धरी हैं, यह देखो एक बानगी :

ले'त करौटें पहर-पहर मैं पँजरे बदलूँ
तबहूँ नींद कहाँ बिरहन को
रात परे भी भोर भये भी
तरसत रहती तोरे
*मदमाते चुम्बन को**
मेरी मानो, अब लौट आओ वापस।

हफ़्ते भर बाद मैं पुनः सिर झुकाए लिखती थी :

कागद तो घना रहा
कित बिध पड़ ग्यो थोर?
मूरख! प्याली में भरि सकै कभू
*प्रेम कौं सागर तोर!***
नायला फिर आई बाज़ की ख़ैरियत बताने।

अब तक उसने राव को खदेड़ते हुए सीमा के उस पार चन्देलों के दस गाँवों पर क़ब्ज़ा कर लिया था। मैंने पहले की तरह फिर रुक्का भेजा...अब तो आ जाओ वापस, हो चुका ईंट का जवाब पत्थर!

लेकिन वह युद्ध जो अधिक से अधिक डेढ़-दो महीनों में समाप्त हो जाना चाहिए था, बाज़ के हठ के कारण तूल पकड़ता चला गया : पूरे छह महीनों तक चला।

---

* 'द लेडी ऑफ़ द लोटस'—एल.एम्. क्रम्प—पृष्ठ 70, क्रम सं. I (8)

** 'द लेडी ऑफ़ द लोटस'-एल.एम्. क्रम्प, पृष्ठ 73, क्रम सं. I (22)

उस अभियान से लौटने के बाद एक रात जब उसका हृदय अफ़सोस से फटा जाता था, नशे में धुत्त होकर उसने स्वयम् ही बताया सब कुछ। पहली बार उसकी आँखों से आँसू बहते देखे,

"मैं हार गया, रानी...सब मेरी वजह से हुआ...मेरा घमंड खा गया मुझे। जब चन्देलों को खदेड़ते हुए उलटे उनके दस गाँव ले लिए थे हमने, तब सबने कहा था...ख़ान मीरज़ाह तो मेरे बुज़ुर्गों जैसे हैं, अब्बू के साथ कन्धे से कन्धा मिलाकर लड़ चुके हैं शेर शाह के लिए। उन्होंने बड़े अपनापे से समझाया था मुझे...सुलतान आप हैं, लेकिन मेरी मानें तो बहुत दूर न जाइए गोंडवाना के इन बीहड़ जंगलों में, मैंने देख रखा है यह इलाक़ा...अच्छा नहीं है। मैंने एक न सुनी उनकी। एक चौथाई फ़ौज और मँगवा ली। उनकी तो क्या...आह!" बाज़ का मुख क्लेश की तीक्ष्णता से सहसा मुचड़-सा गया, "आह! उनकी तो क्या, मैंने तुम्हारी भी न सुनी, रानी। अड़ा रहा, एक बार दुर्गावती से सामना तो हो ले। मग़रूर था। जंग के दाँव-पेच पर दुर्गावती की पकड़ मुझसे कहीं ज़्यादा मज़बूत है, रानी। और अपने इलाक़े के चप्पे-चप्पे से वाक़िफ़ भी है; वह मुझे बनाती रही, और मैं बनता रहा। शुरुआती मुठभेड़ों में चन्देल आसान फ़तहों का चारा डालते गए और हम नादान मछलियों की तरह उन्हें काँटा समेत निगलते गए...आख़िरकार जब हम उनकी मनचाही जगह पर पहुँच गए, तब हमें मुग़ालते में रखकर उनकी आधी फ़ौज हमारे पीछे को निकल गई, हमारे रसद की आमद काट दी...एक ओर दरिया, दूसरी ओर पहाड़, आगे दुश्मन, पीछे दुश्मन! मेरी आँखों के सामने मालवा की तीन-चौथाई फ़ौज तिनकों की तरह बिखर गई, और मैं कुछ न कर सका...मुझे तसल्ली न देना रानी, बहुत बहादुर बनता था न मैं? बाज़ की तरह झपट्टा मारकर पलक झपकते ही शिकार को शिकंजे में ले लेनेवाला बाज़ बहादुर! सबक़ सिखाने के बदले सबक़ लेकर आया हूँ रानी, और नामर्दों की तरह रोता हूँ तुम्हारी गोद में पड़ कर!"

उसकी आखों की तड़प मुझसे देखी न गई, मैं भी रो पड़ी।

"रो लो, रानी...मेरे हाल पर रो लो मगर तसल्ली हरगिज़ न देना, यह सब मेरी ज़िद और नादानी का नतीजा है...सबसे ज़्यादा अफ़सोस तो मुझे औरों का है—उस आर-पार की लड़ाई में मेरे साथ गए ग्यारह में से आठ जाँबाज़ सिपहसालार खेत हो गए, हज़ारों सिपाहियों की जानें गईं...तोपें, ख़ेमे, लाव-लशकर सब धरे रह गए चन्देलों के आइन्दा इस्तेमाल के लिए। और फ़जीहत की इन्तहा देखो कि रानी दुर्गावती के तो दर्शन भी न हुए! जान बचा कर जो जिधर जा सका, भाग खड़ा हुआ...मैं भी वापस लौट आया हूँ तुम्हारे पास...तुम ख़ुश नहीं? तुम्हीं ने तो कहा था, वापस लौट आओ, तो आ गया, वरना मुँह दिखाने के क़ाबिल तो नहीं रहा..." कराह कर वह औंधा लेट गया। "नायला बी, कहाँ हो तुम, थोड़ी शराब और चखो।"

“जो हुक्म सुलतान, पर जान की अमान पाऊँ तो एक बात अर्ज़ करूँ...अब और, कल शाम!”

जो बात मुझे कहनी थी वह नायला कह गई। मेरा हृदय तो अपने प्रियतम के लिए स्नेह से फटा जाता था—उस समय यदि उसने मुझे कहा होता तो मैं और मदिरा क्या, अपनी जान प्याले में उड़ेल कर ला देती उसके लिए!

मैंने कहा था न श्रुतिलेखक जी, मेरा बाज़ विचारवान वीर था; इतनी बुरी तरह पिट कर वापस लौटने के बाद भी उसका विचार, उसकी वीरता, सब ज्यों के त्यों थे । पराजय के बाद शत्रु की श्रेष्ठता का सम्मान एक वीर ही तो कर सकता है, और वह वीर विचारवान हो, तभी अपनी हार को बिना किसी कटुता, किसी अपशब्द के स्वीकार कर पाता है। नशे में धुत्त होने पर भी मेरे बाज़ ने रानी दुर्गावती को कभी न कमबख़्त कहा, न काफ़िर, न औरत!

पर लोगों का मुँह का कौन रोक सकता था—सारे मांडवगढ़ में ही नहीं, सल्तनत के हर गाँव-क़स्बे में ख़ूब खिल्लियाँ उड़ीं...एक काफ़िर रानी के इश्क़ ने सारा सत्त निचोड़ लिया, दूसरी काफ़िर रानी ने ऐसा लपेटा कि चित हो गया सुलतान! इस बुरी तरह हारा, और वह भी एक औरत के हाथों। छि:...छि:...

रानी दुर्गावती के हाथों उस पराजय ने तोड़ कर रख दिया मेरे प्रियतम को। पंडीज्जू की चेतावनी एक बार पुन: मेरे मन-मस्तिष्क की परिक्रमा करने लगी, जी में आया कि एक बार धर्मपुरी जाकर पूछ आऊँ उनसे—क्या दुर्गावती रानी से ही सावधान रहना था हमें, या कोई और संकट बढ़ा आता है हमारी ओर? क्या दुर्गावती बाज़ की सेना पर इस कड़े प्रहार से सन्तुष्ट हो जाएगी, या सचमुच मुझे आज़ाद कराने आ जाएगी मांडवगढ़ तक?

ꙮ

साक्षात्कार : 63

उसके बाद बाज़ बिलकुल बदल-सा गया। पहले वाला बाज़ होता तो नायला के बरज देने पर चुप थोड़ी हो जाता उस रात...गुर्राता उस पर, और अधिक मदिरा हासिल किए बग़ैर सो न जाता डाँट खाए बच्चे की भाँति। पर यह बदलाव बाहर उतना नहीं, जितना उसके भीतर आया था; ऐसा लगता था जैसे उसके अन्दर

कहीं बहुत गहरे कुछ पराभूत हो गया हो। उसकी आँखें कुछ खोई-खोई, अन्तर्लीन-सी रहने लगी थीं। सल्तनत के काम-काज को वह अब भी रोज़ाना वैसे ही अंजाम दे देता जैसे देता आया था—ख़ल्क़ में अमन-चैन क़ायम रखने के लिए प्रतिदिन झरोखा-दर्शन, थोड़ी देर दरबार का संचालन, हर हफ़्ते-पन्द्रह दिनों में फ़ौज की पड़ताल-क़वायद। मगर ऐय्यारों के साथ अब वह कम बैठता--एक तो वे कितनी भी झाँप-तोप करते, फिर भी अख़बारात[1] में उड़ती-फैलती अफ़वाहों का कुछ न कुछ ज़िक्र आ ही जाता; दूसरे, गोंड अभियान के तुरन्त बाद उसका चहेता ऐय्यार शहाबुद्दीन ऐसा ग़ायब हुआ कि फिर कभी दिखा ही नहीं। सम्भवतः डर के मारे मालवा छोड़कर भाग गया था कहीं—उन दस गाँवों की ख़बर वही लाया था!

मालवा की सेना गोंड अभियान में बरबाद हो गई थी, पर मांडवगढ़ में सोना अब भी बेहिसाब था—शाही-महल के गुप्त तहख़ानों में, मुंज तलाओ और कपूर तलाओ की तह में गड़े कक्षों में, जहाँ-तहाँ। फ़ौज के नुक़सान की भरपाई करने को पर्याप्त। सैनिकों की भरती फिर शुरू हो गई; नई तोपें, नये हाथी, लाव-लशकर; कुछ महीनों में सब कुछ वापस दुरुस्त हो गया, पर बाज़ अब उन्हें लेकर कहीं जाने का नाम भी न लेता।

आनेवाले समय के बारे में शायद उसके मन में भी धुक-धुकी लगी थी...अक्सर कहता, 'रानी! अगर मुझे कुछ हो गया, तो तुम कहीं दूर चली जाना, ये लोग तुम्हें यहाँ रहने नहीं देंगे...बहुत जलते हैं हमारे प्रेम से'...मैं कहती, 'क्या होगा तुम्हें...और कहाँ जाऊँगी मैं? क्या राव की भाँति चन्देला रानी की शरण में? वहाँ के लोग चैन से जीने देंगे मुझे! यह तो मैं कहने से रही कि तुम मुझे जबरन उठा लाए थे, और तुमसे प्रेम करती हूँ सो तो कहती ही जाऊँगी, चाहे मार भी डालें!' वह चुप हो जाता।

पहले का बाज़ अफ़वाहों को हँस कर टाल दिया करता था, पर अब हमारे बारे में हर खिल्ली, हर चुटकी ज़हर-बुझे तीर की भाँति सीधे उसके हृदय में जा पैठती। हास्यास्पद अफ़वाहें भी कई-कई दिनों के लिए उसे गाढ़ी स्याही जैसी मनोदशा में छोड़ जातीं।

सावन का महीना था पर आकाश ख़ाली। उस शाम छज्जे पर बैठे थे हम—पीछे दीवानख़ाने में जुबेदा रबाब बजाती थी। मदिरा पीते-पीते सहसा बाज़ बोला, "रानी, चलो आज राग मेघ-मल्हार सुनाओ, मेघों को बुलाओ।"

मैं गाने लगी, और संयोग! कहीं से मेघ उमड़ आए, झम-झम करके बरसने लगे। बाज़ हँसने लगा। "रानी! तुम तो जादू करती हो।"

---

1. अख़बारात—ख़बर का बहुवचन; मध्यकालीन इतिहास में विशेष अर्थ—जासूसों द्वारा लाई गई गुप्त सूचनाएँ

दो दिनों बाद जब वह ऐय्यारों से ख़बरें लेकर आया तो उसका चेहरा लाल था। बाज़ार में अफ़वाह गरम थी—रानी रूपमती जादू-टोना करती है, गीत गा कर मेह बरसा देती है!...मैं उसका मन बदलने के लिए ज़ोर से हँस पड़ी, बोली,

"हाँ, मैं गाती ही इतना अच्छा हूँ, मेघ तो आएँगे ही सुनने।"

लेकिन जब खुल्ला जानी जल मरी, तब न हँस पाई। मेरा दिल भी काँप उठा। नायला ने ख़बर लगाई...खुल्ला छज्जे पर खड़ी थी, हवा ज़ोर की थी उस रात। उसके दुपट्टे का कोना उड़ कर दीवार पर जलती मशाल से जा लगा। पलक झपकते ही चाँदी के तार से कढ़ी झीने रेशम की उसकी कुर्ती भभक उठी। रेशम जल गया, चाँदी के तार उसके तन से ऐसे चिपके कि उसके साथ ही दफ़न हुए। खुल्ला की बाँदी ने कहीं बोल दिया, आग मशाल से नहीं लगी, उसके कपड़ों से एकाएक धुआँ उठने लगा...लपटें अपने-आप उभर आईं।

उस एक लुत्ती से सारे मांडव में आग लग गई...रानी जादू-टोने से सिर्फ़ बादल ही नहीं बुलाती, दूर ही से लोगों के कपड़ों में आग लगाना भी जानती है!

जिस दिन खुल्ला मरी, उस दिन बाज़ ने पहली बार मुझे कहा था, मुझे कुछ हो जाए तो कहीं दूर चली जाना...उस दिन मैं न हँस पाई...करवटें बदलती, देर रात तक यही सोचती रही, तुम्हें कुछ हो गया तो कहाँ जाऊँगी, बाज़, कितनी दूर, किस दिशा में?

ᘓᘐ

साक्षात्कार : 64

कुछ दिनों तक बाज़ का पूरा ध्यान पूरब की ओर चन्देल-गोंड सीमा पर ही लगा रहा। उसे भी शायद दुर्गावती की ओर से ख़तरे का आभास होता रहा होगा। वफ़ादार जाँनिसार मोहम्मद ख़ान को उसने कदरूला का क़िलेदार तैनात कर दिया था। पुराने जाँनिसार ख़ान-ए-सामाँ सुलेमान ख़ान की तरक्क़ी हो गई—उसे महल के पहरे पर लगे जाँनिसारों का सरदार बना दिया गया। बस, और कुछ भी नहीं।

बाज़ के अन्दर का संगीतकार उस पर हावी होता जाता था—बिरले ही कभी शिकार या घुड़सवारी पर बाहर निकलने को कहता। उसके घुँघराले, भूरे बाल कन्धों तक बढ़ आए थे...एक और भारी बदलाव उसमें आने लगा था...पीने बहुत अधिक लगा था वह, जैसे कुछ भूल जाना चाहता हो सदा मस्त रहकर। अब लाल अंगूरी मदिरा से उसका काम न चलता...अक्सर वह कहता, 'नायला बी, जाने क्यूँ

यह मीठी मदिरा जी से उतर गई अब...वह ईसाइयों वाली लाओ...जाओ, जाओ, देख क्या रही हो...' नायला वह पानी-जैसी पारदर्शी, कड़वी शराब ले आती। मुझे कहाँ पता चलता उसका स्वाद! वही चखती थी, उसी ने बताया—एक बूँद जीभ पर ली तो जैसे आग की लहक-सी पेट तक तिरती चली गई...शाम को ही नहीं, दिन में भी, रह-रह कर, जैसे मस्ती की उबाल को थमने ही न देना चाहता हो, ऐसे पीने लगा था वह।

बाज़ का ज़्यादा वक़्त अब संगीत-शाला में ही बीतता। अक्सर एक-दो साज़िन्दों के साथ बैठा अकेला ही गाता रहता पहरों...मैं उसके साथ ही रहती हमेशा, पर और कोई नहीं। मुझे कहता, तुम नहीं गाओगी, रानी...क्यों नहीं गाऊँगी, तुम बताओ क्या गाऊँ?...वही जो उस दिन चाँदनी रात में गाती थीं तुम होशंग शाह की छतरी पर...इसे कैसे पता?...अच्छा! तो ये था वह पेड़ों में सरसराती आवाज़!

शाम को अक्सर छह नृत्यांगना-सखियाँ तलब हो जातीं...नाचते-नाचते थक कर चूर...फिर भी...नायला चखती ही जाती वह ईसाइयों वाली शराब। सुलतान की आँखें बन्द होने को आ जातीं, तब वह मेरी ओर देखते हुए बाज़ से कहती, 'सुलतान, जान की अमान हो...' मेरी ओर ऐसे देखती जैसे कहती हो 'रानी, अपना काम आप ही करो ना!'

रात के पिछले पहर आँख खुल जाती...मुझसे लिपट कर वह कहता, 'मुझसे रूठ गईं, रानी...मुँह फेर लिया मुझसे? मैं हूँ ही ऐसा कमबख़्त'—तब सारी दुश्चिंताओं के बावजूद प्यार आ जाता उस पर...उसके गाने की आवाज़ कानों में भर जाती, जैसे पहाड़ी पर से कोई झरना नीचे ताल में गिरता हो।

'मैं...मैं कहाँ रूठी, मैं तो जब चाहो कड़ी मेहनत को तैयार हूँ, उस्ताद! तुम कहो तो मधुराष्टकम् सुनाऊँ।' हम एक साथ हँस पड़ते।

हमदोनों जब साथ होते, हमें दीन-दुनिया की कुछ ख़बर न होती।

किन्तु दूसरे दिन फिर वही आलम...बाज़ अपनी हरकतों से बाज़ न आता! फिर भी, बावजूद चन्देला रानी से मात के, बावजूद ईसाई शराब की पैर फैलाती लत के, हम एक दूसरे के साथ बहुत ख़ुश थे।

कभी-कभी मन में सोचती, काश! मैं रानी रूपमती नहीं, कोई साधारण लड़की होती, और वह सुलतान बाज़ बहादुर नहीं, सिर्फ़ मेरा चाहनेवाला होता...फिर मेरा मन पलट जाता...प्रेम तो प्रेम है, रूप, जो भाग्य में लिखा हो तो अनायास मिल जाता है...राजा हो या रंक, उससे कुछ फ़र्क़ नहीं पड़ता...तू जहाँ है, जैसे है, अगर बाज़ तेरे साथ है तो तू ख़ुश है; नहीं, तो उससे आगे कोई राह नहीं।

एक बार फिर हमदोनों एक दूसरे और नृत्य-संगीत की रस-धार में कुछ इस तरह डूब चले थे कि यदि तारा न आ जाती तो मुझे कुछ ख़बर न हुई होती कि किसी और तरफ़ से भी कोई ख़तरा है...तारा? वह तो आख़िर-आख़िर तक कहती रही कि वह

तारा नहीं, ज़ाहिदा है...तैंणे सुपणा देखो होय कोई!...कब का बोला हुआ कहाँ जा के याद आया। शायद वह न तारा थी न ज़ाहिदा—सचमुच सपना ही देखा होगा कोई!

ಐ೦ಡ

साक्षात्कार : 65

गुलरेज़ तीन-चार लड़कियों के साथ पिछले सहने में खड़ा नायला का इन्तज़ार करता था कि झरोखे से मेरी नज़र एक किनारे को खड़ी उस युवती पर पड़ी...लगा, इसे तो पहले भी कहीं देखा है। ध्यान से देखा...अरे! सहसा हृदय-गति बढ़ गई...वही नाक-नक़्श, वैसी ही गोल आँखें, वही तनी हुई-सी काया...अरे, यह तो तारा है! पर तारा कहाँ से आ गई गुलरेज़ के साथ? जी हुमकने लगा एकदम से दौड़ कर उतर जाने को सहन में, पर यहाँ कैसे होता सो...

"नायला बी, देखती हो...वह छोरी जो आख़िर में खड़ी है...उसे ऊपर लेकर आओ मेरी बैठक में, उसे हमारी मुलाज़िमत में ले लो, बाक़ी के बारे में तुम तय कर लेना गुलरेज़ के साथ।"

नायला उसे छोड़कर गुलरेज़ से बात करने चली गई थी; वह खड़ी थी, सिर झुकाए। नायला के जाते ही मैं झटक कर उसके पास जा खड़ी हुई, ठोढ़ी पर उँगली धर उसका मुँह उठाया...वह घबराई हुई-सी मेरी ओर देखती थी, उसकी आँखों में कोई पहचान न उभरी।

"तू तारा है न?"...पाँच बरस से ऊपर हो गए थे उसे देखे हुए; उस समय जिसे जानती थी वह बारह-तेरह की किशोरी, और यह जो सामने थी, भरपूर स्त्री। मैं ख़ुद ठिठक-सी गई—तारा है या उसके जैसी कोई और? "ऐसे क्या देखती है...बता, तारा ही है न तू?' मैंने पूछा।

"तारा कौन...हम त ज़ाहिदा हँय।"

"चल झूठी, मुझे बना रही है..."

"नईं मलिका, खुदा क़सम...हम तारा नहीं, ज़ाहिदा हँय।" लगा, सच बोलती है।

"कहाँ से आई हो?"

"मथुरा के नजीक गाँव हओ हमार...खेतन में गई रही, हूँइ से उठाय लाए मोय।"

तीन दिनों चला उसका वह ज़ाहिदा वाला नाटक। मैंने तरह-तरह से कई बार उसे कुरेदा पर वह थी कि अड़ी रही। तीसरे दिन तंग आकर मैं उसके कानों में फुसफुसाई, "यह क्या ज़ाहिदा...ज़ाहिदा किए जा रही है...तारा ही है तू।"

''हम तारा को नईं जानती, सच्च रानी...हम त ज़ाहि...''

''फिर वही झूठ...जा बालक पड़ जाए तेरे पेट!''

वह अपनी हँसी न रोक पाई। नीचे को देखती मुस्कुराती रही। सहसा मैं उससे लिपट गई, ''कहाँ रहीं इतने दिनों, सखी?''

''शुः...ह्ह्ह...'' उसने होठों पर उँगली रखकर चारों ओर देख लिया। आस-पास कोई न था, ''माणे ज़ाहिदा ही रहण दे, रूप...भेजा तो उनणे कुछ और ही करण वास्तैं था पर मण माँ ठान कैं आई थी, तणे आगाह कर णे जाऊँगी...''

''क्या...अब कोई और झूठ! किसने भेजा था...क्या करने के लिए?'' मैंने उसकी बात काटते हुए कहा।

''ना...ना...सब बताऊँ तणे।''

उस रात जब बाज़ संगीत-शाला में मगन था और नायला उसके जाम चख रही थी, तब तारा ने अपनी पूरी कहानी सुनाई मुझे। मेले से उठाकर ले जानेवाले का जी जब उसकी देह से भर गया, तब उसने तारा को बाँदियों के एक व्यापारी के हाथ बेच दिया था। कई महीनों तक वह किशनगढ़ के पास एक ज़मींदार के यहाँ रही। उसके साथ वही सब कुछ होता रहा जो हमारे युग में बिकी हुई बाँदियों के साथ आम होता था। फिर उस ज़मींदार के यहाँ डकैती हुई तो डकैतों ने उठा लिया उसे। कुछ दिनों भरतपुर में उनके साथ रही, और आख़िर आगरे के बाँदी-बाज़ार में एक बार फिर बिकी...फ़िलहाल वह मलिक मुस्तफ़ा के घुड़साल के सरदार की रखैल थी, लेकिन काम-काज वह मुस्तफ़ा के हरम में करती थी।

''मुस्तफ़ा णे हार नईं मानी है, रूप...आख़िर ओकी पैरवी परवाण चढ़ण लागी है—ओका उठना-बैठना माहम अंगा के बेटे अधम ख़ान कोका कैं संग हो ग्यो है, जै दिन माँ-बेटे रो सितारा बुलन्द हुऔ, समझ लीजौ कुछ न कुछ बुरा होवैगो थारे सुलतान कैं साथ...हर संझा मुस्तफ़ा जा बैठे अधम खान कैं मोफिल माँ, और ओके कान में फुसफुसात रहै—थारे रूप-गुन को बखान और थारे सुलतान की बुराई... शहाबुद्दीन नाम का एक ऐय्यार रहा अठै कोई? वा भी जा मिल्यौ है उन माँ।''

मैं चौंक उठी, ''क्या...शहाबुद्दीन तो बाज़ का चहेता था!'' मेरा कंठ सूख-सा गया था तारा की बातें सुनकर।

''चहेतन भी बिकाऊ होत हैं, रूप...ओकी राय पे'ई माणे भेज्यौ है अठै कौ हाल-चाल लेण वास्तैं। गुलरेज़ भी बिक ग्यो दस हजार टका माँ...अब न आवैगो। कोई औरई ले जावैगो माणे।''

''क्या...'' मैं बौखला गई, ''तू चली जाएगी उन्हें खुफ़िया ख़बर देने...पर तुझे तो मैंने...'' मैं कहने जा रही थी कि मैं उसे ख़रीद चुकी थी, पर स्वयम् को संयत करती हुई कड़ाई से बोली, ''अब तुझे कहीं न जाने दूँगी, तारा।''

''मैं ना गई तो उण्नै सन्देह हो जावैगो, वा औरई रस्ते ढूँढ़ण लगैणगे।''

"रस्ते ?...मुझे कुछ समझ नहीं आ रहा है। तू उनकी तरफ़ है, तो मुझे क्यों बता रही है यह सब ? और उन लोगों को क्या-क्या बताएगी तू ?"

"मो तो सदा सैं थारेई तरफ़ रही हूँ, रूप...अभउ हूँ। मो तो ऐसो कुछ देख्यो ही कोन्नी जो जा के बताऊँ। जे कह सकती तो कह देती कि थारो रंग-रूप बिगड़ ग्यो, थारी जवानी ढल चुक्यो, पण पकड़ लैणगे माणे...बीस-इक्कीस की उमर माँ जवानी ढलती सुणी है तैंणे कभउ!"

उसकी बातों से उत्पन्न आशंकाओं के बावजूद मैं अपनी हँसी न रोक पाई, "तो तू दोनों पानी मारेगी वापस जाकर ? और कहीं उन्हें ख़बर हो गई कि तू असल में कौन है और मुझे क्या-क्या बता गई, तो वे तुझे मार न डालेंगे ?"

"एक बात कहूँ तणे रूप ?", सहसा उसकी आँखें भर आईं और वह गम्भीर हो उठी, "जैसे गए पाँच बरस से जीवती रही न सखी, वा से तो मर जान्णो ही अच्छो होतौ!"...फिर एकदम से पुरानी तारा की भाँति पलटा खा कर मुस्कुराते हुए बोली, "काईं मतलब मो कौन हूँ, कौन बतावैगो उण्ने...तू ? अरी जा...बालक पड़ जाए थारे पेट!"

मैंने जवाब में कुछ कहा नहीं पर मन-ही-मन सोचा—तेरे मुँह में घी-शक्कर, तारा!

"अच्छा, तू क्या कहने जा रही थी कि वे कोई और रस्ता ढूँढ़ने लगेंगे ?"

"हाँ, अब तक तो हेई सुन्यो कि जब कभउ वा आए, सारंगपुर के रस्ते आवैंगे... अच्छा, अब मो चालूँ...और याद राखियो म्हारो नाम ज़ाहिदा थौ, तारा नईं।"

वह चली गई। दूसरे दिन वह ग़ायब हो गई। उस दिन के बाद फिर न वह कभी दिखाई दी, न गुलरेज़।

तारा के जाने के बाद मैंने बहुत माथा खपाया अपना—काश! मैंने नायला को भी उस बातचीत में शामिल कर लिया होता। पर क्या मालूम, शायद नायला के सामने तारा कुछ बोलती ही नहीं। और बोलती तो न जाने उसका नतीजा क्या होता। हो सकता है जासूसी के आरोप में बचपन की मेरी सखी का सर क़लम हो गया होता। दो-मुहें गुप्तचरों को कौन छोड़ता है भला!

दूसरे दिन उसकी बहुत ढूँढ़ हुई। नायला ने एक बार तो मुझे भी आ पूछा, पर मैं किसी बहाने टाल गई। कई बार सोचती कि बाद में ही सही नायला या बाज़ को सारी बात बता दी होती, पर वही झिझक कि शायद वे कहें, 'पहले क्यों न बताया, रानी...बचपन की सखी थी तो क्या ?...खुफ़िया ऐय्यार बना कर भेजा था उसे दुश्मन भाई ने'...फिर स्वयम् को ढाढ़स भी दे लेती, बता देती तो क्या हो जाता ? क्या वह टल जाता जो होना है ?

सपना ही देखा होगा कोई—न वह ज़ाहिदा थी न तारा!

कहते हैं, दुर्भाग्य द्वार के कुंडे खटखटा कर नहीं आता, पर हमारे बुरे दिनों ने दस्तक दी थी एक बार। बाज़ ने ही अपने कान बन्द कर लिए।

देखते ही देखते एक और बरस बीत गया था। तारा जो कह गई थी, वह साफ़-साफ़ तो न नायला से कह पाई न बाज़ से, किन्तु अब मैं स्वयम् चौकन्नी रहने लगी थी...कभी मौन-धारण कर बाज़ की बेहिसाब शराबनोशी पर आपत्ति जताती, कभी उसे ठेल-ठाल कर संगीत-शाला से बाहर निकाल लाती, कभी उसे टोक देती कि फ़ौज का मुआयना किए इतने दिन हो गए हैं...मगर उसे उसकी स्वाभाविक तरंग फिर उधर को ही खींच ले जाती...थोड़ी-बहुत देर को ख़ान मीरज़ाह से हालात पर तबसरा सुनकर वह लौट आता। फ़ौजी जासूसों और ऐय्यारों को तो वह साफ़ टालने लगा था। शहाबुद्दीन की जगह फ़ैय्याज़ अली को मिल गई थी, पर बाज़ तक उस जैसी पहुँच नहीं।

मेरे जीवन के बीस बरस ही पूरे हुए थे...पर इन दो दशकों में इतना कुछ देख-सुन-समझ लिया था, ख़ास कर पिछले पाँच छह सालों में, कि लगता था एक सदी से मैं षडयंत्रों के चक्रव्यूह से जूझ रही हूँ। सन् 1560 ई. की वसन्त-ऋतु आरम्भ होने को थी। फ़ैय्याज़ बुरी तरह घबराया हुआ सुलतान को ख़ुफ़िया ख़बर पेश करने की इजाज़त माँगता हुआ आया था, सुलेमान ने बताया मुझे। उसने फ़ैय्याज़ को जहाज़-महल भिजवा दिया था।

तब तक शायद मेरी टोक लग गई थी बाज़ को! अब उन छह नृत्यांगना-सखियों की नृत्य-नाटिकाएँ अक्सर पुराने महलसरे में ही होतीं। बाज़ के मामू आदम ख़ान और सलीम ख़ान, ताज ख़ान, सूफ़ी जैसे कुछ चुनिन्दा सिपहसालार उन दिनों उसके बहुत क़रीब होते जा रहे थे। वहाँ शायद उसे उनलोगों के साथ मन-मुताबिक़ उठने-बैठने पीने-पिलाने में झिझक महसूस न होती होगी...वह जो टोक लगी थी न बाज़ को, उसमें नायला भी मेरी तरफ़ थी—धीरे-धीरे सब बताती रहती मुझे। ज़्यादातर चुप रहने की अपनी आदत को ताक़ पर रखकर एक दिन तो तमक कर बोल उठी,

"बड़े ख़ान के दिनों से ख़ानदान के वफ़ादार ख़ैरख़्वाह रहे हैं ख़ान मीरज़ाह, सुलतान उनकी गोद खेले हैं बचपन में...वैसे तो बुज़ुर्ग हो चले, इस बेतहाशा नाच-रंग में क्या ठठेंगे अब, पर इस चांडाल-चौकड़ी ने उन्हें भी सुलतान से दूर कर दिया है, बाक़ी वफ़ादारों का तो कहना ही क्या!" लगा, वह कुछ और कहते-कहते रुक गई थी।

"क्यों...कोई ख़ास बात?"

"नहीं ख़ास क्या होगा, बस चापलूसी कर-कर के सुलतान को पिलाते रहते हैं रात-रात भर...मुझे तो डर..." वह फिर चुप हो गई। इस बार मैंने कुछ न कहा—

मैं जानती थी हमारे युग और उस माहौल में मामू और सिपहसालारों की तो क्या, अपने पैदा किए हुए बेटों की वफ़ादारी का भी कोई भरोसा न था। क्या पता कौन कब किसका सर उतार ले!

उस रात जब फ़ैय्याज़ सुलतान से फ़ौरन अकेले में मुलाक़ात की अरज़ लेकर जहाज़-महल पहुँचा, बाज़ पूरा मस्त होकर राय चन्द के साथ नृत्य-संगीत की बारीकियाँ परख रहा था, ''उस्ताद, यहाँ पर इस ता...ता...थइ...तत् को विलंबित में दोहरा दें तो कैसा रहे?''...नायला उसे जाम देते हुए फुसफुसाई, ''सुलतान, गुस्ताख़ी माफ़, फ़ैय्याज़ कुछ बहुत ज़रूरी...''

''नायला बी...नायला बी...मैंने पहले भी कहा है तुम्हें, मेरा मौसीक़ी तसलसुल[1] तोड़ा न करो...अब अगर मैं भूल गया कि वह रागिनी कहाँ से दुरुस्त करना थी, तब!'' किसी छोटे बच्चे के भोलेपन से नायला को झिड़क कर बाज़ फिर ता...ता...थइ...तत् को सुधारने में मशगूल हो गया था।

अगले दिन जब फ़ैय्याज़ मेरे महल के दीवानख़ाने में बाज़ से मिला तब मैं जाली के पीछे बैठी बड़े ध्यान से सब देख-सुन रही थी।

''हाँ, बोलो फ़ैय्याज़ अली, क्या आग लग गई, कहाँ पर?'' उसके स्वर की तीक्ष्णता से फ़ैय्याज़ छूटते ही सहम गया।

''अमीर सुलतान, सुनने में आया है...'' बाज़ ने बीच ही में उसकी बात काट दी, ''सुनी-सुनाई फिर से सुनाने आए हो? मुझे तो बताया गया कि तुम्हें कुछ फ़ौरी ख़बर देनी थी...जो भी कहना हो जल्दी कहो, मेरे निकलने का वक़्त हो चला है।''

''जी सरकार, ख़बर है कि आगरे से मुग़ल सिपहसालार बहादुर ख़ान एक बड़ी फ़ौज लेकर इधर को रवाना हुआ है। बहादुर ख़ान मामूली सिपहसालार नहीं...''

''मैं जानता हूँ वह मुग़ल ख़ान-ए-ख़ानाँ बैराम ख़ान का छोटा भाई है, आगे बोलो...'इधर को' से क्या मतलब? कहाँ, कितनी दूर पर है?''

''आगरे से पच्चीस कोस दक्खिन पहला पड़ाव किया है।''

''तो इस नतीजे पर अभी से कैसे पहुँच गए तुम कि वह मालवा पर ही हमला करने की नीयत से निकला है? कोई पक्की ख़बर है कि यूँ ही अँधेरे में तीर मारते हो!''

तब तक बेचारे ऐय्यार की पिल्ही खिसक चुकी थी,

''सुलतान, मज़ीद पड़ताल करके फिर हाज़िर होने की इजाज़त अता फरमाएँ।''

''इजाज़त है, और हाँ, पक्की ख़बर हासिल हो जाए तभी आना, मियाँ।'' फिर नायला से मुख़ातिब होकर बोला, '' नायला बी, सुलेमान से कहो हम घुड़सवारी को जाएँगे...रानी से पूछो, वो जाएँगी हमारे साथ।''

मैंने मना कर दिया।

---

1. मौसीक़ी तसलसुल—संगीत में लगे ध्यान का क्रम

मन-ही-मन सोच रही थी तारा बिलकुल सही ख़बर लाई थी। बैराम ख़ान ने अपने विश्वासपात्र छोटे भाई को अवश्य मालवा पर आक्रमण के लिए ही भेजा होगा...और इधर बाज़! कि अपने जासूस की रपट सुनना तो दूर, उससे सीधे मुँह बात भी न की। मेरा बाज़ सचमुच बहुत बदल गया था। मन में घोर अनाश्वस्ति का भाव उमड़ता था।

पाँच वर्षों में पहली ही बार ऐसा हुआ था कि बाज़ ने रात मुझसे दूर पुराने महलसरे में बिताई, और पहली बार ही मन में यह बात आई—कहीं मैं भी न उतर जाऊँ बाज़ के जी से, लाल मदिरा की तरह...उसे कुरेद भी नहीं सकती थी अधिक, उसने तो पहले ही कह दिया था—इतने क़रीब से न परखो, रानी, डर जाओगी। नायला कहती थी खानदेश के पार सुदूर दक्षिण में स्थित गोलकुंडा से एक नई नर्तकी आई है, रुख़साना। श्यामवर्ण किन्तु बड़े कटीले नैन-नक़्श वाली...उसका एकल नृत्य उन छह नृत्यांगना-सखियों पर भारी था, घड़ी भर भी न लगी उसे बाज़ के विलंबित ता...ता...थइ...तत् की मनचाही ताल को पकड़ते...बाज़ झूमता-मुस्कुराता देखता था—वाह...वाह, ये हुई न बात!

क्या पिछली रात वह रुख़साना के साथ लोगों का मुँह बन्द करने की कोशिश में लगा था...उसके सिवा किससे पूछती यह? पर उसने तो कहा था न...सुलतान हूँ, बहुत कुछ करना पड़ता है।

सुबह जब वह आया तो रतजगे का ख़ुमार आँखों से छलकता था। शाम होते ही वह फिर जहाज़-महल को लौट गया।

उस रात पूर्णिमा थी...ज़ुबेदा से कहा, ''पालकी मँगवा ज़ुबेदा, पहाड़ी की छतरी पर चलेंगे। मेरी बीण साथ ले लेना।''

हरियाली-भरी ढलानों पर दूर तक ओस में भींगी चाँदनी बिखरी पड़ी थी; उस पार गढ़ धर्मपुरी के छज्जे पर जलते मशालों की मद्धम आभा फैली थी। मैं देर तक बीण पर राग भैरव की बन्दिश बजाती रही। वापस लौटी तो आधी रात जा चुकी थी; बाज़ का कहीं पता नहीं...आँखों में नींद नहीं। तख़त पर शमादान की रौशनी के गोल चकत्ते में बयाज़ धरे अपने मन की व्यथा उड़ेलती रही :

ख़र्च हुऔ वह दिवस कि जा में
तू और मो एक प्रान रहे
अब तू फिर बन बैठौ है तू
मो भी फिर व्है गइ हूँ मो
एक कहाँ अब, दो फिर काया
आह नसीबा! ऐसे काहे मार गिरायौ
हमने काईं बिगारौ थारा *

---

* 'द लेडी ऑफ़ द लोटस'—एल.एम्. क्रम्प, पृष्ठ 76—क्र.सं. XI

रात के पिछले पहर आँख लग गई। आँखें खुलीं तो देखा बाज़ मेरे बराबर सोया पड़ा था। सुबह उठा तो मुझे देखते ही बड़ी निश्छलता से मुस्कुराया,

"यह बन्दिश देखो...दो दिनों के कड़े रियाज़ के बाद हमलोगों ने कल रात पूरी की...अभी तो गुनगुना कर ही सुना सकता हूँ, साज़ पर नृत्य के साथ शाम को...तुम्हें याद है? पाँच साल पहले आज ही के दिन तुम्हें मौत से छीनकर लाया था।"

उसे याद था? मैं चकित-सी उसका मुँह देखती रही। फिर बोली, "नहीं, रात मैंने क्या लिखा पहले वह देखो। बयाज़ उसके आगे को सरका दी।

"यह मायूसी भरी कबित्त यूँ तो अच्छी है पर मेरी बन्दिश को छू भी नहीं सकती।" अँगरखे की जेब से काग़ज़ का एक पर्चा निकाल, उसे देखता हुआ सचमुच ही गुनगुनाने लगा :

रूपमती कैं रूप कौं बरनन
ऐ मन ऐ मन
ता...ता...थइ...तत् ता...ता...थइ...तत्
मति कर मति कर
रै मूरख मन सुनि लै म्हारी
ऐ मन ऐ मन
ता...ता...थइ...तत् रै मूरख मन
मति कर रानी कैं रूप कौं बरनन
आग लगैगी छतियन छतियन
व्है जावैगी दुनिया दुस्मन
रै मूरख मन आग लगैगी
छतियन छतियन ता...ता...थइ...तत्
व्है जावैगी दुनिया दुस्मन

सजि-धजि आवैं मोहे रिझावैं
ता...ता...थइ...तत् सखियाँ सारी
सजि-धजि आवैं मोहे रिझावैं
सखियाँ सारी...ता...ता...थइ...तत्
बात बनावैं आँख नचावैं
ता...ता...थइ...तत् आँख नचावैं
पर पइहैं कित वा-से नैनन
वा-से नैनन! रै मूरख मन

सब सुनरी पर एक न भावै
सखियाँ सारी देवत गारी
पर पइहैं कित वा-से नैनन

रूपमती कैं रूप कौं बरनन
मति कर ऐ मन।

सामने रखी तख़त पर उँगलियों से ताल देता हुआ वह देर तक गाता रहा। गीत की लय में डूबते-उतराते ता...ता...थइ...तत् को उसने इतनी बार, इतनी अलग-अलग विधियों से दोहराया कि उसकी प्रतिभा से स्तब्ध मैं स्वयम् भी अपने मन में दोहराती ता...ता...थइ...तत। जब वह चुप हुआ, कुछ देर मैं मूक बैठी रही, फिर सुध आई तो पूछा, "बाज़...ये बोल तुमने लिखे हैं?"

"हाँ, और कौन लिखेगा, रानी!" उसने मुग्ध भाव से मुझे देखते हुए कहा, "आज संझा-वेला इस पर रुख़साना नाचेगी तुम्हारे एज़ाज़ में।"

आह्लाद से मेरा गला रुँध गया...क्या अनाप-शनाप सोचती रही मैं दो दिनों से...रै मूरख मन...रै मूरख मन!

यह भी भूल गई कि फ़ैय्याज़ को फिर बुलाकर उसकी बात ध्यान से सुनने की राय देने का मन बनाया था। लेकिन दो दिन बाद फ़ैय्याज़ ख़ुद ही आ गया। चेहरा खिला हुआ था।

"क्या ख़बर लाए, फ़ैय्याज़?" बाज़ ने पूछा।

"ख़तरा टल गया, सुलतान। बैराम ख़ान को हटा दिया बादशाह अकबर ने...बहादुर ख़ान पर भरोसा न रहा, बुला लिया गया वापस।"

ᘐᘓ

साक्षात्कार : 67

एक बार फिर मैं आश्वस्त हो गई—हमारा प्रेम इतनी आसानी से नहीं मिटनेवाला। एक बार फिर आयु-सम्मत प्रेम-लीला में डूब गए हमदोनों। पहरों मैं बीण पर राग-रागिनियाँ बजाती और मेरा बाज़ आपादमस्तक कान बना, आँखें मूँदे सुनता रहता। हाँ, उसने नृत्य-शाला में रुख़साना का नृत्य दिखवाया। रुख़साना श्यामवर्ण अवश्य थी, पर थी सचमुच सुन्दर, और नाचती तो उससे भी ज़ोर का थी। वह मेरे एजाज़

में नाची—झीने परदे के पीछे से उस्ताद राय चन्द की स्वर-लहरियाँ मेरे प्रियतम के शब्दों में मेरे रूप को महिमामंडित करती थीं।

सखियाँ सारीऽ...
देवत गारीऽ...ता...ता...थइ...तत्
पर पइहैं कित वा-सेऽ...वा-सेऽ...नैनन

मैं बाज़ की बगल में बैठी नज़रें नीची किए मन्द-मन्द मुस्काती थी, और वह मुग्ध-भाव मेरी ओर देखता हाथों से ताल देता था ता...ता...थइ...तत्

दो दिन बाद बाज़ दीवान-ए-ख़ास से दरबार के काम-काज निपटा कर देर शाम को वापस लौटा। नायला से ख़बर मिल चुकी थी, उसने जहाज़-महल की ओर रुख़ भी न किया था। फिर भी मैंने रूठने का अभिनय किया तो बोला, ''राज-काज तो ज़रूरी है रानी, पर मैं तो उस सब के बीच भी तुम्हारे ध्यान ही में था। ऐय्यारों से अख़बारात सुनते-सुनते भी कल के गीत में दो बन्द और जोड़ लिए...सुनोगी ? फिर मेरे उत्तर की प्रतीक्षा किए बिना ही गाने लगा :

ता...ता...थइ...तत्
कान्हा तोरी देखा-देखी
भौत करैं लीला हमहूँ पर
राधा-रूप के आगे, बोलौ
कित ठहरीं वा तोहरी गोपियन
ता...ता...थइ...तत्
कित ठहरी वा तोहरी गोपियन
जो ठहरैं जे म्हारी सखियन
मूरख बाज़ न कोसिस कीजो
तों से न व्हैगो
रूपमती कैं रूप कौं बरनन
ता...ता...थइ...तत् ता...ता...थइ...तत्

मैं मान से झूम उठी।

मैंने सोचा, उसने मेरे लिए इतने सुन्दर बोल लिखे तो मैं पीछे क्यों रहूँ। रात के पिछले पहर उसका हाथ धीरे से हटाकर उठी और लिखने लगी। शब्द जैसे कहीं भीतर से स्वतःस्फूर्त आते गए :

हरखित मन है पुलकित है तन
ओ री सखियो
रात की बातें सुपणा लागैं

भोर भई अब
अब जो जागैं मोरे साजन
फिरि करिहैं का
मोरे रूप का मोहि से बरनन
सुपणे को सच करिहैं का फिरि
मोरे साजन?
करिहैं का फिरि
मोरे रूप का मोहि से बरनन
ओ री सखियो
लाज के मारे मरि-मरि जाऊँ
तबहूँ मोरा
मन हरखित है पुलकित है तन

सुबह जब बाज़ को मैंने अपने बन्द दिखाए तो उसने मुझे आलिंगन में भींच लिया, "आज कोई रुख़साना नहीं, सब सखियों और उस्ताद को भी छुट्टी...सिर्फ़ ज़ुबेदा रबाब बजाएगी परदे के पीछे से और तुम गा कर सुनाना ये बन्द...वाह, रानी, वाह! तुम तो मेरी रूह तक आ पैठीं।"

पर मैंने कहा था न, सुख के दिनों के पंख लगे होते हैं—जैसे-जैसे सर्द हवाओं की ऋतु निकट आई, हंसों की भाँति उड़ गए किसी उष्म प्रदेश को। सन् 1560 ई. के अन्त से ही फ़ैय्याज़ अली का आना-जाना बढ़ गया।

"सुलतान, मेरा सर क़लम करवा दीजिए...कोई पक्की ख़बर नहीं मिल पा रही है। सारंगपुर और मांडव से उत्तर को भेजा हुआ एक भी बन्दा लौटकर नहीं आया हफ़्तों से! उधर से आनेवाले एक मुग़ल व्यापारी से बहुत पूछताछ के बाद बस इतना ही पता चला कि हरेक ऊँचे दरख़्त-ओ-मीनार पर मुग़लों ने ऐय्यार और तीरंदाज़ तैनात कर रखे हैं, परिन्दा भी पर नहीं मार सकता इधर को उनकी इजाज़त के बग़ैर।"

"उसने उधर की कुछ और ख़बर नहीं दी?"

"जी, बस इतना ही कि माहम अंगा की साज़िशों से तंग आकर बैराम ख़ान ने बग़ावत का झंडा फहराया तो था लेकिन शाही फ़ौज के सामने टिक न पाया, हथियार डाल दिये। अब बादशाह ने उसे हज पर जाने का हुक्म दिया है। गुजरात में तैनात मेरे एक बन्दे ने भी ताईद की है...बैराम ख़ान गुजरात की सरहद में दाख़िल हो चुका है। बैराम की जगह बादशाह ने मुनीम ख़ान को ख़ान-ए-ख़ानाँ बनाया है, लेकिन दरबार में चलती सिर्फ़ माहम अंगा और अधम ख़ान कोका की है।" फ़ैय्याज़ चुप हो गया, पर गया नहीं।

"और कुछ कहना हो तो कह सकते हो", आज बाज़ जल्दी में नहीं था।

"जी सुलतान, पर गुस्ताख़ी माफ़ हुज़ूर, यह बिलकुल ही तुक्का है, जान की अमान हो तो अर्ज़ करूँ..."

"घबराओ मत, साफ़ कहो। उस दिन की बात दिल में न रखो। कभी-कभी ऐसा होता है कि गाज कहीं की, और जा गिरती है कहीं और!" बाज़ ने कहा।

"अमीर, कुछ हफ़्ते पहले हमारे एक-दो मुख़बिर लौटे थे आगरे से होकर, उनमें से एक ने उड़ती ख़बर ये सुनी थी कि शहज़ादे मलिक मुस्तफ़ा की अधम ख़ान से अच्छी छनती है। अगर वाक़ई ऐसा है तो कोका की सर-बुलन्दी हमारे लिए बुरी ख़बर हो सकती है..."

जी में आया कि जाली के पीछे से चिल्ला पड़ूँ—'बिलकुल सही कहता है यह...हो सकती नहीं, सरासर बुरी ख़बर ही है यह! सारंगपुर की ओर से हमला करेंगे मुग़ल'। मगर अफ़सोस, अब चुप रहने के अलावा कोई रास्ता न था। सोचती ज़रूर रही, कुछ करूँ। पर क्या!

नया साल सन् 1561 ई. एक के बाद एक बुरी ख़बरें ही लाता चला गया।

ജ്യ

साक्षात्कार : 68

बाज़ के भरोसेमन्द मुशीर वज़ीर-ए-आला सैय्यद अब्दुल्ला ख़ान मीरज़ाह-वही जिन्होंने शेर शाह के ज़माने में शुजात ख़ान के साथ लड़ाइयाँ लड़ी थीं और बचपन में बाज़ को गोद खेलाया था—सबसे पहले गए। पहले तो उनके हाथ बेतरह हिलने लगे, फिर एक दिन घोड़े से गिर कर ऐसे बेहोश हुए कि फिर न उठे, उनका जनाज़ा ही उठा। बाज़ उनकी मैय्यत से लौटा तो उसके आँसू न थमते। ग़लत ख़याल था नायला का : चांडाल-चौकड़ी ने उन्हें महफ़िलों से भले निकाल दिया हो, बाज़ के दिल से न निकाल पाई थी। बिलकुल सही जगह था मेरे प्रियतम का हृदय अब भी।

चालीस दिनों का मातम हुआ, पर दुनिया के काम-काज किसके लिए रुके हैं कभी जो अब्दुल्ला ख़ान के लिए रुक जाते। मामू जान आदम ख़ान को वज़ीर-ए-आला का मक़ाम अता किया सुलतान ने।

भारी जश्न हुआ उस रात। दावत-मदिरा नाच-रंग। दूसरे दिन खुले दरबार में आदम ख़ान को वज़ीर-ए-आला की मोहर और ख़िलअत दी जानी थी—सारा नगर उमड़ा आता था। सल्तनत के पुराने रिवाजों के मुताबिक़ सुलतान को अपनी पूरी सज-धज में ताज पहनकर बैठना था दीवान-ए-आम में ख़िलअत देने को। न जाने

कितने बरसों बाद शाही-महल के गुप्त तहख़ाने की तिजोरी से होशंग शाह के ज़माने का हीरों और पन्नों जड़ा वह मुकुट निकाला जाना था।

ऊपर ज़नाना छज्जे की जाली के इस पार मैं बड़ी बेगम के बगल में बैठी दरबार की कारगुज़ारी देखती थी। हमेशा की तरह नायला हमारे पीछे खड़ी थी। नीचे दरबार में हरे कमख़ाब का अचकन, हरी पगड़ी और हाथी-दाँत के रंग के पायजामे में मेरे सुलतान की छब देखते ही बनती थी। बड़ी बेगम रह-रहकर बलैयाँ लेतीं—बेटा सुलतान, भाई वज़ीर-ए-आला...ख़ुशी के मारे उनके तो दाँत ही न ढकते!

ख़िलअत अता करने की रस्म के लिए थोड़ी देर को पगड़ी उतारकर बाज़ के सर पर ताज रखा जाना था। दाहिने दरवाज़े से पाँच जाँनिसारों की टोली दीवान-ए-आम में अन्दर आई; आगे दो, पीछे दो, हाथों में नंगी तलवारें लिए। चारों के बीच पाँचवें जाँनिसार के हाथों में हरे मख़मल से ढकी सोने की थाल पर मालवा के सुल्तानों का पुश्तैनी राजमुकुट जगमगाता था। जामी मस्जिद के बड़े इमाम को बाज़ की ताजपोशी करनी थी—वह गद्दी की तख़्त से दस हाथ आगे प्रतीक्षा में खड़ा था। दुहुल-ताशों, नक्कारों, झांझ, सींग और सरनाई की मिली-जुली ध्वनियों और सैंकड़ों एकत्रित जन के बुदबुदाने का समवेत निनाद, लगता था जैसे दीवान-ए-आम की गुम्बद को बेध कर आकाश छू लेगा।

राजमुकुट लिए पाँचों जाँनिसार क़दम से क़दम मिलाते धीरे-धीरे इमाम की ओर बढ़ ही रहे थे कि अचानक बीच वाले सैनिक का एक पैर कालीन के कोने से कुछ इस तरह उलझा कि पलक झपकते ही वह कोहनियों के बल फ़र्श पर पड़ा था; थाल कहीं, मुकुट थोड़ी दूर पर कहीं और! एक सामूहिक हुश्श...के साथ दरबार में सन्नाटा छा गया...एक पल को सब हक्के-बक्के कभी फ़र्श पर पड़े मुकुट तो कभी सुलतान को देखते खड़े रहे। फिर जिस तड़ित गति से दुर्घटना हुई थी, उसी तेज़ी से सुलतान के सिंहासन के पास खड़े आदम ख़ान ने लपकते हुए थाल उठाई, मुकुट को वापस उस पर रखकर इमाम की ओर बढ़ा दिया।

बहरहाल ताजपोशी और मोहर-ख़िलअत बख़्शिश की रस्में पूरी हुईं, पर अफ़सोस, दूध में मक्खी तो पड़ चुकी थी।

बड़े इमाम ने मन्द-मन्द मुसकते हुए ज़रूरी रिवायात निभा दिए। बाज़ का चेहरा लाल हो उठा था। ज़रूरी रस्में पूरी होते ही वह एकदम से उठकर चल पड़ा। बाद में जो कार्यक्रम होते, वे अपने-आप रद्द हो गए।

बाज़ अभी चार क़दम भी न गया होगा कि दरबार की ख़ामोशी खदबदाते शोर में बदल गई। बड़ा इमाम दूसरे मुल्लों से कह रहा था, "भारी बद्शगूनी हुई है। कोई बड़ी आफ़त आनेवाली है, शर्त्तिया...और होना भी क्या था ऐसे बुतपरस्त सुलतान के होते!"

उस शाम बाज़ ने इमाम को तलब किया था; वहीं बैठा था वह जहाँ पिछले बरस आधार सिंह को बिठाया गया था...छत्रपति सुलतान-ए-मालवा तशरीफ़ ला रहे

हैं...बाज़ के अन्दर आने पर भी इमाम बैठा ही रहा। "खड़े हो जाइए, इमाम नूरुद्दीन" नायला परदे के पीछे से इतनी कड़कती बुलन्द आवाज़ में चिल्लाकर बोली कि वह सकपका कर खड़ा हो गया।

"तशरीफ़ रखिए, इमाम" बाज़ ने अपने स्वर्ण-सिंहासन पर बैठते हुए कहा, फिर कुछ देर तक बैठा इमाम को घूरता रहा। "आपने दरबार से मेरे उठते ही जो कहा, वह सुना हमने।" फिर चुप।

"ऐसा क्या कहा मैंने..." इमाम ने कसमसाते हुए बोलना शुरू ही किया था कि बाज़ ने हाथ उठाकर उसे रोक दिया।'

"आपके अल्फाज़ से हमें बग़ावत की बू आई, बस, यही कहने के लिए बुलाया था आपको।"

"लेकिन सुलतान शरिया भी तो..."

"बस, हमें शरिया न पढ़ाइये। हम मालवा के उन सुलतानों के वारिस हैं जो सब मज़हबों की क़द्र करना सीख चुके...अब जाके ग़ुस्ल कर लीजिए ताकि वह बू फिर न आने पाए। यह न भूलिएगा कि आप भी हमारी रिआया में शामिल हैं, और बदअमनी फैली तो आपके साथ भी वही होगा जो आम बाग़ियों का मुक़द्दर होता है।"

"तो मेरा सर क़लम करवा दीजिए...", इमाम ने तमतमा कर कहा।

"नहीं, हम आपके कहे से नहीं चलते। अल्ला करे आप ज़िन्दा रहें और देखें कि अगर हम न रहे तो आपका क्या हश्र होता है। अब आप तशरीफ़ ले जाएँ।"

हे भगवान! यह क्या कह बैठा वह 'अगर हम न रहे'...क्या वह भी घबरा गया अपशकुन से?

कुछ दिनों तक हम सब एक दूसरे को देखते ही आँखें चुरा लेते...नायला मुझसे, मैं बाज़ से, सुलेमान नायला से, जैसे हमीं में से कोई भरे दरबार में ताज के गिर जाने का ज़िम्मेदार हो। कुछ दिनों सब के चेहरे पर हवाइयाँ उड़ती रहीं। फिर समय ने अपशकुन की घबराहट पर सरसरी लीपा-पोती कर दी।

लेकिन दो हफ़्ते भी न हुए थे कि एक विचित्र घटना फिर एक बार हमारे रोंगटे खड़े कर गई। रात के पिछले पहर महल से कुछ दूर सड़क पर कोई जोगी-बंजारा ज़ोरों से मातम का गीत गाता हुआ सुनाई दिया :

भूमि पै गिर गी इस बिध सुन्दर नारी वा
कोई उठा ना पावा ओ को
फेर कभू
हाय...प्रभू जी हाय प्रभू
फेर कभू ना फेर कभू
हाय प्रभू जी हाय प्रभू... *

---

* 'द लेडी ऑफ़ द लोटस'—एल.एम्. क्रम्प, पृष्ठ 48

नींद से जागकर बाज़ चिल्लाया, "नायला बी...नायला बी...सुलेमान...कोई है! कहाँ मर गए सब के सब...कोई देखो, कौन कमबख़्त मातम करता है इतनी बुलन्द आवाज़?" बहुत ढूँढ़ा गया...कहीं कोई नहीं। कौन बंजारा था कि फ़क़ीर, रात के अँधेरे में कहाँ गुम हो गया कुछ पता न चला।

फिर भरे बसन्त में अकाल पड़ गया। पिछले बरस चौमासे में बरसात भरपूर न हुई थी, और उस पर फागुन आते-आते जेठ जैसी कड़कड़ाती धूप। मैदानों की हरियाली को जैसे पीलिया हो गया, ताल-तलैयाँ सूख कर काँटा, हाट-बाज़ार सूने। फिर अचानक बेमौसम बादलों से आकाश स्याह पड़ गया, और मेघ ऐसे टूट के बरसे कि खेत-खलिहान में पकी-कटी कनक ठाम के ठाम सड़ गई।

बाज़ अनमना-सा पहर-भर को हिंडोला जाता और नाहर-झरोखे से दर्शन देकर चला आता। कभी-कभार दरबार में कुछ फ़ैसले सुना आता। आम-जन अब भी उसकी कंचन काया, सुरीले कंठ और उदार हृदय पर मोहित थे; हिन्दू रिआया के लिए तो वह रुक्मिणी के मुरलीवाले का गौर-वर्ण प्रतिरूप समान था—नै जो इतनी सुरीली बजाता था, और गोपियों जैसी नृत्यांगना-सखियों की टोली तो उसके आस-पास मँडराती रहती ही थी।

अलबत्ता हुकूमत की बागडोर धीरे-धीरे उसकी उँगलियों से फिसल कर चांडाल-चौकड़ी के हाथों में चली जा रही थी। नायला कहती, गदा शाह के दीवानख़ाने में चौकड़ी लगाकर रात की रात मौज करते हैं चांडाल! न जाने किसकी नज़र लग गई मेरे प्रियतम को कि सुलतान होते हुए भी सल्तनत के मौज-मज़े से वह दूर हुआ जाता था, और दुर्जनों की तूती बोलती थी। उन दिनों मैं अक्सर सोचने लगी थी—मेरी ही नज़र लग गई उसे शायद...लोग ठीक ही कहते होंगे, मैंने उसका सत्त निचोड़ लिया था!

ꣻ

साक्षात्कार : 69

गहरी उदासी के भँवर में डूबती-उतराती मैं सिर झुकाए मांडव की बदहाली और सिपहसालारों की ऐय्याशी पर अपनी कबित्त बयाज़ में दर्ज कर रही थी :

सजनी, मांडव व्है गई ऐसो पापन की नगरी
भारी भय-पीरा से जियरा मोरा काँपत री
दुर्जन दिन-दिन भरि पीवैं-खावैं, मौज उड़ावैं

और छिनालों संग रंगरलियाँ रात मनावैं
धरती मरजादा को कल्लों में लेकर लील गई
और जने है मक्कारी अब हर रोज नई
देवि अपूजित मन्दिर में अपणे पटबन्द भईं
हम भगतन सैं शक्ति-रूपा अब मुँह फेर लईं

लिखकर पढ़ा तो स्वयम् अपनी लिखी अन्तिम दो पंक्तियों पर मन उद्विग्न हो उठा—हाय रूप! यह क्या लिख दिया तूने...क़लम फेर...काट दे ये पंक्तियाँ, पर जो लिखा जा चुका, इतनी सरलता से मिटता है क्या! क़लम उठाती ही थी कि पदचाप सुनकर पीछे मुड़कर देखा—नायला खड़ी थी, स्याह मुख, उस पर उदास।

''आपके गढ़ से कोई आया है, रानी...पंडीज्जू की हालत अच्छी नहीं।''

''क्या...मैं जाऊँगी वहाँ...अभी, इसी वक़्त।''

''पर सुलतान तो दरबार में मुब्तिला[1] हैं...''

बाज़ को ख़त भेजा। जवाब आया, मुझे वक़्त लगेगा, पर तुम चाहो तो नायला को साथ लेकर हो आओ...बस उसे कह यह देना जाँनिसार सुलेमान सौ जाँनिसारों की कुमुक लेकर तुम्हारे साथ रहे।

गढ़ धर्मपुरी पहुँचते-पहुँचते हज़ारों स्मृतियाँ इकट्ठे टूट पड़ीं मेरे आशंकित मन पर। लेकिन पहुँचते ही जो सामने आया वह अधिक ज़ोर का पड़ा—पंडीज्जू जा चुके थे! केतकी और मेरे चार मुँहबोले भाई ज़ार-ज़ार रोते थे; पाँचवाँ और मैं भी उनमें शामिल हो गए। केतकी रोते-रोते विलाप करती थी...हाय, म्हाने काईं पतो थौ, नौ दिवस बैठ पूजा करैंणगे, हौर दसवें दिन ऐवेंइ बैठे-बैठे लुढ़क जावैंगे...हाय, जा के लै के बैठी रही अठै, रह्यौ'इ कोन्नी...

पंडीज्जू का देहान्त दो दिन पहले ही हो चुका था। उससे पन्द्रह दिन पहले उन्होंने काम प्रारम्भ करवाया था, उन पाँचों भाइयों से। चैती नवरात्र के पहले दिन मन्दिर को उतरने वाली सीढ़ियों के मुहाने पर बैठ गए थे पूजा पर। उसी दिन पाँचों को गोपनीयता की शपथ दी, कहा, पत्थर लाओ; चूने, मिट्टी, रेत का गारा बनाओ, दशमी के दिन विदा लेंगी देवी; नवरात्र के नवों दिन काम चला, पंडीज्जू की निरन्तर निर्जला-निराधार अर्चना के साथ-साथ; दशमी के दिन द्वार पर अन्तिम पत्थर चुन गया...देवी का पट सदा के लिए बन्द हुए आधा पहर भी न बीता होगा कि सप्तशती का पाठ करते-करते पंडीज्जू एक ओर को टँग गए। देवी के साथ उनका अन्तिम उपासक भी विदा! अब न कहीं वह देवी का मन्दिर न उनका वह अर्चक।

देवि अपूजित मन्दिर में अपणे पटबन्द भईं
हम भगतन सैं शक्ति-रूपा अब मुँह फेर लईं

---

* 'द लेडी ऑफ़ द लोटस'—एल.एम्. क्रम्प, पृष्ठ 81 क्रम सं. XXIII

''मुझे पहले ख़बर क्यों न की ?'' रोते-रोते मैं केतकी पर चीख़ उठी। वह कुछ न बोली। मेरे गुरू-भाइयों ने बताया—पंडीज्जू ने देवी की शपथ दी थी सब को...किसी को कानोंकान ख़बर न हो। मेरा श्राद्ध भी न करना अगर मर जाऊँ, मैं स्वयम् कर रहा हूँ...उनके आगे हम क्या बोलते। उनके फूल चुनकर रेवा मैय्या में प्रवाह के बाद ही सूचना देनी थी आपको।

हाय पंडीज्जू, मेरे गुरु होकर मुझे अन्तिम दर्शन भी न दिए, न देवी के, न स्वयम् अपने! क्या अपराध हुआ मुझसे ? कहीं धर्मभ्रष्ट तो न मान लिया...नहीं, आप तो आए थे महल के गृह-प्रवेश में मेरे निमंत्रण पर...मुझे सदा सौभाग्यवती तथा प्रसन्न रहने का आशीर्वाद भी दिया था...

वापस लौटते हुए मैंने मुड़कर देखा—वह ढहता हुआ गढ़ जैसा भी था, नैहर था मेरा। सो उससे रहा-सहा सम्बन्ध भी टूट चला था अब...पंडीज्जू ने मन्दिर का द्वार चुनवा दिया, मुझे ख़बर तक न दी। सबसे कहा अपना श्राद्ध स्वयम् कर रहा हूँ, पर मुझे न बताया। अवश्य उन्हें अपने अन्त के समीप होने का आभास हो गया था, औरों से कहा, मुझे ख़बर न की। मन में क्षोभ और कातरता का ग़ुबार भरा जाता था।

क्षोभ कैसा, कातरता किस बात की, सो मैं स्वयम् भी न जानती थी।

''नायला बी, तुम्हें तो पाताल तक की ख़बर रहती है'', मैंने खिन्न स्वर में पूछा, ''मुझे क्यों न बताया पंडीज्जू की हालत खराब नहीं, वे गुज़र चुके हैं? क्यों न बताया कि पन्द्रह दिन पहले से उन्होंने मन्दिर का द्वार चुनवाना शुरू करा दिया था ?'

''कौन सा मन्दिर, रानी ?'' नायला ने ऐसी सहजता से पूछा जैसे उसने गुरू-भाइयों से मेरी बात सुनी ही न हो।

''अच्छा...तो यूँ कि तुम्हें कुछ भी नहीं मालूम!'' मेरे स्वर का रोष व्यंग्य में परिणत हो गया, ''ख़ैर, यहाँ तक आ गए हैं तो अर्द्धपद्म ताल देखते चलें एक बार... ?''

मैंने वाक्य पूरा भी न किया था कि वह बड़े निहोरे के भाव से बोली,

''नहीं...नहीं रानी, अब देर न करें, सीधे मांडव चलते हैं...हालात अच्छे नहीं, दोनों मिलकर मनाएँगे बाज़ को कुछ अरसे सारंगपुर में क़याम के लिए...''

उसकी बात पूरी भी न हुई थी की कुछ क्षणों पहले का रोष-व्यंग्य सहसा प्रचंड आक्रोश में परिणत हो गया,

''अच्छा, तो जासूसी भी करती रही मुझ पर...तू कौन होती है मुझे कहीं जाने से रोकनेवाली, या मेरे साथ मिलकर बाज़ को मनानेवाली? तू आख़िर समझती क्या है अपने आपको!'' मेरा आक्रोश ऐसा फटा कि अनायास मुझे तुम से तू पर उतार लाया था। एक पल बाद ही अपनी चाबुक-सी तड़ाक से ख़ुद ही सहम गई...मुड़कर देखा, हमारे घोड़ों के समीप कोई था तो नहीं जिसने सुन ली हो मेरी बात। नायला कुछ देर गर्दन झुकाए बैठी रही, फिर धीरे-धीरे बोलने लगी, जैसे बोल नहीं, सोच रही हो...

"रानी, जान की अमान हो तो आज एक बात कहूँ...आपने शायद कभी इस बात पर ग़ौर नहीं फ़रमाया कि बाज़ के लिए मैं कौन थी...कौन हूँ। बड़े ख़ान साहिब का बड़ा करम था मुझ पर...न जाने क्यों, सबके उलटे उन्हें स्याह रंग ही भाता था। लगभग आपकी उम्र की थी तब वो ज़्यादातर मेरे कमरों में ही बने रहते थे। बाज़ तब दस बरस का था, सुन्दर गुड्डे-सा...ऐसा मोह हुआ उससे कि फिर कभी छूटा ही नहीं। मेरा कोयले-सा काला-कलूटा, कड़े घूँघर वाला गुड्डा तो न रहने दिया बेगमों ने, पैदा होते ही नमक चटवा दिया दाई से। ख़ान के गोरे ख़ानदान पर काला बट्टा किसी को गवारा न था। शायद बड़े ख़ान को भी पशेमानी ही होती...फिर भी बाज़ पर से मेरा मोह कम न हुआ...मेरे करमफ़रमा बड़े ख़ान का औरस था वह, मैंने हमेशा उसे अपने से बढ़कर माना...अब भी मानती हूँ, भला चाहती हूँ उसका। चाहती हूँ कि उस ख़ूबसूरत बच्चे का बाल भी बाँका न हो!" नायला ने मेरी ओर देखा तो पहली बार उसकी आँखों में आँसू दिखाई दिए, "रानी, मुझे माफ़ कर दीजिए...बेख़याली में आज न जाने कब-कहाँ की बातें लब पे आ गईं...बक-बक करती चली गई...बेशक अर्द्धपद्म ताल होते हुए चलें।"

"नहीं, नायला बी, सीधे मांडवगढ़ चलें...आप ठीक कहती हैं, हमें जल्द से जल्द सुलतान को मनाना होगा।" मेरी झेंप तू से वापस तुम पर नहीं, आप पर ले चली गई थी।

मैंने जीवन में अर्द्धपद्म ताल फिर कभी नहीं देखा।

१०८

साक्षात्कार : 70

मैं वहाँ नहीं गई, पर अर्द्धपद्म ताल उस रात सपने में आया—हाय, यह क्या!...कमल की घनी उपज विरल, फूल मरे-मुरझाए से, हरे पानी की सतह तले से चिपकी, किनारों पर निकले सूखे कीचड़ में दरारें...होशंग शाह की छतरी का एक खम्भा ढह गया था। स्वप्न में सुरभि का भान होता है? सपने के चम्पारण्य में तो कोई ख़ुशबू न थी...आँख खुली तो गालों पर नमी-सी थी। नींद में सपना देखते हुए रोते न सुना था किसी को!

उस रोज़ बाज़ ने रात फिर कहीं और ही बिताई थी। सूर्योदय के दो पहर बाद लौटा तो उसकी आँखें सुर्ख़ थीं जैसे सारी रात न सोया हो,

"मामू जान से अख़बारात हासिल करते-करते इतनी देर हो गई कि वहीं ठहर गया। बड़ी सुरसुरी है...मुग़लों की नज़र मालवा पर है। तुम धर्मपुरी गईं फिर? इस क़दर उदास क्यूँ हो?"

मैं हिचक कर रो पड़ी, ''बाज़, मेरे पंडीज्जू चले गए।''

''अच्छा!'' उसने लपककर मुझे बाहों में घेर लिया, ''ओह, बड़ा अफ़सोस हुआ पर रोओ मत, जानेवाले जाएँगे नहीं तो आनेवाले आएँगे कैसे! तुम्हारे भगवान, मेरे अल्लाह दोनों ही को अच्छी रूहों की ज़रूरत होती है...जी छोटा न करो।'' वह मेरी पीठ थपकता रहा, मैं रोती रही। आँसू थमे तो बोली,

''मेरा जी मांडव से उचट गया है...कहीं और ले चलो।''

''कहाँ चलें? तुम बताओ।''

''सुना है सारंगपुर में मौसम इन दिनों अच्छा है।''

''सारंगपुर...वहाँ तो तैयारी से जाना होगा।''

''तो क्या, तुम्हीं ने तो कहा था राज-काज ज़रूरी है...अगर मुग़लों के उधर से आने की अफ़वाह है, तो तुम्हें भी तैयार रहना चाहिए...मेरा मन भी बदल जाएगा।''

''रानी बजा फरमाती हैं। सारंगपुर की क़िलेबन्दी का मुआयना ज़रूरी है। सुलतान को तो इल्म होगा ही...'' नायला पीछे से बोल उठी, पर बात पूरी किए बिना ही चुप हो गई।

''किस बात का इल्म, नायला बी?'' बाज़ ने पूछा।

''यही कि सारंगपुर का नाम कैसे पड़ा।''

''नहीं...तुम्हें मालूम है तो बताओ।''

''आज नहीं, सैंकड़ों सालों से शाही हमलावरों की फ़ौजें चाहे जहाँ से आई हों, पाटलिपुत्र, दिल्ली, तुर्किस्तान, उज़बेकिस्तान, जब भी उन्होंने मालवा की ओर रुख़ किया, तो पहली चेतावनी वहीं से आई 'सावधान रंगपुर!' वक़्त के साथ उसका नाम सारंगपुर हो गया।''

बाज़ हँसने लगा, ''नायला बी गप्पें अच्छी हाँकती है...ठीक है। फ़ौज का मुआयना रखता हूँ अगले हफ़्ते। थोड़ा वक़्त लगेगा, पर चलेंगे सारंगपुर।'' उसने कहा।

लेकिन वक़्त कहाँ बचा था हमारे पास।

囗

साक्षात्कार : 71

बाज़ को सारंगपुर जाने के लिए राज़ी करने में बहुत जतन न करना पड़ा। मैं नहीं जानती कि उसके मन में क्या चल रहा था; इतना अवश्य कह सकती हूँ कि मेरा बाज़

न कायर था न मूर्ख—फ़ैय्याज़ अली की उड़ती ख़बरों को जोड़-तोड़ कर मोटे तौर पर वह समझ चुका था कि सारंगपुर मांडव के रंगपुर को सावधान रहने की चेतावनी दे रहा था। तभी तो उसने सारी योजना पहले ही बना ली थी।

उस शाम जब मैंने उसे मांडवगढ़ के दुर्दिन वाली कबित्त दिखाई तो वह सहसा गम्भीर हो गया; मेरी ओर एक गहरी दृष्टि डालकर बोला,

"रूप, तुम बिना देखे ही कैसे जान जाती हो इतना कुछ?...लेकिन इन आख़िरी दो सतरों की वजह नहीं समझ पाया।"

कुछ देर को सोचती रही, क्या कहूँ जवाब में।...ये पंक्तियाँ पहले लिख चुकी थी, मन्दिर का पट सदा के लिए बन्द हो गया, यह बाद में पता चला; मन्दिर था पर अब नहीं है। देवी ने भक्तों से मुँह फेर लिया। अपने गुरु की वाणी याद आई...अधिक चिन्ता न करो, पर आगे ध्यान रखना। बाज़ पर पूरा भरोसा था, पर इतनी उलझी हुई कथा क्या बैठती कहने!

"तुम कहते हो न कभी-कभी, यह मैंने नहीं लिखा, इल्हाम[1] हुआ है। इसे भी वैसा ही कुछ समझ लो।"

"अच्छा...आज शाम मुझे गा कर सुनाओगी यह? आज ज़ुबेदा को भी रहने दो, सिर्फ़ तुम और मैं...बीण पर संगत मैं दूँगा।"

सारी शाम उस दिन वही कबित्त गाती रही और वह बीण पर गहरी टंकारों से संगत देता रहा...एक बार...दो बार...तीसरी बार जब मैं आख़िरी दो पंक्तियों पर आई :

देवि अपूजित मन्दिर में अपणे पटबन्द भईं
हम भगतन से शक्ति-रूपा मुँह फेर लईं

तो बाज़ ने एक झटके से अपना मुँह नीचे को कर लिया, जैसे बीन के टंकार के साथ सर हिलाया हो। उसकी घुँघराली लटों से मुँह तो छिप गया पर दो बूँद आँसू भी टपक पड़े।

पिछली घड़ी-भर में नायला दो बार दरवाज़े पर से झाँककर लौट गई थी। तीसरी बार वह सीधे अन्दर आ गई, "सुलतान, फ़ैय्याज़ अली आया है...कहता है और देर की तो...हमें शायद सुबह ही पूरी फ़ौज के साथ सारंगपुर के लिए रवाना होना पड़ेगा।"

बाज़ ने कुछ न कहा। चुपचाप उठकर बोझल क़दमों से उसके पीछे चल पड़ा।

दो दिन तो फिर भी लगे फ़ौज-लशकर को कूच की तैयारी में—चारों ओर अफ़रा-तफ़री मची थी...लोगों की भीड़, कुछ सिपाहियों को विदा करनेवालों की, बाक़ी तमाशाई। बहुत से मुख विवर्ण तो कुछ के चेहरों पर वितृष्णा का विद्रूप।

1. इलहाम—ऊपर से उतरती देव-वाणी

बड़े इमाम के फैलाए वैमनस्य की बदौलत हमारी कबित्तों में कई और अन्तराएँ जुड़ गई थीं। दूसरे दिन सारंगपुर पहुँचने पर ज़ुबेदा ने मुझे अकेले में बताया—हमारे छन्द और रागिनी चुराकर कई लोगों को उसने गाते सुना था :

जादू-टोना करि कैं रानी
गारि लियौ सुलतान कौं रस
सरगम सैं मेहा बरसायौ
ऐसी कातिल नज़र लगायौ
जरि कैं मरि गई वा की सौतन
भोले-भाले बाज़ को हमरे
आखिर खाय गई डाकन
रै मूरख मन रै मूरख मन

दुनिया का कईं लेना-देना
ख़ुद ही ब्याह के लै आयौ
अपनी जान का आपहि दुस्मन

भोले-भाले बाज़ को हमरे
आखिर खाय गई डाकन

मैंने पालकी में जाने से मना कर दिया था; मैं अपने ललछौंही भूरी मांडवी पर (हाँ, वह घोड़ी निकली!) और बाज़ अपने श्वेत बहादुर पर। नायला ने पारदर्शी रेशम का तिकोना हिजाब मेरे मुख के निचले हिस्से पर बाँध कर परदे की ख़ानापूरी कर दी थी, लेकिन मांडव-वासी हिजाब के बावजूद मुझे देख पा रहे थे। जब कूच का ऐलान हुआ तो दुहुल,नगाड़ा, तुरही, झाँझ, सींघ और सरनाई का सम्मिलित गगनभेदी शोर, और सुलतान बाज़ बहादुर-रानी रूपमती ज़िन्दाबाद के जयघोष बगूले-सा उठकर आकाश छूते थे। उस दिन फ़ौज को कहाँ फ़ुर्सत थी कृत्रिम नारे लगवाने की। मांडव की प्रतिरक्षा के लिए मात्र दस हज़ार की सिपाह को छोड़कर सब बड़ी लड़ाई के लिए कूच की तैयारी में लगे थे।

सारंगपुर में ज़ुबेदा के बाद नायला भी आई मेरे पास—मेरे कानों में फुसफुसाकर बोली, "मैं सुन रही थी जो ज़ुबेदा ने आप से कहा...इतनी उदास न हों, रानी, आपको डाकन-वाकन तो इमाम के भड़काए हुए चन्द ख़ुराफ़ातियों ने कहा, ज़्यादातर रिआया तो हाथ जोड़े ऐसे खड़ी थी जैसे आप दोनों राजा-रानी नहीं, राधाकृष्ण की जोड़ी हों...उन्हें एक बन्द गाते मैंने भी सुना था :

कान्हा जैसो बाज़ बहादुर
राधा-रानी सम रूपमती

बड़भागन ही पावैं अइसी
परियन जैसी सुनरी दुलहन
कित मिलिहैं फिनु अइसी जोड़ी
कोउ नहीं रानी सम दूजी
ना कोउ है बाज़ के जइसन
मति कर संशय रै मूरख मन
कईं लै दरसन
कित मिलिहैं फिनु अइसी जोड़ी
कईं लै दरसन कईं लै दरसन

जाने नायला की बात सच थी कि मनगढ़ंत, पर मैं सहसा हँस पड़ी। बड़ा लाड़ आया उस पर, ''बाज़ ठीक ही कहता है, बातें बनाना तो कोई आपसे सीखे, नायला बी।''

''बातें बनाना! मैं तो बोलती ही बहुत कम हूँ, रानी।''

उसका जवाब इतना सटीक था, कुछ बोल न पाई।

ᐈ

साक्षात्कार : 72

तीस हज़ार पैदल सैनिक, पन्द्रह हज़ार घुड़सवार, एक हज़ार हाथी-महावत, पाँच सौ तीरंदाज़ और उन सब का ताम-झाम; मैं, नायला और मेरे महल के कुल मुलाज़िम, बाँदियाँ, जाँनिसार; शाही-महल के रनिवास का एक बड़ा हिस्सा—नृत्यांगन-सखियाँ, रुख़साना और उनकी कनीज़-बाँदियाँ; सिपहसालारों के अपने-अपने लशकर; कुल मिलाकर सत्तर-अस्सी हज़ार की जमघट हो गई सारंगपुर में। इतने लोग क़िले के अन्दर कहाँ समाते! सिपहसालारों और फ़ौज के ख़ेमे क़िले से बाहर लगे, सुलतान और हमारी रिहाइश क़िले के महल में। किन्तु बाज़ रहता ज़्यादातर बाहर ही, मामू जान और अपने सिपहसालारों के साथ व्यूह-रचना पर पहरों विमर्श करता।

सारंगपुर पहुँचने के दो दिन बाद फ़ैय्याज़ ख़बर लगाकर आया—बहुत बड़ी फ़ौज लेकर आए थे मुग़ल; जितना पहले सुनने में आया था उससे कहीं अधिक बड़ी, और समीप। कोसों दूर से उसकी धूल का ग़ुबार दिखाई देने

लगता था। अधिक से अधिक तीन दिन और, फिर वे सारंगपुर से बाहर रण का पड़ाव डालेंगे।

मुग़ल दरबार में अधम ख़ान कोका का सितारा सचमुच बुलन्दी के शिखर पर था। अकबर ने अपने कोका को न सिर्फ़ उस विशाल फ़ौज की कमान दी थी, बल्कि उस सेना को अपने सैन्य-बल के नामी-गिरामी सितारों से जड़ दिया था। इतने विख्यात महारथी योद्धा थे अधम के साथ कि उनके नाम गिनाते-गिनाते फ़ैय्याज़ की साँस फूल गई : मुल्ला पीर मोहम्मद ख़ान, अब्दुल्ला ख़ान, क़िया ख़ान कंग, शाह मोहम्मद कांधारी, आदिल ख़ान, सादिक़ ख़ान, हबीब क़ुली ख़ान, हैदर अली ख़ान, मोहम्मद क़ुली तोक़बइ, मीरक बहादुर, पायन्दा मोहम्मद ख़ान मुग़ल,मोहम्मद ख़्वाजा कुश्तिगीर, समंजी ख़ान, मीरन अरघुन, मेह्र अली सिल्दुज़, शाह फ़ानी, एक और क़िया ख़ान... ! मेरा हृदय काँप उठा, मालवा पर आक्रमण था यह या अकबर का अश्वमेध!

उस रात बाज़ ने फिर वह बात दोहराई—रानी, मुझे कुछ हो जाए तो तुम कहीं दूर चली जाना।

''चली जाऊँगी...पर तुम कहीं न जाना, क़िले में बैठे रहो जमकर...उन्हें करने दो हमला।'' उसने झुका हुआ सिर एक झटके से उठाकर मेरी ओर देखा,

''बस इतना ही भरोसा है मुझ पर!''

''तो क्या अपने से तिगुनी फ़ौज का खुले मैदान सामना करोगे! क्या यह सरासर नादानी न होगी?''

''नहीं, रानी, क़िले में बन्द बैठे रहे, तो उलटे भूख-प्यास और कुछ न करने की ऊब और खीज हमें मार डालेगी...और फिर, मेरी कुल फ़ौज, सिपहसालार तो सब बाहर हैं...मैं क्या यहाँ चूड़ियाँ पहनकर रुख़साना का नाच देखता रहूँ! नहीं रानी...यह मुझसे न होगा। उनका सामना तो करना ही होगा।''

''नायला बी, आप समझाइए सुलतान को...खुले मैदान टिक न पाएँगे हम...कहीं और न चले जाएँ?'' मैं स्वयम् भी न जानती थी कि क्या कह रही हूँ।

''रानी, जितना भागेंगे, उतना ही और खदेड़े जाएँगे'', बाज़ दृढ़ स्वर में बोला, ''लड़ लूँ और तक़दीर साथ दे, तो क्या मालूम शायद मैदान मार लूँ। सुना नहीं, यही अकबर शाह हेमू की दोगुनी से भी ज़्यादा बड़ी फ़ौज पर कैसे हावी हो गया था हेमू की आँख में तीर लगते ही...''

मैं समझ गई, जो मैं कह रही थी वह न सम्भव था न उचित।

''नहीं, बाज़...एक पल को मैं कमज़ोर पड़ गई थी...जम कर लड़ना। मेरी फ़िक्र न करना...नायला बी हैं न मेरे साथ! भगवान न करें, पर तुम्हें कुछ हो गया...तो तुम्हारी बात रख लूँगी।''

साक्षात्कार : 73

तीन दिनों बाद सचमुच सारंगपुर से तीन कोस पर काल जैसी मुग़ल सेना ने ख़ेमे डाल दिए और टोह लेनी शुरू कर दी कि दुश्मन किस ओर से जल्दी पकड़ में आएगा। कुश्ती के आरम्भ में एक दूसरे के पंजे पकड़कर खींच लेने के प्रयास में लगे पहलवानों की भाँति, दोनों सेनाओं की कुमुकों के बीच सात दिनों तक छापामारी मुठभेड़ों की ज़ोरआज़माइश चलती रही। दोनों की संख्या और ताक़त का कोई मुक़ाबला न था; हालाँकि मालवी जाँबाज़ों ने कोई कसर न छोड़ी, फिर भी बाज़ हर शाम अपने आरिज़-ए-मुमालिक[1] के ख़ेमे से जिस तरह उदास चेहरा लौटता और जिस अन्दाज़ से तख़त पर ढह-सा जाता, देर तक कुहनियाँ घुटनों और माथा हथेलियों पर दिए चुप-चुप-सा बैठा रहता, उससे ज़ाहिर था कि मुग़ल भारी पड़ रहे थे।

आठवें दिन भोर होते ही कई मुग़ल सिपहसालारों ने तीन ओर से एक साथ मिलकर मालवी सेना की पाँत पर ज़ोर का धावा बोला और भारी क्षति कर दी। सुलेमान ने बताया, कामयाबी की बू लगते ही तीन-चार मुग़ल जाँनिसार अपने घोड़े सरपट दौड़ाते मुग़लों के पड़ाव की ओर को लौट गए ख़बर देने। अचानक अधम ख़ान ने पूरी ताक़त से हमले का हुक्म जारी कर दिया।

उस आर-पार की लड़ाई में चलती तोपों के धमाके क़िले में भी दोपहर तक सुनाई देते रहे, फिर धीरे-धीरे मद्धम पड़ के थम गए।

तीसरे पहर नायला और मैं साँस रोके एक दूसरे का मुँह देखते थे कि बाहर के गलियारे में तीन-चार लोगों के दौड़ते क़दमों की आहट सुनाई दी... नायला बी...नायला बी चिल्लाते सुलेमान और फ़ैय्याज़ अन्दर आए; साँसें फूलीं, चेहरे बदहवास, कालिख पुते गालों पर आँसुओं की धारें बहती थीं... मुझे देख दोनों की आँखें झुक गईं, फिर जैसे नींद से जाग कर हकलाते हुए सुलेमान बोला,

''ग़ ग़ ग़ज़ब हो गया...रानी...हः हः हः'', वह ज़ोर से रो पड़ा, ''सुलतान खेत हो गए हमारे...हः...हः...हः...चलिए, जल्दी...वक़्त नहीं है, वे मैदान समेट कर आते ही होंगे...घोड़े तैयार हैं।''

लगा जैसे मेरे कानों में किसी ने पिघला हुआ सीसा डाल दिया हो। मैं सिर झुकाकर, मुँह हथेली से दबाए फफकने लगी। लगा अचेत होकर गिर पड़ूँगी।

''तुम दोनों ज़नाने कपड़ों में हमारे साथ चलोगे...हिजड़ों का रूप धरो फ़ैय्याज़, सुलेमान तुम भी'', नायला ने दृढ़ता से हिदायत की। घड़ी-भर में वे तैयार हो गए,

---

1. आरिज़-ए-मुमालिक—मुख्य सेनाध्यक्ष

लेकिन हम निकलते उससे पहले ही सियाहपोश मुग़ल दस्ते ने रनिवास को घेर लिया। उनका सरदार कड़ककर बोला, "कोई अपनी जगह से न हिले...तुम्हें कुछ न होगा, रानी और उनके सब लोग अब अधम ख़ान कोका की अमान में हैं...सलारजंग...अहमद...तुम दोनों यहीं रहोगे...लेकिन बाहर। हाँ, होशियार रहना कि कोई बाहर न जाने पाए, न कोई बाहर से अन्दर..." दस्ते के हाकिम ने निर्देश देने के बाद मेरी ओर देखकर बन्द मुट्ठी सीने से लगाई, और झटके से सर नवा कर बाहर निकल गया।

मैं अवाक् देखती रहे उसे जाते—मुझे किस ख़ुशी में सलाम कर गया यह मुग़ल!

मुड़कर देखा तो नायला कहीं दिखाई न दी...बाज़ का कहा याद आया—जान दे देगी, पर दग़ा न देगी! बाज़ का मुस्कुराता हुआ मुख आँखों में तैर आया आँसुओं के साथ।

ဢဣ

साक्षात्कार : 74

नहीं, वह मुग़लों के डर से मुझे छोड़ कर भागी न थी। मैं रोती हुई बार-बार पीछे मुड़कर देखती रही। घड़ी-भर बाद वह लौटी तो हुलिया पूरी तरह बदला हुआ था, सर से पैर तक काला लबादा, सिर्फ़ आँखों भर को जाली, हाथ में सुमरनी...झुककर मेरे कान में फुसफुसाई, " मैं, नायला बेगम, आपकी ख़ास ख़िदमतगार और फ़ारसी की उस्ताद हूँ, आप मेरे बग़ैर कहीं एक लम्हे को नहीं रहतीं...ख़ुदा की नेक बन्दी, सबसे परदा करती हूँ।...अब रोइए मत, ख़ुदा ख़ैर करेगा।"

नायला ने बाद में मुझे बताया, "भेस बदलना ज़रूरी था, रानी...वरना मुझ जैसे अजूबे देखकर न जाने किस कमबख़्त की नीयत में क्या खोट पैदा हो जाए...और कहीं आपसे अलग कर दे।"

नायला से बेहतर कौन जानता होगा कि उस युग में युद्ध जीतनेवाला एक क्षण में हारनेवाले के सर्वस्व का स्वामी हो जाता था—केवल सोना-चाँदी, हीरे-मोती, ज़मीन-जागीरों का ही नहीं; उसकी समस्त स्त्रियाँ—रानी, मलिका, बेगमात, बादियाँ, लौंडियाँ, नाचनेवालियाँ भी विजेता की सम्पत्ति हो जाती थीं। इसमें सामान्यतया किसी को कोई लाज-धाक न होती; कुछ दिनों या कुछ पहरों के मातम के बाद पराजित साह-सुलतान के हरम की अधिकांश स्त्रियाँ भी इसे अपनी नियति मान,

हालात से समझौता कर लेतीं। अपवाद मात्र वही जो जौहर कर लेतीं या जिन्हें युद्ध में जाने से पहले उनके स्वामी स्वयम् ही मौत के घाट उतार जाते। नायला ख़ुद क़ादिर शाह के हरम से शुजात ख़ान की हरम में स्थानान्तरित हुई थी। उससे बेहतर कौन जानता यह सब। तभी तो उसने मुझे भी एक अवसर दिया, झुककर मेरे कान में फुसफुसाई, ''रानी, दो ही रास्ते बचे हैं अब—अधम ख़ान को समर्पण, या एक आख़िरी उड़ान के मौक़े की तलाश...क्या करें, रानी?''

क्रोध की एक लहर लेस गई मुझे सिर से पाँव तक, ज़ोर से बोली,

''नायला बी, एक तो मुझे ही छह बरस लगे आपकी क़दर जानते, और अब आप मेरा अपमान करने पर तुली हैं...एक ओर तो राधाकृष्ण की जोड़ी तक कहा, और दूसरी ओर अधम को समर्पण! आप भूल गईं शायद, बाज़ तो मुझे चाहता रहा होगा, पर उसे वरा मैंने था, स्वेच्छा से...अपने बाप का दिया मृत्युदंड फलाँग कर आई थी उसके पास...''

''रानी, आहिस्ता बोलिए...मैं जानती थी, आप यही कहेंगी, फिर भी एक बार पूछ लेना ज़रूरी था...पर धीरे बोलिए, कोई सुनता न हो। अब आगे जैसा मैं कहूँ, वैसे ही कीजिएगा।''

तभी ज़ुबेदा मेरे नाम अधम ख़ान का ख़त लेकर आ गई, ''वा मुग़लों का पहरेदार है न बाहर...वा णे दइ है।''

৪০৫

साक्षात्कार : 75

धन्यभाग! जो मुझे अपने जीवन में कभी अधम खान कोका देखना न पड़ा। उसका पत्र खोलते ही घमंड और कामुक भावुकता की जो दुर्गन्ध आई वह असह्य थी। नीच...नराधम! लिखा था :

बनाम रानी रूपमती

हमने बाज़ को मार गिराया—अब आप मेरी और सिर्फ़ मेरी हैं। आपके रूप-गुन की इतनी तारीफ़ें सुनी हैं कि जी तो करता है इसी वक़्त आकर आपको बाहों में भर लें...तड़प रहे हैं।

लेकिन हमें एहसास है कि आज आप मातम करती होंगी। हमने सुना है आपको बायज़ीद ख़ान से मोहब्बत थी। आप उसे बीण बजा कर, तराने सुना कर रिझाती थीं।

हमारी दिली ख़ाहिश है कि बीती बातें भुलाकर अब आप हमारा इस्तक़बाल भी उसी तरह करें जैसे उसका करती थीं, और अपनी मरज़ी से मुझे भी उसी तरह प्यार करें। इसीलिए हम आपसे नरमी बरत रहे हैं।

कई लोगों ने हमें कहा—फ़तह तुम्हारी, हरम तुम्हारा! उतावले हो तो जाओ, रानी से कर लो अपने जी की। हम अगर चाहें तो अभी आ जाएँ, पर हम आपको जौर-ओ-जबर से हासिल नहीं करना चाहते। मज़ा तो जब है कि आप भी दिल-ओ-जान से हमें चाहें।

आपके जवाब का बेसब्री से इन्तज़ार है।

आपका ख़ाहिशमन्द

मोहर-अधम ख़ान कोका

पढ़कर तन-बदन में आग-सी लग गई। मेरा आरक्त मुख देखकर नायला बोली, ''लिखिए, जवाब मैं लिखाती हूँ।''

जी तो बहुत जला पर क्या करती, लिखा जो उसने कहा,

मेरे वीर पति के विजेता

अधम ख़ान कोका बहादुर को रानी रूपमती का प्रणाम।

आगे आपने बिलकुल सही लिखा है कि आज हम मातम करती हैं। यह भी बजा फ़रमाया कि हम बाज़ बहादुर से बहुत प्रेम करती रहीं। उस प्रेम को किसी और की ओर मोड़ने में वक़्त लगेगा। सिर्फ़ आज नहीं, हमारे यहाँ कम-से-कम तीन रातों के मातम का नेम है—आपको मालूम हो कि बाज़ बहादुर ने हमें रानी ही रक्खा, मुसलमान नहीं बनाया; हम अब भी हिन्दू रीत-रिवाज के अनुसार चलती हैं।

फिर आपने लिखा है बीती बातें भुला दो। नायला बीबी भी यही कह रही हैं—'यही क़ायदा है, जो जीता वही सिकन्दर! और अगर सिकन्दर कोई जौर-ओ-जबर नहीं करता, बल्कि इस क़दर प्यार से हासिल करना चाहता है तो यह उसका बड़प्पन है...उसे ठोकर न मारो रानी।' नायला बीबी कहती हैं वे हमारी ख़िदमतगार हैं, लेकिन वे हमें फ़ारसी पढ़ाती हैं, अतः हम उनको अपना गुरू मानती हैं, उनका बहुत सम्मान करती हैं। कहीं आपके लोग हमें उनसे अलग न कर दें।

हाँ, एक बात और : जंग के मैदान के इतने निकट हमें हर घड़ी बाज़ बहादुर का ही ध्यान आता रहेगा, बीती बातें भुलाना और कठिन हो जाएगा। आप ठीक समझें तो हम सब को वापस मांडव ही लिवा ले चलें। हमने सुना है मांडवगढ़ की निज़ामत मुल्ला पीर मोहम्मद करेंगे। पर मुग़ल फ़ौज की आला कमान तो आपके हाथों में है; वे आपका कहा न टालेंगे।

जब तक हम आपकी ओर मुड़ने की कोशिश करती हैं, आप अगर हमारी रनिवास को बाइज़्ज़त जहाज़-महल ले चलें तो हम पर आपका बड़ा अनुग्रह होगा।

हम आपकी और आपके बादशाह की सलामती की प्रार्थना करती हैं।

मोहर—रानी रूपमती

मेरे दुःस्वप्न का आरम्भ हो चुका था। कहाँ वह मालवा की रानी रूपमती जो कल अपने प्रियतम, मालवा के सुलतान बाज़ बहादुर के अंक में सो कर उठी थी, और कहाँ यह असहाय बन्दी जो आज अधम ख़ान से प्रेम-पत्रों की कूटनीति करती बैठी थी, यह सोचती हुई कि देखा चाहिए नायला बी अब आगे क्या चाल चलती हैं।

ନ୍ଦ

साक्षात्कार : 76

तीर निशाने पर लगा। दूसरे दिन शाम को नायला और मैं, ज़ुबेदा और तीन-चार पुरानी वफ़ादार बाँदियाँ हिजड़ों का भेस धरे सुलेमान और फ़ैय्याज़ के साथ शाही-महल के पुराने रनिवास में आ गए।

पालकी में सारे रस्ते मैं रह-रहकर रो पड़ती। बगल में बैठी नायला मेरा मुँह सीने से लगाए मेरे आँसू पोंछती रही...पर मांडव में प्रवेश करते ही कलेजा फट गया, मैं सहम कर अपने-आप चुप हो गई। रास्तों पर हर जगह अनगिनत शव बिखरे पड़े थे, पर कहीं एक मुंड नहीं! आगे बढ़े तब समझ में आया कि वे कहाँ गए : भंगी दरवाज़ा पार करते ही सामने नरमुंडों का कल्ला-मीनार[1], फिर जामी मस्जिद के सामने; जामी के सामनेवाले कल्ला-मीनार पर सबसे ऊपर इमाम नूरुद्दीन का सर लगा था...फिर होशंग शाह के मक़बरे के सामने, फिर कपूर तलाओ के किनारे, फिर...फिर...लगता था जैसे मुल्ला पीर मोहम्मद के क़त्ल-ए-आम में मांडवगढ़ के सारे पुरुष मार डाले गए थे, और सारी स्त्रियाँ तबेला-महल, जहाज़महल और आस-पास की हवेलियों में हाँक ली गई थीं—उन सब में से एक ही साथ औरतों के रोने-चीख़ने, हँसने-गाने की भयावह मिश्रित ध्वनियाँ आती थीं।

मैं बिछौने पर गिरी तो बेसुध पड़ी रही देर तक...आँख लग गई। दुःस्वप्न के अन्दर दुःस्वप्न! हर कल्ला-मीनार पर सबसे ऊपर बाज़ का मुंड लगा था।

---

1. कल्ला-मीनार—मुग़ल सेनाएँ युद्ध में विजय अथवा क़त्ल-ए-आम के बाद नर-मुंडों का जो मीनार बनाया करती थीं।

बरसों पहले से पंडीज्जू की बात याद आई...'रूप, मानव जीवन सुखद और दुखद स्वप्नों की एक शृंखला ही तो है, कुछ को जगे हुए में देखती हैं आँखें, कुछ को सोये में, किन्तु जागती आँखों से जिन्हें देखते हैं हम, क्या वे भी देर-सवेर उसी के हिस्से नहीं बन जाते, कुछ कड़वे कुछ मधुर!' उस समय ठीक-ठीक न समझ पाई थी जो वे कह रहे थे, पर अब लगता था कि वैसा ही तो हो रहा है...हर कल्ला-मीनार पर बाज़ का सर दुःस्वप्न था, और जब जागने पर जो देखा-सुना वह भी एक मधुर स्वप्न ही तो हो गया अन्ततः!

नायला हल्के-हल्के मेरा कन्धा झिंझोड़ते हुए फुसफुसाती थी, "उठिए, रानी, उठिए...कुछ खा-पी लीजिए...ख़ुदा का लाख-लाख शुक्र है..."

"क्या हुआ...अब क्या ख़ुशख़बरी लाईं ख़ुदा-ख़ुदा करके!" मैंने आँसुओं से खारे उनींदे स्वर में पूछा।

"रानी, सुलेमान समझ न पाया...बाज़ ज़िन्दा है रानी, मेरा गुड्डा मरा नहीं।" नायला की आँखों से ख़ुशी छलकी पड़ती थी। मुड़-मुड़कर देखती थी कि कहीं कोई सुनता न हो। मुझे अपने कानों पर विश्वास न हुआ; यह भी अवश्य उसी दुःस्वप्न का एक और अधिक कुटिल हिस्सा है—झूठी आशा की किरण मेरे घाव को कुरेदने आई है।

"क्या...सच कहती हैं आप?"

"बिलकुल...बाज़ ने अपने ही क़द-काठी के एक जाँनिसार को अपने जैसे कपड़े पहनाकर हौदे में पीछे बिठा रखा था। जब उसे लगा कि मुग़लों का पलड़ा बेतरह भारी हो चला है, तो अपनी पगड़ी उसकी सिरस्त्रान से बदलकर चुपके से घमासान में उतर गया—मामू जान के साथ देर तक लड़ा, पर आख़िर उसके बाज़ू पर गहरा घाव लग गया। तब तक पन्द्रह-बीस जाँनिसारों ने उसे पहचान लिया था, अपने घेर में लेकर निकल गए खानदेश की ओर...पर वह ज़िन्दा है, रानी। अब तो हमें भी निकलना ही होगा किसी न किसी तरह..."

"सच कहती हैं, नायला बी? किसने बताया यह सब?" मुझे अब भी यह दुःस्वप्न का हिस्सा ही लग रहा था।

"फ़ैय्याज़ ने...पक्की ख़बर है। जो जाँनिसार सुलतान बना हाथी पर बैठा था, आख़िरकार मारा गया। मुग़ल भी जानते हैं सब कुछ, पर उन्होंने बात दबा रखी है...चलिए उठिए, अब आपको हौसला करना होगा।"

स्वप्नों की शृंखला में एक सुखद टुकड़ा आ लगा—मन ख़ुशी से झूमता था। नायला बी को सब कुछ आता है...सँभाल लेंगी सब, मिला देंगी फिर मुझे मेरे बाज़ से! लेकिन इस चट्टान जैसे सख़्त पहरे से हम निकलेंगी कैसे?

साक्षात्कार : 77

सचमुच नायला को लगभग सब कुछ आता था। मेरे स्वप्नों की शृंखला में और नये दृश्य जुड़े जाते थे। नायला कुछ देर को ग़ायब...फिर आती है, हाथों में थाली लेकर। ज़बरदस्ती, पुचकारती हुई मुझे खिलाती है, बड़े लाड़ से कहती है : खाएँगी नहीं तो हम जाएँगे कैसे बाज़ के पास...ठीक, अब ज़ोर-ज़ोर से कराहिए थोड़ी देर...मैं अभी आई। सुनाई देता है, नायला ज़ुबेदा से कह रही है, रानी का मन ठीक नहीं, ज़ुबेदा, बहुत दर्द हो रहा है। दो-तीन दिन ऐसे ही रहता है उन्हें, इस बारी कुछ ज़्यादा ही है, मैं सँभाल लूँगी। उधर बाहर से कोई पूछे तो कह देना...अभी रानी को दो-तीन दिन और लगेंगे...समझ रही है न तू मैं क्या कह रही हूँ?...जी, जी नायला बी, आप इत्मीनान से सँभालें उन्हें।

सूर्योदय से दो पहर पहले चुपके-से हिजड़ों के भेस में फ़ैय्याज़ और सुलेमान फ़व्वारे वाली बैठक की ओर से मेरे शयन-कक्ष में आते हैं, और सिर झुकाए, लपकते हुए पूजा-घर के द्वार के अन्दर चले जाते हैं। फिर नायला आती है, हाथों में फूलों से भरी दो टोकरियाँ...क्या रनिवास के सब गुलदान ख़ाली कर दिए आपने?...नहीं, फ़ैय्याज़ बात कर आया है फूल-वालियों से। चलिए उठिए, अब ये कपड़े पहन लीजिये...महल में फूल लेकर आनेवाली मालिनें पहनती हैं बिलकुल वैसे ही कपड़े हैं नायला के हाथ में, ख़ुद भी पहन लेती है। अरे...घूँघट निकालिए रानी, वरना जिन्होंने कभी देखा तक नहीं वे भी पहचान जाएँगे...यह तो रूपमती के अलावा और कोई हो ही नहीं सकता!...कहाँ से लाईं ये कपड़े, हू-ब-हू मालिनों जैसे, नायला बी? हैरानी से देखकर पूछती हूँ...क्यों, उन्हीं फूल-वालियों ने दिए हैं, मेरे माँगने से नहीं, आपका नाम लेते ही उनकी जो बड़ी मालिन है, सावित्री नाम है उसका...पूजती है आपको, कहती है रूपमती नहीं, राधारानी हैं हमारे बाँके सुलतान कान्हा की...अच्छा, सूर्योदय के ठीक एक पहर बाद हम नीचे उतरेंगी, वही वक़्त है जब मालिनें महल में फूल देकर निकलती हैं। अब आप थोड़ी देर सो लें, नायला कहती है...मैं पड़ रहती हूँ, नींद आ जाती है...सच्चे मधुर सपने के बाद मधुर 'सपना' सपना!...मैं बाज़ की बाहों में हूँ...उसका ज़ख़्म भरा कि नहीं? किधर है, बाएँ बाज़ू पर कि दाएँ?...

फिर, नायला कन्धा झिंझोड़कर सच्चे मधुर स्वप्न में वापस ले आती है मुझे...उठिए अब, चलिए, निकलने का वक़्त हो गया। पहली बार देखती हूँ—जिस तख़त पर मेरी माँ की राधाकृष्ण की प्रतिमाएँ हैं, उसके पायों में पहिए लगे हैं, बड़ी आसानी से सरक जाता है; नीचे संगमरमर जैसा रंगा हुआ लकड़ी का पटरा, खड़ा ज़ीना गोल-गोल घूमता उतरता है सुरंग में...महल के बाग़ में वैजयन्ती की क्यारी के बीचों-बीच निकलते हैं हम...बिलकुल सही वक़्त पर। बड़ी मालिन देखती है हमारी ओर कनखियों से, भाव-विह्वल, जैसे वैतरणी पार उतरने को हो, राधा को कारावास से

छुड़ाकर। हम लपककर उनकी ओर बढ़ते हैं, वे हमें अपने घेर में ले लेती हैं। हम बे-रोकटोक महल से बाहर निकल जाते हैं।

पहाड़ी की ढलान पर पेड़ों और घने झुरमुटों का एक कुंज है...पीछे फ़ैय्याज़ खड़ा है चार घोड़ों की रास थामे...नायला पूछती है, सुलेमान कहाँ है? जल्द बुलाओ, कोई देख न ले...बीबी, अभी तो यहीं था, कहता था दस्त लगे हैं, शायद झाड़ियों के पीछे गया हो, जो घड़ी नहीं आया...घड़ी बीत गई, सुलेमान का कोई पता नहीं...चलो फ़ैय्याज़, अब और नहीं रुक सकते, एक घोड़ा यहाँ झुरमुटों के पीछे बाँध कर छोड़ दो उसके लिए। हम तीनों सवार हो जाते हैं। घोड़े सरपट दौड़ते हैं गढ़ धर्मपुरी की दिशा में।

൭൭

साक्षात्कार : 78

मेरा सचमुच का मधुर सपना अत्यन्त संक्षिप्त ठहरा। कड़वे-मीठे सच्चे-झूठे स्वप्नों की शृंखला पलक झपकते ही होनी के अपरिहार्य दुःस्वप्न में लौट आई।

गढ़ में प्रवेश करते-करते तक भी हम उस मीठे सपने में मगन थे—मेरे पाँचों गुरुभाई मिलकर हमें बचा लेंगे, कोई न कोई रास्ता निकाल लेंगे हमें खानदेश को जानेवाले रास्ते तक पहुँचा देने का। बहुत जल्द हम बाज़ को ढूँढ़ निकालेंगे...पर वहाँ पहुँचते ही उल्कापात!

नायला को बहुत कुछ आता था लेकिन अफ़सोस सब कुछ नहीं! अधम ख़ान के शातिर दिमाग़ में पैठना उसे नहीं आया—उसे कुछ पता न चला कि अधम ख़ान ने सुलेमान को कब ख़रीद लिया। कितना सोना मिला उसे, या सिर्फ़ जान की अमान मिली उस नराधम से?

गढ़ का आँगन कितना विशाल लगता था बचपन में। वास्तव में था नहीं उतना बड़ा। जहाँ छह बरस पहले रबात ख़ान के नायब ने भँवर का सिर काटा था, ऐन वहीं मेरे पाँचों गुरुभाइयों के शव पड़े थे...चारों ओर सियाहपोश मुग़ल सवारों की एक टोली...बीस-पच्चीस...न जाने कितने, हमें तो उनके बीच केवल सुलेमान दिखाई देता था, सर झुकाए। फ़ैय्याज़ घोड़े पर बैठा थर-थर काँपता था। वह उसके शरीर का अन्तिम स्पन्दन था...सन्न की एक ध्वनि के साथ किसी छतरी पर बैठे तीरंदाज़ का तीर उसके वक्ष को बेधता हुआ उसकी पीठ के बाहर तक निकल आया।

मुग़ल कुमुक का सरदार घोड़े की रास हिलाता हमारी ओर को बढ़ आया, ''रानी, हमें हुक्म है, है कि हम किसी भी हाल में आप दोनों को हाथ न लगाएँ...हमें मजबूर न कीजिएगा...हमें तो बस आपको जहाज़-महल के रनिवास तक पहुँचा देना है।''

फूल-वालियों का भेस धरे घोड़ों पर सवार दो स्त्रियाँ, निवेदन के स्वर में उन्हें सम्बोधित करता वह हट्ठा-कट्ठा मुग़ल घुड़सवार! मुझे लगा जैसे मैं उन सब को कहीं बाहर से देख रही होऊँ : किसी प्रहसन के पात्रों जैसे लगे।

शाम होने से पहले ही नायला और मैं वापस जहाज़-महल के रनिवास लौट आए। मेरे कड़वे-मीठे स्वप्नों की शृंखला अभी समाप्त कहाँ हुई थी!

उस दिन मैंने अपनी बयाज़ में लिखा :

सोवत स्वप्पण जागत स्वप्पण
पाछै सपणा सपणा आगै
वै ही बाहर भीतर भी वै
साजन सपणा सपणा साजन
जित-जित देखैं म्हारे नैनन
रै मूरख मन रै मन मूरख
जीवन सपणा सपणोई जीवन

अबहूँ देखऊँ जब मैं दरपन
सुमिरन आवै बाज़ कौं बरनन

ॐ

साक्षात्कार : 79

इस बार छूटते ही ख़त।

शायद हमारे लौटने के पहले ही से आया पड़ा था। मुग़लों और सुलेमान के सामने न मैं रोई न नायला, पर रनिवास के एकान्त में आते ही हमदोनों एक दूसरे के गले लग कर ख़ूब रोईं। इतना कि आँसू सूख गए!

ख़त खोला :

बनाम रानी रूपमती

हमारी रूपम, हमें छोड़कर कहाँ भागने लगीं आप! हमारी नेकदिली का इस तरह .फ़ायदा तो न उठाइए।

हम इतने कच्चे नहीं हैं। हमें सब पता चल गया।

हमसे बच के अब न जा पाइएगा। रसातल में भी जाना पड़े तो खोज कर वापस ले आवेंगे।

हमने अभी तक देखा भी नहीं आपको, पर आपका हुस्न अगर उस तस्वीर के छटाँक-भर भी हो न, तो जान क्या चीज़ है, मैं अपना ईमान भी निछावर कर दूँ। वाह, क्या याददाश्त पाई है मुस्तफ़ा ने। वह आपके नैन-नक़्श का ब्यौरा देता जाता और मुसव्विर क़लम मारता जाता था...ख़ुदा क़सम, क्या बरजस्ता तस्वीर बनी थी। यक़ीनन, आप उससे बीस ही होंगी।

हमारे साथ उठने-बैठने वाले हम-उम्र लड़ाक हमारी जगहँसाई पर तुले हैं। गई रात एक ने पी रक्खी थी, हँसते हुए बोल गया....ख़ान-ए-आज़म, एक लौंडिया के पीछे दीवाने हो जाएँगे क्या! कुछ ईलाज क्यों नहीं करते अपना। सरे-आम हमारा हाथ उठ गया उस पर। लेकिन इस तरह कितनों का मुँह, और कब तक रोकेंगे भला। बादशाह के कोका हैं आख़िर...नामर्दी की तोहमत तो बर्दाश्त न होगी।

ख़ैर, आगे हम आपकी मीठी बातों में नहीं आनेवाले सो जान लीजिए।

कल रात बार-ए-आम में हमारी जीत का जलसा रक्खा है। सुनते हैं रक्क़ासा रुख़साना ज़ोर का नाचती है, और राय चन्द आला पाए का गवैया है। क्यूँ न हो! बाज़ तो था ही गाने-बजाने का रसिया सुलतान!...उस जश्न के फ़ौरन बाद हम आपके रनिवास आ जाएँगे। हमारा ख़ैर मक़दम कीजिएगा, निरास करने की तो सोचिएगा भी मत। और हाँ...आपकी वह फ़ारसी उस्ताद जिसकी बहुत क़द्र करती हैं आप, उससे भी निपटना है। वहीं हाज़िर रहे वह भी। इस सब फ़साद की जड़ वही तो है।

बहरहाल, उसके दिमाग़ की ख़ुराफ़ात से यक़ीनन आप थक गई होंगी, आराम फरमाइए। इंशा अल्ला, कल तक तर-ओ-ताज़ा हो जाएँगी।

फ़क़त आपका
अधम ख़ान कोका

पढ़कर कुछ देर रोई अपनी बेचारगी पर। फिर क़लम उठाई। इस बार जवाब मैंने स्वयम् ही लिख लिया :

बनाम महाबली सिपहसालार
अधम ख़ान कोका

ठीक किया थप्पड़ मारकर अपने उस बद्शऊर साथी को। ऐसी बदज़बानी करनेवाले के साथ उठना-बैठना आपको शोभा नहीं देता।

सचमुच हम कोई लौंडिया नहीं कि हाथ पकड़ते ही खिंच जाएँगी। रानी रूपमती हैं, सुलतान बाज़ बहादुर की विधवा, कोई हाथ बढ़ाएगा तो छटपटाएँगी ही उड़ान भरने को। आप बाहुबली हैं, आपको हम जैसी बहुतेरी मिल जाएँगी...हमें बाइज्ज़त

बख़्श दीजिए, हमारे भगवान का न सही, अपने अल्लाह का खौ़फ़ तो कीजिए, हमारी हाय न लग जाए आपको।

आगे अगर आपको अपने जी की ही करनी है, तो हमें बहुत वक़्त देना होगा...हो सकता है कभी हमारा मन बदल जाए। अभी तो हम अपने उन पाँचों भाइयों का मातम करती हैं, जिन्हें कोई अपराध करने से पहले ही क़त्ल कर दिया आपके लोगों ने। आपसे करबद्ध प्रार्थना है हमें छोड़ दीजिए। नायला बीबी बेक़सूर हैं...वे तो समझाती रहीं, हमीं ने रो-रो कर उन्हें मजबूर कर दिया।

पुनः आपकी और आपके बादशाह की सलामती की दुआ करती हैं।

मोहर—रानी रूपमती

दो घड़ी भी न हुए थे कि जवाबी ख़त आ गया :

रानी

आप समझती ही नहीं हम किस क़दर बेताब हैं। हम भी तो छटपटा रहे हैं, तड़प रहे हैं आपके बेमिसाल हुस्न के दीदार को। यक़ीन मानिए हमारे विसाल[1] से आपको भी तसल्ली होगी। हमें अपने शराप का डर न दिखाइये, और दुआओं से बहलाइए भी मत। अब और नहीं रुक सकते हम। कल शब हमदोनों अपनी पहली रात करेंगे। अब इस बारे में ख़तो-किताबत बन्द।

हाँ, अगर आप चाहें तो प्यार के इक़रार, और कल शब के इन्तज़ार का ख़त ज़रूर भेजें, हमें बेइंतिहा ख़ुशी होगी।

आपका ख़ाहिशमन्द

मोहर—अधम ख़ान कोका

तहरीर-ए-सा'नी

वो पाँच कमबख़्त आपको हमसे दूर करने में मदद को आमादा थे। उन्हें उनके किए की सज़ा मिली। उनका मातम करें आपके दुश्मन। आपके कौन से सगे भाई थे वो!

मो.—अधम ख़ान कोका

नायला पीछे खड़ी थी—उसकी आँखें जैसे कहीं दूर को देखती थीं।

"रानी, आप फ़िक्र न करें...मैं कुछ करती हूँ। हम फिर निकलेंगे...सबसे बड़ी बात यह है कि बाज़ ज़िन्दा है।"

"नहीं, नायला बी, अब यहाँ से निकलने की कोई राह नहीं...देखती नहीं उस वैजयन्ती की क्यारी पर कितना पहरा लगा है अब। और यदि कोई रस्ता ढूँढ़ भी लिया आपने, तो मुझे नहीं जाना बाज़ के पास अब..."

नायला ने कुछ अजीब-सी नज़रों से देखा मुझे, "क्यूँ भला?"

1. विसाल—मिलाप

"उसने कहा था कि मुझे कुछ हो गया तो कहीं दूर चली जाना, रानी...मैंने वचन दिया था उसकी बात रक्खूँगी।"

"लेकिन रानी, उसे क्या हो गया? वह तो ज़िन्दा है।"

"यही तो बात है...कि वह ज़िन्दा है, और मैं उसे मरने न दूँगी, नायला बी। मेरे गुरु ने मुझे अखंड सौभाग्य का आशीर्वाद दिया था...उसे ख़ाली न जाने दूँगी।"

नायला अवाक्!

"नहीं, रानी, नहीं...ऐसा कुछ न कीजिएगा...बाज़ न रह सकेगा आपके बिन।"

मैंने उसे रोक दिया, "आप जितना तो नहीं, पर इन छह वर्षों में मैं भी उसे थोड़ा-बहुत जान गई हूँ...बहुत सख़्त जान है वह...जी लेगा मेरे बग़ैर भी। मैं जो उसके पीछे चली गई...तो अधम ख़ान नहीं छोड़ेगा, मुझे हासिल करने के लिए खदेड़ मारेगा उसे। बाज़ ने कहा था मुझे कुछ हो गया, तो हो गया न—सल्तनत से बेदख़ल हो गया, उसके बाज़ू पर ज़ख़्म हो गया, वह दर-ब-दर की ठोकरें खाने पर मजबूर हो गया—इतना कुछ हो जाना कोई कम है! मैं बहुत दूर चली जाना चाहती हूँ। आप भेजने का इन्तज़ाम कर देंगी?" मैंने तख़त पर पड़ी अपनी रेशमी पगड़ी के सरपेंच का बड़ा हीरा निकालकर नायला की ओर बढ़ा दिया..."इसे चूर कर हफ़ीम के गाढ़े घोल में मिलाना है। हफ़ीम तो आम मिलता है यहाँ, शायद जहाज़महल में ही मिल जाए किसी के पास...इन्तज़ाम कर लेंगी चुपचाप?"

नायला कुछ न बोली। आँसू उसके गालों को भिगोते थे, मैं ही बोलती रही,

"हीरे को चूरना आसान न होगा। बड़ी आवाज़ होगी...पर बीण की टंकार और जश्न के शोर-शराबे में शायद बात बन जाए।"

ꕥ

साक्षात्कार : 80

दूसरे दिन शाम पहरेदारों को छोड़कर पूरा जहाज़महल बार-ए-आम में होनेवाले जलसे में हाज़िरी के लिए ख़ाली हो गया। रनिवास में सिर्फ़ मैं, नायला और ज़ुबेदा बचे। नीचे से घुँघरुओं की आवाज़ें आ रही थीं। पहले बहुत-सी नर्तकियों की इकट्ठे : हम समझ गए कि दरबार में बाज़ की वे छह नृत्यांगना-सखियाँ अब तक पूरे मालवा में विख्यात हो चुके मधुराष्टकम् की नृत्य-नाटिका प्रस्तुत कर रही थीं...फिर जब मात्र एक नर्तकी के घुँघरू बजने लगे, तो वह अवश्य रुख़साना के रहे होंगे। फिर होता राय चन्द का गान।

पूरी शाम मैं आँखें मूँदे बीण पर गहरे टंकारे लगाती रही; उस दारुण संगीत और जलसे से उठते शोर के परदे में नायला हीरा कूटती रही...इधर टंग...टंग...टंग, उधर धम्म-धम्म-धम्म।

मालवा की राजधानी में हफ़ीम की क्या कमी, जहाज़-महल में ही मिल गया था। राधाकृष्ण की कृपा से उनकी पूजा-सामग्री की सन्दूक़ची में से आधा सेर कर्पूर निकल आया, घोल को और अधिक विषाक्त बनाने के लिए...मेरे पिता ने मुझे मृत्युदंड देने के लिए जो अवलेह बनवाया होता, उससे भी कहीं अधिक असरदार घोल बनवा रही थी मैं नायला से उस दिन। अपना शरीर त्याग कर अपने बाज़ के प्राण बचाने के लिए।

दो पहर तक लगातार कूटने-पीसने-छानने के बाद सूर्यास्त होते-होते तक मेरे कहीं बहुत दूर चले जाने का इन्तज़ाम कर दिया था नायला बी ने।

जब राय चन्द का एकल गान आरम्भ हुआ तब मैंने नायला को बुलाया। तब तक वह स्थितप्रज्ञ हो चुकी थी, मेरी तरह। कोई रोना-धोना नहीं, सिर्फ़ परस्पर अन्तिम प्रणाम तथा आशीर्वाद!

''समय हो चला, नायला बी...मेरा वह लाल जोड़ा ला देंगी जिसे पहनकर इस रनिवास में मैंने अपनी पहली रात बिताई थी?'' वह ले आई। पहनकर अपने-आप को दर्पण में देखा एक आख़िरी बार—अब भी वैसी ही लगी अपनी आँखों को जैसी तब थी...नायला से पूछा—''उससे भी ज़्यादा रूपवती, रानी!''

एक रुक्का लिखा, अधम ख़ान के नाम और मुट्ठी में दाब लिया :

अधम ख़ान

हम बाज़ की बेवा हैं—हमें उड़ान भरने से रोकने की क़ुव्वत न तुझमें है न तेरी फ़ौज में। हमारी हाय तुझे ज़रूर लगेगी, देख लेना।

तुझ जैसे नराधम को समर्पण से मौत लाख गुना अच्छी।

मोहर—रानी रूपमती

मैंने ज़हर के प्याले की ओर हाथ बढ़ाया ही था कि नायला बोली,

''पहले मैं चखूँगी।''

''यह तो है ही ज़हर, चखिएगा क्यों?'' मैंने आश्चर्य से पूछा।

''देखना तो होगा न, कारगर है या नहीं!'' उसने मुझे और कुछ कहने का अवसर ही न दिया; कोई आपत्ति करती उससे पहले ही आधा प्याला गटक कर उसे तख़त पर रख दिया और मेरे पलंग के पैताने फ़र्श पर बैठ गई। आधी घड़ी भी न हुई होगी कि उसकी आँखें मुँद गईं और गर्दन एक ओर को झूल गई। वह जा चुकी थी।

मैंने प्याला उठाया और बचा हुआ ज़हर पी लिया, और बीच पलंग पर लेट गई। नींद आने से पहले आख़िरी बार यही बुदबुदाई, "लो बाज़, मैं जा रही हूँ दूर...तुम्हें जो वचन दिया था उसे तोड़ कर तुम्हारे प्रेम से अलंकृत यह कंचन-काया उस नराधम को कैसे देती भला!"

मेरे पेट में बहुत ज़ोर का दर्द होने लगा था...नींद उससे भी अधिक आ रही थी। झरोखे से तेज़ हवा का एक झोंका आया और मेरे घुँघराले बाल मेरे मुख पर बिखेर गया। पंडीज्जू के सन्दूक़ में से निकालकर पढ़ी एक पोथी की दो पंक्तियाँ याद आईं :

गोरी सोवे सेज पर मुख पर डारे केस
*चल ख़ुसरो घर आपने रैन भई चँहुदेस**

नशे में झूमता हुआ अधम ख़ान जब मेरे शयन-कक्ष में पहुँचा, तब मुझे इहलोक छोड़े दो पहर से अधिक समय हो चुका था। मैं बिस्तर पर लाल कमख़ाब का जोड़ा पहने मरी पड़ी थी। पहले तो उसने समझा कि सज-सँवर कर उसकी प्रतीक्षा करते-करते मुझे नींद आ गई है। मेरे शव का कन्धा हिलाता हुआ बोलता रहा-रूपमती, मैं आ गया...देखो, मैं आ गया, उठो भी अब...फिर मेरा बर्फ़-सा माथा छुआ : क्षोभ और अविश्वास से उसका मुख विवर्ण हो उठा...तभी उसकी नज़र मेरी मुट्ठी में फँसे रुक्के पर पड़ी। उठाकर सरसरी पढ़ गया और तैश में मचोड़ कर फेंक दिया...फिर नशे में चूर उसकी आग उगलती आँखें पलंग के पैताने लुढ़की नायला पर पड़ी..."कमबख़्त!" आग-बबूला होकर उसने एक ओर को थूक दिया और फ़ोश गालियाँ बकता हुआ पीछे को मुड़ा, जहाँ मुँह पर दुपट्टा रखे ज़ुबेदा फफकती खड़ी थी। नराधम ने उसकी कलाई पकड़ी और घसीटता हुआ बाहर निकल गया।

ഇരു

अन्तिम साक्षात्कार

देवि! यह समझ में नहीं आया। जो कहेंगी लिख अवश्य दूँगा—मैं तो मात्र श्रुतिलेखक हूँ। किन्तु आपकी आत्मकथा के पाठकों के मन में यह प्रश्न तो उठेगा ही, मर चुकने के बाद आपने अधम ख़ान को अपने मृत शरीर के पास आते कैसे देखा।

मैं जानती थी यह प्रश्न आप अवश्य पूछेंगे। बताने ही जा रही थी...

* दोहा अमीर ख़ुसरो का है, पृष्ठ 51—'अमीर ख़ुसरो—भावात्मक एकता के मसीहा', सम्पादक डॉ. मलिक मोहम्मद

विष का वह प्याला एक साथ पी कर संसार त्यागने के बरसों बाद तक नायला और मैं दोनों ही प्रेतयोनि में बाज़ के संग-संग भटकती फिरीं, उसकी हिफाज़त करती रहीं।

हमने सब देखा—कैसे मेरी हाय लगी उस लंपट अधम ख़ान को। उसके अन्त का आरम्भ तो वहीं मांडवगढ़ में ही हो गया था, जब बादशाह अकबर को उसकी लालची हरकतों की ख़बर हो गई और वह स्वयम् उसकी पड़ताल करने वहाँ आ पहुँचा। माहम अंगा भी पीछे-पीछे अधम को समझाने न आ गई होती तो सम्भवतः वहीं उसका पत्ता साफ़ हो जाता। लेकिन सारी समझाइश के बावजूद साल भर के अन्दर ही उसने अपनी कारस्तानियों से ख़ुद अपनी क़ब्र खोद ली...हमने उसे बादशाह के हुक्म से आगरे के क़िले के परकोटे पर से नीचे फिंकवाए जाते देखा। एक बार में वह नराधम नहीं मरा; दूसरी बार फेंका गया तब कहीं जाकर उसकी अकड़-भरी गर्दन टूटी!

मेरे बाज़ ने मांडव के हत्यारे मुल्ला पीर मोहम्मद को ऐसा खदेड़ा कि रेवा मैय्या में डूब मरा वह अमानुष। एक बार फिर बाज़ ने अपनी राजधानी मांडव जीत ली। पहरों शाही-महल में मेरे रनिवास के शयन-कक्ष में बैठकर रोता रहा, हमदोनों को याद करता, सिर धुनता...हाय रानी! इतनी दूर चले जाने के लिए थोड़े ही कहा था तुम्हें...

यह अलग बात कि मुग़लों के अथाह सैन्य-बल ने उसे बहुत देर टिकने न दिया मांडव में...हम भी भटकते रहे उसके साथ उसके उन वीरान बरसों में जब शरणार्थी बन कर वह देस-देस भटकता फिरा—खानदेश, गुजरात, गोंडवाना, मेवाड़।

मैंने कहा था न, वह सुलतान से अधिक संगीतकार था। अन्ततः उसका वही स्वरूप विजयी हुआ—सल्तनत ख़त्म हो गई, पर संगीत रह गया, बादशाह अकबर ने स्वयम् अपना दूत मेवाड़ भेज कर उसे मुग़ल दरबार में बुलवाया और ओहदे से नवाज़ा।

क्या बताऊँ कितना मान हुआ मुझे जब बादशाह के सामने उसने पहली बन्दिश भूप कल्याण रागिनी में सुनाई। उसके सुरों से ऐसी व्यथा छलकती थी कि लोगों की आखें भर आईं; मैं जानती थी वह मुझे याद कर-कर के गा रहा था। गान समाप्त होते ही बादशाह ने मियाँ तानसेन की ओर झुककर पूछा, "कैसा है?"

"अद्‌भुत्, कोई सानी नहीं!"

बादशाह के औपचारिक इतिहासकार अबुल फ़ज़ल ने फ़ौरन अपनी बही में बाज़ के नाम के आगे दर्ज किया—'अद्वितीय गायक'।

बाज़ सचमुच सख़्त जान था। मुझे याद करता कुहर-कुहर कर जिया, मगर जिया हमसे बीस बरस बाद तक। और मरा तो यह कहकर कि मुझे मेरी रानी की समाधि के पास ही दफ़न करा दिया जाए; बादशाह ने करवा भी दिया।

भला हो रुख़साना का—उसने उन बरसों में बड़ी सेवा की मेरे बाज़ की। वह मालवा की लूट के साथ पहले ही आगरे पहुँच चुकी थी। भाग्य ही मानिए कि उसके नृत्य की तो बड़ी धूम थी मुग़ल दरबार में, किन्तु श्यामवर्ण और सुदूर दक्षिण की भाषा के कारण किसी बड़े अमीर-उमरा ने उसमें निजी रुचि न दिखाई, और वह बाज़ के साथ ही रहती रही।

बहरहाल, मेरे बाज़ को कायर न लिखिएगा। वह चाहता तो मुग़ल सेना के मालवा की ओर रुख़ करते ही उसका सामना करने की बजाय मुझे साथ लेकर खानदेश या उससे भी आगे सुदूर दक्षिण को भाग सकता था, पर उसने ऐसा नहीं किया। वह चाहता तो मुझे मुसलमान बना कर मुल्लों के साथ खींच-तान से बच सकता था, पर उसने ऐसा नहीं किया। रानी दुर्गावती से पराजित होकर भी उसकी वीरता और श्रेष्ठता को नकार सकता था, पर उसने ऐसा नहीं किया।

मेरे लिए भी कभी यह न सोचिएगा न लिखिएगा-आह बेचारी अभागिन, इक्कीस साल की उमर में ही आत्महत्या पर मजबूर हो गई। मेरे संक्षिप्त जीवन के आशीर्वाद तो देखिए—सौभाग्यवती गई; बाज़ मेरे जीवित रहते कभी मुझसे विमुख न हुआ; वारिस की तलाश में किसी और हिरनी के आखेट को न गया मुझे छोड़कर; सबसे बड़ी बात यह कि नराधम की वासना का शिकार होने से बच गई, और अपनी माँ की तरह शाही दरबार में गायिका होने से भी। प्रेतयोनि में बीस बरस रहना पड़ा तो क्या हुआ? अदृश्य ही सही, अपने प्रियतम को देखती तो रही मैं!

और अब देवि? क्या यह सारी आत्मकथा प्रेतयोनि में ही लिखवाई मुझे?

वह हँस पड़ी—मेरे स्वप्न में अनिवर्चनीय उजाला हो गया!

नहीं श्रुतिलेखक जी, अब हमारी पदोन्नति हो गई है। ईश्वर, अल्लाह, देवी माँ...सबने मिलकर हमें फ़रिश्ता बना दिया है...वही देवदूत! हमसब उनके साथ रहते हैं—आसमानों के उस पार। बहुत अमन-चैन है वहाँ; पृथ्वी पर अपने अनुयायिओं, भक्तों, मुल्लों, पंडितों इत्यादि के विपरीत उनका आपस में कोई झंझट, कोई विवाद नहीं...वे जो भी करते हैं हमेशा एकमत होकर करते हैं। सभी धर्मों के अनुयायिओं में से अच्छी रूहों, पुण्यात्माओं को देवदूत बना देते हैं...वही फ़रिश्ता! पंडीज्जू, बाज़, नायला बी, तारा, भँवर, मैं...हम सब वहीं रहते हैं इकट्ठे। वहीं तो पंडीज्जू ने कहा मुझे—मेरे पूर्व-जन्म का एक ग्रामवासी तुम्हारी जीवनी लिखने पर तुला है; उसकी मदद कर दोगी कुछ? अपने गुरु और सह-देवदूत के प्रश्न को आदेश मानकर आती रही आपको अपनी कथा सुनाने, पर अब इति। मुझे अनुमति दीजिए, श्रुतिलेखक जी।

वे फिर कभी न आईं।

परिशिष्ट

1

ऐतिहासिक पात्रों की सूची

1. रानी रूपमती (1540-1561)—मालवा के सुलतान बाज़ बहादुर की प्रियतमा और पत्नी; अपने समय में मालवा की विख्यात कवयित्री, संगीतकार व गायिका।
2. बाज़ बहादुर (1533 से लगभग 1582)—स्वतंत्र मालवा का अन्तिम सुलतान (सन् 1555 से 1561); विख्यात गायक तथा संगीतज्ञ; मालवा के मुग़ल साम्राज्य का हिस्सा बन जाने के बाद बादशाह अकबर के दरबार में दो-हज़ारी मनसबदार; मुग़ल दरबार का एक प्रमुख गायक जिसे बादशाह अकबर ने अपने विशेष दूत हसन ख़ान ख़ज़ांची को उदयपुर भेज कर मुग़ल दरबार में आमंत्रित किया। अबुल फ़ज़ल ने 'अकबरनामा' में 'अद्वितीय गायक' दर्ज किया ('अकबरनामा' के एच. ब्लॉकमन के अंग्रेज़ी अनुवाद में : 'ए सिंगर विदाउट राइवल'—पृष्ठ 474, 681)
3. शुजात ख़ान (लगभग 1485-1555)—शेर शाह सूरी का क़रीबी सिपहसालार जिसे दिल्ली का बादशाह बनने तथा मालवा पर क़ब्ज़ा करने के बाद शेर शाह ने मालवा का सूबेदार नियुक्त किया (1542); शेर शाह की मृत्यु के कुछ समय बाद शुजात ने स्वयम् को मालवा का सुल्तान घोषित कर लिया।
4. हुमायूँ (1508-1556)-बाबर के बाद मुग़ल वंश का दूसरा बादशाह; शेर शाह सूरी से 1540 में पराजित होकर ईरान भागना पड़ा, फिर 1555 में वापस दिल्ली पर क़ब्ज़ा किया।
5. शेर शाह सूरी (1584-1545)—नौजवानी में बिहार के मुग़ल सूबेदार की मुलाज़िमत की, और आगे चलकर बिहार-बंगाल पर आधिपत्य किया। हुमायूँ को हरा कर 1540 में दिल्ली का बादशाह बना; 1545 में कालिंजर के क़िले की घेराबन्दी में तोप का गोला फटने से आकस्मिक मृत्यु; कुशल प्रशासन, पहली बार रुपिया के संचालन और बंगाल से अफ़गानिस्तान की सीमा तक ग्रैंड ट्रंक राजमार्ग के निर्माण के लिए जाना जाता है। उसी ने शुजात ख़ान को मालवा का सूबेदार नियुक्त किया था।
6. मोहम्मद जलालुद्दीन अकबर (1542-1605)—मुग़ल वंश का तीसरा और सबसे प्रतापी सम्राट; उदार नीतियों, साम्राज्य-वर्धन तथा कुशल प्रशासनिक व्यवस्थाओं के लिए अकबर महान के नाम से जाना जाता है; 1556 से 1605 तक दिल्ली का बादशाह रहा।

7. अधम ख़ान कोका (1531-1562)—अकबर की धाय-माँ माहम अंगा का बेटा; अकबर का 'कोका' यानी दूध-भाई। विशेष विवरण परिशिष्ट 2 में।
8. बैराम ख़ान (1501-1561)—बाबर और हुमायूँ के समय से ही मुग़लों का विश्वासपात्र सिपहसालार; हुमायूँ के सीढ़ियों से गिर कर मर जाने पर जब तेरह-वर्षीय अकबर बादशाह बना तो मुग़ल शासन को स्थायित्व देने में बैराम ख़ान ने अहम भूमिका निभाई, और 1556 से 1560 तक अकबर का अभिभावक तथा वास्तविक राजप्रमुख रहा; अकबर उसे 'ख़ान बाबा' कहकर बुलाता था। अबुर्रहीम ख़ान-ए-ख़ाना (रहीम कवि) बैराम ख़ान का बेटा था; माहम अंगा के षड्यंत्रों के कारण अकबर से मतविभेद, कुछ समय को राजद्रोह, फिर आत्मसमर्पण; और अन्ततः हज के लिए सफ़र करते हुए पठानों के गिरोह द्वारा पाटन (गुजरात) में हत्या। कई इतिहासकार मानते हैं कि बैराम ख़ान की हत्या के पीछे माहम अंगा और अधम ख़ान कोका का हाथ था।
9. माहम अंगा—अकबर की धाय-माँ; अकबर उसका बहुत सम्मान करता था। सन् 1560-62 के दो वर्षों में मुग़ल दरबार में सबसे शक्तिशाली सत्ता-केंद्र की संचालिका रही।
10. रानी दुर्गावती (1524-1564)—चन्देला एवं गोंडवाना राज्यों की रानी। विशेष टिप्पणी परिशिष्ट 2 में।
11. आधार सिंह—रानी दुर्गावती का प्रधान-मंत्री
12. मलिक मुस्तफ़ा ख़ान—बाज़ बहादुर का छोटा भाई। विशेष टिप्पणी परिशिष्ट 2 में।
13. होशंग शाह—मालवा का एक महत्त्वपूर्ण गोरी-वंशीय सुलतान जिसने मांडवगढ़ में बहुत से भवनों का निर्माण करवाया; शासन-काल सन् 1406-35।
14. क़ादिर शाह—शुजात ख़ान से पहले मालवा का शासक; शासन-काल सन् 1537-1542
15. दौलत ख़ान अजियाला—शुजात ख़ान का दत्तक-पुत्र और मालवा की सल्तनत के लिए बाज़ बहादुर का प्रतिद्वन्द्वी जिसे बाज़ बहादुर ने मार डाला।
16. आदम ख़ान—बाज़ बहादुर का मामा और उसका सिपहसालार जो उसकी ओर से मुग़ल फ़ौज से लड़ा।
17. ताज ख़ान ख़ासखेल—बाज़ बहादुर का एक प्रमुख सिपहसालार।
18. सलीम ख़ान ख़ासखेल—वही—
19. सूफ़ी—वही—
20. पीर मोहम्मद ख़ान—महत्त्वपूर्ण मुग़ल सिपहसालार जो अधम ख़ान कोका के मालवा अभियान का सह-नायक था; बाद में मालवा अभियान की कमान उसे दी गई; बाज़ बहादुर के प्रतिघात से भागता हुआ वह रेवा (नर्मदा) नदी में डूब कर मर गया। मांडवगढ़ में उसके नेतृत्व में क़त्ल-ए-आम की बर्बरता इतिहास में विशेष रूप से उल्लिखित है।
21. अब्दुल्ला ख़ान
22. क़िया ख़ान

23. क़िया ख़ान कंग
24. शाह मोहम्मद ख़ान कांधारी
25. आदिल ख़ान
26. सादिक़ ख़ान
27. मोहम्मद क़ुली ख़ान
28. हैदर अली ख़ान
29. मोहम्मद क़ुली तोक़बई
30. मीरक बहादुर
31. हबीब क़ुली ख़ान
32. समंजी ख़ान
33. पायंदा मोहम्मद ख़ान मोग़ल
34. मोहम्मद ख़ान कुश्तीगीर
35. मिह्र अली सिल्दुज़
36. मीरन अर्घुन
37. शाह फ़ानी...ऊपर क्र.सं. 21 से 37 सब विख्यात मुग़ल योद्धा थे जो सन् 1561 के मालवा अभियान की मुग़ल फ़ौज में शामिल थे।
38. अबुल फ़ज़ल—अकबर के नवरत्नों में से एक; विद्वान् दरबारी जो अकबर का क़रीबी मित्र भी था; अकबर के जीवन और शासन का विस्तृत विवरण, 'अकबरनामा' का लेखक। उसकी यह किताब अकबर-कालीन मुग़ल इतिहास के प्रमुख स्रोत-ग्रन्थों में से एक है।
39. मियाँ तानसेन—अकबर के नवरत्नों में से एक; तत्कालीन मुग़ल दरबार का सबसे विख्यात गायक एवं संगीतकार; अबुल फज़ल ने 'अकबरनामा' में तानसेन को एक ऐसा गायक बताया जैसा हिन्दुस्तान में पिछले हज़ार वर्षों से पैदा नहीं हुआ था।
40. राय चन्द—बाज़ बहादुर के दरबार का मुख्य संगीतकार तथा गायक—अहमद-उल-उमरी की किताब में राय चन्द का उल्लेख है।
41. सुलेमान ख़ान—बाज़ बहादुर के शयन-कक्ष का पहरेदार था। अहमद-उल-उमरी ने सुलेमान को रानी रूपमती और बाज़ बहादुर के अन्तिम वर्षों का चश्मदीद गवाह बताया है।

2

1. वात्स्यायन के श्लोक का हिन्दी भावार्थ
पद्मिनी नायिका के लक्षण : नयन कमल के फूलों के समान, नाक अति-सुन्दर, तथा दाँत श्वेत व सुन्दर होते हैं; दोनों स्तन परस्पर मिले हुए तथा बाल लम्बे होते हैं; दुबली-पतली छरहरी काया वाली इन नायिकाओं का स्वभाव मृदु होता है तथा वाणी कोमल होती है; नृत्य-संगीत से उन्हें विशेष लगाव होता है। उनका शरीर सुन्दर वस्त्रों से सुशोभित रहता है, तथा उससे कमल के फूलों जैसी सुरभि आती है।

2. श्री वल्लभाचार्य कृत 'मधुराष्टकम्' का हिन्दी भावार्थ

पुष्टि मार्ग के संस्थापक वल्लभाचार्य (सन् 1479-1531) की महान रचना 'मधुराष्टकम्' मधुराधिपति श्री कृष्ण के सर्वांग मधुर रूप का वर्णन है :

मधुराधिपति श्री कृष्ण का सभी कुछ मधुर है। उनके होंठ मधुर हैं, उनका मुख मधुर है, आँखें मधुर हैं, हृदय मधुर है, और चलने की गति भी मधुर है।

उनके वचन मधुर हैं, चरित्र मधुर है, वस्त्र मधुर हैं, वलय मधुर है, चाल और भ्रमण मधुर हैं; मधुराधिपति का सभी कुछ मधुर है।

भगवान कृष्ण की वेणु मधुर है, बाँसुरी मधुर है, उनका चरण-रज मधुर है, उनके कर-कमल मधुर हैं, उनका नृत्य मधुर है, सखा-भाव भी अति मधुर है; मधुराधिपति का सभी कुछ मधुर है।

उनके गीत मधुर हैं, पान मधुर है, भोजन मधुर है, एवम् माथे का तिलक भी अति मधुर है; मधुराधिपति की हर वस्तु मधुर है।

उनके कार्य मधुर हैं, उनका तारना (दुख से उबारना) मधुर है, उनका रमण मधुर है, उद्धार मधुर है और शान्ति भी अति मधुर है; मधुराधिपति का सभी कुछ मधुर है।

उनकी गुंजा मधुर है, उनकी माला मधुर है, उनकी यमुना मधुर है, उसकी तरंगें, जल एवम् कमल भी अति मधुर हैं; मधुराधिपति का सब कुछ मधुर है

उनकी गोपियाँ मधुर हैं, उनकी लीला मधुर है, उनका संयोग मधुर है, उनका वियोग भी मधुर है, उनका निरीक्षण (हेरना) एवम् शिष्टाचार भी अति मधुर है; मधुराधिपति की हर वस्तु मधुर है।

उनके गोप मधुर हैं, उनकी गाएँ मधुर एवम् लकुटी (छड़ी) मधुर हैं, उनकी सृष्टि (रचना) मधुर है, उनके द्वारा दलन (विनाश) भी मधुर है और उनके द्वारा प्रदत्त फल (वर) भी मधुर है; मधुराधिपति का सभी कुछ मधुर है।

हे मधुराधिपति श्री कृष्ण! आप और जो भी आपका है, आपके सभी कृत्य और लीलाएँ सब मधुर हैं।

3. अधम ख़ान कोका (1531-1562)

मुग़ल सम्राट अकबर की धाय-माँ माहम अंगा का छोटा बेटा और अकबर का सिपहसालार, जिसे सन् 1561 के मालवा अभियान की कमान दी गई थी। उसके द्वारा मालवा की लूट का माल हथिया लेने की ख़ुफ़िया ख़बर मिलने पर बादशाह स्वयम् उसकी पड़ताल के लिए मांडव आ गया। अधम ख़ान की समझाइश को माहम अंगा भी पीछे-पीछे भागी आई। उसके बावजूद अधम ख़ान ने दो पसन्दीदा युवतियाँ चोरी-छिपे रख लीं; अकबर को इसकी ख़बर भी मिल गई और दोनों लड़कियाँ बरामद कर ली गईं, पर इससे पहले कि वे बादशाह के सामने मुँह खोलतीं, माहम अंगा ने उनका क़त्ल करवा दिया।

मालवा अभियान के साल भर के अन्दर ही सन् 1562 ई. में शाही वकील शम्सुद्दीन मुहम्मद अतग़ा ख़ान की हत्या और स्वयम् बादशाह को आँख दिखाने के आरोप में अकबर ने अधम ख़ान को मौक़े पर ही मृत्युदंड का आदेश दिया, और उसे छत से नीचे फेंककर मार डाला गया; कहते हैं एक बार फेंके जाने पर वह नहीं मरा, तब

अकबर ने उसे दोबारा नीचे फिंकवाया। बेटे के शोक में माहम अंगा भी चालीस दिनों बाद मर गई।

4. अहमद-उल-उमरी (तुर्कमान)

जीवन-काल-लगभग सोलहवीं शताब्दी के तीसरे-चौथे दशक से लगभग 1607; अकबर के दरबार में पाँच-हज़ारी मनसबदार शरफ़ुद्दीन हुसैन मिर्ज़ा का मुलाज़िम था; मालवा-भ्रमण के दौरान उमरी ने जो कथाएँ सुनीं, उनके आधार पर रानी रूपमती और बाज़ बहादुर के प्रेम-प्रसंग के अब तक उपलब्ध वृत्तान्तों में सर्वप्रथम पुस्तिका का लेखक। उमरी ने स्वयम् लिखा है कि यह रचना उसने अकबर के शासन-काल के तैंतालीसवें वर्ष में अर्थात् सन् 1599 ई. में लिपिबद्ध की, तथा यह कि कथा मालवा-भ्रमण के दौरान उसे सुलेमान ख़ान नामक एक व्यक्ति ने सुनाई थी; सुलेमान शुजात ख़ान के मुलाज़िमों में से एक था, और उसने रानी रूपमती और बाज़ बहादुर के जीवन की घटनाएँ अपनी आँखों से देखी थीं। अहमद-उल-उमरी की किताब का अंग्रेज़ी रूपान्तरण (विस्तृत शोध-कार्य की टिप्पणी समेत) ग्वालियर रेज़िडेंसी में तैनात एल.एम्. क्रम्प नामक एक अंग्रेज़ अधिकारी ने बीसवीं सदी के तीसरे दशक में अहमद-उल-उमरी द्वारा रचित 'द लेडी ऑफ़ द लोटस—रूपमती क्वीन ऑफ़ मांडू, ए स्ट्रेंज टेल ऑफ़ फ़ेथफ़ुलनेस' शीर्षक से किया। क्रम्प द्वारा अनूदित इस पुस्तक में उसकी भूमिका तथा टिप्पणियों के अतिरिक्त छब्बीस ऐसी काव्य रचनाओं के पद्यानुवाद भी सम्मिलित हैं जो रानी रूपमती की कृतियाँ मानी जाती हैं; उमरी के मूल फ़ारसी पाठ का अंग्रेज़ी अनुवाद—एल.एम्.क्रम्प, सी.आइ.ई. (प्रकाशक : ऑक्सफ़ोर्ड युनिवर्सिटी प्रेस, लन्दन, 1926)

5. मलिक मुस्तफ़ा ख़ान

बायज़ीद ख़ान उर्फ़ बाज़ बहादुर का छोटा माँ-जाया भाई और सल्तनत के लिए उसका प्रतिद्वंद्वी; बाज़ के सुल्तान बन जाने के कुछ दिनों बाद तक वह रायसेन के क़िले में छिपा रहा, लेकिन साल भर के अन्दर ही बाज़ बहादुर ने उसे वहाँ से खदेड़ दिया। मुस्तफ़ा ख़ान ने भाग कर मुग़ल दरबार में शरण ली। बाद में बादशाह ने उसे राजा बीरबल और हकीम अब्दुल फ़तह के नेतृत्व वाले युसुफ़ज़ई अभियान पर अफ़ग़ानिस्तान भेजा। मलिक मुस्तफ़ा इसी अभियान में मारा गया। (पृष्ठ 338, 'मेडीवल मालवा'—उपेन्द्र नाथ डे)।

6. रानी दुर्गावती (सन् 1524—1564) :

चन्देला-नरेश कीरत राय की बेटी; सन् 1542 में गोंडवाना के शासक दलपत राय से विवाह; सन् 1550 में पति की असमय मृत्यु के कारण तीन-वर्षीय बेटे वीर नारायण के अभिभावक के रूप में संयुक्त चन्देल-गोंडवाना राज्यों (वर्तमान में दक्षिण-पूर्वी उत्तर प्रदेश तथा छत्तीसगढ़ के भूभाग) का शासन सम्भाला और अपने विश्वासपात्र दीवान आधार सिंह तथा मंत्री मान ठाकुर की सहायता से सन् 1550 से 1564 ई. तक शासन किया। रानी दुर्गावती अपने समय की विख्यात एवं प्रतापी योद्धा थी और अपनी सेना का नेतृत्व स्वयम् करती थी। उसने न केवल बाज़ बहादुर को बुरी तरह परास्त किया, बल्कि मुग़ल सिपहसालार ख़्वाजा अब्दुल माजिद आसफ़ ख़ान की

विशाल सेना को अपने कुशल सैन्य-संचालन के बल पर दो बार वापस खदेड़ दिया; किन्तु अन्ततः सन् 1564 ई. में मुग़लों से लड़ती हुई गम्भीर रूप से घायल हो गई, और अपमानजनक अन्त की अपेक्षा मात्र चालीस वर्ष की आयु में आत्महत्या करने का विकल्प अपनाया।

7. मन्दिरों को तोड़ कर प्राप्त मलबे का भवन-सामग्री के रूप में उपयोग :
चार वर्षों तक मध्य-भारत में ब्रिटिश ईस्ट इंडिया कंपनी के रेज़िडेंट पद पर रहे सर जॉन मैल्कम ने 1823 में लन्दन से प्रकाशित अपने संस्मरण में इस विषय पर बड़े मारके की टिप्पणी की है, जिसे शब्दशः उद्धृत करना प्रासंगिक जान पड़ता है :
'आइ टुक, व्हेन लास्ट ऐट धार, ए फ़ाइन पॉलिश्ड स्टोन टेबलेट ऑफ़ लार्ज डाइमेनशंस, ऑन व्हिच देयर वॉज़ ए हिन्दू इन्सक्रिप्शन, फ्रॉम अ रू'इंड मॉस्क, व्हेयर दिस सेक्रेड राइटिंग हैड बिन प्लेस्ड ऐज़ द फ़्लोर ऑफ़ द मिम्बर (पुलपिट) ऑफ़ द महोमेडन प्लेस ऑफ़ वरशिप।' (जब मैं पिछली बार धार गया था, तब वहाँ के एक भग्न मस्जिद से बड़ी ख़ूबसूरती से चमकाया हुआ, पत्थर का विशाल टुकड़ा उठाकर लाया, जिस पर हिन्दू शिलालेख अंकित था। पवित्र आलेख वाला यह शिला-खंड मुसलमानों के इबादतख़ाने में मिम्बर (मौलवी के खड़ा होने का मंच) के लिए उपयोग कर लिया गया था।)
मध्यकालीन भारतीय इतिहास को समाज-शास्त्रीय एवम् सांस्कृतिक दृष्टिकोण से परखने-वाले जाने-माने इतिहास लेखक एब्राहम एराली दिल्ली सल्तनत के इतिहास पर अपनी पुस्तक 'द एज ऑफ़ रॉथ' में लिखते हैं :
'द फ़र्स्ट मॉस्क देयर (द इंडो-गैंजेटिक प्लेन), क़ुव्वत-उल-इस्लाम मॉस्क इन डेल्ही, वॉज़ बिल्ट बाइ क़ुत्बुद्दीन ऐबक इन द अर्ली थर्टीन्थ सेंचुरी ऑन द साइट ऑफ़ ए टेंथ सेंचुरी हिन्दू टेम्पल...दिस मॉस्क वॉज़ बिल्ट मेनली विथ द कंस्ट्रक्शन मटीरियल्स कलेक्टेड फ्रॉम ए नम्बर ऑफ़ डिमौलिश्ड हिन्दू एंड जैन टेम्पल्स-ट्वेंटी-सेवन ऑफ़ देम, एकॉर्डिंग टू ऐन इन्स्क्रिपशन ऐट द एन्ट्रेंस ऑफ़ द मॉस्क। बट इट वॉज़ नेसेस्सिटी रादर दैन चोय्स दैट मेड ऐबक यूज़ दोज़ मटीरियल्स, बिकॉज़ द मॉस्क वॉज़ अर्जेंटली नीडेड फॉर द फ्राइडे कौन्ग्रीगेशनल प्रेयर्स ऑफ़ मुस्लिम्स, एंड इट वॉज़ ईज़ियर एंड क्विकर टु बिल्ड इट विथ द पिलर्स एंड स्टोन्स कलेक्टेड फ्रॉम द डिमौलिश्ड टेम्पल्स, दैन टु क्वैरी फ्रेश बिल्डिंग मटीरियल्स फॉर इट। द यूज़ ऑफ़ द डिमौलिश्ड टेम्पल मटीरियल्स टु बिल्ड द मॉस्क वॉज़ ऑलसो सिम्बौलिकली एप्रोप्रियेट ऐज़ ए डिसप्ले ऑफ़ द ट्रायम्फ ऑफ़ इस्लाम ओवर हिन्दुइज़्म।' (गंगा-यमुना की वादी में बनाई गई पहली मस्जिद दिल्ली की क़ुव्वत-उल-इस्लाम थी, जिसे तेरहवीं शताब्दी के प्रारम्भिक वर्षों में क़ुत्बुद्दीन ऐबक ने दसवीं शताब्दी के एक हिन्दू मन्दिर-स्थल पर बनवाया था। इस मस्जिद के प्रवेश-द्वार पर लगे एक शिलालेख के अनुसार इसका निर्माण मुख्यतः ध्वस्त किए जा चुके सत्ताइस हिन्दू और जैन मन्दिरों से प्राप्त निर्माण-सामग्री से कराया गया था। उस सामग्री का उपयोग ऐबक ने अपनी इच्छा से उतना नहीं, जितना कि मजबूरी के कारण किया, क्योंकि जुम्मे की सामूहिक इबादत के लिए फ़ौरन एक मस्जिद की आवश्यकता

थी, और नये पत्थर कटवाकर मँगवाने की अपेक्षा ध्वस्त कर दिए गए मन्दिरों से एकत्रित स्तम्भों तथा पत्थर का इस्तेमाल शीघ्रतापूर्वक निर्माण-कार्य पूरा करने के लिए कहीं अधिक आसान था। तोड़ डाले गए मन्दिरों से प्राप्त सामग्री का उपयोग प्रतीकात्मक दृष्टि से भी हिन्दुत्व पर इस्लाम के विजय को प्रदर्शित करने के लिए अधिक उपयुक्त था।)

8. सिद्धपीठों की प्रतिमाओं का निरापद स्थान पर विस्थापन / संरक्षण
   इसका एक प्रसिद्ध उदाहरण नाथद्वारा, राजस्थान के श्रीनाथ जी की प्रतिमा है, जिसे सन् 1572 में पहले गोवर्धन से मथुरा ले जाया गया, फिर आगरा, और लगभग छह महीनों बाद उदयपुर के पास नाथद्वारा ले जाकर संरक्षित रखा गया। प्रचलित किम्वदन्तियों के अनुसार मांडव के विख्यात चतुर्भुज श्री राम की प्रतिमा को भी श्रद्धालुओं ने किसी भूमिगत कन्दरा में छिपा कर रखा।
9. मध्यकालीन मालवा में धार्मिक सहिष्णुता की परम्परा
   मध्यकालीन मालवा के इतिहास पर विशेष शोध-कर्ता इतिहासविद् प्रो. उपेन्द्र नाथ डे ने लिखा है : अपने सांस्कृतिक उद्यमों के प्रति निष्ठा में बाज़ बहादुर ने समस्त धार्मिक भेद-भाव मिटा दिए, और सांस्कृतिक अन्तर्लयन की जो प्रक्रिया स्वतंत्र मालवा राज्य की स्थापना के साथ (लगभग सन् 1400 ई. यानी बाज़ बहादुर के काल से 150 वर्ष पहले) आरम्भ हुई थी वह बाज़ बहादुर के काल में अपने चरमोत्कर्ष पर पहुँच गई। मालवा की सांस्कृतिक विरासत में बाज़ बहादुर के योगदान के बारे में डब्लू.जी. आर्चर का कथन है कि उसके व्यक्तित्व में मालवा की द्वि-पार्श्विक संस्कृतियाँ एक दूसरे से संश्लिष्ट दिखाई देती हैं, और उसकी महान प्रेम-गाथाएँ तथा रूपमती के प्रति उसकी गहरी आसक्ति अपने-आप में हिन्दू और इस्लामी संस्कृतियों के आत्मसात्करण का प्रमाण है। (पृष्ठ 338, मेडीवल मालवा, यू.एन. डे—परिशिष्ट 4)
10. रानी रूपमती और बाज़ बहादुर का हिन्दी काव्य के प्रति रुझान
    मध्यकालीन मालवा के विशिष्ट इतिहासविद् प्रो. यू.एन. डे लिखते हैं : बाज़ बहादुर के शासन-काल में हिन्दी की लोकप्रियता भी बढ़ी, क्योंकि रूपमती और बाज़ बहादुर हिन्दी में काव्य-रचना करते थे। रूपमती ने आनेवाली पीढ़ियों के लिए एक टिकाऊ काव्य-परम्परा पीछे छोड़ी; उसकी रचनाएँ मालवा के लोक-गीतकारों द्वारा लम्बी अवधि तक गाई जाती रहीं, और बाद के अन्य लोक-गीत रचनाकारों ने अपनी रचनाओं के लिए उसकी शैली का अनुकरण किया। जैसा कि सर्व-विदित है बाज़ बहादुर संगीत और काव्य में गहरी अभिरुचि रखता था...'अकबरनामा' में दर्ज है कि वह अपनी हिन्दी कविताओं में 'अपने प्रेम का आख्यान करते हुए हृदय चीर कर उड़ेल दिया करता था', और अक्सर उनमें रूपमती का नाम समाविष्ट कर देता था। (पृष्ठ 370, मेडीवल मालवा, यू.एन. डे—परिशिष्ट 4)
11. रानी रूपमती और बाज़ बहादुर का संगीत-प्रेम
    मध्यकालीन मालवा के विशिष्ट इतिहासवेत्ता प्रो. यू.एन. डे लिखते हैं कि मालवा सल्तनत के दरबार में संगीत में अनिवार्य अर्हता रखनेवाली गणिकाओं की बड़ी

संख्या में तैनाती, भरण-पोषण तथा संरक्षण की परम्परा बाज़ बहादुर के समय में अपने चरमबिन्दु पर पहुँच गई। बाज़ बहादुर को संगीत से वास्तव में सच्चा और गहरा लगाव था। दुर्भाग्य ही कहा जाए कि उस जैसी कलात्मक अभिरुचि और स्वभाव वाले व्यक्ति को प्रशासन के झमेलों में सर खपाना पड़ा (बक़ौल ग़ालिब : 'फ़िक्र-ए-दुनिया में सर खपाता हूँ / मैं कहाँ, और ये वबाल कहाँ!'—यह टिप्पणी मेरी है।)...एक संगीतज्ञ के रूप में उसकी प्रशंसा अबुल फ़ज़ल के 'अकबरनामा' में दर्ज है जहाँ उसे ऐसा गायक बताया गया है जिसका कोई प्रतिद्वंद्वी नहीं। ('ए सिंगर विदाउट राइवल')।

अहमद-उल-उमरी ने भी लिखा है कि बाज़ बहादुर पूरब-पच्छिम, उत्तर-दक्खिन सभी दिशाओं से गायक और संगीतकार एकत्रित करता और अपना अधिकांश समय उनके सान्निध्य में बिताया करता; उनमें सभी प्रकार के कलाकार होते : मर्द भी, औरतें भी; गायक, मंत्र-पाठी तथा सभी प्रकार के वाद्य-यन्त्र, जैसे बीण, रबाब, नै, सरनाई, सारंगी, तंबूरा बजानेवाले।...इस प्रसंग में रूपमती का विशेष उल्लेख भी किया जाना चाहिए। अहमद-उल-उमरी के अनुसार वह स्वयम् कवयित्री होने के साथ-साथ संगीत-शास्त्र में भी पारंगत थी। एक कवयित्री और संगीतज्ञ के रूप में तथा भूप कल्याण रागिनी के आविष्कारक होने के नाते रानी रूपमती को अब तक याद किया जाता है।

स्थानीय लोक-गाथाओं के अनुसार बाज़ बहादुर ने बाज़-ख़ानी संगीत पद्धति की स्थापना की जो हाल-हाल तक मालवा में प्रचलित रही। (पृष्ठ 391-2, मेडीवल मालवा, यू.एन. डे, परिशिष्ट 4)

12. रानी रूपमती तथा अधम ख़ान कोका के बीच पत्रों का आदान-प्रदान
रानी रूपमती की मृत्यु के मात्र अड़तीस वर्षों बाद ही अहमद-उल-उमरी तुर्कोमान ने इस बात का उल्लेख किया है, जब जीवित लोगों को भी रानी के अन्तिम दिनों की बातें स्मरण रही होंगी। (पृष्ठ 55-56, 'द लेडी ऑफ़ द लोटस—क्वीन ऑफ़ मांडू'—अंग्रेज़ी रूपान्तर : एल.एम्. क्रम्प)

3

रानी रूपमती की चार काव्य-रचनाएँ

1. दुख की चौखट में कसि तणया मोरा हिरदय
क्लेसों की टकसाल ढलै जियरा की नई मोहर
दुख बैरी कौं राज भयौ, वा कछु नहिं जाने
क्या होवत है धरम-दया, क्या होवत है सबर

('द लेडी ऑफ़ द लोटस'—पृष्ठ 70, क्र.सं.- I (6))

2. फूल कमल के सूरज तो बहुतै देखै
कमलन देखैं एकई सूरज
ज्यौं कठपुतरी इत्ती हम हाथन की तोर
जा कौं तू इकलौतई सूरज
('द लेडी ऑफ़ द लोटस'—पृष्ठ 76, क्र.सं.- VIII)

3. जौं मैं जानति एक जरा भी
इत्तो पीरा लै के आवैगो प्रेम
नक्कारों सैं कईं के मुनादी
ओ का देती मैं देस निकाल,
जौं मैं जानति एक जरा भी
('द लेडी ऑफ़ द लोटस'—पृष्ठ 76 क्र.सं.- V)

4. प्रेम-पिपासा से रैवें हैं बच के सयाने
जौं यह रोग लगा तो औखध कोई न माने
एक'इ उपाय : ध्वज फहराए, कछु कर जावौ
जीत लौ सब कछु, या लरिते-लरिते मर जावौ
('द लेडी ऑफ़ द लोटस'—पृष्ठ 76 क्र.सं.- IX)

4

सन्दर्भ-ग्रन्थावली

1. उमरी, अहमद-उल—'द लेडी ऑफ़ द लोटस, रूप मती क्वीन ऑफ़ मांडू—ए स्ट्रेन्ज टेल ऑफ़ फ़ेथफ़ुलनेस'—रानी रूपमती व बाज़ बहादुर के प्रेम-प्रसंग पर सोलहवीं शताब्दी में लिखित पुस्तिका के मूल फ़ारसी पाठ का सम्पादकीय टिप्पणियों सहित अंग्रेज़ी अनुवाद : एल.एम्. क्रम्प, सी.आइ.ई., ऑक्सफ़र्ड युनिवर्सिटी प्रेस—1926
2. एराली, एब्राहम—'द एज ऑफ़ रॉथ—ए हिस्ट्री ऑफ़ द डेल्ही सल्टनेट', पेंगुइन बुक्स इंडिया-2014
3. एराली, एब्राहम—'द मुग़ल वर्ल्ड—लाइफ़ इन इंडिया'ज़ लास्ट गोल्डेन एज', पेंगुइन बुक्स-2007
4. के., जॉन—'इंडिया—ए हिस्ट्री', हार्पर कॉलिन्स पब्लिशर्स—2000
5. 'कुमुद', अयोध्या प्रसाद गुप्त—'मध्य-प्रदेश के मेले और तीज-त्यौहार', जनसम्पर्क विभाग, म.प्र. सरकार, भोपाल—2005
6. डे, उपेन्द्र नाथ—'मेडीवल मालवा—ए पोलिटिकल एंड कल्चरल हिस्ट्री, 1401-

1562', मुंशी राम मनोहर लाल ओरिएंटल पब्लिशर्स, प्रथम संस्करण—1965

7. दास, बनारसी—'अर्धकथानक'—मूलपाठ एवम् हिन्दी अनुवाद : रोहिणी चौधरी, पेंगुइन बुक्स इंडिया, यात्रा बुक्स—2007
8. द्विवेदी, आचार्य हजारीप्रसाद—'चारु चन्द्रलेख', राजकमल प्रकाशन—सातवाँ संस्करण (पुनर्मुद्रित)—1993
9. फ़ज़ल, अबुल—'द अकबरनामा ऑफ़ अबुल फ़ज़ल', अंग्रेज़ी अनुवाद : एच. बेवरिज, एफ़.ए.एस.बी., वोल्यूम II, प्रकाशक—रेयर बुक्स, दिल्ली-7 (प्रथम भारतीय संस्करण, 1972
10. फ़ज़ल, अबुल—'द आईन-ए-अकबरी—वोल्यूम I'—एच. ब्लॉकमन (कर्नल डी.सी. फ़िलॉट, पी-एच.डी., एफ़.ए.एस.बी. द्वारा संशोधित एवम् सम्पादित), प्रकाशक : एशिऐटिक सोसाइटी, कलकत्ता—1927
11. लुआर्ड, मेजर सी.ई.—'धार एंड मांडू'—प्रथम संस्करण, इलाहाबाद—1912; भूतपूर्व धार स्टेट द्वारा पुनर्मुद्रित
12. मैलकम, सर जॉन—'ए मेमॉयर ऑफ़ सेन्ट्रल इंडिया इन्क्लूडिंग मालवा एंड ऐडजॉइनिंग प्रौविंसेज़'—प्रकाशक : पार्बेरी, ऐल्लेन एंड कम्पनी, लन्दन, प्रथम संस्करण-1823
13. मोहम्मद, डॉ. मलिक (सम्पादक)—'अमीर ख़ुसरो—भावात्मक एकता के मसीहा', पीताम्बर पब्लिशिंग कम्पनी—द्वितीय संस्करण—1987
14. पाटिल, डी.आर.—'मांडू'—प्रकाशक : आर्केओलॉजिकल सर्वे ऑफ़ इंडिया, 2004
15. रदरफ़ोर्ड, एलेक्स—'एम्पायर ऑफ़ द मोग़ल : रूलर ऑफ़ द वर्ल्ड', हेडलाइन रिव्यू—2011
16. वाइस्स, डॉ. ब्रायन—'मेनी लाइव्ज़, मेनी मास्टर्स', पिऐटकस बुक्स-1994 (भारतीय संस्करण मनिपाल टेकनोल्जीज़, मनिपाल द्वारा मुद्रित)
17. यज़दानी, ग़ुलाम—'मांडू : द सिटी ऑफ़ जॉय'—प्रथम संस्करण, धार स्टेट ऐट द यूनिवर्सिटी प्रेस—1929; भूतपूर्व धार स्टेट द्वारा पुनर्मुद्रित।
18. ज़माँ, शाज़ी—'अकबर'—राजकमल प्रकाशन-2016

❂❂❂